ZHENGQUAN TOUZI
FENXI JIAOCHENG

证券投资分析教程

唐 平／主编

中国财经出版传媒集团
经济科学出版社
Economic Science Press

图书在版编目（CIP）数据

证券投资分析教程/唐平主编 . -- 北京：经济科学出版社，2023.1（2024.2 重印）

ISBN 978 - 7 - 5218 - 4470 - 2

Ⅰ. ①证… Ⅱ. ①唐… Ⅲ. ①证券投资 - 分析 - 教材 Ⅳ. ①F830. 91

中国国家版本馆 CIP 数据核字（2023）第 012339 号

责任编辑：刘　莎
责任校对：隗立娜
责任印制：邱　天

证券投资分析教程

唐　平　主编

经济科学出版社出版、发行　新华书店经销

社址：北京市海淀区阜成路甲 28 号　邮编：100142

总编部电话：010 - 88191217　发行部电话：010 - 88191522

网址：www. esp. com. cn

电子邮箱：esp@ esp. com. cn

天猫网店：经济科学出版社旗舰店

网址：http：//jjkxcbs. tmall. com

固安华明印业有限公司印装

787 × 1092　16 开　23 印张　520000 字

2023 年 1 月第 1 版　2024 年 2 月第 2 次印刷

ISBN 978 - 7 - 5218 - 4470 - 2　定价：66. 00 元

前　言

　　中国证券交易市场建立至今，股市的大起大落似乎是一种常态。特别是近十几年来，随着我国资本市场的深入改革，如股权分置、注册制、涨跌幅限制等的改革，沪综指在 2005 年 6 月 6 日跌至 998 点，2007 年 10 月 16 日又涨到 6 124点，涨幅高达 513.49%，而后一路下跌，至 2008 年 10 月 28 日的 1 664 点，跌幅为 72.83%。2022 年股市也出现大幅下跌，4 月 27 日沪综指跌到 2 863 点，较2021 年 12 月 13 日的 3 708 点，短短 4 个多月就下跌 845 点，跌幅为 22.79%。股市暴涨造就了众多财富神话，暴跌击碎了无数投资者的财富梦想。是何原因导致中国股票市场波动幅度如此之大，在全球资本市场中也不常见，这是值得我们深思的。股票市场是我国上市公司融资的一个有效途径，正是有了中小投资者的参与，上市公司才能获得低成本的资金来推动公司的发展。我们并不反对中小投资者参与股票交易，但是如果投资者在入市之前多了解一些证券相关的知识，多学习相关的制度，多掌握相关的分析方法，在面对股票价格大幅波动时就能多一点理性，也许就能避免一些灾难性事件的发生。

　　关于证券投资类的书籍，目前市场上大概分为两类：第一类是纯理论性书籍，这类书主要介绍证券市场的基础理论和相关的定价模型，主要用于金融类专业学生的课堂教学，但阅读这类书需要一定的知识门槛，对于尚未接触股票市场的人群或大学生略显晦涩。第二类是实战型书籍，这类书介绍了股票市场上的各种交易方法，但是质量良莠不齐。真正能指导投资者交易行为和控制好风险的书籍少之又少。立足方便证券投资分析课程教学和投资者学习，笔者编写了这本《证券投资分析教程》。本书的编写参考了证券从业人员考试统编教材，主要内容包含证券投资工具、证券市场基础、证券交易与实务、证券投资分析和证券投资组合理论等。

　　在我国，开设证券投资课程的高校越来越多，对教材的选择就显得十分关键。对于金融类学科的学生来说，他们的相关知识积累得并不是很多。如果教材过于晦涩难懂，可能会打击他们学习金融投资的积极性；如果仅仅介绍知识点，又会把该学科变得枯燥无味。所以怎么选择教材，怎么把握教学的方向，对开设证券投资这门课程是否成功至关重要。

本书最大的特点：一是知识体系比较新颖，近期资本市场的改革和变化也编入书中，例如注册制改革、涨跌停制度的变化、北交所的成立与交易制度、科创板的新交易制度、沪港通与深港通、量化投资等；二是注重理论联系实际，案例解析丰富，书中尽量在理论讲解后再采用案例分析与计算来进行演示，方便读者的理解和掌握；三是每章学习后有丰富的练习题，方便读者学习和知识巩固；四是配有教学课件，课件内容充实，有大量证券分析的实践图片，方便教学使用，能提高教学效果。

本书是编者参阅了大量的书籍资料和从事 20 多年本课程教学与证券投资实践经验后编写的。感谢研究生杨德林、陈镜如、晏帮沛参与了本书的资料收集、整理和校对工作。由于笔者的水平有限、精力有限、知识积累有限，书中错漏在所难免，敬请读者谅解并不吝赐教。

本书的习题答案和课件提供的联系方式（仅限于教师），邮箱：515510622@qq. com。

本教材由重庆工商大学 2022 年本科自编教材专项经费资助。

祝读者学习顺利、生活愉快、投资成功！

编　者

2022 年 10 月

目　录

第一章

证券投资工具

第一节 证券概述

一、证券和有价证券的定义

证券是各类经济权益凭证的统称，它用以证明持有人有权依其所持凭证记载的内容而取得应有的权益，是代表一定权利的法律凭证。从一般意义上来说，证券也是指用以证明或设定权利所做成的书面凭证，它表明证券持有人或第三者有权取得该证券拥有的特定权益，或证明其曾经发生过的行为。证券可以采取纸面或电子形式，也可以采用证券监管机构规定的其他形式。股票、债券、基金、支票、银行汇票、保单、提货单等均为证券。

有价证券是指标有票面金额，用于证明持有人或该证券指定的特定主体对特定财产拥有所有权或债权的凭证。证券本身没有价值，但它代表着一定量的财产权利，持有人可凭该证券直接取得一定量的商品、货币，或者是取得利息、股息等收入，客观上具有交易价格，因而可以在证券市场上买卖和流通。

有价证券是虚拟资本的一种形式。所谓虚拟资本，是指以有价证券形式存在，并能给持有者带来一定收益的资本。虚拟资本是独立于实际资本之外的一种资本存在形式，其本身不能在生产过程中发挥作用。通常，虚拟资本的价格总额并不等于其所代表的真实资本的账面价格，甚至与真实资本的重置价格也不一定相等，其变化并不完全反映实际资本额的变化。

二、有价证券的分类

有价证券有广义与狭义两种。狭义的有价证券即指资本证券，广义的有价证券包括商品证券、货币证券和资本证券。

商品证券是证券持有人拥有商品所有权或使用权的凭证，取得这种证券就等于取得这种商品的所有权。持有人对这种证券所代表的商品所有权受法律保护。属于商品证券的有提货单、运货单、仓库栈单等。

货币证券是指本身能使持有人或第三者取得货币索取权的有价证券。货币证券主要包括两类：一类是商业证券，主要是商业汇票和商业本票；另一类是银行证券，主要是银行汇票、银行本票和支票。

资本证券是指由金融投资或与金融投资有直接联系的活动而产生的证券。持有人有一定的收入请求权。资本证券是有价证券的主要形式。本书中的有价证券即指资本证券。

有价证券的种类多种多样，可以从不同的角度按不同的标准进行分类。

（1）按证券发行主体不同，有价证券可分为政府证券、金融证券和公司证券。政府证券通常是指中央政府或地方政府发行的债券；中央政府债券也称国债，通常由一国财政部发行。金融证券是银行及非银行金融机构发行的证券，包括股票、金融债券等。公司证券是公司为筹措资金而发行的有价证券。公司证券包括的范围比较广泛，主要有股票、公司债券及商业票据等。

（2）按是否在证券交易所挂牌交易，有价证券可分为上市证券和非上市证券。上市证券是指向证券交易所注册登记，经批准在所内挂牌公开交易的有价证券。要将证券列为上市证券的公司，必须向证券交易所或证券主管部门提出申请，呈报证券登记书和有关公司经营情况的材料，经审查符合注册条件，遵守其规章制度，被批准后方能上市。非上市证券是指未申请上市或不符合证券交易所挂牌交易条件的证券。非上市证券不允许在证券交易所内交易，但可以在其他证券交易市场交易。

（3）按募集方式分类，有价证券可分为公募证券和私募证券。公募证券是指发行人通过中介机构向不特定的社会公众投资者公开发行的证券。私募证券是指向少数特定的投资者发行的证券，其审查条件相对宽松，投资者也较少。

（4）按证券所代表的权利性质分类，有价证券可分为股票、债券和其他证券三大类。股票和债券是证券市场两个最基本和最主要的品种，其他证券包括基金证券、证券衍生工具，如金融期货、可转换证券、权证等。

三、有价证券的特征

（1）收益性。证券的收益性是指持有证券本身可以获得一定数额的收益，这是投资者转让资本所有权或使用权的回报。证券代表的是一定数额的某种特定资产的所有权或债权，投资者持有证券也就同时拥有取得这部分资产增值收益的权利，因而证券本身具有收益性。

（2）流动性。证券的流动性是指证券持有人在不造成资金损失的前提下以证券换取现金的特性。证券的流动性可以通过到期兑付、承兑、贴现、转让等方式实现。不同证券的流动性是不同的。

（3）风险性。证券的风险性是指证券持有者面临着预期投资收益不能实现，甚至连本金也受到损失的可能性。从整体上说，证券的风险与其收益成正比。通常情况下，预期收益越高的证券，风险越大；预期收益越低的证券，风险越小。

（4）期限性。债券一般有明确的还本付息期限，以满足不同筹资者和投资者对融资期限以及与此相关的收益率需求。债券的期限具有法律约束力，是对融资双方权益的保护。股票一般没有期限性，可以视为无期证券。

四、证券投资

证券投资是指投资者（法人或自然人）买卖股票、债券、基金等有价证券以及这些有价证券的衍生品，以获取差价、利息及资本利得的投资行为和投资过程，是间接投资的重要形式，主要由收益、风险和时间 3 个要素构成。

证券投资实际上就是投资者在金融市场中运用各种金融工具进行交易的活动。更准确地说，是投资者充分考虑了各种金融工具的风险与收益之后，运用资金进行的一种以营利或者避险为目的的金融活动。这里一般不包含所有的金融产品，如银行储蓄存款、金币买卖都不在这一范围内。当然，也不能把证券投资单纯地理解为股票投资。实际上，证券投资的范围非常广泛，除了投资股票之外，还包括债券、基金等一些能够带来收益，同时也具有一定风险的金融产品。因此，有些学者也把证券投资定义为投资者根据每种金融工具的风险确定它的合理价格，然后在金融市场上购买那些定价低于合理价格的工具，卖出或者卖空那些定价高于合理价格的工具。

第二节 股 票

一、股票的定义和性质

（一）股票的定义

股票是一种有价证券，它是股份有限公司签发的证明股东所持股份和享有权益的凭证。股份有限公司的资本划分为股份，每一股份的金额相等。公司的股份采取股票的形式。股份的发行实行公平、公正的原则，同种类的每一股份具有同等权利。股票一经发行，购买股票的投资者即成为公司的股东。股票实质上代表了股东对股份公司净资产的所有权，股东凭借股票可以获得公司的股息和红利，参加股东大会并行使自己的权利，同时也承担相应的责任与风险。

股票作为一种所有权凭证，有一定的格式。从股票的发展历史看，最初的股票票面格式并不统一，也不规范，由各发行公司自行决定。随着股份制度的发展和完善，许多国家对股票票面格式作了规定，提出票面应载明的事项和具体要求。我国《公司法》规定，股票采用纸面形式或国务院证券监督管理机构规定的其他形式。股票应载明的事项主要有：公司名称、公司成立的日期、股票种类、票面金额以及代表的股份数、股票的编号。股票由法定代表人签名，公司盖章。发起人的股票应当标明"发起人股票"字样。

（二）股票的性质

（1）股票是有价证券。有价证券是财产价值和财产权利的统一表现形式，一方面代表一定量的财产，另一方面可以行使所代表的权利。第一，股票具有一种代表财产权的有价证券，它包含着股东拥有依其持有的股票要求股份公司按规定分配股息和红利的请求权；第二，股票与它代表的财产权有不可分离的关系，两者合为一体。换言之，行使股票所代表的财产权，必须以持有股票为条件，股东权利的转让应与股票占有的转移同时进行。股票的转让就是股东权的转让。

（2）股票是要式证券。真实全面地载明法律（《公司法》）规定的内容，如果缺少规定的要件，股票就无法律效力。而且，股票的制作和发行须经国务院证券监督管理机构的核准，任何个人或者团体不得擅自印制、发行股票。

（3）股票是证权证券。证券可分为设权证券和证权证券。设权证券是指证券所代表的权利本来不存在，而是随着证券的制作而产生，即权利的发生是以证券的制作和存在为条件的。证权证券是物化了外在形式，它是权利的载体，权利是已经存在的。股票代表的是股东权利，它的发行是以股份的存在为条件的，股票只是把已存在的股东权利表现为证券的形式，它的作用不是创造股东的权利，而是证明股东的权利。所以说，股票是证权证券。

（4）股票是资本证券。股份公司发行股票是一种吸引认购者投资以筹措公司自有资本的手段，对于认购股票的人来说，购买股票就是一种投资行为。因此，股票是投入股份公司资本份额的证券化，属于资本证券。但是，股票又不是一种现实的资本，股份公司通过发行股票筹措的资金，是公司用于营运的真实资本。股票独立于真实资本之外，是一种虚拟资本。

（5）股票是综合权利证券。股票既不是物权证券，也不是债权证券，而是一种综合权利证券。物权证券是指证券持有者对公司的财产有直接支配处理权的证券，债权证券是指证券持有者为公司债权人的证券。股票持有者作为股份公司的股东，享有独立的股东权利。换言之，当公司股东将出资交给公司后，股东对其出资财产的所有权就转化为股东权了。股东权是一种综合权利，股东依法享有资产收益、重大决策、选择管理者等权利。股东虽然是公司财产的所有人，享有种种权利，但对于公司的财产不能直接支配处理，而对财产的直接支配处理是物权证券的特征，所以股票不是物权证券。另外，一旦投资者购买了公司股票，即成为公司部分财产的所有人，但该所有人在性质上是公司内部的构成分子，而不是与公司对立的债权人，所以股票也不是债权证券。

二、股票的特征和类型及价值

（一）股票的特征

（1）收益性。收益性是股票最基本的特征，它是指股票可以为持有人带来收益的特性。持有股票的目的在于获取收益。股票收益来源可分成两类：一是来自股份公司。认购股票后，持有者即对发行公司享有经济权益，这种经济权益的实现形式是从公司领取股息和分享公司的红利，其大小取决于公司的经营状况和盈利水平。二是来自股票流通。股票持有者可以将持股票到依法设立的证券交易场所进行交易，其收益大小是买卖股票的价差，又称资本得利。

（2）风险性。股票风险的内涵是股票投资收益的不确定性，或者说实际收益与预期收益之间的偏离。投资者在买入股票时，对其未来收益会有一个预期，但真正实现的收益可能会高于或低于原先的预期，这就是股票的风险。由于受股份公司自身和股票市场等影响，股票投资收益与预期收益相比可能出现较大的偏差。

（3）流动性。流动性是指股票可以在依法设立的证券交易所上市交易或在经批准设立的其他证券交易场所转让的特征。股票转让意味着转让者将其出资金额以股价的形式收回，而将股票所代表的股东身份及各种权益让渡给了受让者。

（4）稳定性。股票投资是一种没有期限的长期投资。股票一经买入，只要股票发行公司存在，任何股票持有者都不能退股，这意味着既不能向股票发行公司要求抽回本金，也不会改变股东身份和放弃股东权益，而只能通过股票交易市场将股票卖出，使股份转让给其他投资者，以收回自己原来的投资。这就保证了发行公司通过股票筹集到的资金在公司存续期内成为一笔稳定的自有资本，从而保证了公司资本规模的稳定性。

（5）参与性。参与性是指股票持有人有权参与公司重大决策的特性。股票的持有者即是发行股票的公司的股东，有权出席股东大会，选举公司的董事会、参与公司的经营决策。股票持有者的投资意志和享有的经济利益，通常是通过股东参与权的行使而实现的。股东参与公司经营决策的权力大小，取决于其所持有的股份的多少。

（二）股票的类型

股票的种类很多，分类方法亦有差异。常见的股票类型如下。

1. 普通股票和优先股票

按股东享有的权利不同：股票可以分为普通股票和优先股票。

（1）普通股票。普通股票是最基本、最常见的一种股票，持有者享有股东最基本的权利并承担相应的义务。其权利大小随公司盈利水平的高低而变化，股东在公司盈利和剩余财产的分配顺序上，列在债权人和优先股票股东之后，故其承担的风险也较高。与优先股票相比，普通股票是标准的股票，也是风险较大的股票。

（2）优先股票。优先股票是一种特殊的股票，在其股东权利、义务中附加某些特别的条件。优先股票的股息率是固定的，其持有者的股东权利受到一定限制，但在公司盈利和剩余财产的分配上优先于普通股票。

2. 记名股票和无记名股票

按是否记载股东姓名，股票可分为记名股票和无记名股票。

（1）记名股票。记名股票是指在股票票面和股份公司的股东名册上记载股东姓名的股票。我国《公司法》规定，公司发行的股票可以为记名股票，也可以为无记名股票。股份有限公司向发起人、法人发行的股票，应当为记名股票，并应当记载该发起人、法人的名称或者姓名，不得另立户名或者以代表人姓名记名。公司发行记名股票的，应当置备股东名册，记载以下事项：股东姓名、名称以及住所，所持有的股份数、股票编号，取得股票的日期。

（2）无记名股票。无记名股票是指在股票票面和股份公司股东名册上均不记载股东姓名的股票。无记名股票也被称为不记名股票，与记名股票的差别不是在股东权利等方面，而是在股票的记载方式上。无记名股票发行时一般留有存根联，它在形式上分为两部分：一部分是股票的主体，记载了公司的有关事项，如公司名称、股票所代表的股数等；另一部分是股息票，用于进行股息结算和行使增资权利。我国《公司法》规定，发行无记名股票的，公司应当记载其股票数量、编号及发行日期。

3. 有面额股票和无面额股票

按是否在股票票面上标明金额，股票可以分为有面额股票和无面额股票。

（1）有面额股票。有面额股票是指在股票票面上记载一定金额的股票，这个金额又称为票面金额、票面价值或股票面值。票面金额一般可以用资本总额除以股份数得到，而很多国家对此直接规定，一般限定最低票面金额，要求同次发行的股票票面金额等同，票面金额以国家主币为单位。我国《公司法》规定，股票发行价格的最低界限为票面金额，也可以超过票面金额，但不得低于票面金额。

（2）无面额股票。无面额股票是指在股票票面不记载股票面额，只注明股份数量或占总股本比例，又被称为比例股票或股份股票。股票仍然有价值，价值的高低取决于股份公司资产的价值。包括中国在内的世界上大多数国家的公司法规定不允许发行无面额股票。

三、股票的价值

有关股票的价值有多种提法，它们在不同场合有不同含义，需要加以区分。

（一）票面价值

股票的票面价值又称面值，即在股票票面上标明的金额。该种股票称为有面额股票。股票的票面价值在初次发行时有一定的参考意义。如果以面值作为发行价，称为平价发行，此时公司发行股票募集的资金等于股本的总和，也等于面值的总和。发行价格高于面值的称为溢价发行，募集的资金等于面值总和的部分记入资本账户，以超过股票票面金额的发行价格发行股份所得的溢价款列为公司资本公积金。随着时间的推移，公司的净资产会发生变化，股票面值与每股资产逐渐背离，与股票的投资价值之间也没有必然的联系。尽管如此，票面价值代表了每一股份占总股的比例，在确定股东权益时仍有一定的意义。

（二）账面价值

股票的账面价值又称股票净值或每股资产，是每股股票所代表的实际资产的价值。在没有优先股的情况下，每股账面价值是以公司净资产除以发行在外的普通股票的股数求得。公司的净资产是公司运营的基础。在盈利水平相同的前提下，账面价值越高，股票的收益越高，股票就越有投资价值。因此，账面价值是股票投资价值分析的重要指标，股票的账面价值等于公司净资产除以发行在外的普通股股数。公司的净资产是公司营运的基础。

（三）股票的清算价值

股票的清算价值是公司清算时每股所代表的实际价值。从理论上说，股票的清算价值应与账面价值一致，实际上并非如此。只有当清算时，在公司资产实际出售价款与财务报表上的账面价值一致时，每一股的清算价值才与账面价值一致。但在公司清算时，其资产往往只能压低价格出售，再加上必要的清算费用，所以大多数公司的实际清算价值低于其账面价值。

（四）股票的内在价值

股票的内在价值即理论价值，也就是股票未来收益的现值。股票的内在价值决定股票的市场价格，股票的市场价格总是围绕其内在价值波动。研究和发现股票的内在价值，并将内在价值与市场价格相比较，进而决定投资策略是证券分析师的主要任务。由于未来收益及市场利率的不确定性，各种价值模型计算出来的"内在价值"只是股票真实的内在价值的估计值。经济形势的变化、宏观经济政策的调整、供求关系的变化等都会影响股票未来的收益，引起内在价值的变化。

1. 股票理论价格

股票价格是指股票在证券市场上买卖的价格。股票本身没有价值，仅是一种凭证。其有价格的原因是它能给其持有者带来股利收入，故买卖股票实际上是购买或出售一种领取股利收入的凭证。股票交易实际上是对未来收益权的转让买卖，股票价格就是对未来收益的评定。

股票及其他有价证券的理论价格是根据现值理论而来的。现值理论认为，人们之所以愿意购买股票和其他证券，是因为它能够为它的持有人带来预期收益。因此，它的"价值"取决于未来收益的大小。可以认为，股票的未来股息收入、资本利得收入是股票的未来收益，亦可称为期值。将股票的期值按照必要的收益率和有效期限折算成今天的价值，即为股票的现值。股票的现值就是股票未来收益的当前价值，也就是人们为了得到股票的未来收益愿意付出的代价。可见，股票及其他有价证券的理论价格就是以一定的必要收益率计算出来的未来收入的现值。股票的理论价格用公式表示：股票理论价格＝预期股息/必要收益率。

2. 股票市场价格

股票的市场价格一般是指在二级市场上交易的价格，股票的市场价格由股票的价值决定，但同时受许多其他因素的影响。其中供求关系是最直接的影响因素，其他因素都是通过作用于供求关系来影响股票价格的。由于影响股票价格的因素复杂多变，所以股票的市场价格呈现出高低起伏的波动性特征。

第三节 债　券

一、债券的定义、票面要素和特征

（一）债券的定义

债券是一种有价证券，是社会各类经济主体为筹集资金而向债券投资者出具的、承诺按一定利率定期支付利息的、到期偿还本金的债权债务凭证。债券所规定的借贷双方的权责关系：一是借贷货币的数额；二是借贷货币的时间；三是债券的利息，即借贷时间的资金成本或应有的补偿。

债券所规定的借贷双方的权利义务关系的含义：一是发行人是借入资金的经济主体；二是投资者是出借资金的经济主体；三是发行人需要在一定时期还本付息；四是债券反映了发行者和投资者之间的债权债务关系，并且这一关系是法律凭证。债券有如下基本性质：

（1）债券属于有价证券。首先，债券反映和代表一定的价值。债券本身有一定的面值，通常它是债券投资者投入资金的量化表现；另外，持有债券可按期取得利息，利息也是债券投资者收益的价值表现。其次，债券与其代表的权利联系在一起，拥有债券就拥有了债券所代表的权利，转让债券也就将债券代表的权利一并转移。

（2）债券是一种虚拟资本。债券尽管有面值，代表了一定的财产价值，但它也是一种虚拟资本，而非真实资本。因为债券的本质是证明债权债务关系的证书。在债权债务关系建立时所投入的资金已被债务人占用，债券是实际运用的真实资本的证书。债券的流动并不意味着它所代表的实际资本也同样流动，债券独立于实际资本之外。

（3）债券是债权的表现。债券代表债券投资者的权利，这种权利不是直接支配产权，也不以资产所有权表现，而是一种债权。拥有债券的人是债权人。债权人不同于公司股东，是公司的外部利益相关者。

（二）债券的票面要素

债券作为证明债权债务关系的凭证，一般以一定格式来表现。通常，债券票面上有 4 个基本要素。

1. 债券的票面价值

债券的票面价值是债券票面标明的货币价值，是债券发行人承诺在债券到期日偿还给债券持有人的金额。在债券的票面价值中，首先要规定票面价值的币种，即以何种货币作为债券价值的计量标准。确定币种主要考虑债券的发行对象。一般来说，在国内发行的债券通常以本国货币作为面值的计量单位；在国际金融市场筹资，则通常以债券发行地所在国家的货币或以国际通用货币为计量标准。此外，确定币种还应考虑债券发行者本身对币种的需求。币种确定后，则要规定债券的票面金额。票面金额大小不同，可以适应不同的投资对象，同时也会产生不同的发行成本。票面金额定得较小，有利于小额投资者购买，持有者分布面广，但债券本身的印刷及发行工作量大，费用可能较高；票面金额定得较大，有利于少数大额投资者认购，且印刷费用等也会相应减少，但使小额投资者无法参与。因此，债券票面金额的确定也要根据债券的发行对象、市场资金供给情况及债券发行费用等因素综合考虑。

2. 债券的偿还期限

债券的偿还期限即从债券发行日起到本息偿清之日止的时间。债券偿还期限的确定，主要受发行者未来一定期限内可调配的资金规模、未来市场利率的发展趋势、证券交易市场的发达程度、投资者的投资方向、心理状态和行为偏好等因素的影响。债券的偿还期限，一般分为短期、中期和长期。偿还期限在 1 年以内的为短期，1 年以上、10 年以下的为中期，10 年以上的为长期。

3. 债券的票面利率

债券票面利率也称名义利率，是债券年利息与债券票面价值的比率，通常年利率用百分数表示。利率是债券票面要素中不可缺少的内容。

在实际经济生活中，债券利率亦受很多因素影响，主要包括以下方面。

第一，借贷资金市场利率水平。市场利率普遍较高时，债券的票面利率也相应较高，否则，投资者会选择投资而舍弃债券；反之，市场利率较低时，债券的票面利率也相应较低。

第二，筹资者的资信。如果债券发行人的资信状况好，债券信用等级高，投资者的风险小,债券票面利率可以定得低一些;如果债券发行人的资信状况差,债券信用等级低,投资者的风险大,债券票面利率就需要定得高一些。此时的利率差异反映了信用风险的大小,高利率是对高风险的补偿。

第三,债券期限长短。一般来说,期限较长的债券,流动性差,风险相对较大,票面利率应该定得高一些;而期限较短的债券流动性强,风险相对较小,票面利率就可以定得低一些。但是,债券票面利率与期限的关系比较复杂,它们还受其他因素的影响,所以有时也会出现短期债券票面利率高而长期债券票面利率低的现象。

4. 债券发行者名称

这一要素指明了该债券的债务主体,既明确了债券发行人应履行对债权人偿还本息的义务,也为债权人到期追索本金和利息提供了依据。

需要说明的是,以上 4 个要素虽然是债券票面的基本要素,但它们并非一定在债券票面上印制出来。在许多情况下,债券发行者是以公布条例或公告等形式向社会公开宣布某债券的期限与利率,只要发行人具备良好的信誉,投资者也会认可接受。此外,债券票面上有时还包括一些其他因素。如有的债券具有分期偿还的特征,在债券的票面上或发行公告中附有分期偿还时间表;有的债券附有一定的选择权,即发行契约中赋予债券发行人或持有人具有某种选择的权利,包括附有赎回选择权条款的债券、附有出售选择权条款的债券、附有可转换条款的债券、附有交换条款的债券、附有新股认购权条款的债券等。附有赎回条款选择权条款的债券表明债券发行人具有在到期日之前买回全部或部分债券的权利,附有出售选择权条款的债券表明债券持有人具有在指定的日期内以票面价值将债券卖回给发行人的权利,附有可转换条款的债券表明债券持有人具有按约定条件将债券转换成发行公司普通股股票的选择权,附有交换条款的债券是指债券持有人具有按约定条件将债券与债券发行公司以外的其他公司的普通股票交换的选择权,附有新股认购权条款的债券表明债券持有人具有按约定条件购买债券发行公司新发行的普通股股票的选择权。

(三) 债券的特征

(1) 偿还性。偿还性是指债券有规定的偿还期限,债务人必须按期向债权人支付利息和偿还本金。债券的偿还性使资金筹措者不能无限期地占用债券购买者的资金。换言之,他们之间的借贷经济关系将随偿还期限结束、还本付息手续完毕而不复存在。

(2) 流动性。流动性是指债券持有人可按自己的需要和市场的实际状况,灵活地转让债券,以提前收回本金和实现投资收益。流动性首先取决于市场为转让所提供的便利程度；其次取决于债券在迅速转变为货币时，是否在以货币计算的价值上蒙受损失。

（3）安全性。安全性是指债券持有人的收益相对稳定，不随发行者经营收益的变动而变动，并且可按期收回本金。一般来说，具有高度流动性的债券同时也是较安全的，因为它不仅可以迅速地转为货币，而且还可以按一个较稳定的价格转换。债券投资不能收回有以下两种情况。

第一，债务人不履行债务，即债务人不能按时足额按约定的利息支付或者偿还本金。不同的债务人不履行债务的风险程度是不一样的，一般政府债券不履行债务的风险最低。

第二，流通市场风险，即债券在市场上转让时因价格下跌而承受损失。许多因素会影响债券的转让价格，其中较重要的是市场利率水平。

（4）收益性。收益性是指债券能为投资者带来一定的收入，即债权投资的报酬。在实际经济活动中，债券收益可以表现为两种形式：一是利息收入，即债权人在持有债券期间按约定的条件分期、分次取得利息或者到期一次取得利息；二是资本损益，即债权人到期收回的本金与买入债券或中途卖出债券与买入债券之间的价差收入。

二、债券的分类

债券种类很多，在债券的历史发展过程中出现过许多不同品种的债券，各种债券共同构成了一个完整的债券体系。债券可以依据不同的标准进行分类。

（一）按发行主体分类

根据发行主体的不同，债券可以分为政府债券、金融债券和公司债券。

（1）政府债券。政府债券发行的主体是政府。中央政府发行的债券称为国债，其主要用途是解决由政府投资的公共设施或重点建设项目的资金需要和弥补国家财政赤字。根据不同的发行目的，政府债券有不同的期限，从几个月至几十年。政府债券的发行和收入的安排使用是从整个国民经济的范围和发展来考虑的。政府债券的发行规模、期限结构、未清偿余额，关系着一国政治、经济发展的全局。除了政府部门直接发行的债券外，有些国家把政府担保的债券也划归为政府债券体系，称为政府保证债券。这种债券由一些与政府有直接关系的公司或金融机构发行，并由政府提供担保。

（2）金融债券。金融债券的发行主体是银行或非银行的金融机构。金融机构一般有雄厚的资金实力，信用度较高，因此，金融债券往往也有良好的信誉。银行和非银行金融机构是社会信用的中介，它们的资金来源主要靠吸收公众存款的金融业务收入。它们发行债券的目的主要有：一是筹资用于某种特殊用途，二是改变自身的资产负债结构。对于金融机构来说，吸收存款和发行债券都是它的资金来源，构成了它的负债。存款的主动性在存款户，金融机构只能通过提供服务条件来吸引存款，而不能完全控制存款，是被动负债；而发行债券则是金融机构的主动负债，金融机构有更大的主动权和灵活性。金融债券的期限以中期较为多见。

（3）公司债券。公司债券是公司依照法定程序发行，约定在一定期限还本付息的有价证券。公司债券的发行主体是股份公司，但有些国家也允许非股份制企业发行债券。所以，在归类时，可将公司债券和企业发行的债券合在一起，称为公司（企业）债券。公司发行债券的目的主要是满足经营需要。由于公司的情况千差万别，有些经营有方、实力雄厚、信誉高，也有一些经营较差，可能处于倒闭的边缘，因此，公司债券的风险性相对于政府债券和金融债券要大一些。公司债券有中长期的，也有短期的，视公司的需要而定。

（二）按付息方式分类

根据债券发行条款中是否规定在约定期限向债券持有人支付利息，可分为零息债券、附息债券、息票累积债券3类。

（1）零息债券。零息债券也称贴现债券，指债券合约未规定利息支付的债券。通常，这类债券以低于面值的价格发行和交易，债券持有人实际上是以买卖（到期赎回）价差的方式取得债券利息。

（2）附息债券。附息债券在发行时明确了债券票面利率和付息频率（通常一年或半年支付一次）及付息日，在债券存续期内，对持有人定期支付利息，到债券到期日时，偿还最后一次利息和本金的债券。有些附息债券可以根据合约条款推迟支付定期利率，故称为缓息债券。

（3）息票累积债券。与附息债券相似，这类债券也规定了票面利率，但是，债券持有人必须在债券到期时一次性获得本息，存续期间没有利息支付。

（三）按债券形态分类

债券有不同的形式，根据债券券面形态可以分为实物债券、凭证式债券和记账式债券。

（1）实物债券。实物债券是一种具有标准格式实物券面的债券。在标准格式的债券券面上，一般印有债券面额、债券利率、债券期限、债券发行人全称、还本付息方式等各种债券票面要素。有时债券利率、债券期限等要素也可以通过公告向社会公布，而不是在债券券面上注明。无记名国债就属于这种实物债券，它以实物券的形式记录债权、面值等，不记名、不挂失，可上市流通。实物债券是一般意义上的债券，很多国家通过法律或者法规对实物债券的格式予以明确规定。

（2）凭证式债券。凭证式债券的形式是债权人认购债券的一种收款凭证，而不是债券发行人制定的标准格式的债券。我国从 1994 年开始发行凭证式国债。我国的凭证式国债通过各银行储蓄网点和财政部门国债服务部面向全社会发行，券面上不印制票面金额，而是根据认购者的认购额填写实际的缴款金额，是一种国家储蓄，可记名、挂失，以"凭证式国债不能上市流通，从购买之日起计息。在持有期内，持券人如遇特殊情况需要提取现金，可以到原购买点提前兑取。提前兑取时，除偿还本金外，利息按实际持有天数及相应的利率档次计算，经办机构按兑付本金的 2‰收取手续费。

（3）记账式债券。记账式债券是指将投资者持有的债券登记于证券账户中，投资者仅取得收据或对账单以证实其持有债权的一种债券。在我国，上海证券交易所和深圳证券交易所已为证券投资者建立电脑证券账户，因此，可以利用证券交易所的系统来发行债券。我国近年来通过沪、深交易所的交易系统发行和交易的记账式国债就是这方面的实例。如果投资者进行记账式债券的买卖，就必须在证券交易所设立账户。所以，记账式国债又称无纸化国债。记账式国债具有成本低、收益好、安全性好、流通性强的特点。

三、政府债券

（一）政府债券的定义

政府债券是指政府财政部门或其他代理机构为筹集资金，以政府名义发行的并承诺在一定时期支付利息和到期还本的债务凭证。中央政府发行的债券被称为中央政府债券或者国债，地方政府发行的债券被称为地方政府债券，有时两者被统称为公债。

（二）政府债券的性质

政府债券的性质主要从两个方面考察：第一，从形式上看，政府债券也是一种有价证券，它具备了债券的一般性质。政府债券本身有面额，投资者投资于政府债券可以取得利息，因此，政府债券具备了债券的一般特征。第二，从功能上看，政府债券最初仅仅是政府弥补赤字的手段。但在现代商品经济条件下，政府债券已成为政府筹集资金、扩大公共开支的重要手段，并且随着金融市场的发展，逐渐具备了金融商品和信用工具的职能，成为国家实施宏观经济政策、进行宏观调控的工具。

（三）政府债券特征

（1）安全性高。政府债券是政府发行的债券，由政府承担还本付息的责任，是国家信用的体现。在各类债券中，政府债券的信用等级是最高的，通常被称为"金边债券"。投资者购买国家债券，是一种较安全的投资选择。

（2）流通性强。政府债券是一国政府的债务，它的发行量一般都非常大；同时，由于政府债券的信用好，竞争力强，市场属性好，所以，许多国家政府债券的二级市场十分发达，一般不仅允许在证券交易所上市交易，还允许在场外市场进行买卖。发达的市场为政府债券的转让提供了方便，使其流通性大大增强。

（3）收益稳定。投资者购买政府债券，可以得到一定的利息。政府债券的付息由政府保证，其信用度最高、风险最小，对于投资者来说，投资政府债券的收益是比较稳定的。因此政府债券的本息大多数固定且有保障，所以交易价格一般不会出现大的波动，二级市场的交易双方均能得到相对稳定的收益。

（4）免税待遇。政府债券是政府自己的债务，为了鼓励人们投资政府债券，大多数国家规定，对于购买政府债券所获得的收益，可以享受免税待遇。《中华人民共和国个人所得税法》规定，个人的利息、股息、红利所得，应纳个人所得税，但国债和国家发行的金融债券利息收入可免纳个人所得税。因此，在政府债券与其他证券名义收益率相等的情况下，如果考虑税收因素，持有政府债券的投资者可以获得更多的实际投资收益。

四、金融债券

（一）金融债券的定义

金融债券是指银行及非银行金融机构依照法定程序发行并约定在一定期限内还本付息的有价证券。在英、美等欧美国家，金融机构发行的债券归类于公司债券。在中国及日本等国家，金融机构发行的债券称为金融债券。债券按法定发行手续，承诺按约定利率定期支付利息并到期偿还本金。它属于银行等金融机构的主动负债。金融债券能够较有效地解决银行等金融机构的资金来源不足和期限不匹配的矛盾。一般来说，银行等金融机构的资金有 3 个来源，即吸收存款、向其他机构借款和发行债券。存款资金的特点之一，是在经济发生动荡的时候，易发生储户争相提款的现象，从而造成资金来源不稳定；向其他商业银行或中央银行借款所得的资金主要是短期资金，而金融机构往往需要进行一些期限较长的投融资，这样就出现了资金来源和资金运用在期限上的矛盾，发行金融债券比较有效地解决了这个矛盾。

（二）我国的金融债券的品种

近些年来，我国金融债券市场发展较快，金融债券品种不断增加，主要有以下几种。

1. 政策性金融债券

政策性金融债券，是指我国政策性银行为筹集资金，经监管部门批准，以市场化方式向国有商业银行、邮政储蓄银行、城市商业银行等金融机构发行的债券。政策性银行包括国家开发银行、中国进出口银行、中国农业发展银行。

根据《全国银行间债券市场金融债券发行管理办法》，政策性银行发行金融债券，应按年向中国人民银行报送金融债券发行申请，经中国人民银行核准后方可发行。政策性银行金融债券发行申请应包括发行数量、期限安排、发行方式等内容，如需调整，应及时报中国人民银行核准。政策性金融债券可在全国银行间债券市场和交易所债券市场公开发行或定向发行，发行人可以采取一次足额发行或限额内分期发行的方式。

2. 商业银行金融债券

商业银行金融债券是指依法在中华人民共和国境内设立的商业银行，在全国银行间债券市场发行的按约定还本付息的有价证券。商业银行除发行普通的金融债券外，还包括次级债券、资本补充债券。

（1）商业银行金融债券。根据《全国银行间债券市场金融债券发行管理办法》，商业银行发行金融债券应具备以下条件：具有良好的公司治理机制，核心资本充足率不低于4%，最近3年连续盈利，贷款损失准备计提充足，风险监管指标符合监管机构的有关规定，最近3年没有重大违法、违规行为，中国人民银行要求的其他条件。

根据商业银行的申请，中国人民银行可以豁免前款所规定的个别条件。

（2）商业银行次级债券。商业银行次级债券，是指商业银行发行的、本金和利息的清偿顺序列于商业银行其他负债之后先于商业银行股权资本的债券。

根据《商业银行次级债券发行管理办法》，商业银行公开发行次级债券应具备以下条件：实行贷款五级分类，贷款五级分类偏差小；核心资本充足率不低于5%；贷款损失准备计提充足；具有良好的公司治理结构与机制；最近3年没有重大违法、违规行为。

商业银行以私募方式发行次级债券或募集次级定期债务应符合以下条件：实行贷款五级分类，贷款五级分类偏差小；核心资本充足率不低于4%；贷款损失准备计提充足；具有良好的公司治理结构与机制；最近3年没有重大违法、违规行为。

（3）资本补充债券。2018年2月27日，中国人民银行发布2018年第3号公告，就银行业金融机构发行资本补充债券有关事宜进行了规定。资本补充债券是指银行业金融机构为满足资本监管要求而发行的对特定触发事件下债券偿付事宜作出约定的金融债券，包括但不限于无固定期限资本债券和二级资本债券。根据中国人民银行 2018 年第 3 号公告，银行业金融机构发行资本补充债券，应满足以下条件：具有完善的公司治理机制，偿债能力良好，且成立满 3 年，经营稳健，资产结构符合行业特征，以服务实体经济为导向，遵守国家产业政策和信贷政策，满足宏观审慎管理要求，且主要金融监管指标符合监管部门的有关规定。该公告还明确，当触发事件发生时，资本补充债券可以实施减记，也可以实施转股。

3. 证券公司债券

证券公司目前可以发行的债券品种包括证券公司普通债券、证券公司短期融资券、证券公司次级债券、证券公司次级债务。目前，中国证监会制定的《证券公司债务融资工具管理暂行规定》尚在征求意见阶段。根据该征求意见稿的思路，证券公司除上述几类债券外，还可发行收益凭证。中国证监会拟将证券公司债券、次级债和收益凭证归入证券公司债务融资工具这一大类统一监管。

（1）证券公司债券。2003 年 8 月 29 日，中国证监会发布《证券公司债券管理暂行办法》，规定证券公司债券是指证券公司依法发行的并约定在一定期限内还本付息的有价证券。2015 年 1 月 15 日，中国证监会发布《公司债券发行与交易管理办法》（中国证监会令第 113 号），并自公布之日起实施，将证券公司发行债券的相关规定纳入公司债券进行规范。随着该办法的实施，《证券公司债券管理暂行办法》废止。因此，目前证券公司发行普通公司债券的要求和其他公司相同。

（2）证券公司短期融资券。2004 年 10 月，中国证监会和原中国银监会、中国人民银行制定并发布《证券公司短期融资券管理办法》。根据该办法，证券公司短期融资券是指"证券公司以短期融资为目的，在银行间债券市场发行的约定在一定期限内还本付息的金融债券"。证券公司发行短期融资券实行余额管理，待偿还短期融资券余额不超过净资本的 60%，在此范围内，证券公司自主确定每期短期融资券的发行规模。

（3）证券公司次级债。2013 年 1 月 7 日，中国证监会发布《证券公司次级债管理规定》，规定证券公司次级债是指"证券公司向股东或机构投资者定向借入的、清偿顺序在普通债之后的次级债务，以及证券公司向机构投资者发行的、清偿顺序在普通债之后的有价证券（以下简称'次级债券'）"。次级债务、次级债券为证券公司同一清偿顺序的债务。证券公司次级债券只能以非公开方式发行。需要注意的是，证券公司和其他金融机构次级债券的发行、交易或转让，同时应适用《公司债券发行与交易管理办法》。

（4）保险公司次级债务。2013年3月15日，原中国保监会修订了《保险公司次级定期债务管理暂行办法》。根据该办法，保险公司次级债是指"保险公司为了弥补临时性或者阶段性资本不足，经批准募集、期限在5年以上（含5年），且本金和利息的清偿顺序列于保单责任和其他负债之后先于保险公司股权资本的保险公司债务"。保险公司募集次级债所获取的资金，可以计入附属资本。计入附属资本的次级债金额不得超过净资产的50%，但不得用于弥补保险公司日常经营损失，保险公司及其股东和其他第三方不得为募集的次级债提供担保。

当然，保险公司除了发行次级债务外，还可以和其他公司一样发行普通公司债券、可转换公司债券等。

（5）财务公司债券。2007年7月，原中国银监会下发《中国银监会关于企业集团财务公司发行金融债券有关问题的通知》，规定财务公司债券属于金融债券的一种，该通知并未对其进行单独的定义，但对发行条件和程序进行了明确。财务公司发行金融债券应当由财务公司的母公司或其他有担保能力的成员单位提供相应担保，经原中国银监会批准免予担保的除外。财务公司发行金融债券可在银行间债券市场公开发行或定向发行，可采取一次足额发行或限额内分期发行的方式。

（6）金融租赁公司和汽车金融公司的金融债券。2009年8月，中国人民银行和原中国银监会发布公告，对金融租赁公司和汽车金融公司发行金融债券进行规范。该公告所称金融租赁公司是指经原中国银监会批准设立的、以经营融资租赁业务为主的非银行金融机构，汽车金融公司是指经原中国银监会批准设立的、为中国境内的汽车购买者及销售者提供金融服务的非银行金融机构。符合条件的金融租赁公司和汽车金融公司可以在银行间债券市场发行和交易金融债券。金融租赁公司和汽车金融公司发行金融债券后，资本充足率均应不低于8%。

五、公司债券

（一）公司债券的定义

公司债券是指公司依照法定程序发行的，约定在一定期限内还本付息的有价证券。公司债券是公司债的表现形式，基于公司债券的发行，在债券的持有人和发行人之间形成了以还本付息为内容的债权债务法律关系。因此，公司债券是公司向债券持有人出具的债务凭证。

（二）公司债券的类型

各国在实践中，曾创造出许多种类的公司债券，这里选择若干品种进行介绍。

（1）信用公司债。信用公司债是一种不以公司任何资产作担保而发行的债券，属于无担保证券范畴。一般来说，政府债券无须提供担保。金融债券大多数也可免除担保。少数大公司经营良好，信誉卓著，也发行信用公司债。信用公司债的发行人实际上是将公司信誉作为担保。信用公司债附有某些限制性条款，如公司债券不得随意增加，债券未清偿之前股东的分红要有限制等。

（2）不动产抵押公司债。不动产抵押公司债是以公司的不动产（如房屋、土地等）作抵押发行的债券。用作抵押的财产价值不一定与发生的债务额相等，当某抵押品价值很大时，可以分作若干次抵押，这样就有所谓第一抵押债券、第二抵押债券等之分。在处理抵押品偿债时，要按顺序依次偿还优先一级的抵押债券。

（3）保证公司债。保证公司债是公司发行的由第三者作为还本付息担保人的债券，是担保证券的一种。一般由政府、金融机构或信誉良好的企业作为担保，也常见母公司对子公司的担保。一般来说，投资者比较愿意购买保证公司债，因为一旦公司到期不能偿还债务，担保人将负清偿之责。

（4）收益公司债。收益公司债是一种具有特殊性质的债券，它与一般债券相似，有固定到期日，清偿时债权排列顺序先于股票。但它又与一般债券不同，公司债券的利息只有在公司盈利时才支付；若利息不能足额支付，未付利息可以累加；公司只有在利息付清后，公司股东才能分红。

（5）可转换公司债。可转换公司债是指发行人依照法定程序发行，在一定期限内依据约定的条件可以转换成股份的公司债券。这种债券附加转换选择权，在转换时是公司债券形式，转换后相当于增发了股票。可转换公司债券兼有债权投资和股权投资的双重优势。可转换公司债券与一般的债券一样，在转换前投资者可以定期得到利息收入，但此时不具有股东的权利；当发行公司的经营业绩取得显著增长时，可转换公司债券的持有人可以在约定期限内，按预定的转换价格转换成公司的股份，以分享公司业绩增长带来的收益。可转换公司债券一般要经股东大会或董事会的决议通过才能发行，而且在发行时，应在发行条款中规定转换期限和转换价格。

六、国际债券

（一）国际债券的定义

国际债券（international bonds）是一国政府、金融机构、工商企业或国家组织为筹措和融通资金，在国外金融市场上发行的，以外国货币为面值的债券。国际债券的重要特征，是发行者和投资者属于不同的国家，筹集的资金来源于国外金融市场。国际债券的发行和交易，既可用来平衡发行国的国际收支，也可用来为发行国政府或企业引入资金从事开发和生产。依发行债券所用货币与发行地点的不同，国际债券又可分为外国债券和欧洲债券。

（二）国际债券特征

国际债券是一种跨国发行的债券，涉及两个或两个以上的国家。同国内债券相比，国际债券具有一定的特殊性。

（1）资金来源范围广、发行规模大。发行国际债券是在国际证券市场上筹措资金，发行对象为各国的投资者，因此资金来源比国内债券广泛得多。

（2）存在汇率风险。发行国内债券，筹集和还本付息的资金都是本国货币，所以不存在汇率风险。发行国际债券，筹集到的资金是外国货币，汇率一旦发生波动，发行人和投资者都有可能蒙受意外缺失或获取意外收益。所以，汇率风险是国际债券的重要风险。

（3）有国家主权保障。在国际债券市场上筹集资金，有时可以得到一个主权国家政府最终偿债的承诺保证。若得到这样的承诺保证，各个国际债券市场都愿意向该主权国家开放，这也使得国际债券市场有较高的安全性。当然，代表国家主权的政府也要对本国发行人在国际债券市场上借债进行审查和控制。

（4）以自由兑换货币为计量货币。国际债券在国际市场上发行，因此其计价货币往往是国际通用货币，一般以美元、英镑、欧元、日元和瑞士法郎为主。这样，发行人筹集到的资金是一种可通用的自由外汇资金。

第四节　证券投资基金

一、证券投资基金概述

（一）证券投资基金的概念

证券投资基金是指通过公开发售基金份额募集资金，由基金托管人托管，由基金管理人管理和运用资金，为基金份额持有人的利益，通过资产组合进行的证券投资方式。

称谓上的差异：美国称"共同基金"，英国和中国香港称"单位信托基金"，日本和中国台湾称"证券投资信托基金"。基金起源于英国。英国政府 1868 年发行受托凭证。基金产业已经与银行业、证券业、保险业并驾齐驱，成为现代金融体系的四大支柱之一。

中国证券投资基金业协会发布的公募基金数据显示，截至 2022 年 7 月底，我国境内共有基金管理公司 140 家。其中，外商投资基金管理公司 45 家，内资基金管理公司 95 家；机构管理的公募基金资产净值合计 27.06 万亿元，市场公募基金数量合计 10 123 只。

（二）证券投资基金的特点

1. 集合理财、专业管理

证券投资基金通过汇集众多投资者的资金，进行共同投资，表现出一种集合理财的特点。集中众多投资者的资金，积少成多，有利于发挥资金的规模优势，降低投资成本。证券投资基金由专业机构进行管理与运作，它们一般拥有专业的投资研究人员和强大的信息网络，能够更好地对证券市场进行动态跟踪与深入分析。因此，通过购买基金进行投资，相当于聘请了一个专业的投资经理，使中小投资者也能享受到专业化的投资管理服务。

2. 组合投资、分散风险

对中小投资者而言，由于资金有限，很难通过购买多种证券达到有效分散投资风险的目的。为降低投资风险，有关法律法规通常会要求基金进行组合投资，投资者购买基金就相当于用很少的投资购买了一篮子股票，从而享受到组合投资、分散风险的好处。

3. 利益共享、风险共担

证券投资基金实行利益共享、风险共担的原则，基金收益在扣除基金费用后由基金投资者按其所持基金份额享受盈利和承担亏损。

4. 严格监管、信息透明

为切实保护基金投资者的利益，增强投资者对基金投资的信心，各国（地区）的基金监管机构都对证券投资基金实行严格监管，并强制基金进行信息披露。

5. 独立托管、保障安全

基金财产独立于基金管理人、基金托管人的固有财产。基金管理人负责基金的投资操作，本身并不参与基金财产的保管，基金财产的保管由独立于基金管理人的基金托管人负责。这种相互制约、相互监督的制衡机制为投资者的利益保护提供了主要的制度保障。

（三）证券投资基金与股票、债券的区别

1. 反映的经济关系不同

股票反映的是所有权关系，债券反映的是债权债务关系，而基金反映的则是信托关系。

2. 筹集资金的投向不同

股票和债券是直接投资工具，筹集的资金主要投向实业；而基金是间接投资工具，筹集的资金主要投向有价证券等金融工具。

3. 收益风险水平不同

股票的直接收益取决于发行公司的经营效益，不确定性强，投资于股票有较大的风险。债券的直接收益取决于债券利率，而债券利率一般是事先确定的，投资风险较小。基金主要投资于有价证券，投资选择灵活多样，从而使基金的收益有可能高于债券，投资风险有可能小于股票。因此，基金能满足那些不能或不宜直接参与股票、债券投资的个人或机构的需要。

二、证券投资基金的分类

1. 按基金的组织形式不同，基金可分为契约型基金和公司型基金

契约型基金又称为单位信托基金，将投资者、管理人、托管人三者作为基金的当事人，通过签订基金契约的形式发行受益凭证而设立的一种基金。契约型基金是基于信托原理而组织起来的代理投资方式，没有基金章程，也没有公司董事会，而是通过基金契约来规范三方当事人的行为。基金管理人负责基金的管理操作；基金托管人作为基金资产的名义持有人，负责基金资产的保管和处置，对基金管理人的运作实行监督。

公司型基金依据基金公司章程设立，是在法律上具有独立法人地位的股份投资公司。基金投资者是公司的股东，凭其持有的股份依法享有投资收益。公司型基金在组织形式上与股份有限公司类似，由股东选举董事会，由董事会选聘基金管理公司，基金管理公司负责管理基金的投资业务。

契约型基金与公司型基金的区别：

（1）资金的性质不同。契约型基金的资金是通过发行基金份额筹集起来的信托财产；公司型基金的资金是公司法人的资本。

（2）投资者的地位不同。契约型基金的投资在购买基金份额后成为基金契约的当事人之一，投资者既是基金的托管人，又是基金的受益人，即享有基金的受

益权。公司型基金的投资者在购买基金公司的股票后成为该公司的股东，因此，公司型基金的投资者对基金运作的影响比契约型基金的投资者大。

（3）基金的营运依据不同。契约型基金依据基金契约营运基金，公司型基金依据基金公司章程营运基金。

由此可见，契约型基金和公司型基金在法律依据、组织形式以及有关当事人地位等方面是不同的，但它们都是把投资者的资金集中起来，按照基金设立时所规定的投资目标和策略，将基金资产分散投资于众多的金融产品上，获取收益后再分配给投资者的投资方式。

2. 按基金是否可自由赎回和基金规模是否固定，基金可分为封闭式基金和开放式基金

封闭式基金是指经核准的基金在合同期限内固定不变，在依法设立的证券交易场所交易，基金份额持有人不得申请赎回的基金。由于封闭式基金在封闭期内不能追加认购或赎回，投资者只能在二级市场上进行基金的买卖。

开放式基金是指基金份额总额不固定，基金份额可以在基金合同约定的时间和场所申购或者赎回的基金。为了满足投资者赎回资金实现变现的要求，开放式基金一般都从所筹资金中拨出一定比例，以现金形式保持这部分资产。

封闭式基金与开放式基金有以下主要区别：

（1）期限不同。

封闭式基金有固定的封闭期，通常在5年以上，一般为10年或15年，经受益人大会通过并经主管机关同意可以适当延长期限。开放式基金没有固定期限，投资者可随时向基金管理人赎回基金单位，若大量赎回甚至会导致清盘。

（2）发行规模限制不同。

封闭式基金的基金规模是固定的，在封闭期限内未经法定程序认可不能增加发行。开放式基金没有发行规模限制，投资者可随时提出申购或赎回申请，基金规模随之增加或减少。

（3）基金份额交易方式不同。

封闭式基金的基金份额在封闭期限内不能赎回，持有人只能在证券交易场所出售给第三者，交易在基金投资者之间完成。开放式基金的投资者则可以在首次发行结束一段时间后，随时向基金管理人或中介机构提出申购或赎回申请，绝大多数开放式基金不上市交易，交易在投资者与基金管理人或其代理人之间进行。

（4）价格形成方式不同。

封闭式基金的买卖价格受市场供求关系的影响，常出现溢价或折价现象。封闭式投资基金不必然反映单位基金份额的净资产值。开放式基金的申购赎回以每一基金份额净资产值为基础，不受市场供求关系的影响。

（5）激励约束机制与投资策略不同。

封闭式基金份额固定，即使基金表现良好，也不能扩大运作规模，如果基金表现不好，由于投资者无法赎回投资，基金经理在投资运作上面临的直接压力因此相对较小。与此不同，如果开放式基金的业绩表现良好，将会吸引新的投资，规模将随之扩大；如果表现差，则会面临投资者赎回的直接压力，基金将被迫赎回投资。因此，与封闭式基金相比，开放式基金给基金管理人提供了更好的激励约束机制。

封闭式基金由于无须考虑资金流进流出的影响，更便于基金经理进行长期投资和全额投资安排。开放式基金在操作上常常会受到不可预测的资金流进或流出的干扰，特别是为应对投资者赎回的需要，必须高度重视资产的流动性，因此会预留一定比例的现金，不会进行全额投资，这也会在一定程度上对投资业绩带来不利影响。

3. 按基金的投资标的划分，可分为股票型基金、债券型基金、混合型基金、货币市场基金等

（1）股票型基金。

股票型基金是指以股票为主要投资对象的证券投资基金。在我国，根据中国证监会对基金类别的分类标准，80%以上的基金资产投资于股票的，为股票型基金。股票型基金的风险较高，但预期收益也较高，其投资目标侧重于追求资本利得和长期资本增值，比较适合长期投资。

股票型基金根据所投资股票性质的不同，可作进一步分类。按投资市场分类，股票型基金可分为国内股票基金、国外股票基金。按所持股票性质分类，可分为价值型股票基金、成长型股票基金和平衡型股票基金等。价值型股票基金主要投资于收益稳定、价值被低估、安全性较高的股票。成长型股票基金主要投资于收益增长速度快、未来发展潜力大的股票，同时投资于价值型股票和成长型股票的基金是平衡型基金。

（2）债券型基金。

债券型基金是一种以债券为主要投资对象的证券投资基金。在我国，根据中国证监会对基金类别的分类标准，80%以上的基金资产投资于债券的，为债券型基金。由于债券的年利率固定，这类基金的风险较低，适合于稳健型投资者。债券型基金的收益会受市场利率的影响，当市场利率下调时，其收益会上升；反之，若市场利率上调时，其收益将下降。

（3）混合型基金。

混合型基金是指同时投资于股票与债券的基金，该类基金由于资产配置比例不同，风险收益差异较大。一般可以根据资产配置的不同，将混合型基金分为偏

股型基金、偏债型基金、股债平衡型基金、灵活配置型基金等。偏股型基金中股票配置比例较高，债券配置比例较低；相反，偏债型基金中债券配置比例较高，股票配置比例较低；股债平衡型基金中股票与债券的配置比例较为均衡；灵活配置型基金在股票、债券上的配置比例则会根据市场情况进行灵活调整，有时股票配置的比例较高，有时债券配置的比例较高。

（4）货币市场基金。

货币市场基金是仅以货币市场工具为投资对象的一种基金，其投资对象期限较短，一般在1年以内，包括银行短期存款、国库券、公司短期债券、银行承兑票据及商业票据等货币市场工具。货币市场基金的优点是资本安全性高。因此，货币市场基金通常被认为是低风险的投资工具。

4. 按基金的投资目标划分，可分为成长型基金、收入型基金、平衡型基金

成长型基金是基金中最常见的一种，它追求的是基金资产的长期增值。为了达到这一目标，基金管理人通常将基金资产投资于信誉度较高、有长期成长前景或长期盈余的所谓成长型公司的股票。成长型基金又可分为稳健成长型基金和积极成长型基金。

收入型基金主要投资于可带来现金收入的有价证券，以获取当期的最大收入。收入型基金资产成长的潜力较小，损失本金的风险也相对较低，一般可分为固定收入型基金和股票收入型基金。固定收入型基金的主要投资对象是债券和优先股，因而尽管收益率较高，但长期成长的潜力很小，而且当市场利率波动时，基金净值容易受到影响。股票收入型基金的成长潜力比较大，但易受股市波动的影响。

平衡型基金将资产分别投资于两种特性的证券上，并在以取得收入为目的的债券以及优先股和以资本增值为目的的普通股之间进行平衡。平衡型基金的主要目的是从其投资组合的债券中得到适当的利息收益，与此同时又可以获得普通股的升值收益。平衡型基金的特点是风险比较低，缺点是成长的潜力不大。

5. 按基金的投资理念划分，可分为主动型基金和被动型基金

主动型基金是指通过积极的选股和择时，力图取得超越基准组合表现的基金。被动型基金通常被称为指数基金，是指以特定指数作为跟踪对象，力图复制指数表现的一类基金。指数基金的优势是管理费、交易费较低，同时可以有效降低非系统性风险。

指数增强型基金是一类介于主动型基金和被动型基金之间的基金，它通过指数增强策略，以期获得高于标的指数回报水平的投资业绩的基金产品。衡量指数增强型基金运作的一个重要标准是其投资回报能否优于同期跟踪同一标的指数的纯被动型基金,实现这一目标要求基金经理在可接受偏差程度之内灵活运用各种策略来优化其投资组合。

6. 按基金的募集方式划分,可分为公募基金和私募基金

公募基金是指面向社会公众公开发售基金份额、募集资金而设立的基金。公募基金可以向社会公众公开发售基金份额和宣传推广,基金募集对象不固定。基金份额的投资金额要求较低,适合中小投资者参与。公募基金必须遵守有关的法律法规,接受监管机构的监管并定期公开相关信息。

私募基金是向特定合格投资者发售基金份额、募集资金而设立的基金。私募基金不能进行公开发售和宣传推广,只能采取非公开方式发行。私募基金的投资金额较高,风险较大,监管机构对投资者的资格和人数会加以限制。私募基金的投资范围较广,在基金运作和信息披露方面所受的限制和约束较少。

7. 特殊类型基金

(1) 交易所交易基金(ETF)。

ETF 是英文"exchange traded funds"的简称,常被译为"交易所交易基金"。ETF 是一种在交易所上市交易的基金份额可变的基金运作方式。ETF 结合了封闭式基金与开放式基金的运作特点,一方面,基金份额可以像封闭式基金一样在交易所二级市场进行买卖;另一方面,又可以像开放式基金一样申购、赎回。

ETF 通常是以某一选定的指数所包含的成分证券为投资对象,依据构成指数的证券种类和比例,采用完全复制或抽样复制的方法进行被动投资的指数型基金。根据 ETF 跟踪的指数不同,可分为股票型 ETF、债券型 ETF 等。ETF 最大的特点是实物申购、赎回机制,即它的申购是用一篮子股票换取 ETF 份额,赎回时是以基金份额换回一篮子股票而不是现金。ETF 有"最小申购、赎回份额"的规定,通常最小申购、赎回单位在 30 万份、50 万份或 100 万份,申购、赎回必须以最小申购、赎回单位的整数倍进行,一般只有机构投资者才有实力参与一级市场的实物申购与赎回交易。ETF 实行一级市场和二级市场并存的交易制度。在一级市场,机构投资者可以在交易时间内以 ETF 指定的一篮子股票申购 ETF 份额或以 ETF 份额赎回一篮子股票。在二级市场,ETF 与普通股票一样在证券交易所挂牌交易,基金买入申报数量为 100 份或其整数倍,不足 100 份的基金可以卖出。机构投资者和中小投资者都可以按市场价格进行 ETF 份额交易。这种双重交易机制使 ETF 的二级市场价格不会过度偏离基金份额净值,因为一级、二级市场的价差会产生套利机会,而套利交易会使二级市场价格回复到基金份额净值附近。

ETF 联接基金是指将大部分基金资产(通常在 90% 以上)投资于跟踪同一标的指数的 ETF,密切跟踪标的指数表现,追求跟踪误差最小化的开放式基金。

另外还有一些与特殊标的挂钩的ETF，如黄金ETF是指将绝大部分基金财产投资于黄金交易所挂盘交易的黄金品种，紧密跟踪黄金价格，使用黄金品种组合或基金合同约定的方式进行申购赎回；在证券交易所上市交易的开放式基金商品期货ETF是指以商品期货交易所挂盘交易的商品期货合约为主要策略，以跟踪商品期货价格或价格指数为目标，使用商品期货合约组合或基金合同约定的方式进行申购赎回，并在证券交易所上市交易的开放式基金。

（2）上市开放式基金（LOF）。

上市开放式基金（listed open-ended funds，LOF）是一种既可以在场外市场进行基金份额申购、赎回，又可以在交易所进行基金份额交易和基金份额申购或赎回，并通过份额转托管机制将场外市场与场内市场有机地联系在一起的一种开放式基金。

与ETF不同，LOF不一定采用指数基金模式，也可以是主动管理型基金，同时申购和赎回均以现金进行，对申购和赎回没有规模上的限制，可以在交易所申购、赎回，也可以在代销网点进行。LOF所具有的可以在场内外申购、赎回以及场内外转托管的制度安排，使LOF不会出现封闭式基金大幅度折价交易的现象。

（3）QDII基金。

QDII是qualified domestic institutional investors（合格境内机构投资者）的首字母缩写。QDII基金是指在一国境内设立，经该国有关部门批准从事境外证券市场的股票、债券等有价证券投资的基金。它为国内投资者参与国际市场投资提供了便利。因为境外证券市场和国内证券市场在走势上常常存在较大的差异，所以配置一定比例的QDII基金可以分散风险，在一定程度上规避单一市场的系统性风险。

根据中国证监会的规定，QDII基金投资目的地为与中国证监会签署了双边监管合作谅解备忘录的国家或地区，投资工具为股票、基金、债券、金融衍生品等。

（4）基金中基金（FOF）。

基金中基金是以其他基金为投资对象的基金。在中国，根据中国证监会对基金类别的分类标准，80%以上的基金资产投资于其他基金份额的，为基金中基金。

（5）养老目标基金。

根据2018年3月中国证监会发布的《养老目标证券投资基金指引（试行）》，养老目标基金是指以追求养老资产的长期稳健增值为目的，鼓励投资人长期持有，采用成熟的资产配置策略，合理控制投资组合波动风险的公开募集证券投资基金。养老目标基金应当采用基金中基金形式或中国证监会认可的其他形式运作。

三、证券投资基金的费用

基金从设立到终止都要支付一定的费用。通常情况下，基金所支付的费用主要有以下几个方面。

（一）基金管理费

基金管理费是指从基金资产中提取的支付给为基金提供专业化服务的基金管理人的费用，也就是管理人为管理和操作基金而收取的费用。基金管理费通常按照每个估值日基金净资产的一定比率（年率）逐日计提，累计至每月月底，按月支付。管理费费率的大小通常与基金规模成反比，与风险成正比。基金规模越大，风险越小，管理费率就越低；反之，则越高。不同的国家及不同种类的基金，管理费率不完全相同。在美国，各种基金的年管理费通常在基金资产净值的1%左右。在各种基金中，货币市场基金的年管理费率最低，为基金资产净值的0.25%～1%；其次为债券基金，为0.5%～1.5%；股票基金居中，为1%～1.5%；认股权证基金为1.5%～2.5%。我国基金的年管理费率最初为2.5%，有逐步调低的倾向。目前，我国基金大部分按照1.5%的比例计提基金管理费，债券型基金的管理费率一般低于1%，货币基金的管理费率为0.33%。管理费通常从基金的股息、利息收益或基金资产中扣除，不另向投资者收取。

（二）基金托管费

基金托管费是指基金托管人为保管和处置基金资产而向基金收取的费用。托管费通常按照基金资产净值的一定比率提取，逐日计算并累计，按月支付给托管人。托管费从基金资产中提取，费率也会因基金种类不同而异，如香港怡富东方小型企业信托基金的托管费率为0.20%；而香港渣打世界投资基金支付的托管年费分得更细，股票基金为基金资产净值的0.25%，债券基金为基金资产净值的0.125%。目前，我国封闭式基金按照0.25%的比例计提基金托管费，开放式基金根据基金合同的规定比例计提，通常低于0.25%；股票型基金的托管费率要高于债券型基金及货币市场基金的托管费率。我国规定，基金托管人可磋商酌情调低基金托管费，经中国证监会核准后公告，无须召开基金持有人大会。

（三）其他费用

证券投资基金的费用还包括：封闭式基金上市费用，证券交易费用，基金信息披露费用，基金持有人大会费用，与基金相关的会计师、律师等中介机构费用，基金分红手续费，清算费用，法律、法规及基金契约规定可以列入的其他费用。上述费用由基金托管人根据法律、法规及基金合同的相应规定，按实际支出金额支付。

第五节　金融衍生工具

一、金融衍生工具的概念和特征

（一）金融衍生工具的概念

金融衍生工具，又称金融衍生产品，是与基础金融产品相对应的一个概念，指建立在基础产品或基础变量之上，其价格取决于后者价格（或数值）变动的派生金融产品。这里所说的基础产品是一个相对的概念，不仅包括现货金融产品（如债券、股票、银行定期存款单等），也包括金融衍生产品。作为金融衍生工具基础的变量则包括利率、各类价格指数甚至天气（温度）指数。

在实践中，为了更好地确认衍生工具，各国及国际权威机构给衍生工具下了比较明确的定义。1998 年，美国财务会计准则委员会（FASB）所发布的第 133 号会计准则——《衍生工具与避险业务会计准则》是首个具有重要影响的文件，该准则将金融衍生工具划分为独立衍生工具和嵌入式衍生工具两大类，并给出了较为明确的识别标准和计量依据，尤其是所谓"公允价值"的应用，对后来各类机构制定衍生工具计量标准具有重大影响。2001 年，国际会计准则委员会发布的第 39 号会计准则——《金融工具：确认和计量》和 2006 年 2 月我国财政部颁布的《企业会计准则第 22 号——金融工具确认和计量》均基本沿用了 FASB133 号衍生工具定义。

1. 独立衍生工具

独立衍生工具是相对于嵌入式衍生工具而言的，根据我国《企业会计准则第 22 号——金融工具确认和计量》的规定，衍生工具包括远期合同、期货合同、互换和期权，以及具有远期合同、期货合同、互换和期权中一种或一种以上特征的工具。它具有以下特征：

（1）其价值随特定利率、证券价格、商品价格、汇率、价格或利率指数、信用等级或信用指数或类似变量的变动而变动。变量为非金融变量的，该变量与合同的任意一方不存在特定关系。

（2）不要求初始净投资，或与对市场条件变动具有类似反应的其他类型合同相比，要求较少的初始净投资。

（3）在未来某一日期结算。

2. 嵌入式衍生工具

嵌入式衍生工具是指嵌入非衍生工具（主合同）中，使混合工具的全部或部分现金流量随特定利率、金融工具价格、商品价格、汇率、价格指数、费率指数信用等级、信用指数或其他类似变量的变动而变动的衍生工具。嵌入式衍生工具与主合同构成混合工具，如可转换公司债券。

衍生品定义不仅仅是单纯的学术问题，之所以要仔细讨论它，更重要的原因还在于，根据金融资产确认和计量的会计准则，一旦被确认为衍生产品或可分离的嵌入式衍生产品，相关机构就要把这一部分资产归入交易性资产类别，按照公允价格计价。特别的，若该产品存在活跃的交易市场，就要按照市场价格记账，还要将浮动盈亏计入当期损益。

（二）金融衍生工具的基本特征

由金融衍生工具的定义可以看出，它们具有下列 4 个显著特性：

（1）跨期性。金融衍生工具是交易双方通过对利率、汇率、股价等因素变动趋势的预测，约定在未来某一时间按照一定条件进行交易或选择是否交易的合约。无论是哪一种金融衍生工具，都会影响交易者在未来一段时间内或未来时点上的现金流，跨期交易的特点十分突出。这就要求交易双方对利率、汇率、股价等价格因素的未来变动趋势作出判断，而判断的准确与否直接决定了交易者的交易盈亏。

（2）杠杆性。金融衍生工具交易一般只需要支付少量的保证金或权利金就可签订远期大额合约或互换不同的金融工具。例如期货交易保证金为合约金额的 5%，则可以控制 20 倍所投资金额合约资产，实现以小博大的目的。在收益可能成倍放大的同时，投资者所承担的风险与损失也会成倍放大，基础工具价格的轻微变动也许就会带来投资者的大盈大亏。金融衍生工具的杠杆效应在一定程度上决定了它的高投机性和高风险性。

（3）联动性。指金融工具的价值与基础产品或基础变量紧密联系，规则变动。通常情况下，金融衍生工具与基础变量相联系的支付特征由衍生工具合约规定，其联动关系既可以是简单的线性关系，也可以表达为非线性函数或者分段函数关系。

（4）不确定性和高风险。金融衍生工具的交易后果取决于交易者对基础工具（变量）未来价格（数值）的预测和判断的准确程度。基础工具价格的变幻莫测决定了金融衍生工具交易盈亏的不稳定性，这是金融衍生工具高风险性的重要原因。除了基础金融工具价格不确定性影响金融衍生工具的风险性外，金融衍生工具还伴随着信用风险、市场风险、流动性风险、结算风险、运作风险、法律风险。

二、金融衍生工具的分类

金融衍生工具可以按照基础工具的种类、风险－收益特性以及自身交易方法的不同而有不同的分类。

（一）按照基础工具种类分类

金融衍生工具从基础工具分类角度，可以划分为股权类产品金融衍生工具、货币衍生工具、利率衍生工具、信用衍生工具、其他衍生工具（管理政治风险的政治期货、气温变化的天气期货、管理巨灾风险的巨灾衍生产品等）。

（1）股权类衍生工具。是指以股票或股票指数为基础工具的金融衍生工具。主要包括股票期货、股票期权、股票指数期货、股票指数期权以及上述合约的混合交易合约。

（2）货币衍生工具。是指以各种货币作为基础工具的金融衍生工具。主要包括远期外汇合约、货币期货、货币期权、货币互换以及上述合约的混合交易合约。

（3）利率衍生工具。是指以利率或利率载体为基础工具的金融衍生工具。主要包括远期利率协议、利率期货、利率期权、利率互换以及上述合约的混合交易合约。

（4）信用衍生工具。是以基础产品所蕴含的信用风险或违约风险为基础变量的金融衍生工具，用于转移或防范信用风险，主要包括信用互换、信用联结票据等。

（5）其他衍生工具。除上述4类金融衍生工具以外，还有相当数量的金融衍生工具是在非金融变量的基础上开发的，例如用于管理气温变化风险的天气期货、管理政治风险的政治期货、管理巨灾风险的巨灾衍生产品等。

（二）按照金融衍生工具自身交易的方法及特点分类

金融衍生工具从其自身交易的方法及特点，可以分为金融远期合约、金融期货、金融期权、金融互换、结构化金融衍生工具。

（1）金融远期合约，是指合约双方同意在未来日期按照固定价格买卖基础金融资产的合约。金融远期合约规定了将来交割的资产、交割的日期、交割的价格和数量，合约条款根据双方需求协商确定。金融远期合约主要包括远期利率协议、远期外汇合约和远期股票合约。

（2）金融期货，是指买卖双方在有组织的交易所内以公开竞价的形式达成的，在将来某一特定时间交收标准数量特定金融工具的协议。主要包括货币期货、利率期货、股票指数期货和股票期货4种。

（3）金融期权，是指合约买方向卖方支付一定费用（称为期权费或期权价格），在约定日期内（或约定日期）享有按事先确定的价格向合约卖方买卖某种金融工具的权利的契约。包括现货期权和期货期权两大类。

（4）金融互换，是指两个或两个以上的当事人按共同商定的条件，在约定的时间内定期交换现金流的金融交易。可分为货币互换、利率互换、股权互换、信用违约互换等类别。

（5）结构化金融衍生工具。通过相互结合或者与基础金融工具相互结合或者基础金融工具相结合，能够开发设计出更多具有复杂特性的金融衍生产品，通常被称为结构化金融衍生工具，或简称为结构化产品。

（三）按照交易场所分类

金融衍生工具按交易场所可以分为两类。

（1）交易所交易的衍生工具。交易所交易的衍生工具是指在有组织的交易所上市交易的衍生工具，例如在股票交易所交易的股票期权产品，在期货交易所和专门的期权交易所交易的各类期货合约、期权合约等。

（2）场外交易市场（简称OTC）交易的衍生工具。场外交易市场交易的衍生工具是指通过各种通信方式，不通过集中的交易所实行分散的、一对一交易的衍生工具，例如金融机构之间、金融机构与大规模交易者之间进行的各类互换交易和信用衍生产品交易。从近年来的发展看，这类衍生产品的交易量逐年增大，已经超过交易所市场的交易额，市场流动性也得到增强，还发展出专业化的交易商。

三、金融期货

（一）金融期货的定义

金融期货是指以金融工具作为标的物的期货合约。金融期货交易是指交易者在特定的交易所通过公开竞价方式成交，承诺在未来特定日期或期间内，以事先约定的价格买入或卖出特定数量的某种金融商品的交易方式。金融期货交易具有期货交易的一般特征，但与商品期货相比，其合约标的物不是实物商品，而是金融商品，如外汇、债券、股票指数等。

（二）金融期货的种类

按基础工具划分，金融期货主要有 3 种类型：外汇期货、利率期货、股权类期货。

1. 外汇期货

外汇期货又称货币期货，是以外汇为基础工具的期货合约，是金融期货中最先产生的品种，主要用于规避外汇风险。外汇风险又称汇率风险，是指由于外汇市场汇率的不确定性而使人们遭受损失的可能性。从其产生的领域分析，外汇风险可分为商业性汇率风险和金融性汇率风险两大类。

商业性汇率风险主要是指人们在国际贸易中因汇率变动而遭受损失的可能性，是外汇风险中最常见且最重要的风险。金融性汇率风险包括债权债务风险和储备风险。所谓债权债务风险，是指在国际借贷中心因汇率变动而使其中一方遭受损失的可能性；所谓储备风险，是指国家、银行、公司等持有的储备性外汇资产因汇率变动而使其实际价值减少的可能性。

2. 利率期货

利率期货的基础资产是一定数量的与利率有关的某种金融工具，主要是各类固定收益的金融工具。利率期货主要是为了规避利率风险而产生的。固定利率有价证券的价格受到现行利率和预期利率的影响，价格变化与利率变化一般呈反向关系。利率期货品种主要包括：

（1）债券期货。以国债期货为主的债券期货是各主要交易所最重要的利率期货品种。1992 年 12 月 18 日，上海证券交易所开办国债期货交易，并于 1993 年 10 月 25 日向社会公众开放。由于现货市场所存在的固有缺陷以及期货交易规则的不完善，引发了大量风险事件，造成市场秩序紊乱。1995 年 5 月 17 日，暂停国债期货试点。2013 年 9 月 6 日恢复上市交易 5 年期国债期货合约，2015 年 3 月 20 日又推出了 10 年期国债期货。

（2）主要参考利率期货。在国际金融市场上，存在若干重要的参考利率，它们是市场利率水平的重要指标，同时也是金融机构制定利率政策和设计金融工具的主要依据。除国债利率外，常见的参考利率包括伦敦银行间同业拆借利率（libor）、香港银行间同业拆借利率（hibor）、欧洲美元定期存款单利率、联邦基金利率等。

3. 股权类期货

股权类期货是以单只股票、股票组合和股票价格指数为基础资产的期货合约，目前市场主要以股指期货为主的股权类期货，如沪深 300 股指期货。股票价格指数期货是为适应人们控制股市风险，尤其是系统性风险的需要而产生的。股票价格指数期货报价时直接报出基础指数值，最小变动价位通常也以一定的指数点来表示。股票价格指数期货的交易单位等于基础指数的数值与交易所规定的每点价值的乘积。在现金结算方式下，持有至到期日仍未平仓的合约将于到期日得到自动冲销，买卖双方根据最后结算价与前一天结算价之差计算出盈亏金额，通过借记或贷记保证金账户结清交易部分。单只股票期货是以单只股票作为基础工具的期货，买卖双方约定，以约定的价格在合约到期日买卖规定数量的股票。以香港交易所为例，目前有38只上市股票有期货交易。股票组合期货是以标准化的股票组合为基础资产的金融期货。由于交易不活跃，已经停止了股票组合期货的交易。

（三）金融期货的功能

金融期货具有4项基本功能：套期保值功能、价格发现功能、投机功能和套利功能。

1. 套期保值功能

套期保值是指通过在现货市场与期货市场建立相反的头寸，从而锁定未来现金流的交易行为。

（1）套期保值原理。

期货交易之所以能够套期保值，其基本原理在于某一特定商品或金融工具的期货价格和现货价格受相同经济因素的制约和影响，从而它们的变动趋势大致相同。而且，现货价格与期货价格在走势上具有收敛性，即当期货合约临近到期日时，现货价格与期货价格将逐渐趋同。因此，若同时在现货市场和期货市场建立数量相同、方向相反的头寸，则到期时不论现货价格上涨或是下跌，两种头寸的盈亏恰好抵消，使套期保值者避免承担风险损失。

（2）套期保值的基本做法。

套期保值的基本做法是：在现货市场买进或卖出某种金融工具的同时，做一笔与现货交易品种、数量、期限相当但方向相反的期货交易，以期在未来某一时间通过期货合约的对冲，以一个市场的盈利来弥补另一个市场的亏损，从而规避现货价格变动带来的风险，实现保值的目的。

2. 价格发现功能

价格发现功能是指在一个公开、公平、高效、竞争的期货市场中，通过集中竞价形成期货价格的功能。期货价格具有预期性、连续性和权威性的特点，能够比较准确地反映出未来商品价格的变动趋势。期货市场之所以具有价格发现功能，是因为期货市场将众多影响供求关系的因素集中于交易所内，通过买卖双方公开竞价，集中转化为一个统一的交易价格。这一价格一旦形成，立即向世界各地传播，并影响供求关系，从而形成新的价格。如此循环往复，使价格不断趋于合理。

3. 投机功能

与所有有价证券交易相同，期货市场上的投机者也会利用对未来期货价格走势的预期进行投机交易，预计价格上涨的投机者会建立期货多头，反之则建立空头。投机者的存在对维持市场流动性具有重大意义，当然，过度的投机必须受到限制。

4. 套利功能

套利的理论基础在于经济学中所谓的"一价定律"，即忽略交易费用的差异，同一商品只能有一个价格。严格意义上的期货套利是指利用同一合约在不同市场上可能存在的短暂价格差异进行买卖，赚取差价，成为"跨市场套利"。行业内通常也根据不同品种、不同期限的比价关系进行双向操作，分别称为"跨品种套利"和"跨期限套利"，但其结果不一定可靠。股票价格指数等品种还可以和成分股现货联系起来进行"指数套利"。期货套利机制的存在对于提高金融市场的有效性具有重要意义。

四、金融期权

（一）金融期权的定义

期权又称选择权，是指其持有者能在规定的期限内按交易双方商定的价格购买或出售一定数量的基础工具的权利。期权交易就是对这种选择权的买卖。

金融期权是指以金融工具或金融变量为基础工具的期权交易形式。具体地说，其购买者在向卖出者支付一定的期权费后，获得了能在规定期限内以某一特定价格向出售者买进或卖出一定数量的某种金融商品或金融期货合约的权利。

期权交易实际上是一种权利的单方面有偿让渡。期权的买方以支付一定数量的期权费为代价而拥有了这种权利，但不承担必须买进或卖出的义务；期权的卖方则在收取了一定数量的期权费后，在一定期限内必须无条件服从买方的选择并履行成交时的允诺。

（二）金融期权的特征

与金融期货相比，金融期权最主要的特征在于它仅仅是买卖权利的交换。期权的买方在支付了期权费后，就获得了期权合约所赋予的权利，即在期权合约规定的时间内，以事先确定的价格向期权的卖方买进或卖出某种金融工具的权利，但并没有必须履行该期权合约的义务。期权的买方可以选择行使他所拥有的权利，期权的卖方在收取期权费后就承担着在规定时间内履行该期权合约的义务。

即当期权的买方选择行使权利时，卖方必须无条件地履行合约规定的义务，而没有选择的权利。

（三）金融期权的分类

1. 根据选择权的性质划分

金融期权可以分为买入期权和卖出期权。买入期权又称看涨期权，指期权的买方具有在约定期限内按协定价格买入一定数量金融工具的权利。交易者之所以买入看涨期权，是因为他估计这种金融工具的价格在合约期限内会上涨。如果判断正确，按协议定价买入该项金融工具并以市价卖出，可赚取市价和协议定价的差额；如果判断失误，则损失期权费。

卖出期权又称看跌期权，指期权的买方具有在约定期限内按协定价卖出一定数量金融工具的权利。交易者买入看跌期权，是因为他预期该项金融工具的价格在近期会下跌。如果判断正确，可从市场上以较低的价格买入该项金融工具，再按协定价卖给期权的卖方，将赚取协定价与市价的差额；如果判断失误，将损失期权费。

2. 按照合约所规定的履约时间的不同

金融期权可以分为欧式期权、美式期权和修正的关式期权。欧式期权只能在期权到期日执行；美式期权则可在期权到期日或到期日之前的任何一个营业日执行；修正的美式期权也称为百慕大期权或大西洋期权，可以在期权到期日之前的一系列规定日期执行。

3. 按照金融期权基础资产性质的不同

金融期权可以分为股权类期权、利率期权、货币期权、金融期货合约期权、互换期权等。股权类期权包括 3 种类型：单只股票期权、股票组合期权和股票指数期权。利率期权指买方在支付了期权费后，即取得在合约有效期内或到期时以一定的利率（价格）买入或卖出一定面额的利率工具的权利。货币期权又称外币期权、外汇期权，指买方在支付了期权费后，即取得在合约有效期内或到期时以约定的汇率购买或出售一定数额某种外汇资产的权利。金融期货合约期权是一种以金融期货合约为交易对象的选择权，它赋予其持有者规定时间内以协定价格买卖特定金融期货合约的权利。金融互换期权是以金融互换合约为交易对象的选择权，它赋予其持有者在规定时间内以规定条件与交易对手进行互换交易的权利。

（四）金融期货与金融期权的区别

1. 基础资产不同

一般地说，凡可作期货交易的金融工具都可作期权交易。然而，可作期权交易的金融工具却未必可作期货交易。只有以金融期货合约为基础资产的金融期权交易，而没有以金融期权为基础资产的金融期货交易。

2. 交易者权利与义务的对称性不同

金融期货交易双方权利与义务是对称的，即对任何一方而言，都既有要求对方履约的权利，又有自己对对方履约的义务。而金融期权交易双方权利与义务是不对称的，期权的买方只有权利没有义务，期权的卖方只有义务没有权利。

3. 履约保证不同

金融期货交易双方均需开立保证金账户，并按规定缴纳履约保证金。而在金融期权交易中，只有期权出售者，尤其是无担保期权的出售者才需开立保证金账户，并按规定缴纳保证金，以保证其履约的义务。至于期权的购买者，因期权合约未规定其义务，无须开立保证金账户，也无须缴纳保证金。

4. 现金流转不同

金融期货交易实行逐日结算制度，双方在成交时不发生现金收付关系。因价格变化，盈利一方的保证金账户余额将增加，亏损一方的保证金账户余额将减少。当亏损方保证金账户余额低于规定的维持保证金时，亏损方必须按规定及时缴纳追加保证金。而在金融期权交易中，在成交时，期权购买者为取得期权合约所赋予的权利，必须向期权出售者支付一定的期权费，但在成交后，除了到期履约外，交易双方将不发生任何现金流转。

5. 盈亏特点不同

金融期货交易双方无权违约、也无权要求提前交割或推迟交割，到期前的任一时间通过反向交易实现对冲或到期进行实物交割。从理论上说，金融期货交易中双方潜在的盈利和亏损都是无限的。金融期权交易中的盈利和亏损也具有不对称性。理论上说，期权购买者在交易中的潜在亏损是有限的，仅限于他所支付的期权费，而他可能取得的盈利却是无限的；相反，期权出售者在交易中所取得的盈利是有限的，仅限于他所收取的期权费，而他可能遭受的损失却是无限的。

6. 套期保值的作用和效果不同

金融期权与金融期货都是人们常用的套期保值工具，但它们的作用与效果是不同的。人们利用金融期货进行套期保值，在避免价格不利变动造成的损失的同时，也必须放弃若价格有利变动可能获得的利益。人们利用金融期权进行套期保值，若价格发生不利变动，套期保值者可通过执行期权来避免损失；若价格发生有利变动，套期保值者又可通过放弃期权来保护利益。这样，通过金融期权交易，即可避免价格不利变动造成的损失，又可在相当程度上保住价格有利变动带来的利益。

练 习 题

一、单项选择题

1. 有价证券是（　　）的一种形式。

    A. 真实资本　　　B. 虚拟资本　　　C. 货币资本　　　D. 商品资本

2. 按募集方式分类，有价证券可以分为（　　）。

    A. 公募证券和私募证券　　　　　　B. 政府证券、金融证券、公司证券

    C. 上市证券与非上市证券　　　　　D. 股票、债券和证券投资基金等

3. 有价证券分为上市证券与非上市证券是按（　　）分类的。

    A. 募集方式　　　　　　　　　　　B. 是否在证券公司交易所挂牌交易

    C. 证券所代表的权利性质　　　　　D. 证券发行主体的不同

4. 股票最基本的特征是（　　）。

    A. 风险性　　　B. 流动性　　　C. 永久性　　　D. 收益性

5. 股票发行价格高于面值称为溢价发行，溢价发行所得的价款应列为
（　　）。

    A. 公司资本金公积金　　　　　　　B. 股本账户

    C. 盈余公积　　　　　　　　　　　D. 留存收益

6. 股票的（　　）即理论价值，也是股票未来收益的现值。

    A. 清算价值　　　B. 内在价值　　　C. 账面价值　　　D. 票面价值

7. 股票市场价格的最直接影响因素是（　　），并且其他因素都是通过作用
于该因素来影响股票价格的。

    A. 公司经营状况　　　　　　　　　B. 宏观经济因素

    C. 供求关系　　　　　　　　　　　D. 政治因素

8. 债券是一种有价证券，是社会各类经济主体为筹集资金而向债券投资者
出具的承诺按一定利率定期支付利息的并到期偿还本金的（　　）凭证。

    A. 债权债务　　　　　　　　　　　B. 所有权、使用权

    C. 权利义务　　　　　　　　　　　D. 转让权

9. 下面不是债券基本性质的是（　　）。

    A. 债券属于有价证券

    B. 债券是一种虚拟资本

    C. 债券是债权的表现

    D. 发行人必须在约定的时间还本付息

10.（　　）的利率是在最低票面利率的基础上参照预先确定的某一基准利
率予以定期调整。

    A. 零息债券   B. 浮动利率债券

    C. 息票累计债券   D. 附息债券

11. 按照（ ）分类，国债可以分为实物国债和货币国债。

    A. 偿还期限   B. 资金用途   C. 流通与否   D. 发行本位

12. 按基金的组织形式不同，证券投资基金可分为（   ）。

    A. 契约型基金和公司型基金

    B. 封闭式基金和开放式基金

    C. 国债基金、股票基金、货币市场基金

    D. 成长型基金、收入型基金和平衡型基金

13. 基金按（   ），可分为封闭式基金和开放式基金。

    A. 投资标的划分   B. 基金组织形式不同

    C. 投资目标划分   D. 基金运作方式不同

14. 我国《基金法》规定，基金托管人由依法设立并取得基金托管资格的（   ）担任。

    A. 实力雄厚的证券公司   B. 信托投资公司

    C. 商业银行   D. 基金公司

15. 下列不属于有价证券的特征是（   ）。

    A. 收益性   B. 流动性   C. 风险性   D. 无期性

16. 下面不属于我国金融债券的是（   ）。

    A. 央行票据   B. 证券公司债券

    C. 财务公司债券   D. 信用公司债券

17. 基金资产净值是指基金资产总值减去（   ）后的价值。

    A. 基金负债   B. 银行存款本息

    C. 各类证券的价值   D. 基金应收的申购基金款

18. 金融期货通过在现货市场与期货市场建立相反的头寸，从而锁定未来现金流的功能称为（   ）。

    A. 价格发现功能   B. 投机功能

    C. 套期保值功能   D. 套利功能

19. 当套期保值者没能找到与现货头寸在品种、期限、数量上均恰好匹配的期货合约，在选用替代合约进行套期保值操作时，由于不能完全锁定未来现金流，就产生了（   ）。

    A. 信用风险   B. 流动性风险   C. 法律风险   D. 基差风险

20. 根据（   ）划分，金融期权可以分为欧式期权、美式期权和修正的美式期权。

    A. 选择权的性质

B. 协定价格与基础资产市场价格的关系

C. 金融期权基础资产市场价格的关系

D. 合约所规定的履约时间的不同

二、多项选择题

1. 下列为证券投资基金特点的有（　　）。

    A. 分散风险　　　　　　　　　B. 专业管理

    C. 稳定市场　　　　　　　　　D. 集合投资

    E. 风险共担

2. 主要影响债券的票面利率因素有（　　）。

    A. 借贷资金市场利率水平　　　B. 资金使用方向

    C. 债券期限长短　　　　　　　D. 筹资者的资信

    E. 债券的流通性

3. 证券投资基金与股票、债券的区别有（　　）。

    A. 反映的经济关系不同　　　　B. 所筹集资金的投向不同

    C. 收益影响因素不同　　　　　D. 风险水平不同

    E. 投资主体不同

4. 金融期货的功能主要有（　　）。

    A. 套期保值功能　　　　　　　B. 价格发现功能

    C. 套利功能　　　　　　　　　D. 避免风险功能

    E. 投机功能

5. 股票的特征（　　）。

    A. 收益性　　　　　　　　　　B. 风险性

    C. 流动性　　　　　　　　　　D. 参与性

    E. 稳定性

证券市场

第一节 证券市场概述

一、证券市场的定义

证券市场是股票、债券、投资基金份额等有价证券发行和交易的场所。证券市场是市场经济发展到一定阶段的产物，是为解决资本供求矛盾和流动性而产生的市场。证券市场以证券发行与交易的方式实现了筹资与投资的对接，有效地化解了资本的供求矛盾和资本结构调整的难题。

二、证券市场的特征

证券市场具有以下 3 个显著特征：

（1）证券市场是价值直接交换的场所。有价证券都是价值的直接代表，它们本质上是价值的一种直接表现形式。虽然证券交易的对象是各种各样的有价证券，但由于它们是价值的直接表现形式，所以证券市场本质上是价值的直接交换场所。

（2）证券市场是财产权利直接交换的场所。证券市场上的交易对象是作为经济权益凭证的股票、债券、投资基金份额等有价证券，它们本身是一定量财产权利的代表，所以，代表着对一定数额财产的所有权或债权以及相关的收益权。证券市场实际上是财产权利的直接交换场所。

（3）证券市场是风险直接交换的场所。有价证券既是一定收益权利的代表，也是一定风险的代表。有价证券的交换在转让出一定收益权的同时，将该有价证券所持有的风险转让出去。所以，从风险的角度分析，证券市场也是风险的直接交换场所。

三、证券市场的结构

证券市场的结构是指证券市场的构成及其各部分之间的量比关系。证券市场的结构可以有许多种，但较为重要的结构有：

（1）层次结构。通常指按证券进入市场的顺序形成的结构关系。按这种顺序关系划分，证券市场的构成可以分为发行市场和交易市场。证券发行市场又称"一级市场"或"初级市场"，是发行人以筹集资金为目的，按照一定的法律规定和发行程序，向投资者出售新证券所形成的市场。证券交易市场又称"二级市场"或"次级市场"，是已发行的证券通过买卖交易实现流通转让的市场。

证券发行市场和流通市场相互依存、相互制约，是一个不可分割的整体。证券发行市场是流通市场的基础和前提，有了发行市场的证券供应，才有流通市场的证券交易，证券发行的种类、数量和发行方式决定着流通市场的规模和运行。流通市场是证券得以持续扩大发行的必要条件，为证券的转让提供市场条件，使发行市场充满活力。此外，流通市场的交易价格制约和影响着证券的发行价格，是证券发行时需要考虑的重要因素。

（2）多层次资本市场。除一级市场、二级市场区分之外，证券市场的层次性还体现为区域分布、覆盖公司类型、上市交易制度以及监管要求的多样性。根据所服务和覆盖公司的类型，可以分为全球性市场、全国性市场、区域性市场等类型；根据上市公司的规模、监管要求等差异，可以分为主板市场、中小板市场、创业板市场、科创板市场、新三板市场等。

（3）品种结构。这是依有价证券的品种而形成的结构关系。这种结构关系的构成主要有股票市场、债券市场、基金市场、金融衍生品市场等。股票市场是股票发行和买卖交易的场所。股票市场的发行人为股份有限公司，债券市场是债券发行和买卖交易的场所，基金市场是基金份额发行和流通的市场，金融衍生品市场是各类衍生品发行和交易的市场。

（4）交易所结构。按交易活动是否在固定场所进行，证券市场可分为有形市场和无形市场。通常人们也把有形市场称作"场内市场"，是指有固定场所的证券交易所市场。该市场是有组织、制度化了的市场。有形市场的诞生是证券市场走向集中化的主要标志之一。一般而言，证券必须达到证券交易所规定的上市标准才能够在场内交易。通常人们也把无形市场称为"场外市场"，是指没有固定交易场所的证券交易所市场。随着现代通信技术的发展和电子计算机网络的广泛应用、交易技术和交易组织形式的演进，已有越来越多的证券交易不在有形的场内市场进行，而是通过经纪人或交易商的电传、电报、电话、网络等洽谈成交。

四、证券市场的基本功能

证券市场的基本功能主要有筹资和投资功能、定价功能、资本配置功能。

（1）筹资和投资功能。证券市场的筹资和投资功能是指证券市场一方面为资金需求者提供了通过发行证券筹集资金的机会，另一方面为资金供给者提供了投资对象。在证券市场上交易的任何证券，既是筹资的工具，也是投资的工具。在经济运行过程中，既有资金盈余者，又有资金短缺者。资金盈余者为使自己的资金价值增值，必须寻找投资对象；而资金短缺者为了发展自己的业务，就要向社会寻找资金。为了筹集资金，资金短缺者可以通过发行各种证券来达到筹资的目的，资金盈余者则可以通过买入证券来实现投资。筹资和投资是证券市场基本功能不可分割的两个方面，忽视其中任何一个方面都会导致市场的严重缺陷。

（2）定价功能。证券市场的第二个基本功能就是为资本决定价格。证券是资本的表现形式，所以证券的价格实际上是证券所代表的资本的价格。证券的价格是证券市场上证券供求双方共同作用的结果。证券市场的运行形成了证券需求者和证券供给者的竞争关系，这种竞争的结果是：能产生高投资回报的资本，市场的需求就大，相应的证券价格就高；反之，证券的价格就低。因此，证券市场提供了资本的合理定价机制。

（3）资本配置功能。证券市场的资本配置功能是指通过证券价格引导资本的流动从而实现资本的合理配置的功能。在证券市场上，证券价格的高低由该证券所能提供的预期报酬率的高低来决定。证券价格的高低实际上是该证券筹资能力的反映。能提供高报酬率的证券一般来自那些经营好、发展潜力巨大的企业，或者是来自新兴行业的企业。由于这些证券的预期报酬率高，其市场价格相应就高，从而筹资能力就强。这样，证券市场就引导资本流向能产生高报酬的企业或行业，从而使资本产生尽可能高的效率，进而实现资本的合理配置。

第二节　证券市场的参与者

一、证券发行人

证券发行人是指为筹措资金而发行债券、股票等证券的发行主体。它包括：

1. 公司（企业）

企业的组织形式可分为独资制、合伙制和公司制。现代股份制公司主要采取股份有限公司和有限责任公司两种形式，其中，只有股份有限公司才能发行股票。公司发行股票所筹集的资本属于自有资本，通过发行债券所筹集的资本属于借入资本。发行股票和长期公司（企业）债券是公司（企业）筹措长期资本的主要途径，发行短期债券则是补充流动资金的重要手段。随着科学技术的进步和资本有机构成的不断提高，公司（企业）对长期资本的需求将越来越大，所以，公司（企业）作为证券发行主体的地位有不断上升的趋势。

在公司证券中，通常将银行及非银行金融机构发行的证券称为金融证券。金融机构作为证券市场的发行主体，既发行债券，也发行股票。欧美等西方国家能够发行证券的金融机构，一般都是股份公司，所以将金融机构发行的证券归入了公司证券。而我国和日本则把金融机构发行的债券定义为金融债券，从而突出了金融机构作为证券市场发行主体的地位。但股份制的金融机构发行的股票并没有定义为金融证券，而是归类于一般的公司股票。

2. 政府和政府机构

随着国家干预经济理论的兴起，政府（中央政府和地方政府）和中央政府直属机构已成为证券发行的重要主体之一，但政府发行证券的品种仅限于债券。

中央政府为弥补财政赤字或筹措经济建设所需资金，在证券市场上发行国库券、财政债券、国家重点建设债券等，即国债。地方政府为本地方公用事业的建设可发行地方政府债券。在我国，地方政府目前还没有发行债券。政府发行证券的品种仅限于债券。中央政府债券不存在违约风险，被视为"无风险证券"，相对应的证券收益率被称为"无风险利率"，是金融市场上最重要的价格指标。

中央银行是代表一国政府发行法偿货币、制定和执行货币政策、实施金融监管的重要机构。中央银行作为证券发行主体，主要涉及两类证券。第一类是中央银行股票，在一些国家（例如美国），中央银行采取了股份制组织结构，通过发行股票募集资金，但是中央银行的股东并不享有决定中央银行政策的权利，只能按期收取固定的红利，其股票类似于优先股。第二类是中央银行出于调控货币供给量目的而发行的特殊债券。中国人民银行自2003年起开始发行中央银行票据，期限从3个月到3年不等，主要用于对冲金融体系中过多的流动性。

二、证券投资者

证券市场投资者，是指以取得利息、股息或资本收益为目的，购买并持有有价证券，承担证券投资风险并行使证券权利的主体。证券市场投资者是证券市场的资金供给者，可以分为机构投资者和个人投资者两大类。

（一）机构投资者

机构投资者主要有政府机构、金融机构、企业和事业法人及各类基金等。

1. 政府机构类投资者

作为政府机构，参与证券投资的目的主要是调剂资金余缺和进行宏观调控。各级政府机构出现资金剩余时，可通过购买政府债券、金融债券投资于证券市场。

中央银行以公开市场操作作为政策手段，通过买卖政府债券或金融债券，影响货币供应量进行宏观调控。我国国有资产管理部门或其授权部门持有国有股，履行国有资产的保值增值和通过国家控股、参股来支配更多社会资源的职责。

从各国的具体实践看，出于维护金融稳定的需要，政府还可成立或指定专门机构参与证券市场交易，减少非理性的市场震荡。在我国，这类机构投资者包括中央汇金投资有限责任公司（简称中央汇金）、中国证券金融股份有限公司（简称证金公司）等。

2. 金融机构类投资者

参与证券投资的金融机构包括证券经营机构、银行业金融机构、保险公司及保险资产管理公司、主权财富基金以及其他金融机构。

（1）证券经营机构。证券经营机构是证券市场上主要的投资者，以其自有资本、营运资金和受托投资资金进行证券投资。

（2）银行业金融机构。包括商业银行、城市信用合作社、农村信用合作社等吸收公众存款的金融机构以及政策性银行。受自身业务特点和政府法令的制约，一般仅限于政府债券和地方政府债券，而且通常以短期国债作为其超额储备的持有形式。

（3）保险经营机构。保险经营机构是全球最重要的机构投资者之一，曾一度超过投资基金成为投资规模最大的机构投资者，除大量投资于各类政府债券、高等级公司债券外，还广泛涉足基金和股票投资。《中华人民共和国保险法》规定，债券、股票、证券投资基金份额等有价证券均属保险公司资金运用范围，经国务院保险监督管理机构会同国务院证券监督管理机构批准，保险公司可以设立保险资产管理公司从事证券投资活动，还可以运用受托管理的企业年金进行投资。根据2018年1月24日原中国保监会发布的《保险资金运用管理办法》，"保险集团（控股）公司、保险公司从事保险资金运用应当符合中国保监会比例监管要求，具体规定由中国保监会另行制定。中国保监会根据保险资金运用的实际情况，可以对保险资产的分类、品种以及相关比例等进行调整"。

（4）合格境外机构投资者（QFII）。QFII 制度是一国（地区）在货币没有实现完全可自由兑换、资本项目尚未开放的情况下，有限度地引进外资、开放资本市场的一项过渡性的制度。这种制度要求外国投资者若要进入一国证券市场，必须符合一定的条件，得到该国有关部门的审批通过后，汇入一定额度的外汇资金，并转换为当地货币，通过严格监管的专门账户投资当地证券市场。截至 2022 年 6 月，已有 711 家机构获批 QFII 资格。2019 年 9 月 10 日，国家外汇管理局已宣布，经国务院批准，决定取消 QFII/RQFII 投资额度限制。

（5）合格境内机构投资者（QDII）。QDII 是指经一国金融管理当局审批通过、获准直接投资境外股票或者债券市场的国内机构投资者，在一定规定下通过基金形式募集一定额度的人民币资金，通过严格监管的专门账户投资国外证券市场，其汇回的资本利得、股息红利等经审核后可转为本币的一种市场开发机制。截至 2022 年 6 月，173 家机构共计获得 1 473.19 亿美元的 QDII 投资额度。

（6）其他金融机构。其他金融机构包括信托投资公司、企业集团财务公司、金融租赁公司等。这些机构通常也在自身章程和监管机构许可的范围内进行证券投资。

3. 企业和事业法人类机构投资者

企业可以用自己的积累资金或暂时不用的闲置资金进行证券投资。企业可以通过股票投资实现对其他企业的控股或参股，也可以将暂时闲置的资金通过自营或委托专业机构进行证券投资以获取收益。我国现行的规定是，各类企业可参与股票配售，也可投资于股票二级市场；事业法人可用自有资金和有权自行支配的预算外资金进行证券投资。

4. 各类基金投资者

基金性质的机构投资者包括证券投资基金、社保基金、企业年金和社会公益基金。

（1）证券投资基金。证券投资基金是指通过公开发售基金份额筹集资金，由基金管理人管理，基金托管人托管，为基金份额持有人的利益，以资产组合方式进行证券投资活动的基金。《中华人民共和国证券投资基金法》（以下简称《基金法》）规定我国的证券投资基金可投资于股票、债券和国务院证券监督管理机构规定的其他证券品种。

（2）社保基金。在大部分国家，社保基金分为两个层次：一是国家以社会保障税等形式征收的全国性基金，二是由企业定期向员工支付并委托基金公司管理的企业年金。由于资金来源不一样，且最终用途不一样，这两种形式的社保基金管理方式亦完全不同。全国性保障基金属于国家控制的财政收入，主要用于支付失业救济和退休金，是社会福利网的最后一道防线，对资金的安全性和流动性要求非常高。这部分资金的投资方向有严格限制，主要投向国债市场。而由企业控制的企业年金，资金运作周期长，对账户资产增值有较高要求，但对投资范围限制不多。在我国，社保基金由两部分组成：一部分是社会保障基金，另一部分是社会保险基金。

（3）企业年金。企业年金是指企业及其职工在依法参加基本养老保险的基础上，自愿建立的补充养老保险基金。按照我国现行法规，企业年金可由年金受托人或受托人指定的专业投资机构进行证券投资。

（4）社会公益基金。社会公益基金是指将收益用于指定的社会公益事业的基金，如福利基金、科技发展基金、教育发展基金、文学奖励基金等。我国有关政策规定，各种社会公益基金可用于证券投资，以求保值增值。

（二）个人投资者

个人投资者是指从事证券投资的社会自然人，他们是证券市场最广泛的投资者。个人进行证券投资应具备一些基本条件，这些条件包括国家有关法律、法规关于个人投资者投资资格的规定和个人投资者必须具备一定的经济实力。为保护个人投资者的合法权益，对于部分高风险证券产品的投资（如衍生产品、信托产品），监管法规还要求相关个人具有一定的产品知识并签署书面的知情同意书。

（三）机构投资者的特点

与个人投资者相比，机构投资者具有以下特点：

（1）投资资金规模化。机构投资者的资金实力雄厚，与个人投资者相比，无论是自有资金还是外部筹集的资金，机构投资者的资金都达到了一定的规模。在成熟资本市场，机构投资者往往在证券市场中居于主导地位，它们在证券市场上的交易活动往往对市场整体的运行态势产生影响。

（2）投资管理专业化。机构投资者在投资决策与资本运作、信息收集分析、投资工具研究、资金运用方式、大类资产配置等方面都配备有专门部门，统一由证券投资专业人员进行管理。因此，一般来说，机构投资者的投资行为相对理性化，投资成功率及收益水平较个人投资者通常会更高。

（3）投资结构组合化。利用雄厚的资金实力、专业化管理和多方位的市场研判，通过合理有效的投资组合分散投资风险，是机构投资者的另一特点。证券市场是一个风险较高的市场，机构投资者入市资金越多，承受的风险就越大，而合理的投资组合能够有效分散非系统性风险，这也是机构投资者相对于个人投资者的一个突出优势。

（4）投资行为规范化。机构投资者是具有独立法人地位的经济实体，一方面，它们要受到一系列法律法规的约束和政府监管部门、行业自律组织的监管；

另一方面，其内部通常也设有董事会、监事会和股东会等组织形式，通过严格的程序对投资行为进行相应的管理和风险控制。这些约束就使得其投资运作相对规范。

三、证券市场中介机构

证券市场中介机构是指为证券的发行与交易提供服务的各类机构。在证券市场起中介作用的机构是证券公司和其他证券服务机构，通常把两者合称为证券中介机构。

1. 证券公司

证券公司又称证券商，是指依照《中华人民共和国公司法》（以下简称《公司法》）规定和经国务院监督管理机构批准从事证券经营业务的有限责任公司或股份有限公司。证券公司的主要业务有证券承销、经纪、自营、投资咨询以及购并、受托资产管理和基金管理等。过去，我国证券监督管理部门将证券公司分为综合类证券公司和经纪类证券公司，并施行分类监管。随着资本市场的发展，分类监管划分模式已不能适应我国证券市场的专业化细分和规模化的发展方向。证券公司的业务主要包括：证券经纪、证券承销和保荐、证券自营、证券资产管理、证券投资咨询、财务顾问等业务。

2. 证券登记结算机构

证券登记结算机构是为证券交易提供集中的登记、托管与结算服务的专门机构。根据《证券法》规定，证券登记结算机构是不以营利为目的的法人。

3. 证券服务机构

证券服务机构是指依法设立的从事证券服务业务的法人机构，主要包括证券登记结算公司、证券投资咨询公司、会计师事务所、资产评估机构、律师事务所和证券信用评级机构等。

四、自律性组织

自律性组织包括证券交易所和证券业协会。

1. 证券交易所

根据我国《证券法》的规定，证券交易所是为证券集中竞价交易提供场所和设施，组织和监督证券交易，实行自律管理的法人。其主要职责有：提供交易场所与设施；制定交易规则；监管在该交易所上市的证券以及会员交易行为的合规性、合法性，确保市场的公开、公平和公正。

2. 证券业协会

证券业协会是证券业的自律性组织，是社会团体法人。证券业协会的权力机构为由全体会员组成的会员大会。根据《证券法》的规定，证券公司应当加入证券业协会。证券业协会应当履行协助证券监督管理机构组织会员执行有关法律，维护会员的合法权益，为会员提供信息服务，制定规则，组织培训和开展业务交流，调解纠纷，就证券业的发展开展研究，监督、检查会员行为及证券监督管理机构赋予的其他职责。

五、证券监管机构

在我国，证券监管机构是指中国证券监督管理委员会（以下简称"中国证监会"）及其派出机构。中国证监会是国务院直属的证券监督管理机构，按照国务院授权和依照相关法律法规对证券市场进行集中、统一监管。它的主要职责是：依法制定有关证券市场监督管理的规章、规则，负责监督有关法律法规的执行，负责保护投资者的合法权益，对全国的证券发行、证券交易、中介机构的行为等依法实施全面监管，维持公平而有序的证券市场。

第三节 证券市场的分类

证券市场是证券买卖交易的场所，也是资金供求的中心。根据市场的功能划分，证券市场可分为证券发行市场和证券交易市场。证券发行市场是发行人以发行证券的方式筹集资金的场所，又称一级市场、初级市场；证券交易市场是买卖已发行证券的市场，又称二级市场、次级市场。证券市场的两个组成部分，既相互依存，又相互制约，是一个不可分割的整体。证券发行市场是交易市场的基础和前提，有了发行市场的证券供应，才有流通市场的证券交易，证券发行的种类、数量和发行方式决定流通市场的规模和运行。交易市场是发行市场得以持续扩大的必要条件，有了交易市场为证券的转让提供保证，才使发行市场充满活力。此外，交易市场的交易价格制约和影响着证券的发行价格，是证券发行时需要考虑的重要因素。

证券的发行、交易活动必须实行公开、公平、公正的原则，必须遵守法律、行政法规；禁止欺诈、内幕交易的操纵证券市场的行为。证券发行、交易活动的当事人具有平等的法律地位，应当遵守自愿、有偿、诚实信用原则。

一、证券发行市场

（一）证券发行市场的含义

证券发行市场是发行人向投资者出售证券的市场，又称一级市场或初级市场。证券发行市场的作用主要表现在以下 3 个方面：

（1）为资金需求者提供筹措资金的渠道。证券发行市场拥有大量运行成熟的证券商品供发行者选择，发行者可以参照各类证券的期限、收益水平、参与权、流通性、风险度、发行成本等不同特点，根据自己的需要和可能选择发行何种证券，并依据当时市场上的供求关系和价格行情来确定证券发行的数量和价格（收益率）。发行市场上还有众多为发行者服务的中介机构，它们可以接受发行者的委托，利用自己的信誉、资金、人力、技术和网络等向公众推销证券，有助于发行者及时筹措到所需资金。

（2）为资金供应者提供投资的机会，实现储蓄向投资转化。政法、企业和个人在经济活动中可能出现暂时闲置的货币资金，证券发行市场提供了多种多样的投资机会，实现社会储蓄向投资转化。储蓄转化为投资是社会再生产顺利进行的必要条件。

（3）形成资金流动的收益导向机制，促进资源配置的不断优化。在现代经济活动中，生产要素都跟随着资金流动，只有实现了货币资金的优化配置，才有可能实现社会资源的优化配置。证券发行市场通过市场机制选择发行证券的企业，那些产业前景好、经营业绩优良和具有发展潜力的企业更容易从证券市场筹集所需要的资金，从而使资金流入最能产生效益的行业和企业，达到促进资源优化的目的。

（二）证券发行市场的构成

证券发行市场由证券发行人、证券投资者和证券中介机构三部分组成。证券发行人是资金的需求者和证券的供应者，证券投资者是资金的供应者和证券的需求者，证券中介机构则是联系发行人和投资者的专业性中介服务组织。

（1）证券发行人。在市场经济条件下，资金需求者筹集外部资金主要通过两个途径：向银行借款和发行证券，即间接融资和直接融资。随着市场经济的发展，发行证券已成为资金需求者最基本的筹资手段。证券发行人主要是政府、企业和金融机构。

（2）证券投资者。证券投资者是指以取得利息、股息或资本收益为目的而买入证券的机构和人。证券发行市场上的投资者包括个人投资者和机构投资者，后者主要是证券公司、商业银行、保险公司、社保基金、证券投资基金、信托投资公司、企业和事业法人及社会团体等。

（3）证券中介机构。在证券发行市场上，中介机构主要包括证券公司、证券登记结算公司、会计师事务所、律师事务所、资产评估事务所等为证券发行与投资服务的中介机构。它们是证券发行人和投资者之间的中介，在证券发行市场上占有重要地位。

（三）证券发行与承销制度

1. 证券发行制度

（1）注册制。证券发行注册制是指证券发行申请人依法将与证券发行有关的一切信息和资料公开，制作法律文件，送交主管机构审查，主管机构只负责审查发行申请人提供的信息和资料是否履行了信息披露义务的一种制度。2018年11月5日，习近平出席首届中国国际进口博览会开幕式并发表主旨演讲，宣布在上海证券交易所设立科创板并试点注册制。2020年4月27日，中央全面深化改革委员会第十三次会议审议通过了《创业板改革并试点注册制总体实施方案》，将在创业板试点注册制。2020年10月9日，国务院印发《关于进一步提高上市公司质量的意见》提出将"全面推行、分步实施证券发行注册制，支持优质企业上市"。

（2）核准制。证券发行核准制是上市公司股票申请上市须经过核准的证券发行管理制度。发行人在申请发行股票时，不仅要充分公开企业的真实情况，而且必须符合有关法律和证券监管机构规定的必要条件。证券监管机构有权否决不符合规定条件的股票发行申请。证券监管机构对申报文件的全面性、准确性、真实性和及时性作审查，还对发行人的营业性质、财务状况、经营能力、发展前景、发行数量和发行价格等条件作实质性审查，并据此作出发行人是否符合发行条件的价值判断和是否核准申请的决定。

2. 证券发行方式

（1）股票发行方式。我国现行的有关法规规定，我国股份公司首次公开发行股票和上市后向社会公开募集股份（公募增发）采取对公众投资者上网发行和对机构投资者配售相结合的发行方式。根据《证券发行与承销管理办法》的规定，首次公开发行股票数量在4亿股以上的，可以向战略投资者配售股票。战略投资者是与发行人业务联系紧密且长期持有发行人股票的机构投资者。战略投资者应当承诺获得配售的股票持有期限不少于12个月。符合中国证监会规定条件的特定机构投资者（询价对象）及其管理的证券投资产品（股票配置对象）可以参与网下配售。询价对象可自主决定是否参与股票发行的初步询价，发行人及主承销商应当向参与网下配售的询价对象配售股票，但未参与初步询价或虽参与初步询价但未有效报价的询价对象，不得参与累计投标询价和网下配售。询价对象应承诺获得网下配售的股票持有期限不少于 3 个月。

发行人及主承销商应在网下配售的同时对公众投资者进行网上发行。上网公开发行方式是指利用证券交易所的交易系统，主承销商在证券交易所开设股票发行专户并作为唯一的卖方，投资者在指定时间内，按现行委托买入股票的方式进行申购的发行方式。上海、深圳证券交易所现行的做法是采用资金申购上网公开发行股票方式。公众投资者可以使用其所持有的沪、深证券交易所证券账户在申购时间内通过与交易所联网的证券营业部，根据发行人公告规定的发行价格和申购数量全额存入申购款进行申购委托。若网上发行时发行价格尚未确定，参与网上申购的投资者应当按价格区间上限申购。主承销商根据有效申购量和该次股票发行量配号，以摇号抽签方式决定中签的证券账户。

上市公司向不特定对象公开募集股份（增发）或发行可转债券，主承销商可以对参与网下配售的机构投资者进行分类。对不同类别的机构投资者设定不同的配售比例进行配售，也可以全部或部分向原股东优先配售。

（2）债券发行方式。①定向发行。又称私募发行，私下发行，即面向少数特定投资者发行。一般由债券发行人与某些机构投资者，如人寿保险公司、养老金、退休金等直接洽谈发行条件和其他具体事务，属直接发行。②承购包销。指发行人与由商业银行、证券公司等金融机构组成的承销团通过协商条件签订承购包销合同，由承销团分销拟发行债券的发行方式。③招标发行。指通过招标方式确定债券承销商和发行条件的发行方式。根据标的物的不同，招标发行可分为价格招标、收益率招标和缴款期招标；根据中标规则不同，可分为荷兰式招标（单一价格中标）和美式招标（多种价格中标）。

3. 证券承销方式

证券发行的最后环节是将证券推销给投资者。发行人推销证券的方法有两种：一是自己销售称为自销；二是委托他人代为销售，称为承销。一般情况下，公开发行以承销为主。

承销是将证券销售业务委托给专门的股票承销机构销售。按照发行风险的承担、所筹资金的划拨以及手续费的高低等因素划分，承销方式有包销和代销两种。

（1）包销。证券包销是指证券公司将发行人的证券按照协议全部购入，或者在承销期结束时将售后剩余全部自行购入的承销方式。包销可分为全额包销和余额包销两种。①全额包销，是指承销商先全额购买发行人该次发行的证券，再向投资者发售，由承销商承担全部风险的承销方式。②余额包销，是指承销商按照规定的发行额和发行条件，在约定的期限内向投资者发售证券，到销售截止日，如投资者实际认购总额低于预定发行总额，未售出的证券由承销商负责认购，并按约定时间向发行人支付全部证券款项的承销方式。

（2）代销。代销是指证券公司代发行人发售证券，在承销期结束时，将未售出的证券全部退还给发行人的承销方式。

我国《证券法》规定，发行人向不特定对象发行的证券，法律、行政法规规定应当由证券公司承销的，发行人就应当同证券公司签发公司签订承销协议；向不特定对象发行的证券票面总值超过人民币 5 000 万元，应当由承销团承销。证券承销采取代销或包销方式。我国《上市公司证券发行管理办法》规定，上市公司发行证券，应当由证券公司承销；非公开发行股票，发行对象均属于原前 10 名股东的，可以由上市公司自行销售。上市公司向原股东配售股份应当采用代销方式发行。

（四）证券发行价格

（1）股票发行价格。股票发行价格是指投资者认购新发行的股票时实际支付的价格。根据我国《公司法》第一百二十八条和《证券法》第三十四条的规定，股票发行价格可以等于票面金额，也可以超过票面金额，但不得低于票面金额。以超过票面金额的价格发行股票所得的溢价款项列入发行公司的资本公积金。股票发行采取溢价发行的，发行价格由发行人与承销的证券公司协商确定。

股票发行的定价方式，可以采取协商定价方式，也可以采取一般询价方式、累计投标询价方式、上网竞价方式等。我国《证券发行与承销管理办法》规定，首次公开发行股票以询价方式确定股票发行价格。

根据规定，首次公开发行股票的公司及其保荐机构应通过询价对象询价的方式确定股票发行价格。询价对象是指符合中国证监会规定条件的证券投资基金管理公司、证券公司、信托投资公司、财务公司、保险机构投资者、合格境外机构投资者（QFII）以及其他经中国证监会认可的机构投资者。发行申请经中国证监会核准后，发行人应公告招股意向书并开始进行推荐和询价。询价分为初步询价和累计投标询价两个阶段。通过初步询价确定发行价格区间和相应的市盈率区间。发行价格区间确定后，发行人及保荐机构在发行价格区间向询价对象进行累计投标询价，并根据投标询价的结果确定发行价格和发行市盈率。首次公开发行的股票在中小企业板上市的，发行人及主承销商可以根据初步询价结果确定发行价格，不再进行累计投标询价。

上市公司发行证券，可以通过询价方式确定发行价格，也可以与主承销商协商确定发行价格。

（2）债券发行价格。债券的发行价格是指投资者认购新发行的债券实际支付的价格。债券的发行价格可以分为：平价发行，即债券的发行价格与面值相等；

折价发行，即债券以低于面值的价格发行；溢价发行，即债券以高于面值的价格发行。在面值一定的情况下，调整债券的发行价格可以使投资者的实际收益率接近市场收益率的水平。

债券发行的定价方式以公开招标最为典型。按照招标的分类，有价格招标和收益率招标；按价格决定方式分类，有美式招标和荷兰式招标。以价格为标的的荷兰式招标，是以募满发行额为止所有投标者的最低中标价格作为最后中标价格，全体中标者的中标价格是单一的；以价格为标的的美式招标，是以募满发行额为止中标者各自的投标价格作为各中标者的最终标价，各中标者的认购价格是不相同的。以收益率为标的的荷兰式招标，是以募满发行额为止的中标者最高收益率作为全体中标者的最终收益率，所有中标者的认购成本是相同的；以收益率为标的的美式招标，是以募满发行额为止的中标者所投标的各个价位上的中标收益率作为中标者各自的最终中标收益率，各中标者的认购成本是不相同的。一般情况下，短期贴现债券多采用单一价格的荷兰式招标，长期附息债券多采用多种收益率的美式招标。

二、证券交易市场

证券交易市场是为已经公开发行的证券提供流通转让机会的市场。证券交易市场通常分为证券交易所市场和场外交易市场。我国《证券法》规定，依法发行的股票、公司债券及其他证券应当在依法设立的证券交易所上市交易或者在国务院批准的其他证券交易场所转让。证券当事人依法买卖的证券，必须是依法发行并交付的证券。依法发行的股票、公司债券及其他证券，法律对其转让有限制性规定的，在限定的期限内不得买卖。我国《证券法》规定，向不特定对象发行证券或向特定对象发行证券累计超过 200 人的，为公开发行，必须经国务院证券监督管理机构或者国务院授权的部门核准。据此，公开发行股票的股份公司为公众公司，其中，在证券交易所上市交易的股份公司称为上市公司；符合公开发行条件、但未在证券交易所上市交易的股份公司称为非上市公司，非上市公众公司的股票将在柜台市场转手交易。

（一）证券交易所

1. 证券交易所的定义、特征与功能

（1）证券交易所的定义。证券交易所是证券买卖双方公开交易的场所，是一个高度组织化、集中进行证券交易的市场，是整个证券市场的核心。证券交易所本身并不买卖证券，也不决定证券价格，而是为证券交易提供一定的场所和设施，配备必要的管理和服务人员，并对证券交易进行周密的组织和严格的管理，为证券交易顺利进行提供一个稳定、公开、高效的市场。我国《证券法》规定，证券交易所是为证券集中交易提供场所和设施，组织和监督证券交易，实行自律管理的法人。

（2）证券交易所的特征。①有固定的交易场所和交易时间；②参加交易者为具备会员资格的证券经营机构，交易采取经纪制，即一般投资者不能直接进入交易所买卖证券，只能委托会员作为经纪人间接进行交易；③交易的对象限于合乎一定标准的上市证券；④通过公开竞价的方式决定交易价格；⑤集中了证券的供求双方，具有较高的成交速度和成交率；⑥实行"公开、公平、公正"原则，并对证券交易加以严格管理。

（3）证券交易所职能。证券交易所为证券交易创造公开、公平、公正的市场环境，扩大了证券成交的机会，有助于公平交易价格的形成和证券市场的正常运行。

我国《证券交易所管理办法》第十一条规定，证券交易所的职能包括：①提供证券交易的场所和设施；②制定交易所的业务规则；③接受上市申请，安排证券上市；④组织、监督证券交易；⑤对会员进行监督；⑥对上市公司进行监管；⑦设立证券登记结算机构；⑧管理和公布市场信息；⑨中国证监会许可的其他功能。

2. 证券交易所组织形式

证券交易所的组织形式大致可以分为两类，即公司制和会员制。公司制的证券交易所是以股份有限公司形式组织并以营利为目的的法人团体，一般由金融机构及各类民营公司组建。交易所章程中明确规定作为股东的证券经纪商和证券自营商的名额、资格和公司存续期限。它必须遵守本国公司法的规定，在政府证券主管机构的管理和监督下，吸收各类证券挂牌上市。同时，任何成员公司的股东、高级职员、雇员都不能担任证券交易所的高级职员，以保证交易的公正性。

会员制的证券交易所是一个由会员自愿组成的、不以营利为目的的社会法人团体。交易所设会员大会、理事会和监察委员会。

我国《证券法》规定，证券交易所的设立和解散由国务院决定。设立证券交易所必须制定章程，证券交易所章程的制定和修改，必须经国务院证券监督管理机构批准。

上海证券交易所（简称上交所）成立于 1990 年 11 月 26 日，同年 12 月 19 日开业，受中国证监会监督和管理，是为证券集中交易提供场所和设施、组织和监督证券交易、实行自律管理的会员制法人。组织机构由会员大会、理事会、监察委员会和其他专门委员会、总经理及其他职能部门组成。

深圳证券交易所（简称深交所）于 1990 年 12 月 1 日开始营业，是经国务院批准设立的全国性证券交易场所，受中国证监会监督管理。深交所是实行自律管理的会员制法人，建立了会员大会、理事会、经理层、监事会"三会一层"的治理结构。

北京证券交易所（简称北交所）于 2021 年 9 月 3 日注册成立，是经国务院批准设立的我国第一家公司制证券交易所，受中国证监会监督管理。经营范围为依法为证券集中交易提供场所和设施、组织和监督证券交易以及证券市场管理服务等业务。

根据我国《证券交易所管理办法》第十七条规定，会员大会是证券交易所的最高权力机构，具有以下职权：①制定和修改证券交易所章程；②选举和罢免会员理事；③审议和通过理事会、总经理的工作报告；④审议和通过证券交易所的财务预算、决算报告；⑤决定证券交易所的其他重大事项。

根据我国《证券法》和《证券交易所管理办法》的规定，证券交易所设理事会，理事会是证券交易所的决策机构，其主要职责是：①执行会员大会决议；②制定、修改交易所业务规则；③审定总经理提出的工作计划；④审定总经理提出的财务预算和决算方案；⑤审定对会员的接纳；⑥审定对会员的处分；⑦根据需要决定专门委员会的设置；⑧会员大会授予的其他职责。

我国《证券法》规定，证券交易所设总经理 1 人，由国务院证券监督管理机构任免。

会员制的证券交易所规定，进入证券交易所参与集中交易的，必须是证券交易所的会员或会员派出的入市代表；其他人要买卖在证券交易所上市的证券，必须通过会员进行。会员制证券交易所注重会员自律，在证券交易所内从事证券交易的人员，违反证券交易所有关规则的，由证券交易所给予纪律处分；对情节严重的撤销其资格，禁止其入场进行证券交易。

3. 证券交易所的运作系统

证券交易所的运作系统由必要的硬件设施和信息、管理等软件组成，它们是保证证券交易正常、有序运行的物质基础和管理条件。现代证券交易所的运作普遍实现了高度的计算机化和无形化，建立起安全、高效的电脑运行系统。该系统通常包括交易系统、结算系统、信息系统和监察系统 4 个部分。

（1）交易系统。电子化交易是世界各国证券交易的发展方向，现代证券交易所均不同程度地建立起高度自动化的电脑交易系统。交易系统通常由交易主机、交易大厅、参与者交易业务单元（上海证券交易所）或交易席位（深圳证券交易所）、报盘系统及相关的通信系统等组成。交易主机或称撮合主机，是整个交易系统的核心，它将通信网络传来的买卖委托读入计算机内存进行撮合配对，并将成交结果和行情通过通信网络传回证券柜台。参与者交易业务单元是指交易参与人据此可以参加上海证券交易所证券交易，享有及行使相关交易权利，并接受交易所相关交易业务管理的基本单位。交易席位是指深圳证券交易所提供并经会员申请获得的参与深圳证券交易所的专用设施。通信网络是连接证券商柜台终端、交易席位和撮合主机的通信线路及设备，如单向卫星、双向卫星和地面数据专线等，用于传递委托信息、成交信息及行情信息等。

（2）结算系统。结算系统是指对证券交易进行结算、交收和过户的系统。世界各国的证券交易市场都有专门机构进行证券的存管和结算，在每个交易日结束后对证券和资金进行清算、交收、过户，使买入者得到证券，卖出者得到相应的资金。

（3）信息系统。信息系统负责对每日证券交易的行情信息和市场信息进行实时发布。信息系统发布网络可由以下几部分组成：①交易通信网。通过卫星、地面通信线路等交易系统的通信网络发布证券交易的实时行情、股价指数和重大信息公告等。②信息服务网。向新闻媒介、会员、咨询机构等发布收市行情、成交统计和非实时信息公告等。③证券报刊。通过证券监管机构知道的信息披露报刊发布收市行情、成交统计及上市公司公告和信息等。④因特网。通过因特网向国内外提供证券市场信息、资料和数据等。

（4）监察系统。监察系统负责证券交易所对市场进行实时监控的职责。日常监控包括以下4个方面：①行情监控。对交易行情进行实时监控，观察股票价格、股价指数、成交量等的变化情况，如果出现异常波动，监控人员可立即掌握情况，作出判断。②交易监控。对异常交易进行跟踪调查，如果是由违规引起，则对违规者进行处罚。③证券监控。对证券卖出情况进行监控，若出现违规卖空，则对相应证券商进行处罚。④资金监控。对证券交易和新股发行的资金进行监控。若证券商未及时补足清算头寸，监控系统可及时发现，作出判断。

（二）其他交易市场

除了交易所外，还有一些其他交易市场，这些市场因为没有集中的统一交易制度和场所，因而把它们称为场外交易市场。

1. 场外交易市场的定义和特征

场外交易市场定义。场外交易市场是在证券交易所以外的证券交易市场的总称。在证券市场发展初期，许多有价证券的买卖都是在柜台上进行的，因此称为柜台市场或店头市场。随着通信技术的发展，目前许多场外市场交易并不直接在证券经营机构柜台前进行，而是由客户与证券经营机构通过电话、电传、计算机网络进行交易，故又称为电话市场、网络市场。由于进入证券交易所交易的必须是符合一定上市标准的证券，必须经过交易所的会员才能买卖，为此还要向经纪会员交付一定数额的佣金。因此，为规避较严格的法律条件，降低交易成本，产生了场外交易的需求。场外交易市场有以下特征：

（1）场外交易市场是一个分散的无形市场。它没有固定的、集中的交易场所，而是由许多各自独立经营的证券经营机构分别进行交易，并且主要是依靠电话、电报、电传和计算机网络联系成交的。

（2）场外交易市场的组织方式采取做市商制。场外交易市场与证券交易所的区别在于不采取经纪制，投资者直接与证券商进行交易。证券交易通常在证券经营机构之间或是证券经营机构与投资者之间直接进行，不需要中介人。在场外证券交易中，证券经营机构先行垫入资金买进若干证券作为库存，然后开始挂牌对外进行交易。他们以较低的价格买进，再以略高的价格卖出，从中赚取差价，但其加价幅度一般会受到限制。证券商既是交易的直接参加者，又是市场的组织者，他们制造出证券交易的机会并组织市场活动，因此被称为"做市商"（market maker）。这里的"做市商"是场外交易市场的做市商，与场内交易中的做市商不完全相同。

（3）场外交易市场是一个拥有众多证券种类和证券经营机构的市场，以未能或无须在证券交易所批准上市的股票和债券为主。在证券市场发达的国家，由于证券种类繁多，每家证券经营机构只固定地经营若干种证券。

（4）场外交易市场是一个以议价方式进行证券交易的市场。在场外交易市场上，证券买卖采取一对一的交易方式，对同一种证券的买卖不可能同时出现众多的买方和卖方，也就不存在公开竞价机制。场外交易市场的价格决定机制不是公开竞价，而是买卖双方协商议价。具体地说，是证券公司对自己所经营的证券同时挂出买入价和卖出价，并无条件地按买入价买入证券和按卖出价卖出证券，最终的成交价是在挂牌价基础上经双方协商决定的不含佣金的净价。券商可根据市场情况随时调整所挂的牌价。

（5）场外交易市场的管理比证券交易所宽松。由于场外交易市场分散，缺乏统一的组织和章程，因此不易管理和监督，其交易效率也不及证券交易所。但美国的Nasdaq市场借助计算机将分散于全国的场外交易市场联成网络，在管理和效率上都有很大提高。

2. 场外交易市场的功能

场外交易市场与证券交易所共同组成证券交易市场，主要具备以下功能：

（1）场外交易市场是证券发行的主要场所。新证券的发行时间集中，数量大，需要众多的销售网点和灵活的交易时间，场外交易市场是一个广泛的无形市场，能满足证券发行的要求。

（2）场外交易市场为政府债券、金融债券、企业债券以及按规定公开发行又不能到二级市场交易的股票提供了流通场所，为这些证券提供了流动性的必要条件，为投资者提供了兑现的机会。

（3）场外交易市场是证券市场的必要补充。场外交易市场是一个"开放"的市场，投资者可以与证券商当面直接成交，不仅交易时间灵活分散，而且交易手续简单方便，价格又可协商。这种交易方式可以满足部分投资者的需要，因而成为证券交易所的"卫星市场"。

第四节　证券价格指数

一、股票价格指数编制方法

股价平均数和股价指数是股票市场总体价格水平及其变动趋势的尺度，也是反映一个国家或地区政治、经济发展状态的灵敏信号。

（一）股票价格指数的编制步骤

股票指数的编制分 4 步：

第一步，选择样本股。选择一定数量有代表性的上市公司股票作为编制股价指数的样本股。样本股可以是全部上市股票，也可以是其中有代表性的一部分。样本股的选择主要考虑两个标准：一是样本股的市价总值要占所在交易所上市的全部股票市价总值的大部分，二是样本股价格变动趋势必须能反映股票市场价格变动的总趋势。

第二步，选定某基期，并以一定方法计算基期平均股价或市值。通常选择某一有代表性或股价相对稳定的日期的基期，并按选定的某一种方法计算这一天的样本股平均价格或总市值。

第三步，计算计算期平均股价或市值，并作为必要的修正。收集样本股在计算期的价格，并按选定的方法计算平均价格或市值。有代表性的价格是样本股收盘平均价。

第四步，指数化。如果计算股价指数，就需要将计算期的平均股价或市值转化为指数值，即将基期平均股价或市值定为某一常数（通常为 100、1 000 或者 10），并据此计算计算期股价的指数值。

（二）股票价格平均数

股价平均数采用股价平均法，用来度量所有样本股经调整后的价格水平的平均值，可分为简单算术股价平均数、加权股价平均数和修正股价平均数。

1. 简单算术股价平均数

简单算术股价平均数是以样本股每日收盘价之和除以样本数。其公式为：

$$\bar{P} = \frac{\sum P_i}{N}$$

式中：P——平均股份；

P_i——各样本股收盘价；

N——样本股票总数。

简单算术股价平均数的优点是计算简便，但也存在两个缺点：第一，发生样本股送配股、拆股和更换时会使股价平均数失去真实性、连续性和时间数列上的可比性；第二，在计算时没有考虑权数，即忽略了发行量或成交量不同的股票对股票市场有不同影响这一重要因素。简单算术股价平均数的这两点不足，可以通过加权股价平均数和修正股价平均数来弥补。

2. 加权股价平均数

加权股价平均数或称加权平均股价，是将各样本股票的发行量或成交量作为权数计算出来的股价平均数。其计算公式为：

$$\bar{P} = \frac{\sum_{i=1}^{n} P_i W_i}{\sum_{i=1}^{n} W_i}$$

式中：W_i——样本股的发行量或成交量。

以样本股成交量为权数的加权平均股价可表示为：

$$加权平均股价 = \frac{样本股成交总额}{同期样本股成交总量}$$

计算结果为平均成交价。

以样本股发行量为权数的加权平均股价可表示为：

$$加权平均股价 = \frac{样本股市价总额}{同期样本股发行总量}$$

计算结果为平均市场价格。

3. 修正股价平均数

修正股价平均数是在简单算术平均数法的基础上，当发生拆股、增资配股时，通过变动除数，使股价平均数不受影响。修正除数的计算公式如下：

新除数 = 股份变动后的总价格/股份变动前的平均数

修正股价平均数 = 股份变动后的总价格/新除数

目前在国际上影响最大、历史最悠久的道 – 琼斯股价平均数就采用修正平均股价法来计算股价平均数，每当股票分割、发放股票股息或增资配股数超过原股份10%时，对除数作相应的修正。

（三）股票价格指数

股票价格指数将计算期的股价与某一基期的股价相比较的相对变化指数，反映市场股票价格的相对水平。

股价指数的编制方法有简单算术股价指数和加权股价指数两类。

1. 简单算术股价指数

简单算术股价指数又有相对法和综合法之分。相对法是先计算各样本股的个别指数，再加总求算术平均数。若设股价指数为 P'，基期第 i 种股票价格为 P_{0i}，计算期第 i 种股票价格为 P_{1i}，样本数为 N，计算公式为：

$$P' = \frac{1}{n} \sum_{i=1}^{n} \frac{P_{1i}}{P_{0i}} \times 固定乘数$$

综合法是将样本股票基期价格和计算期价格分别加总，然后再求出股价指数。计算公式为：

$$P' = \frac{\sum\limits_{i=1}^{n} P_{1i}}{\sum\limits_{i=1}^{n} P_{0i}} \times 固定乘数$$

2. 加权股价指数

加权股价指数是以样本股票发行量或成交量为权数加以计算，又有基期加权、计算期加权和几何加权之分。

基期加权股价指数又称拉斯贝尔加权指数（laspeyre index），系采用基期发行量或成交量作为权数，计算公式为：

$$P' = \frac{\sum\limits_{i=1}^{n} P_{1i}Q_{0i}}{\sum\limits_{i=1}^{n} P_{0i}Q_{0i}} \times 固定乘数$$

式中：Q_{0i}——第 i 种股票基期发行量或成交量。

计算期加权股价指数又称派许加权指数（paasche index），采用计算期发行量或成交量作为权数。其适用性较强，使用广泛，很多著名股价指数，如标准普尔指数等，都使用这一方法。计算公式为：

$$P' = \frac{\sum\limits_{i=1}^{n} P_{1i}Q_{1i}}{\sum\limits_{i=1}^{n} P_{0i}Q_{1i}} \times 固定乘数$$

式中：Q_{1i}——计算期第 i 种股票的发行量或成交量。

几何加权股价指数又称费雪理想式（Fisher's index formula），是对两种指数作几何平均，由于计算复杂，很少被实际应用。其计算公式为：

$$P' = \sqrt{\frac{\sum\limits_{i=1}^{n} P_{1i}Q_{0i}}{\sum\limits_{i=1}^{n} P_{0i}Q_{0i}} \times \frac{\sum\limits_{i=1}^{n} P_{1i}Q_{1i}}{\sum\limits_{i=1}^{n} P_{0i}Q_{1i}}} \times 固定乘数$$

二、我国主要的证券价格指数

1. 上证综合指数

上海证券交易所从 1991 年 7 月 15 日起编制并公布上海证券交易所股份指数，它以 1990 年 12 月 19 日为基期，以全部上市股票为样本，以股票发行量为权数，按加权平均计算。遇新股上市、退市或上市公司增资扩股时，采用"除数修正法"修正原固定除数，以保证指数的连续性。2007 年 1 月上海证券交易所宣布，新股于上市第 11 个交易日开始计入上证综指、新综指及相应上证 A 股、上证 B 股、上证分类指数，从而进一步完善指数编制规则，使指数更真实地反映市场的平均收益。

上证综合指数等以样本股的发行股本数为权数进行加权计算，计算公式为：报告期指数 =（报告期成分股的总市值/基期成分股的总市值）× 基期指数。其中，总市值 = $\sum$（股价 × 发行股数），基期指数为 100 点。

2. 沪深 300 指数

为反映中国证券市场股票价格变动的概貌和运行状况，并能够作为投资业绩的评价标准，为指数化投资及指数衍生产品创新提供基础条件，中证指数公司编制并发布了沪深 300 统一指数。

沪深 300 指数简称"沪深 300"，上海行情代码为 000300，深圳行情使用代码为 399300。指数基日为 2004 年 12 月 31 日，基点为 1 000 点。

指数成分股的选择空间是：上市交易时间超过 1 个季度；非 ST、*ST 股票，非暂停上市股票；公司经营状况良好，最近 1 年无重大违法违规事件、财务报告无重大问题；股票价格无明显的异常波动或市场操纵；剔除其他经专家委员会认定的不能进入指数的股票。这样标准是选区规模大、流动性好的股票作为样本股。这样的方法是，先计算样本股票最近 1 年的日均总市值、日均流通市值、日均流通股份数、日均成交金额和日均成交股份数 5 个指标，再将上述指标的比重按 2∶2∶2∶1∶1 进行加权平均，然后将计算结果从高到低排序，选取排名在前 300 的股票。

指数的计算方法是，以调整股本为权重，采用派许加权综合价格指数公式计算。其中，调整股本根据分级靠档方法获得。

沪深 300 指数按规定作定期调整。原则上指数成分股每半年进行一次调整，一般为 1 月初和 7 月初实施调整，调整方案提前两周公布。每次调整的比例定为不超过 10%。样本调整设置缓冲区，排名在 240 名内的新样本优先进入，排名在 360 名之前的老样本优先保留。最近一次财务报告亏损的股票原则上不进入新选样本，除非该股票影响指数的代表性。

3. 深圳成分指数

深证成分股指数是深圳证券交易所编制的一种成分股指数。是从上市的所有股票中抽取具有市场代表性的 40 家上市公司的股票作为计算对象，并以流通股为权数计算得出的加权股价指数，综合反映深交所上市 A 股、B 股的股价走势。

2015 年 5 月 20 日，深交所对深证成分指数正式实施样本股扩容。扩容后，指数样本数量将从现有的 40 只扩大到 500 只，指数代码、指数简称、选样规则保持不变。

经过本次扩容，深证成指的市场代表性大幅提升。新深证成指的总市值约 13 万亿元，市值覆盖率接近 60%，与国内外市场标尺性指数的覆盖率水平相当。

深证成指的板块分布更趋均衡合理。扩容后，主板、中小板、创业板公司权重分别为 48%、35%、17%，与三类公司在深圳市场的市值占比较为接近。从板块分布看，中小板公司 211 家、创业板公司 90 家，合计 301 家，占指数样本股数量的 60%，对中小型成长性企业代表性充分。

深证成分指数采用派氏加权法，依据下列公式逐日连锁实时计算：

$$实时指数 = 上一交易日收市指数 \times \sum (样本股实时成交价 \times 样本股权数) /$$
$$\sum (样本股上一交易日收市价 \times 样本股权数)$$

4. 创业板指数

创业板指数由深圳证券交易所授权并委托深圳证券信息有限公司编制、维护和发布。指数实时行情通过深交所实时卫星广播系统随同实时证券行情发布，指数成分股等相关信息通过深圳证券交易所网站和巨潮指数网站发布。在指数样本未满 100 只之前，新上市创业板股票在上市后第十一个交易日纳入指数计算；在指数样本数量满 100 只之后，样本数量锁定为 100 只，并依照定期调样规则实施样本股定期调样。

指数计算规则：一是创业板指数以 2010 年 5 月 31 日为基日，基点为 1 000 点；二是创业板指数的计算方法与深证系列其他指数相同，采用自由流通量加权，并按照派氏加权法进行计算；三是创业板指数调整计算方法与深证 100 指数等深证系列指数相同。

创业板指数编制的主要步骤：第一步，计算选样空间股票在最近半年的日均总市值和日均成交金额；第二步，对日均成交额进行从高到低排序，剔除排名后 10% 的股票；第三步，对剩余的股票按照日均总市值排名，然后取前 100 名，按照自由流通市值进行加权。

5. 中小板指数

中小企业板指数，由深圳证券交易所发布，委托深圳证券信息有限公司编制、维护和管理。中小企业板指数以全部在中小企业板上市后并正常交易的股票为样本，新股于次日起纳入指数计算。中小板指数以最新自由流通股本数为权重，即以扣除流通受限制的股份后的股本数量作为权重，以计算期加权法计算，并以逐日连锁计算的方法得出实时指数的综合指数。中小板指数以第 50 只中小企业板股票上市交易的日期 2005 年 6 月 7 日为基准日，设定基点为 1 000 点，以 2005 年 11 月 30 日计算发布点位，于 2005 年 12 月 1 日起正式对外发布。

6. 香港恒生指数

恒生指数是由香港恒生银行于 1969 年 11 月 24 日起编制公布、系统反映香港股票市场行情变动最有代表性和影响最大的指数。它挑选了 33 种有代表性的上市股票为成分股，用加权平均法计算。成分股主要根据以下 4 个标准选定：①股票在市场上的重要程度；②股票成交额对投资者的影响；③股票发行在外的数量能应付市场的旺盛需求；④公司的业务以香港为基地。这 33 种成分股包括：金融业 4 种，公用事业 6 种，地产业 9 种，其他工商业 14 种。这些股票分布在香港主要行业，都是最具代表性和实力雄厚的大公司。它们的市价总值要占香港所有上市股票市价总值的 70% 左右。恒生指数的成分股并不固定，自 1969 年以来，已作了 10 多次调整，从而使成分股更具有代表性，使恒生指数更能准确反映市场变动状况。

恒生指数最初以股市交易较正常的 1964 年 7 月 31 日为基期，令基值为 100，后来因为恒生指数按行业增设了 4 个分类指数，将基期改为 1984 年 1 月 13 日，并将该日收市指数的 975.47 点定为新基期指数。由于恒生指数具有基期选择恰当、成分股代表性强、计算频率高、指数连续性好等特点，因此一直是反映和衡量香港股市变动趋势的主要指标。

香港恒生指数成分股编制沿用了 37 年，于 2006 年 2 月提出改制，首次将 H

股纳入恒生指数成分股。上市标准是以 H 股形式于香港上市的我国内地企业，公司的股本以全流通形式于香港联交所上市；H 股公司已完成股权分置，且无非上市股本；或者新上市的 H 股公司无非上市股本。恒生指数服务公司表示，恒生指数会增加成分股数目，由目前 33 只逐步增加至 38 只，新增加的 5 只将全部是国企股。截至 2006 年底，中国建设银行、中国石化、中国银行已入选恒生指数成分股，恒生指数成分股数目由原来的 33 只增加至 36 只。自 2007 年 3 月 12 日起，工商银行、中国人寿也被纳入恒生指数。至此，恒生指数成分股增加至 38 只。这也意味着上证综指的前四大权重股工商银行、中国人寿、中国银行和中国石化全部进入恒生指数系列。除首度将 H 股纳入恒指成分股外，恒生指数的编制方法也将出现变动：由总市值加权法改为以流通市值调整计算，并为成分股设定 15% 的比重上限。近年来，国企股占港股总市值和成交额的比重不断上升，变动后的恒生指数更能全面反映市况，更具市场代表性。

三、国际主要的证券价格指数

1. 道-琼斯股票价格指数

道-琼斯工业股价平均数是世界上最早、最享盛誉和最有影响的股票价格平均数，由美国道-琼斯公司编制并在《华尔街日报》上公布。早在 1884 年 7 月 3 日，道-琼斯公司的创始人查尔斯·亨利·道和爱德华·琼斯根据当时美国有代表性的 11 种股票编制股票价格平均数，并发表于该公司编制出版的《每日通讯》上。以后，道-琼斯股价平均数的样本股逐渐扩大至 65 种，编制方法也有所改进，《每日通讯》也于 1889 年改为《华尔街日报》。现在人们所说的道-琼斯指数实际上是一组股价平均数，包括 5 组指标：

（1）工业股价平均数。以美国埃克森石油公司、通用汽车公司和美国钢铁公司等 30 家著名大工商业公司股票为编制对象，能灵敏反映经济发展水平和变化趋势。平时所说的道-琼斯指数就是指道-琼斯工业股价平均数。

（2）运输业股价平均数。以美国泛美航空公司、环球航空公司、国际联运公司等 20 家具有代表性的运输业公司股票为编制对象的运输业股价平均数。

（3）公用事业股价平均数。以美国电力公司、煤气公司等 15 种具有代表性的公用事业大公司股票为编制对象的公用事业股价平均数。

（4）股价综合平均数。以上述 65 家公司股票为编制对象的股价综合平均数。

道-琼斯股价平均数以 1928 年 10 月 1 日为基期，基期指数为 100。道-琼斯指数的编制方法原为简单算术平均法，由于这一方法的不足，从 1928 年起采用除数修正的简单平均法，使平均数能连续、真实地反映股价变动情况。

长期以来，道 – 琼斯股价平均数被视为最具权威性的股价指数，被认为是反映美国政治、经济和社会状况最灵敏的指标。究其原因，主要是由于该指数历史悠久，采用的 65 种股票都是世界上第一流大公司的股票，在各自的行业中都居举足轻重的主导地位，而且不断以新生的更有代表性的股票取代那些已失去原有活力的股票，使其更具代表性，比较好地与在纽约证券交易所上市的 2 000 多种股票变动同步，指数由最有影响力的金融报刊《华尔街日报》及时而详尽报道等。

2. 金融时报股票指数

金融时报股票指数是由伦敦证券交易所编制，并在《金融时报》上发布的股票指数。根据样本股票的种数，金融时报股票指数分为 30 种股票指数、100 种股票指数和 500 种股票指数等 3 种指数。常用的是金融时报工业普通股票指数，其成分股由 30 种代表性的工业公司的股票构成，最初以 1935 年 7 月 1 日为基期，后来调整为以 1962 年 4 月 10 日为基期，基期指数为 100，采用几何平均法计算。而作为股票指数期货合约标的的金融时报指数则是以市场上交易较频繁的 100 种股票为样本编制的指数，其基期为 1984 年 1 月 3 日，基期指数为 1 000。

3. 日经 225 股价指数

日经 225 股价指数是日本经济新闻社编制和公布的反映日本股票市场价格变动的股价指数。该指数从 1950 年 9 月开始编制，最初根据在东京证券交易所第一市场上市的 225 种股票计算修正平均股价，命名为"东证修正平均股价"。1975 年 5 月 1 日日本经济新闻社向道 – 琼斯公司买进商标，采用道 – 琼斯修正指数法计算，指数也改称为"日经道式平均股价指标"。1985 年 5 月合同期满，经协商，更名为"日经股价指数"。

现在日经股价指数分成两组：一是日经 225 种股价指数。这一指数以在东京证券交易所第一市场上市的 225 家股票为样本股，包括 150 家制造业，15 家金融业，14 家运输业和 46 家其他行业。样本股原则上固定不变，以 1950 年计算出的平均股价 176. 21 元为基数。由于该指数从 1950 年起连续编制，具有较好的可比性，成为反映和分析日本股票市场长期变动趋势最常用和最可靠的指标。二是日经 500 种股价指数。该指数从 1982 年 1 月 4 日起开始编制，样本股扩大到 500 种，约占东京证券交易所第一市场上市股票总数的 50%，因而更具有代表性。

4. Nasdaq 市场及其指数

纳斯达克（national association of securities dealers automated quotations，Nasdaq）又称纳指、美国科技指数，是美国全国证券交易商协会于 1968 年着手创建的自动报价系统名称的英文简称。纳斯达克的特点是收集和发布场外交易非上市股票的证券商报价。现已成为全球最大的证券交易市场之一。上市公司有 5 200

多家。纳斯达克又是全世界第一个采用电子交易的股市，它在 55 个国家和地区设有 26 万多个计算机销售终端。

纳斯达克综合指数是反映纳斯达克证券市场行情变化的股票价格平均指数，基本指数为 100。纳斯达克的上市公司涵盖所有新技术行业，包括软件和计算机、电信、生物技术、零售和批发贸易等。主要由美国的数百家发展最快的先进技术、电信和生物公司组成，包括微软、因特尔、美国在线、雅虎这些家喻户晓的高科技公司，因而成为美国"新经济"的代名词。

第五节　证券投资收益与风险

一、证券投资收益

人们投资于证券，是为了获得投资收益。投资收益是未来的，而且一般情况下事先难以确定。未来收益的不确定性就是证券投资的风险。投资者总是既希望回避风险，又希望获得较高的收益。但是，收益和风险是并存的，通常收益越高，风险越大。投资者只能在收益和风险之间加以权衡，即在风险相同的证券中选择收益较高的，或在收益相同的证券中选择风险较小的进行投资。

（一）股票收益

股票投资的收益是指投资者从购入股票开始到出售股票为止整个持有期间的收入，它由股息收入、资本利得和公积金转增股本组成。

1. 股息收入

股息是股票持有者依据所持股票从发行公司分取的盈利。通常，股份有限公司在会计年度结算后，将一部分净利润作为股息分配给股东。其中，优先股股东按照规定的固定股息率优先取得固定股息，普通股股东则根据余下的利润分取股息。股东在取得固定的股息以后又从股份有限公司领取的收益，称为红利。由此可见，红利是股东在公司按规定股息率分派后所取得的剩余利润。但在概念的使用上，人们对股息和红利并未予以严格的区分。

股息的来源是公司的税后净利润。公司从营业收入中扣减各项成本和费用支出、应偿还的债务及应缴纳的税金后，余下的即为税后利润。通常，公司的税后净利润按以下程序分配：如果有未弥补亏损，首先用于弥补亏损；按《公司法》规定提取法定公积金；如果有优先股，按固定股息率对优先股股东分配；经股东大会同意，提取任意公积金；剩余按股东持有的股份比例对普通股股东分配。可见，税后净利润是公司分配股息的基础和最高限额，但因要作必要的公积金和公益金的扣除，公司实际分配的股息总是少于税后净利润。

股息作为股东的投资收益，用以股份为单位的货币金额表示，但股息的具体形式可以有多种：

（1）现金股息。现金股息是以货币形式支付的股息和红利，是最普通、最基本的股息形式。分派现金股息，既可以满足股东预期的现金收益目的，又有助于提高股票的市场价格，以吸引更多的投资者。在公司留存收益和现金足够的情况下，现金股息分发的多少取决于董事会对影响公司发展的诸多因素的权衡，并要兼顾公司和股东两者的利益。一般来说，股东更偏重于目前利益，希望得到比其他投资形式更高的投资收益；董事会更偏重于公司的财务状况和长远发展，希望保留足够的现金扩大投资或用于其他用途。但是由于股息的高低会直接影响公司股票的市价，而股价的涨跌又关系到公司本身信誉的高低及筹资能力的大小，因此董事会在权衡公司的长远利益和股东的近期利益后，会制定出较为合理的现金股息发放政策。

（2）股票股息。股票股息是以股票的方式派发的股息，通常由公司用新增发的股票或一部分库存股票作为股息代替现金分派给股东。股票股息原则上是按公司现有股东持有股份的比例进行分配的，采用增发普通股并发放给普通股股东的形式，实际上是将当年的留存收益资本化。也就是说，股票股息是股东权益账户中不同项目之间的转移，对公司的资产、负债、股东权益总额毫无影响，对得到股票股息的股东在公司中所占权益的份额也不会产生影响，仅仅是股东持有的股票数比原来多了。发放股票股息既可以使公司保留现金，解决公司发展对现金的需要，又使公司股票数量增加，股价下降，有利于股票的流通。股东持有股票股息在大多数西方国家可免征所得税，出售增加的股票又可转化为现实的货币，有利于股东实现投资收益，因而是兼顾公司利益和股东利益的两全之策。

（3）财产股息。财产股息是公司用现金以外的其他财产向股东分派股息。最常见的是公司持有的其他公司或子公司的股票、债券，也可以是实物。分派财产股息，可减少现金支出，满足公司对现金的需要，有利于公司的发展。在现金不足时，用公司产品以优惠价格充作股息，可扩大其产品销路。当公司需要对其他公司控股时，可有意将持有的其他公司的股票作为股息，采用内部转移方式分派给股东，以继续维持控股公司的地位。

（4）负债股息。负债股息是公司通过建立一种负债，用债券或应付票据作为股息分派给股东。这些债券或应付票据既是公司支付的股息，也可满足股东的获利需要。负债股息一般是在已宣布发放股息，但又面临现金不足、难以支付的情况下，不得已采取的权宜之计，董事会往往更愿意推迟股息发放日期。

（5）建业股息，又称建设股息，是指经营铁路、港口、水电、机场等业务的股份公司，由于其建设周期长，不可能在短期内开展业务并获得盈利，为了筹集到所需资金，在公司章程中明确规定并获得批准后，公司可以将一部分股本作为股息派发给股东。建业股息不同于其他股息，它不是来自公司的盈利，而是对公司未来盈利的预分，实质上是一种负债分配，也是无盈利无股息原则的一个例外。建业股息的发放有严格的法律限制，在公司开业后，应在分配盈余前抵扣或逐年抵扣冲销，以补足资本金。

2. 资本利得

上市股票具有流动性，投资者可以在股票交易市场上出售持有的股票收回投资，赚取盈利，也可以利用股票价格的波动低买高卖来赚取差价收入。股票买入价与卖出价之间的差额就是资本利得，或称资本损益。资本利得可正可负，当股票卖出价大于买入价时，资本利得为正，此时可称为资本收益；当卖出价小于买入价时，资本利得为负，此时可称为资本损失。由于上市公司的经营业绩是决定股票价格的重要因素，因此资本损益的取得主要取决于股份公司的经营业绩和股票市场的价格变化，同时与投资者的投资心态、投资经验及投资技巧也有很大关系。

3. 公积金转增股本

公积金转增股本也采取送股的形式，但送股的资金不是来自当年可分配盈利，而是公司提取的公积金。公司提取的公积金有法定公积金和任意公积金。

法定公积金的来源有以下几项：一是股本溢价发行时，超过股票面值的溢价部分，要转入公司的法定公积金；二是依据《公司法》的规定，每年从税后净利润中按比例提存部分法定公积金；三是股东大会决议后提取的任意公积金；四是公司经过若干年经营以后资产重估增值部分；五是公司从外部取得的赠与资产，如从政府部门、国外部门及其他公司等得到的赠与资产。我国《公司法》规定，公司分配当年税后利润时，应当提取利润的10%列入公司法定公积金。公司法定公积金累计额为公司注册资本的50%以上的，可以不再提取。公司的法定公积金不足以弥补以前年度亏损的，在提取法定公积金之前，经股东大会决议，可以从税后利润中提取任意公积金。股份有限公司以超过股票票面金额的发行价格发行股份所得的溢价款以及国务院财政部门规定列入资本公积金的其他收入，应当列为资本公积金。公司的公积金用于弥补公司亏损。股东大会决议将公积金转为资本时，按股东原有股份比例派送红股或增加每股面值，但法定公积金转为资本时，所留成的该项公积金不得少于注册资本的25%。

（二）债券的收益

债券的投资收益来自3个方面：一是债券的利息收益。这是债券发行时就决定的，除了保值贴补债券和浮动利率债券，债券的利息收入不会改变，投资者在购买债券前就可得知。二是资本利得。资本利得受债券市场价格变动的影响。三是再投资收益。再投资收益受以周期性利息收入作再投资时市场收益率变化的影响。由于资本利得和再投资收益具有不确定性，投资者在作投资决策时计算的到期收益和到期收益率只是预期的收益和收益率，只有当投资期结束时才能计算实际收益和实际到期收益率。

1. 债息

债券的利息收益取决于债券的票面利率和付息方式。债券的票面利率是指1年的利息占票面金额的比例。票面利率的高低直接影响着债券发行人的筹资成本和投资者的投资收益，一般是由债券发行人根据债券本身的性质和市场条件的分析决定的。通常，首先要考虑投资者的接受程度。发行人往往是参照了其他相似条件债券的利率水平后，在多数投资者能够接受的限度内，以最低利率来发行债券。其次，债券的信用级别是影响债券票面利率的重要因素。再次，利息的支付方式和计息方式也是决定票面利率要考虑的因素。最后，还要考虑证券主管部门的管理和指导。一旦债券的票面利率确定后，在债券的有效期限内，无论市场上发生什么变化，发行人都必须按确定的票面利率向债券持有人支付利息。

债券的付息方式是指发行人在债券的有效期内，何时或分几次向债券持有者支付利息。付息方式既影响债券发行人的筹资成本，也影响债券投资者的收益。一般把债券利息的支付分为一次性付息和分期付息两大类。

2. 资本利得

债券投资的资本利得是指债券买入价与卖出价或买入价与到期偿还额之间的差额。同股票的资本利得一样，债券的资本利得可正可负：当卖出价或偿还额大于买入价时，资本利得为正，此时可称为资本收益；当卖出价或偿还额小于买入价时，资本利得为负，此时可称为资本损失。投资者可以在债券到期时将持有的债券兑现，或是利用债券市场价格的变动低买高卖从中取得资本收益，当然，也有可能遭受资本损失。

3. 再投资收益

再投资收益是投资债券所获现金流量再投资的利息收入。对于附息债券而言，投资期间的现金流是定期支付的利息，再投资收益是将定期获得的利息进行再投资而得到的利息收入。对于投资于附息债券的投资者来说，只有将债券持有至到期日，并且各期利息都能按照到期收益率进行再投资，才能实现投资债券时预期的收益率；反之，如果未来的再投资收益率低于购买债券时预期的到期收益率，则投资者将面临再投资风险。

决定再投资收益的主要因素是债券的偿还期限、息票收入和市场利率的变化。在给定债券息票利率和到期收益率的情况下，债券的期限越长，再投资收益对债券总收益的影响越大，再投资风险越大。在给定偿还期限和到期收益率的情况下，债券的息票利率越高，再投资收益对债券总收益的影响越大。当市场利率变化时，再投资收益率可能大于或小于到期收益率，使投资总收益发生相应变化。但是，对于无息票债券而言，由于投资期间并无利息收入，因而也不存在再投资风险，持有无息票债券直至到期所得到的收益就等于预期的到期收益。

二、证券投资风险

证券投资是一种风险性投资。一般而言，风险是指对投资者预期收益的背离，或者说是证券收益的不确定性。证券投资的风险是指证券预期收益变动的可能性及变动幅度。在证券投资活动中，投资者投入一定数量的本金，目的是希望能得到预期的若干收益。从时间上看，投入本金是当前的行为，其数额是确定的，而取得收益是在未来的时间。在持有证券这段时间内，有很多因素可能使预期收益减少甚至使本金遭受损失，因此，证券投资的风险是普遍存在的。与证券投资相关的所有风险称为总风险，总风险可分为系统风险和非系统风险两大类。

（一）系统风险

系统风险是指由于某种全局性的共同因素引起的投资收益的可能变动，这种因素以同样的方式对所有证券的收益产生影响。在现实生活中，所有企业都受全局性因素的影响，这些因素包括社会、政治、经济等各个方面。由于这些因素来自企业外部，是单一证券无法抗拒和回避的，因此又叫不可回避风险。这些共同的因素会对所有企业产生不同程度的影响，不能通过多样化投资来分散，因此又称为不可分散风险。系统风险包括政策风险、经济周期性波动风险、利率风险和购买力风险等。

1. 政策风险

政策风险是指政府有关证券市场的政策发生重大变化或是有重要的法规、举措出台时，引起证券市场的波动，从而给投资者带来的风险。

政府对本国证券市场的发展通常有一定的规划和政策，借以指导市场的发展和加强对市场的管理。证券市场政策应当是在尊重证券市场发展规律的基础上，充分考虑证券市场在本国经济中的地位、与社会经济其他部门的联系、整体经济发展水平、证券市场发展现状及对投资者保护等多方面因素后制定的。政府关于证券市场发展的规划和政策应该是长期稳定的，在规划和政策既定的前提条件下，政府应运用法律手段、经济手段和必要的行政管理手段引导证券市场健康、有序地发展。但是，在某些特殊情况下，政府也可能会改变发展证券市场的战略部署，出台一些扶持或抑制市场发展的政策，制定出新的法令或规章，从而改变市场原先的运行轨迹。特别是在证券市场发展初期，对证券市场发展的规律认识不足、法规体系不健全、管理手段不充分，更容易较多地使用政策手段来干预市场。由于证券市场政策是政府指导、管理整个证券市场的手段，一旦出现政策风险，几乎所有的证券都会受到影响，因此属于系统风险。

2. 经济周期波动风险

经济周期波动风险是指证券市场行情周期性变动而引起的风险。这种行情变动不是指证券价格的日常波动和中级波动，而是指证券行情长期趋势的改变。

证券行情变动受多种因素影响，但决定性的因素是经济周期的变动。经济周期是指社会经济阶段性的循环和波动，是经济发展的客观规律。经济周期的变化决定了企业的景气和效益，从而从根本上决定了证券行情，特别是股票行情的变动趋势。证券行情随经济周期的循环而起伏变化，总的趋势可分为看涨市场或称多头市场、牛市，以及看跌市场或称空头市场、熊市两大类型。在看涨市场，随着经济回升，股票价格从低谷逐渐回升，随着交易量的扩大，交易日渐活跃，股票价格持续上升并可维持较长一段时间；待股票价格升至很高水平，资金大量涌入并进一步推动股价上升，但成交量不能进一步放大时，股票价格开始盘旋并逐渐下降，标志着看涨市场的结束。看跌市场从经济繁荣的后期开始，伴随着经济衰退，股票价格也从高点开始一直呈下跌趋势，并在达到某个低点时结束。看涨市场和看跌市场是指股票行情变动的大趋势。实际上，在看涨市场中，股价并非直线上升，而是大涨小跌，不断出现盘整和回档行情；在看跌市场中，股价也并非直线下降，而是小涨大跌，不断出现盘整和反弹行情。但在这两个变动趋势中，一个重要的特征是：在整个看涨行市中，几乎所有的股票价格都会上涨；在整个看跌行市中，几乎所有的股票价格都不可避免地有所下跌，只是涨跌程度不同而已。

3. 利率风险

利率风险是指市场利率变动引起证券投资收益变动的可能性。市场利率的变化会引起证券价格变动，并进一步影响证券收益的确定性。利率与证券价格呈反方向变化，即利率提高，证券价格水平下跌；利率下降，证券价格水平上涨。利率从两方面影响证券价格：一是改变资金流向。当市场利率提高时，会吸引一部分资金流向银行储蓄、商业票据等其他金融资产，减少对证券的需求，使证券价格下降；当市场利率下降时，一部分资金流回证券市场，增加对证券的需求，刺激证券价格上涨。二是影响公司的盈利。利率提高，公司融资成本提高，在其他条件不变的情况下净盈利下降，派发股息减少，引起股票价格下降；利率下降，融资成本下降，净盈利和股息相应增加，股票价格上涨。

利率政策是中央银行的货币政策工具，中央银行根据金融宏观调控的需要调节利率水平。当中央银行调整利率时，各种金融资产的利率和价格都会灵敏地作出反应。除了中央银行的货币政策以外，利率还受金融市场供求关系的影响：当资金供求宽松时，利率水平稳中有降；当资金供求紧张时，利率水平逐渐上升。

利率风险对不同证券的影响是不相同的。

（1）利率风险是固定收益证券的主要风险，特别是债券的主要风险。债券面临的利率风险由价格变动风险和息票利率风险两方面组成。当市场利率提高时，以往发行又尚未到期的债券利率相对偏低，此时投资者若继续持有债券，在利息上要受损失；若将债券出售，又必须在价格上作出让步，也要受损失。可见，此时投资者无法回避利率变动对债券价格和收益的影响，而且这种影响与债券本身的质量无关。

（2）利率风险是政府债券的主要风险。债券依发行主体不同可分为政府债券、金融债券、公司债券、企业债券等。对公司债券和企业债券来说，除了利率风险以外，重要的还有信用风险和购买力风险。政府债券没有信用问题和偿债的财务困难，它面临的主要风险是利率风险和购买力风险。

（3）利率风险对长期债券的影响大于短期债券。在利率水平变动幅度相同的情况下，长期债券价格变动幅度大于短期债券，因此长期债券的利率风险大于短期债券。债券的价格是将未来的利息收益和本金按市场利率折算成的现值，债券的期限越长，未来收入的折扣率就越大，所以债券的价格变动风险随着期限的增加而增大。

普通股票和优先股票也会受利率风险影响。股票价格对利率变动是极其敏感的，当利率变动时，股票价格会迅速发生反向变动，其中优先股因其股息率固定受利率风险影响较大。对普通股来说，其股息和价格主要由公司经营状况和财务状况决定，而利率变动仅是影响公司经营和财务状况的部分因素，所以利率风险对普通股的影响不像债券和优先股那样没有回旋的余地，从长期看，取决于上市公司对利率变动的化解能力。

4. 购买力风险

购买力风险又称通货膨胀风险，是由于通货膨胀、货币贬值给投资者带来实际收益水平下降的风险。在通货膨胀情况下，物价普遍上涨，社会经济秩序混乱，企业生产经营的外部条件恶化，证券市场也难免深受其害，所以购买力风险是难以回避的。在通货膨胀条件下，随着商品价格的上涨，证券价格也会上涨，投资者的货币收入有所增加，会使他们忽视购买力风险的存在并产生一种货币幻觉。其实，由于货币贬值，货币购买力水平下降，投资者的实际收益不仅没有增加，反而有所减少。一般来讲，可通过计算实际收益率来分析购买力风险：

$$实际收益率 = 名义收益率 - 通货膨胀率$$

这里的名义收益率是指债券的票面利息率或股票的股息率。例如，某投资者买了 1 张年利率为 10% 的债券，其名义利率为 10%。若 1 年中通货膨胀率为 5%，投资者的实际收益率为 5%；当年通货膨胀率为 10% 时，投资者的实际收益率为 0；当年通货膨胀率超过 10% 时，投资者不仅没有得到收益，反而有所亏损。可见，只有当名义收益率大于通货膨胀率时，投资者才有实际收益。

购买力风险对不同证券的影响是不相同的，最容易受其损害的是固定收益证券，如优先股、债券。因为它们的名义收益率是固定的，当通货膨胀率升高时，其实际收益率就会明显下降，所以固定利息率和股息率的证券购买力风险较大；同样是债券，长期债券的购买力风险又要比短期债券大。相比之下，浮动利率债券或保值贴补债券的购买力风险较小。普通股股票的购买力风险也相对较小。当发生通货膨胀时，由于公司产品价格上涨，股份公司的名义收益会增加，特别是当公司产品价格上涨幅度大于生产费用的涨幅时，公司净盈利增加，此时股息会增加，股票价格也会随之提高，普通股股东可得到较高收益，可部分减轻通货膨胀带来的损失。

需要指出的是，购买力风险对不同股票的影响是不同的；在通货膨胀不同阶段，对股票的影响也是不同的。这是因为公司的盈利水平受多种因素影响，产品价格仅仅是其中的一个因素。在通货膨胀情况下，由于不同公司产品价格上涨幅度不同，上涨时间先后不同，对生产成本上升的消化能力不同，受国家有关政策的控制程度不同等原因，会出现相同通货膨胀水平条件下不同股票的购买力风险不尽相同的情况。一般来说，率先涨价的商品、上游商品、热销或供不应求商品的股票购买力风险较小，国家进行价格控制的公用事业、基础产业和下游商品等股票的购买力风险较大。在通货膨胀之初，企业消化生产费用上涨的能力较强，又能利用人们的货币幻觉提高产品价格，股票的购买力风险相对小些。当出现严重通货膨胀时，各种商品价格轮番上涨，社会经济秩序紊乱，企业承受能力下降，盈利和股息难以增加，股价即使上涨也很难赶上物价上涨，此时普通股也很难抵偿购买力下降的风险。

（二）非系统风险

非系统风险是指只对某个行业或者个别公司的证券产生影响，它通常由某一特殊因素引起，与整个证券市场的价格不存在系统全面的影响，而只对少数或者个别的证券收益产生影响。这种因行业或企业自身因素改变而带来的证券价格变化与其他证券的价格、收益没有必然的内在联系，不会因此而影响其他证券的收益。这种风险可以通过投资组合来规避风险。若投资者持有多样化的不同证券，当某些证券价格下跌、收益减少时，另一些证券可能价格正好上升、收益增加，这样就使风险相互抵消。非系统风险是可以抵消回避的，因此又称为可分散风险或可回避风险。非系统风险包括信用风险、经营风险、财务风险等。

1. 信用风险

信用风险又称违约风险，指证券发行人在证券到期时无法还本付息而使投资者遭受损失的风险。证券发行人如果不能支付债券利息、优先股股息或偿还本金，哪怕仅仅是延期支付，都会影响投资者的利益，使投资者失去再投资和获利的机会，遭受损失。信用风险实际上揭示了发行人在财务状况不佳时出现违约和破产的可能，它主要受证券发行人的经营能力、盈利水平、事业稳定程度及规模大小等因素影响。债券、优先股、普通股都可能有信用风险，但程度有所不同。债券的信用风险就是债券不能到期还本付息的风险。信用风险是债券的主要风险，政府债券的信用风险最小，一般认为中央政府债券几乎没有风险，其他债券的信用风险依次从低到高排列为地方政府债券、金融债券、公司债券，但大金融机构或跨国公司债券的信用风险有时会低于某些政局不稳的国家的政府债券。投资于公司债券首先要考虑的就是信用风险，产品市场需求的改变、成本变动、融资条件变化等都可能削弱公司的偿债能力，特别是当公司资不抵债、面临破产时，债券的利息和本金都可能会化为泡影。股票没有还本要求，普通股股息也不固定，但仍有信用风险，不仅优先股股息有缓付、少付甚至不付的可能，而且如公司不能按期偿还债务，立即会影响股票的市场价格，更不用说当公司破产时，该公司股票价格会接近于零，无信用可言。在债券和优先股发行时，要进行信用评级，投资者回避信用风险的最好办法是参考证券信用评级的结果。信用级别高的证券信用风险小；信用级别越低，违约的可能性越大。

2. 经营风险

经营风险是指公司的决策人员与管理人员在经营管理过程中出现失误而导致公司盈利水平变化，从而使投资者预期收益下降的可能。

经营风险来自内部因素和外部因素两个方面。企业的内部因素主要有：一是项目投资决策失误，未对投资项目作可行性分析，草率上马；二是不注意技术更新，使企业在行业中的竞争地位下降；三是不注意市场调查，不注意开发新产品，仅满足于目前公司产品的市场占有率和竞争力，满足于目前的利润水平和经济效益；四是销售决策失误，过分地依赖大客户、老客户，没有注重打开新市场，寻找新的销售渠道。外部因素是公司以外的客观因素，如政府产业政策的调整、竞争对手的实力变化使公司处于相对劣势地位等，引起公司盈利水平的相对下降。但经营风险主要还是来自公司内部的决策失误或管理不善。

公司的经营状况最终表现于盈利水平的变化和资产价值的变化，经营风险主要通过盈利变化产生影响,对不同证券的影响程度也有所不同。经营风险是普通股股票的主要风险,公司盈利的变化既会影响股息收入,又会影响股票价格。当公司盈利增加时,股息增加,股价上涨;当公司盈利减少时,股息减少,股价下降。经营风险对优先股的影响要小些,因为优先股的股息率是固定的,盈利水平的变化对价格的影响有限。公司债的还本付息受法律保障,除非公司破产清理,一般情况下不受企业经营状况的影响,但公司盈利的变化同样可能使公司债的价格呈同方向变动,因为盈利增加使公司的债务偿还更有保障,信用提高,债券价格也会相应上升。

3. 财务风险

财务风险是指公司财务结构不合理、融资不当而导致投资者预期收益下降的风险。负债经营是现代企业应有的经营策略,通过负债经营可以弥补自有资金的不足,还可以用借贷来实现盈利。股份公司在营运中所需要的资金一般都来自发行股票和债务两个方面,其中债务(包括银行贷款、发行企业债券、商业信用)的利息负担是一定的。如果公司资金总量中债务比重过大,或是公司的资金利润率低于利息率,就会使股东的可分配盈利减少,股息下降,使股票投资的财务风险增加。例如,当公司的资金利润率为10%,公司向银行贷款的利率或发行债券的票面利率为8%时,普通股股东所得权益将高于10%;如果公司的资金利润率低于8%时,公司须按8%的利率支付贷款或债券利息,普通股股东的收益就将低于资金利润率。实际上公司融资产生的财务杠杆作用犹如一把双刃剑,当融资产生的利润大于债息率时,给股东带来的是收益增长的效应;反之,就是收益减少的财务风险。对股票投资者来讲,财务风险中最大的风险当属公司亏损风险。公司亏损风险虽然发生的概率不是很高,但却是投资者常常面临的最大风险。投资股票就是投资公司,投资者的股息收益和通过股票价格变动获得的资本利得与公司的经营效益密切相关。所以,股票的风险将直接取决于公司的经营效益。但是,公司未来的经营是很难预测的,这使投资者买了股票之后,很难准确地预测自己未来的收益。一般而言,只要公司经营不发生亏损,投资股票始终有收益,存在的问题只是收益的高低。但投资者却有可能遭遇公司亏损。而一旦公司发生亏损,投资者将在两个方面产生风险:一是投资者将失去股息收入,二是投资者将损失资本利得。因为在公司亏损时,股票的价格必然下跌;更有甚者,如果公司亏损严重以致资不抵债,投资者可能血本无归,股票将成为一张废纸。

三、证券投资收益与风险的关系

在证券投资中,收益和风险形影相随,收益以风险为代价,风险用收益来补偿。投资者投资的目的是得到收益,与此同时,又不可避免地面临着风险,证券投资的理论和实战技巧都围绕着如何处理这两者的关系而展开。

收益与风险的基本关系是:收益与风险相对应。也就是说,风险较大的证券,其要求的收益率相对较高;反之,收益率较低的投资对象,风险相对较小。但是,绝不能因为收益与风险有着这样的基本关系,就盲目地认为风险越大,收益就一定越高。收益与风险相对应的原理只是揭示收益与风险的这种内在本质关系:风险与收益共生共存,承担风险是获取收益的前提;收益是风险的成本和报酬。风险和收益的上述本质联系可以表述为下面的公式:

$$预期收益率 = 无风险利率 + 风险补偿$$

预期收益率是投资者承受各种风险应得的补偿。无风险收益率是指把资金投资于某一没有任何风险的投资对象而能得到的收益率,这是一种理想的投资收益。我们把这种收益率作为一种基本收益,再考虑各种可能出现的风险,使投资者得到应有的补偿。现实生活中不可能存在没有任何风险的理想证券,但可以找到某种收益变动小的证券来代替。美国一般将联邦政府发行的短期国库券视为无风险证券,把短期国库券利率视为无风险利率。这是因为美国短期国库券由联邦政府发行,联邦政府有征税权和货币发行权,债券的还本付息有可靠保障,因此没有信用风险。政府债券没有财务风险和经营风险,同时,短期国库券以 91 天期为代表,只要在这期间没有发生严重的通货膨胀,联邦储备银行没有调整利率,也几乎没有购买力风险和利率风险。短期国库券的利率很低,其利息可以视为投资者牺牲目前消费、让渡货币使用权的补偿。在短期国库券无风险利率的基础上,我们可以发现以下几个规律:

第一,同一种类型的债券,长期债券利率比短期债券高。这是对利率风险的补偿。如同政府债券,都没有信用风险和财务风险,但长期债券的利率要高于短期债券,这是因为短期债券没有利率风险,而长期债券却可能受到利率变动的影响,两者之间利率的差额就是对利率风险的补偿。

第二,不同债券的利率不同,这是对信用风险的补偿。通常,在期限相同的情况下,政府债券的利率最低,地方政府债券利率稍高,其他依次是金融债券和企业债券。在企业债券中,信用级别高的债券利率较低,信用级别低的债券利率较高,这是因为它们的信用风险不同。

第三,在通货膨胀严重的情况下,债券的票面利率会提高或是会发行浮动利率债券。这是对购买力风险的补偿。

第四,股票的收益率预期要高于债券。这是因为股票面临的经营风险、财务风险和经济周期波动风险比债券大得多,必须给投资者相应的补偿。在同一市场上,许多面值相同的股票也有迥然不同的价格,这是因为不同股票的经营风险、财务风险相差甚远,经济周期波动风险也有差别。投资者以出价和要价来评价不同股票的风险，调节不同股票的实际收益，使风险大的股票市场价格相对较低，风险小的股票市场价格相对较高。

当然，收益与风险的关系并非如此简单。证券投资除以上几种主要风险以外，还有其他次要风险。引起风险的因素以及风险的大小程度也在不断变化之中，影响证券投资收益的因素也很多。所以这种收益率对风险的替代只能粗略地、近似地反映两者之间的关系，更进一步说，只有加上证券价格的变化才能更好地反映两者的动态替代关系。

练 习 题

一、单项选择题

1. 目前（   ）已经超过共同基金成为全球最大的机构投资者，除大量投资于各类政府债券、高等级公司债券外，还广泛涉足基金和股票投资。

    A. 中央银行   B. 商业银行   C. 保险公司   D. 证券公司

2. 证券服务机构是指依法设立的从事证券服务业务的法人机构，不包括（   ）。

    A. 证券登记结算公司和资产评估机构

    B. 会计师事务所和律师事务所

    C. 证券信用评级机构

    D. 证券公司

3. 证券业协会和证券交易所属于（   ）。

    A. 政府机构   B. 政府在证券业的分支机构

    C. 自律性组织   D. 证券业最高监管机构

4. 中国证监会按照（   ）授权和依照相关法律法规对证券市场进行集中、统一监管。

    A. 全国人大   B. 国务院

    C. 全国人大常务委员会   D. 中国人民银行

5. 反映证券市场容量的重要指标是（   ）。

    A. 股票市值占 GDP 的比例   B. 证券市场价值

    C. 证券化率（证券市值/GDP）   D. 证券市场指数

6. B 股是指（   ）。

    A. 境外上市外资股   B. 香港上市外资股

    C. 纽约上市外资股   D. 我国境内上市外资股

7. 根据（   ）划分，证券市场可以划分为证券发行市场和证券交易市场。

    A. 市场的效率   B. 市场的作用   C. 市场的功能   D. 交易标的物

8. 在市场发行市场上联系发行人和投资者的是（　　）。

    A. 证券发行人　　　　　　　　B. 证券投资者

    C. 证券中介机构　　　　　　　D. 监管部门

9. 关于证券发行注册制论述错误的是（　　）。

    A. 要求发行人提供关于证券发行本身以及同证券发行有关的一切信息

    B. 要对所提供信息的真实性、完整性和可靠性承担法律责任

    C. 发行人只要充分披露了有关信息，在注册申报后的规定时间内未被证券监管机构拒绝注册，即可进行证券发行，无须再经过批准

    D. 实行证券发行注册制应向投资者保证发行的证券资产优良，价格适当

10. 定向发行又称（　　），即面向少数特定投资者发行。一般由债券发行人与某些机构投资者，如人寿保险公司、养老基金、退休基金等直接洽谈发行条件和其他具体事务，属直接发行。

    A. 私募发行　　B. 直接发行　　C. 招标发行　　D. 承销发行

11. 证券公司代发行人发售证券，在承销期结束时，将未售出的证券全部退还给发行人的承销方式是（　　）。

    A. 余额包销　　B. 代销　　　　C. 全额包销　　D. 包销

12. 我国《证券法》规定，定向发行人向不特定对象发行的证券票面总值超过人民币（　　），应当由承销团承销。

    A. 3 000 万元　　B. 5 000 万元　　C. 1 亿元　　D. 3 亿元

13. 上市公司出现以下所述情形，由证券交易所决定终止其股票上市交易。（　　）

    A. 公司股本总额、股权分布发生变化，不再具备上市条件

    B. 公司不按照规定公开其财务状况，或者对财务会计报告作虚假记载，可能误导投资者

    C. 公司近 3 年连续亏损，在其后 1 个年度未能恢复盈利

    D. 公司最近 3 年连续亏损

14. 我国《证券法》规定，向不特定对象发行证券或向特定对象发行证券累计超过（　　）人的，为公开发行，必须经国务院证券监督管理机构或国务院授权的部门核准。

    A. 150　　　　B. 180　　　　C. 200　　　　D. 230

15. （　　）是整个证券市场的核心。

    A. 证券交易所　　B. 证券投资者　　C. 证券发行人　　D. 证券公司

16. 我国《证券法》规定，证券交易所设总经理 1 人，由（　　）任免。

    A. 财政部　　　　　　　　　　B. 中国人民银行

    C. 国务院　　　　　　　　　　D. 国务院证券监督管理机构

17. 为保护投资者利益，防止股价暴涨暴跌和投机盛行，证券交易所制定的交易规则是（　　）。

    A. 涨跌幅限制　　B. 价格决定　　　C. 大宗交易　　　D. 报价方式

18. 目前在国际上影响最大、历史最悠久的道－琼斯股价平均数采用修正平均股价法来计算股价平均数，每当股票分割、送股或增发、配股数超过原来股份（　　）时，就对除数作相应的修正。

    A. 9%　　　　　　B. 10%　　　　　　C. 12%　　　　　　D. 15%

19. 发行人推销证券的方法包括（　　）。

    A. 私下发行　　B. 承销　　　　C. 定向发行　　　D. 招标发行

20. 道－琼斯工业股价平均数选取（　　）家公司。

    A. 15　　　　　　B. 20　　　　　　C. 30　　　　　　D. 65

二、多项选择题

1. 证券市场的机构投资者主要有（　　）。

    A. 政府机构　　　　　　　　　　B. 金融机构

    C. 企业和事业法人　　　　　　　D. 证券投资基金

    E. 证券市场的游资

2. 证券的基本功能包括（　　）。

    A. 筹资—投资功能　　　　　　　B. 定价功能

    C. 规避风险功能　　　　　　　　D. 资本配置功能

    E. 金融资产增值功能

3. 根据上市公司规模、监管要求等差异，证券市场可以分为（　　）。

    A. 主板市场　　　　　　　　　　B. 中小板市场

    C. 新三板市场　　　　　　　　　D. 科创板市场

    E. 创业板市场

4. 证券市场的系统风险有（　　）。

    A. 信用风险　　　　　　　　　　B. 购买力风险

    C. 利率风险　　　　　　　　　　D. 政策风险

    E. 经济周期波动风险

5. 根据规定，首次公开发行的股票实行询价制度，其询价对象是指符合中国证监会规定条件的（　　）。

    A. 证券投资基金管理公司　　　　B. 个人投资者

    C. 信托投资公司、财务公司　　　D. 证券公司

    E. 保险机构投资者和合格境外机构投资者（QFII）

第三章

证券交易基础知识

第一节　证券交易概述

一、证券交易的概念及原则

（一）证券交易的定义及特征

证券交易是指已发行的证券在证券市场上买卖的活动。证券交易与证券发行有着密切的联系，两者相互促进、相互制约。一方面，证券发行为证券交易提供了对象，决定了证券交易的规模，是证券交易的前提；另一方面，证券交易使证券的流动性特征显示出来，从而有利于证券发行的顺利进行。证券交易的特征主要表现在 3 个方面，即证券的流动性、收益性和风险性。同时，这些特征又互相联系在一起。

（二）证券交易的原则

证券交易必须遵循以下 3 个原则：公开、公平、公正。公开原则，指证券交易是一种面向社会的公开交易活动，其核心要求是实现市场信息的公开化。公平原则，指参与交易的各方应获得平等的机会。公正原则，指应当公正地对待证券交易的各方，以及公正地处理证券交易事务。

二、融资融券交易

融资融券交易，又被称为信用交易，分为融资交易和融券交易。广义的融资融券交易还包括转融通交易。

1. 融资交易

融资交易是指投资者向证券公司缴纳一定的保证金，融（借）入一定数量的资金买入股票的交易行为。投资者向证券公司提交的保证金可以是现金或者可充抵保证金的证券。证券公司向投资者进行授信后，投资者可以在授信额度内买入由证券交易所和证券公司公布的融资标的名单内的证券。投资者信用账户内融资买入的证券及其他资金、证券，整体作为其对证券公司所负债务的担保物。

融资交易为投资者提供了一种新的交易方式。如果证券价格符合投资者预期上涨，融入资金购买证券，而后通过以较高价格卖出证券归还欠款能放大盈利；如果证券价格不符合投资者预期，股价下跌，融入资金购买证券，而后卖出证券归还欠款后亏损将被放大。因此融资交易是一种杠杆交易，能放大投资者的盈利或者亏损。参与融资融券交易要求投资者有较强的证券研究能力和风险承受能力。

2. 融券交易

融券交易是指投资者向证券公司缴纳一定的保证金，融入一定数量的证券并卖出的交易行为。投资者向证券公司提交的保证金可以是现金或者可充抵保证金的证券。投资者融入的证券不进入其信用证券账户，而是在融券卖出成交当日结算时由证券公司代为支付，卖出证券所得资金除买券还券外不得作其他用途。投资者信用账户内的融券卖出资金及其他资金证券，整体作为其对证券公司所负债务的担保物。

融券交易为投资者提供了一种新的交易方式。投资者如果预期证券价格即将下跌，可以借入证券卖出，而后通过以更低价格买入还券获利或是通过融券卖出来对冲已持有证券的价格波动。然而投资者应清醒地认识到，融券交易作为卖空交易，相对买入交易蕴含着更大风险。如融券交易仅出于投机目的，当卖出的证券价格持续上涨，投资者将产生无限损失。同时融券交易具有杠杆特性，将进一步放大风险。

3. 转融通交易

转融通交易是指证券金融公司将自有或者依法筹集的资金和证券出借给证券公司，以供其办理融资融券业务的经营活动。转融通交易包括转融券交易和转融资交易。转融通交易是为证券公司开展融资融券业务而资金和证券不足时提供资金和证券来源的一种安排。

三、上市公司股票回购

股票回购是指上市公司利用现金等方式，从股票市场上购回本公司发行在外的一定数额的股票的行为。公司在股票回购完成后可以将所回购的股票注销，但在绝大多数情况下，公司将回购的股票作为"库藏股"保留，不再属于发行在外的股票，且不参与每股收益的计算和分配。库藏股日后可移作他用，如发行可交换债券、员工福利计划等，或在需要资金时将其出售。

股票回购按回购场所的不同，可分为场内公开收购和场外协议收购两种。场内公开收购是指上市公司委托在证券交易所有正式交易席位的证券公司，代自己按照公司股票当前市场价格进行回购。在国外较为成熟的股票市场上，这种方式较为流行。场外协议收购是指股票发行公司与某一类（如国家股）或某几类（如法人股、B 股）投资者直接见面，通过在柜台市场协商回购股票的一种方式。协商的内容包括价格和数量的确定及执行时间等。

上市公司回购本公司股票可能有以下目的：

一是改善资本结构。股票回购是改善公司资本结构的一种较好的途径。利用企业闲置的资金回购一部分股份，虽然降低了公司的实收资本，但是资金得到了充分利用，每股收益也提高了。

二是稳定和提高本公司股票价格，防止因股价暴跌而出现经营危机。公司回购本公司股票以支撑公司股价，有利于改善公司形象，向市场传递管理层对公司前景的信心和股价被低估的信号，增强消费者对公司产品的信任，公司也有了进一步配股融资的可能。

三是建立企业职工持股制度的需要。公司以回购的股票作为奖励优秀经营管理人员、以优惠的价格转让给职工的股票储备。

四是反收购。股票回购在国外经常作为一种重要的反收购措施而被运用。回购将提高本公司的股价，减少在外流通的股份，给收购方造成更大的收购难度。股票回购后，公司在外流通的股份少了，可以防止股票落入收购方手中。

五是公司回馈股东的一种方式。公司通过回购，提升了股价，相当于变相地分红。

第二节　证券交易程序和交易机制

一、证券交易程序

所谓证券交易程序，也就是投资者在二级市场上买进或卖出已上市证券所应遵循的规定过程。在现行的技术条件下，许多国家的证券交易已采用电子化形式。在电子化交易情况下，证券交易的基本过程包括开户、委托、成交、结算等几个阶段。

（一）开户

开户有两个方面，即开立证券账户和开立资金账户。由于采用电子化交易方式，证券和资金都可以记录在相应的账户中，投资者应当开立实名账户。同一投资者开立的资金账户和证券账户的姓名或者名称应当一致。

开立证券账户后，投资者还必须开立资金账户。资金账户用来记载和反映投资者买卖证券的货币收付和结存数额。从我国过去的情况看，投资者的资金账户一般是在经纪商那里开立的。通过开立资金账户，可以建立投资者和经纪商的委托关系。而从现阶段规范发展的角度来看，投资者交易结算资金已经实行第三方存管制度。

（二）委托

投资者需要通过经纪商才能交易买卖证券。委托指令有多种形式。从各国情况看，一般根据委托订单的数量，有整数委托和零数委托；根据买卖证券的方向，有买卖委托和卖出委托；如果允许买空卖空，则有买空委托和卖空委托；根据委托价格限制，有市价委托和限价委托；在有些国家，有止损订单和止损限价订单，根据委托时效限制有当日委托、当周委托、无期限委托、开市委托和收市委托等。证券交易所在证券交易中接受报价的方式主要有口头报价、书面报价和电话报价3种。目前，我国通过证券交易所进行的证券交易均采取用电脑报价方式。

（三）成交

证券交易所交易系统主机接受申报后，要根据订单的成交规则进行撮合配对。在成交价格确定方面，如果是在竞价市场，买卖双方的委托由经纪商呈交到交易市场，交易市场按照一定的规则进行订单匹配，匹配成功后按投资者委托订单规定的价格成交。早做市商市场，证券交易价格由做市商报出：投资者接受做市商的报价后，即可与做市商进行买卖，完成交易。

在订单匹配原则方面，优先原则主要有：价格优先原则、时间优先原则、按比例分配原则、数量优先原则、客户优先原则、做市商优先原则和经纪商优先原则等。我国采用的是价格优先原则和时间优先原则。

（四）结算

证券交易成交后，首先需要对买方在资金方面的应付额和在证券方面的应收种类和数量进行计算，同时也要对卖方在资金方面的应收额和在证券方面的应付种类和数量进行计算。这一过程属于清算，包括资金清算和证券清算。清算结束后，需要完成证券由卖方向买方转移和对应的资金由买方向卖方转移。这一过程属于交收。结算和交收是证券结算的两个方面。

对于不记名证券而言，完成了清算和交收，证券交易过程即告结束。对于记名证券而言，完成了清算和交收，还有一个登记过户的环节。完成了登记过户，证券交易过程才宣告结束。

二、证券交易机制

（一）证券交易机制目标

（1）流动性。证券的流动性是证券市场生存的条件。证券市场的流动性包括两个方面的要求，即成交速度和成交价格。如果投资者能以合理的价格迅速成交，则市场的流动性好；反过来，单纯是成交速度快，并不能完全表示流动性好。

（2）稳定性。证券市场的稳定性是指证券价格的波动程度。一般来说，稳定性好的市场，其价格波动性比较小，或者说其调节平衡的能力比较强。证券市场的稳定性可以用市场指数的风险度来衡量。由于各种信息是影响证券价格的主要因素，因此，提高市场透明度是加强证券市场稳定性的重要措施。

（3）有效性。证券市场的有效性包括两个方面的要求：一是证券市场的高效率，二是证券市场的低成本。其中，高效率又包含两个方面的内容：首先是证券市场的信息效率，即要求证券价格能准确、迅速、充分反映各种信息。根据证券价格对信息的反映程度，可以将证券市场分为强势有效市场、半强势有效市场、弱势有效市场。其次是证券市场的运用效率，即证券交易系统硬件的工作能力，如交易系统的处理速度、容量等。低成本包含两个方面：一是直接成本，二是间接成本。前者指佣金、交易税等，后者指搜索成本、延迟成本等。

（二）证券交易机制种类

从交易时间的连续特点划分，有定期交易系统和连续交易系统；从交易的价格的决定特点划分，有指令驱动系统和报价驱动系统。

（1）定期交易系统和连续交易系统。在定期交易系统中，成交的时点是不连续的。在连续交易系统中，并非意味着交易一定是连续的，而是指在营业时间内订单匹配可以连续不断地进行。这两种交易机制有着不同的特点。

定期交易系统的特点有：第一，批量指令可以提供价格的稳定性；第二，指令执行和结算的成本相对比较低。连续交易系统的特点有：第一，市场为投资者提供了交易的即时性；第二，交易过程中可以提供更多的市场价格信息。

（2）指令驱动系统和报价驱动系统。指令驱动系统是一种竞价市场，也称为"订单驱动市场"。在竞价市场中，证券交易价格是由市场上的买方订单和卖方订单共同驱动的。如果采用经纪商制度，投资者在竞价市场中将自己的买卖指令报给自己的经纪商，然后经纪商持买卖订单进入市场，市场交易中心以买卖双向价格为基准进行撮合。报价驱动系统是一种连续交易商市场，或称"做市商市场"。在这一市场中，证券交易的买价和卖价由做市商给出，做市商将根据市场的买卖力量和自身情况进行证券的双向报价。投资者之间并不直接成交，而是从做市商手中买进证券或向做市商卖出证券。做市商在其所报的价位上接受投资者的买卖要求，以其自有资金或证券与投资者交易。做市商的收入来源是买卖证券的差价。

报价驱动系统的特点有：第一，证券交易价格由买方和卖方的力量直接决定；第二，投资者买卖证券的对手是其他投资者。报价驱动系统的特点：第一，证券交易成交价格的形成由做市商决定；第二，投资者买卖证券都以做市商为对手，与其他的投资者不发生直接关系。

三、沪港通和深港通

（一）沪港通

沪港通，即沪港股票市场交易互联互通机制，是指上海证券交易所和香港联合交易所建立技术连接，使内地和香港投资者可以通过当地证券公司或经纪商买卖规定范围内的在对方交易所上市的股票。沪港通包括沪股通、沪港通下的港股通两部分。

1. 沪股通

沪股通，是指投资者委托香港经纪商，经由香港联合交易所在上海设立的证券交易服务公司，向上海证券交易所进行申报（买卖盘传递），买卖沪港通规定范围内的上海证券交易所上市的股票。

试点初期，沪股通股票范围包括上证 180 指数及上证 380 指数成分股，以及上交所上市的 A＋H 股公司股票。

沪股通起始额度为每日 130 亿元人民币。

2. 沪港通下的港股通

沪港通下的港股通，是指投资者委托内地证券公司，经由上海证券交易所在香港设立的证券交易服务公司向香港联合交易所进行申报（买卖盘传递），买卖沪港通规定范围内的香港联合交易所上市的股票。

沪港通下的港股通的股票范围是联交所恒生综合大型股指数、恒生综合中型股指数成分股和同时在联交所、上交所上市的 A + H 股公司股票。在试点初期，香港证监会要求参与港股通的境内投资者仅限于机构投资者和证券账户及资金账户资产合计不低于 50 万元人民币的个人投资者。

沪港通下的港股通起始额度为每日 105 亿元人民币。

（二）深港通

1. 深股通

深股通，是指投资者委托香港经纪商，经由香港联合交易所在深圳设立的证券交易服务公司，向深圳证券交易所进行申报（买卖盘传递），买卖深港通规定范围内的深圳证券交易所上市的股票。

深股通的股票范围是市值 60 亿元人民币及以上的深证成分指数和深证中小创新指数的成分股，以及深圳证券交易所上市的 A + H 股公司股票。深股通开通初期，通过深股通买卖深圳证券交易所创业板股票的投资者仅限于香港相关规则所界定的机构专业投资者，待解决相关监管事项后，其他投资者可以通过深股通买卖深圳证券交易所创业板股票。

深股通起始额度为每日 130 亿元人民币。

2. 深港通下的港股通

深港通下的港股通，是指投资者委托内地证券公司，经由深圳证券交易所在香港设立的证券交易服务公司，向香港联合交易所进行申报（买卖盘传递），买卖深港通规定范围内的香港联合交易所上市的股票。

深港通下的港股通的股票范围是恒生综合大型股指数的成分股、恒生综合中型股指数的成分股、市值 50 亿元港币及以上的恒生综合小型股指数的成分股，以及香港联合交易所上市的 A + H 股公司股票。

深港通下的港股通起始额度为每日 105 亿元人民币。

四、科创板的有关特别规定

（一）投资者适当性

交易科创板股票需要开通科创板交易权限。《上海证券交易所科创板股票交易特别规定》要求对科创板投资适当性进行管理。参与科创板股票交易（含发行申购）的投资者应当符合上海证券交易所规定的适当性管理要求。个人投资者开通科创板股票交易权限的，应当符合下列条件：（1）申请权限开通前 20 个交易日证券账户及资金账户内的资产日均不低于人民币 50 万元（不包括该投资者通过融资融券融入的资金和证券）；（2）投资者参与证券交易 24 个月以上；（3）上海证券交易所规定的其他条件。机构投资者参与科创板股票交易，应当符合法律法规及上海证券交易所业务规则的规定。

（二）交易机制和交易方式

跟现有的 A 股交易一样，科创板也实行 T + 1。但具体交易方式有所不同，包括竞价交易、盘后固定价格交易和大宗交易。交易时间与上海主板一样。开盘集合竞价时间为 9：15 ~ 9：25，连续竞价时间为 9：30 ~ 11：30 和 13：00 ~ 14：57，14：57 ~ 15：00 为收盘集合竞价，15：05 ~ 15：30 为盘后固定价格交易。在竞价交易中，科创板股票除了限价申报外，还可以根据市场需要采用包括最优五档即时成交剩余撤销申报、最优五档即时成交剩余转限价申报、本方最优价格申报、对手方最优价格申报以及交易所规定的其他方式进行市价申报。通过限价申报买卖科创板股票的，单笔申报数量应当不小于 200 股，且不超过 10 万股；通过市价申报买卖的，单笔申报数量应当不小于 200 股，且不超过 5 万股。卖出时，余额不足 200 股的部分，应当一次性申报卖出。

条件成熟时科创板还将引入做市商机制，做市商可以为科创板股票提供双边报价服务。

科创板股票申报价格最小变动单位适用《上海证券交易所交易规则》相关规定。交易所可以依据股价高低，实施不同的申报价格最小变动单位。科创板股票竞价交易实行价格涨跌幅限制，涨跌幅比例为 20%。其中，科创板首次公开发行上市的股票，上市后的前 5 个交易日不设价格涨跌幅限制，但是设有临停制度，当日盘中股价首次上涨和下跌达到 30%、60%，就会各停牌 10 分钟。

科创板股票自上市首日起可作为融资融券标的。

五、个人投资者申购新股

（一）申购新股的证券账户

1. 申购新股的账户条件

（1）通过证券公司开立证券账户，申购上交所股票需要有上交所证券账户，并做好指定交易，申购深交所股票需要有深交所账户。

（2）申请创业板股票交易权限条件：一是在开通前的 20 个交易日里，账户资金和证券的日均资金至少有 10 万元；二是必须有 24 个月以上的证券交易经验。

（3）申请科创板股票交易权限条件：一是前 20 个交易日证券账户及资金账户内的资产日均不低于人民币 50 万元；二是必须有 24 个月以上的证券交易经验。

（4）申请北交所股票交易权限的条件：一是开通前 20 个交易日证券账户和资金账户内的资产日均不低于人民币 50 万元（不包括该投资者通过融资融券融入的资金和证券）；二是参与证券交易 24 个月以上。

2. 投资者申购新股的持有市值

根据投资者持有的市值，确定其网上可申购额度，申购时无须缴款。投资者需要 T-2 日之前连续 20 个交易日日均市值在 1 万元以上才能参与新股申购。沪市每 1 万元市值可申购一个申购单位，一个申购单位为 1 000 股，不足 1 万元的部分不计入申购额度。深市每 5 000 元市值可申购一个申购单位，一个申购单位为 500 股，不足 5 000 元的部分不计入申购额度。

北交所申购新股需全额缴款，在申购新股前，应将申购资金足额存入资金账户。北交所新股的申购数量必须是 100 股及 100 股的整数倍，如果获配数量不足 100 股，就会被收回集中到一起，再分别配售给各个投资者。申购数量越多、数量相同的申购时间越早，越能享有优先配售权，每个投资者获配数量为 100 股，直到配售完。

（二）新股申购流程

（1）T 日：投资者准备好足额资金，通过证券账户进行新股申购，买入委托（和买股票的菜单一样），全面注册制后，沪市、深市股票需要是 500 股的整数倍，超过申购额度的都是废单。如果多次委托，仅第一笔委托是有效的。沪市申购时间为 T 日 9：30～11：30 和 13：00～15：00；深市申购时间为 T 日 9：15～11：30 和 13：00～15：00。

（2）T+1 日：配号。交易所将根据最终的有效申购总量，按每 500 股配一个号的规则，由交易主机自动对有效申购进行统一连续配号。

（3）T+2 日：摇号抽签。交易所公布中签率，并根据总配号量和中签率组织摇号抽签，当日公布中签结果。如果中签，必须保证当日账户中有足够中签数量的申购资金，如果不够，当日 16：00 之前将资金缴足。中签客户在新股上市日可以将中签股票进行交易。

注意：北交所申购新股在 T+3 日未中签资金全部解冻。

例 3-1：按账户市值申购的流程。

甲公司和乙公司同时定于 T 日在深交所进行网上申购，网上发行量分别为

5 000万股和2 000万股，主承销商规定的网上申购上限分别为5万股和2万股，发行价格都为10元。

T-2日，按照新办法，投资者只有至少拥有1万元市值的股票，才能够获得对应额度新股申购的权利。申购日前两个交易日收市后，投资者张某持有的深市非限售A股股份在前20个交易日（包括当天）的每日平均市值为20.9万元，则张某能够获配41个申购单位，可申购新股41×500＝20 500（股）。这一可申购额度少于甲公司的5万股申购上限，超过了乙公司的2万股申购上限。因此，张某最多只能申购甲公司新股20 500股，申购乙公司新股20 000股，超过部分为无效申购。

T日，网上申购。张某在交易时间内向深交所申购甲公司20 500股新股和乙公司20 000股新股。

T+2日，深交所公布中签率、中签号。如果中签，必须保证当日账户中有足够中签数量的申购资金，如果不够，当日16：00之前将资金缴足。

注意：以上T+N日为交易日，遇周六、周日顺延。

第三节　证券交易委托

委托买卖是指证券经纪商接受投资者委托，代理投资者买卖证券，从中收取佣金的交易行为。委托买卖是证券经纪商的主要业务。

一、资金存取

投资者委托买入证券时，需事先在其证券交易结算资金账户中存入交易所需资金。投资者在资金账户中的存款可随时提取，并可按活期存款利率定期得到计付的利息。

按照现行《证券法》的规定，证券公司客户的交易结算资金应当存放在商业银行，以每个客户的名义单独立户管理。中国证监会已明确要求证券公司全面实施"客户交易结算资金第三方存管"。

客户交易结算资金第三方存管是指由证券公司负责客户的证券交易以及根据证券交易所和登记结算公司的交易结算数据清算客户的资金和证券；而由存管银行负责管理客户交易结算资金管理账户，向客户提供交易结算资金存取服务，并为证券公司完成与登记结算公司和场外交收主体之间的法人资金结算交收服务的一种客户资金存管制度。

第三方存管的主要特点如下：多银行制，券商是会计、银行是出纳，证银分别保存客户资金明细账，银行提供查询和负责总分核对，全封闭银证转账等。

在实行客户交易结算资金第三方存管方式的情况下，投资者可以在与证券公司有存管协议的若干家商业银行中选择一家银行作为自己证券交易结算资金的存管银行。为此，投资者、证券公司和该商业银行三方需要共同签署《客户交易结算资金银行存管协议书》。

二、委托指令与委托形式

（一）委托指令

委托指令的内容有多项，如证券账户号码、证券代码、买卖方向、委托数量、委托价格等。以委托单为例，委托指令的基本要素包括：

（1）证券账号。投资者在买卖上海证券交易所或深圳证券交易所上市的证券时，必须相应地填写在中国结算上海分公司或深圳分公司的证券账户号码上。

（2）日期。日期即投资者委托买卖的日期，网上委托交易系统自动记录。

（3）品种。填写证券名称的方法有全称、简称和代码3种（有些证券品种没有全称和简称的区别，仅有一个名称）。上海证券代码和深圳证券代码都为一组6位数字。委托买卖的证券代码与简称必须一致。

（4）买卖方向。投资者在委托指令中必须明确表明委托买卖的方向，即是买进证券还是卖出证券。

（5）数量。指买卖证券的数量，可分为整数委托和零数委托。整数委托是委托买卖证券的数量为一个交易单位或以交易单位的整数倍计。一个交易单位俗称"1手"。按现行规定：1手相当于100股股票、100份基金单位或1000元面额债券，债券回购时1手＝1000元标准券或综合券。在实际应用中，上海证券交易所和深圳证券交易所均是股票按股填报买卖数量，债券按张填报买卖数量（1张为100元面值债券）。零数委托是指委托买卖证券的数量不足交易所规定的一个交易单位。零数委托只能卖出，不能买进。

（6）价格。指委托买卖证券的价格，一般分为市价委托和限价委托，这是委托能否成交和能否盈利的关键。市价委托是指投资者要求证券经纪商在收到其买卖某种证券的委托指令时，按交易所内当时的市场价格执行。限价委托则是指投资者要求证券经纪商在收到其买卖某种证券的委托指令时，按限定的价格或比限定更有力的价格买卖证券。我国规定，证券交易所只接受其会员的限价申报，限价申报必须填好委托买入或卖出的具体价位或限价幅度。

在计价单位上，股票报价为"每股价格"，债券现货报价为"每百元面值的价格"，基金报价为"每份基金价格"，债券回购报价为"每百元资金到期年收益率"（去除百分号）。在申报价格最小变动单位上，《上海、深圳证券交易所交易规则》规定：A股、债券现货申报价格最小变动单位为0.01元人民币，基金申报价格最小变动单位为0.001元人民币。B股申报价格的最小变动单位，上海证券交易所为0.001美元，深圳证券交易所为0.01港元；债券回购申报价格最小变动单位，上海证券交易所为0.005单位，深圳证券交易所为0.01单位。

市价委托的优点是：没有价格上的限制，证券经纪商执行委托指令比较容易，成交迅速且成交率高。市价委托的缺点是：在委托执行后才知道实际的执行价格。

限价委托方式的优点是：证券可以投资者预期的价格或更有利的价格成交，有利于投资者实现预期投资计划，谋求最大利益。限价委托成交速度慢，有时甚至无法成交。在证券价格变动较大时，投资者采用限价委托容易错失良机，遭受损失。

《上海证券交易所交易规则》和《深圳证券交易所交易规则》都规定，客户可以采用限价委托或市价委托的方式委托会员买卖证券。

《上海证券交易所交易规则》还规定，上海证券交易所接受会员的限价申报和市价申报。根据市场需要，上海证券交易所可以接受下列方式的市价申报：

（1）最优5档即时成交剩余撤销申报，即该申报在对手方实时最优5个价位内以对手方价格为成交价逐次成交，剩余未成交部分自动撤销。

（2）最优5档即时成交剩余转限价申报，即该申报在对手方实时最优5个价位内以对手方价格为成交价逐次成交，剩余未成交部分按本方申报最新成交价转为限价申报；如该申报无成交的，按本方最优报价转为限价申报；如无本方申报的，该申报撤销。

（3）上海证券交易所规定的其他方式。

另外，市价申报只适合用于有价格涨跌幅限制证券连续竞价期间的交易，上海证券交易所另有规定的除外。限价申报指令应当包括证券账号、营业部代码、证券代码、买卖方向、数量、价格等内容。市价申报指令应当包括申报类型、证券账号、营业部代码、证券代码、买卖方向、买卖方向、数量等内容。

《深圳证券交易所交易规则》同样规定，接受会员的限价申报和市价申报。深圳证券交易所根据市场需要，接受下列类型的市价申报：

（1）对手方最优价格申报。

（2）本方最优价格申报。

（3）最优5档即时成交剩余撤销申报。

（4）即时成交剩余撤销申报。

（5）全额成交或撤销申报。

（6）深圳证券交易所规定的其他类型。

不同证券的交易采用不同的计价单位。股票为"每股价格",基金为"每份基金价格",权证为"每份权证价格",债券为"每百元面值债券的价格",债券质押式回购为"每百元资金到期年收益",债券买断式回购为"每百元面值债券的到期购回价格"。

通过竞价交易买入卖出债券质押式回购以 10 张或其整数倍进行申报。卖出债券时,余额不足 10 张的部分,应当一次性申报卖出。

从 2002 年 3 月 25 日开始,根据财政部、中国人民银行和中国证监会《关于试行国债净价交易有关事宜的通知》,国债交易采用净价交易。实行净价交易后,采用净价申报和净价撮合成交,报价系统和行情发布系统同时显示净价价格和应计利息额。

全价交易是指债券价格中将应计利息包含在内的债券交易方式,其中应计利息是指从上次付息日到购买日债券的利息。净价交易是以不含利息的价格进行的交易,这种交易方式是将债券的报价与应计利息分解,利息按面值利率以天计算,持有人享有持有期的利息收入。

根据净价的基本原理,应计利息额的计算公式应为:

应计利息额 = 债券面值 × 票面利率/365(天)× 已计息天数

另外,上海证券交易所目前公司债券的现货交易也采用净价交易方式,但深圳证券交易所公司债券的现货交易仍采用全价交易。

(7)时间。这是检查证券经纪商是否执行时间优先原则的依据。

(8)有效期。我国现行规定的委托期为当日有效。

(9)签名。投资者签名以示对所做的委托负责。若预留印鉴,则应盖章。

(10)其他内容。其他内容涉及委托人的身份证号码、资金账号等。

(二)委托形式

投资者发出委托指令的形式有柜台委托和非柜台委托两大类。

1. 柜台委托

柜台委托是指委托人亲自或由其代理人到证券营业部交易柜台,根据委托程序和必需的证件采用书面方式表达委托意向,由本人填写委托单并签章的形式。

2. 非柜台委托

非柜台委托主要有电话委托、传真委托和函电委托、自助终端委托、网上委托(互联网委托)等形式。另外,如果投资者的委托指令是直接输入证券经纪商电脑系统并申报进场,而不通过证券经纪商人工环节申报,就可以称为"投资者自助委托"。根据中国证券业协会提供的《证券交易委托代理协议(范本)》的要求,投资者在使用非柜台委托方式进行证券交易时,必须严格按照证券公司证券交易委托系统的提示进行操作，因投资者操作失误造成的损失由投资者自行承担。对证券公司电脑系统和证券交易所交易系统拒绝受理的委托，均视为无效委托。

（1）电话委托。这是目前常见的自助委托形式。在实际操作中，电话委托又分为电话转委托与电话自动委托两种。

（2）传真委托和函电委托。它们是指委托人填写委托内容后，将委托书采用传真或函电方式表达委托意向，提出委托要求；证券经纪商接到传真委托书或函电委托书后，代为填写委托书，并经核对无误以后，及时将委托内容输入交易系统申报进场，同时将传真件或函电作为附件附于委托书后。

（3）自动终端委托。这是指委托人通过证券营业部设置的专用委托电脑终端，凭证券交易磁卡和交易密码进入电脑交易系统委托状态，自行将委托内容输入电脑交易系统，以完成证券交易的一种委托形式。

（4）网上委托。网上委托是指证券公司通过基于互联网或移动通信网络的网上证券交易系统向投资者提供用于下达证券交易指令、获取成交结果的一种服务方式，包括下载软件的客户端委托和无须下载软件、直接利用乙方所属证券公司网站的页面客户端委托，它是目前投资者的主要委托方式。网上委托的上网终端包括电脑、手机等设备。

三、委托受理

（一）验证

验证主要对证券委托买卖的合法性和同一性进行审核。验证的合法性审查包括投资主体的合法性审查和投资程序的合法性审查。

投资主体的合法性审查，主要包括由证券营业部业务员验对投资者的相关证件，即验对投资者本人的居民身份证、证券账户卡等。非投资者本人委托的，还要检查代理人代为办理人的居民身份证及有效代理委托证件。

（二）审单

审单主要是审查委托单的合法性及一致性，对全权委托或记名证券未办妥过户手续的委托，证券营业部一律不得受理。另外需要说明的是，如果投资者采用自助委托方式，则当其输入相关的账号和正确的密码后，即视同确认了身份。证券经纪商的交易系统还自动检验投资者的证券买卖申报数量和价格等是否符合证券交易所的交易规则。

（三）验证资金及证券

投资者在买入证券时，证券营业部应查验投资者是否按规定已存入必需的资金；而在卖出证券时，必须查验投资者是否有相应的证券。

四、委托执行

证券营业部接受客户买卖证券的委托，应当根据委托书载明的证券名称、买卖数量、出价方式、价格幅度等，按照证券交易所交易规则代理买卖证券。买卖成交后，应当规定制作买卖成交报告单交付客户。

（一）申报原则

证券营业部将客户委托传送至证券交易所交易撮合主机，称为"申报"或"报盘"。

证券营业部接受投资者委托后应按"时间优先、客户优先"的原则进行申报竞价。

证券营业部在接受投资者委托进行申报时还应该做到：在交易市场买卖证券均必须公开申报竞价，在申报竞价时，须一次完整地报明买卖证券的数量、价格及其他规定的内容；在同时接受两个以上委托与卖出委托且种类、数量、价格相同时，不得自行对冲完成交易，仍应向证券交易所申报竞价。

（二）申报方式

（1）有形席位申报。在证券营业部采用有形席位申报进行交易的情况下，其业务员在受理投资者委托后，要按受托先后顺序用电话将委托买卖的有关内容通知场内交易员，由场内交易员通过场内电脑终端将委托指令输入证券交易所电脑主机。

（2）无形席位申报。在证券营业部采用无形席位申报进行交易的情况下，证券营业部的电脑系统要与证券交易所交易系统的电脑主机联网。

（三）申报时间

上海证券交易所和深圳证券交易所都规定，交易日为每周一至周五，交易时间内因故停市，交易时间不作顺延。上海证券交易所和深圳证券交易所则规定，接受交易参与人竞价交易申报的时间为每个交易日9：15～9：25、9：30～11：30、13：00～15：00，每个交易日9：20～9：25、14：57～15：00，交易主机不接受参与竞价交易的撤销申报；在其他接受申报的时间内，未成交申报可以撤销。另外，上海证券交易所和深圳证券交易所认为必要时，都可以调整接受申报时间。15：05~15：30为证券交易所盘后以固定收盘价格交易时间。

五、委托撤销

（一）撤单的条件

在委托未成交之前，委托人有权变更和撤销委托。证券营业部申报竞价成交后，买卖即告成立，成交部分不得撤销。

不能撤单的情况有：

（1）申购新股。

（2）将可转换债券转换成股票。

（3）上午9：20~9：25和下午14：57~15：00是集合竞价时间，只能申报而不能撤单。

（4）撤销当日已经成交的股票。

（二）撤单的程序

在委托未成交之前，委托人变更或撤销委托，在证券营业部采用有形席位申报的情况下，证券营业部柜台业务员须即刻通知场内交易员，经场内交易员操作确认后，立即将执行结果告知委托人。在证券营业部采用无形席位申报的情况下，证券营业部的业务员委托人可直接将撤单信息通过电脑终端告知证券交易所交易系统电脑主机，办理撤单。对委托人撤销的委托，证券营业部须及时将冻结的资金或证券解冻。

第四节　证券竞价规则

一、竞价方式

目前，我国证券市场采用两种竞价方式：集合竞价方式和连续竞价方式。上海证券交易所和深圳证券交易所规定，采用竞价交易方式的，每个交易日的9：15~9：25为开盘集合竞价时间，9：30~11：30、13：00~14：57为连续竞价时间，14：57~15：00为收盘集合竞价时间。

（一）集合竞价

所谓集合竞价，是指对在规定的一段时间内接受的买卖申报一次性集中撮合的竞价方式。根据我国证券交易所的相关规定，集合竞价确定成交价的原则为：

（1）可实现最大成交量的价格。

（2）高于该价格的买入申报与低于该价格的卖出申报全部成交的价格。

（3）与该价格相同的买方或卖方至少有一方全部成交的价格。

如有两个以上申报价格符合上述条件的，深圳证券交易所取得距前收盘价最近的价位为成交价。上海证券交易所规定使未成交量小的申报价格为成交价格，若还是有两个以上使未成交量最小的申报价格符合上述条件的，其中中间价为成交价。集合竞价的所有交易以同一价格成交。

然后，进行集中撮合处理。所有买方有效委托限价按照由高到低的顺序排列，限价相同者按照进入交易系统电脑主机的时间先后排列。依序逐笔将排在前面的买方委托配对成交。

例 3 - 2：根据表 3 - 1 所示，该股票上日收盘价为 12.34 元，分别计算股票在深圳证券交易所和上海证券交易所当日的开盘价及成交量。

表 3 - 1　　　　　　　股票某日在集合竞价时买卖申报价格和数量

买入数量（手）	价格（元）	卖出数量（手）
—	12.55	500
—	12.50	450
150	12.45	350
200	12.40	300
250	12.35	500
300	12.30	350
500	12.25	250
600	12.20	—
200	12.10	—

解：根据集合竞价时买卖申报价格和数量，分别列出各价格可以成交的数量，如表 3 - 2 所示。

表 3 - 2　　　　　该股票当日集合竞价时各申报价格对应数量

价格	12.55	12.50	12.45	12.40	12.35	12.30	12.25	12.20	12.10
成交量	—	—	150	350	600	600	250	—	—

从表 3 - 2 中可以看出有 12. 35 元和 12. 30 元两个申报价格符合条件，深圳证券交易所取得距前收盘价最近的价位为成交价，集合竞价成交的价格取 12. 35 元。上海证券交易所规定使未成交量小的申报价格为成交价格，若还是有两个以上使未成交量最小的申报价格符合上述条件的，其中中间价为成交价，集合竞价成交的价格取 12. 33 元。

（二）连续竞价

连续竞价是指对买卖申报逐笔连续撮合的竞价方式。连续竞价阶段的特点是每一笔买卖委托输入电脑自动撮合系统后，当即判断并进行不同的处理：能成交者予以成交，不能成交者等待机会成交，部分成交者则让剩余部分继续等待。

按照我国证券交易所的有关规定，在无撤单的情况下，委托当日有效。另外，开盘集合竞价期间未成交的买卖申报，自动进入收盘集合竞价。深圳证券交易所还规定，连续竞价期间未成交的买卖申报，自动进入收盘集合竞价。

1. 连续竞价时，成交价格的确定原则

（1）最高买入申报价格与最低卖出申报价格相同，以该价格为成交价。

（2）买入申报价格高于即时揭示的最低卖出申报价格时，以即时揭示的最低卖出申报价格为成交价。

（3）卖出申报价格低于即时揭示的最高买入申报价格时，以即时提示的最高买入申报价格为成交价。

2. 实行涨跌幅限制的证券的有效申报范围

根据现行制度规定，在沪深交易所 A 股主板，无论买入或卖出股票（含 A 股、B 股）、基金类在 1 个交易日内的交易价格相对上一交易日收市价格的涨跌幅不得超过 10%，其中 ST 股票、*ST 股票价格涨跌幅比例都为 5%。涨跌幅价格的计算公式为：

$$涨跌幅价格 = 前收盘价 \times (1 \pm 涨跌幅比例)$$

计算结果按照四舍五入原则取价格最小变动单位。买卖有价证券涨跌幅限制的证券，在价格涨跌幅限制内的申报为有效申报，超过涨跌幅限制的申报为无效申报。

目前，创业板和科创板涨跌幅限制比例为 20%。超过涨跌幅限制的申报为无效申报。同时，创业板和科创板首次公开发行上市的股票，上市后的前 5 个交易日不设价格涨跌幅限制。但前 5 个交易日根据股票的涨跌幅设置盘中临时停牌制度。当股票盘中交易价格较当日开盘价格首次上涨或下跌达到或超过 30%、60% 时，会触发盘中临时停牌制度。单次盘中临时停牌的持续时间为 10 分钟；停牌时间跨越 14：57 的，于当日 14：57 复牌。上海证券交易所主板、深圳证券

交易所主板新股上市首日涨幅限制比例为 44%、跌幅限制比例为 36%，次交易日开始涨跌幅限制比例为 10%。

3. 不实行涨跌幅限制的证券的有效申报价格范围

对于无价格涨跌幅限制的证券，我国证券交易所规定，属于下列情形之一的，首个交易日不实行价格涨跌幅限制：

（1）创业板和科创板首次公开发行上市的股票，上市后的前 5 个交易日不设价格涨跌幅限制。

（2）增发股票上市当天。

（3）某些重大资产重组股票比如合并之类的复牌当天。

（4）退市股票恢复上市日。

（5）证券交易所或中国证监会认定的其他情形。

根据上海证券交易所的规定，买卖无价格涨跌限制的证券，集合竞价阶段的有效申报价格应符合下列规定：

（1）股票交易申报价格不高于前收盘价格的 900%，并且不低于前收盘价格的 50%。

（2）基金、债券交易申报价格最高不高于前收盘价格的 150%，并且不低于前收盘价格的 70%。

二、竞价结果

竞价的结果有 3 种可能：全部成交、部分成交、不成交。

（一）全部成交

委托买卖全部成交，证券公司应及时通知委托人按规定的时间办理交割手续。

（二）部分成交

委托人的委托如果未能全部成交，证券公司在委托有效期内可继续执行，直到有效期结束。

（三）不成交

委托人的委托如果未能成交，证券公司在委托有效期内可继续执行，等待机会成交，直到有效期结束。对委托人失效的委托，证券公司须及时将冻结的资金或证券解冻。

三、竞价原则

证券交易所内的证券交易按"价格优先、时间优先"原则竞价成交。

(一) 价格优先

成交价格优先的原则为:较高价格买入申报优先于低价格买入申报,较低价格卖出申报优先于较高卖出申报。

(二) 时间优先

成交时间优先的原则:买卖方向、价格相同的,先申报者优先于后申报者。先后顺序按交易主机接受申报的时间确定。

四、除权除息

如果上市公司向股东派发现金红利、送红股、公积金转增股本、配股等事项,就要进行除息与除权。证券交易所是在权益登记日的下一交易日对该证券作除权除息处理。除权除息日的证券买卖,除了证券交易所另有规定的以外,按除权除息价作为计算涨跌幅度的基准。

上海证券市场除权除息报价计算公式:

$$除权除息报价 = \frac{股权登记日收盘价 - 派息率 + 配股价 \times 配股率}{1 + 送股率 + 配股率}$$

例 3 - 3:沪市某上市公司每 10 股送 5 股派发现金红利 4.50 元,同时按 10 配 3 的比例向现有股东配股,配股价格为 18.50 元。若该公司股票在除权除息日前的收盘价为 25.35 元,计算除权(息)报价。

$$除权参考价 = \frac{股权价登记日收盘价 + 股价 \times 配股率 - 派息率}{1 + 送股率 + 配股率}$$

$$= \frac{25.35 - 0.45 + 18.50 \times 0.3}{1 + 0.5 + 0.3}$$

$$= \frac{30.45}{1.8} = 16.92 \ (元)$$

深圳证券市场除权除息报价计算公式:

$$除权除息报价 = \frac{股权登记日总市值 - 派息总额 + 配股总额 \times 配股价}{除权后总股本}$$

例 3 - 4:深市某上市公司总股本 10 000 万股,流通股 10 000 万股,股权登记日收盘价为 15 元。分红配股方案为每 10 股送 3 股派 2 元配 1 股,共送出红股

3 000 万股，派现金 2 000 万元，实际配股总数为 1 000 万股，配股价为 10 元/股，计算除权除息报价。

$$除权除息报价 = \frac{股权登记日总市值 - 派息总额 + 配股总额 \times 配股价}{除权后总股本}$$

$$= \frac{10\,000 \times 15 - 2\,000 + 1\,000 \times 10}{10\,000 + 3\,000 + 1\,000} = 11.29（元）$$

当股票名称前出现 XD 字样时，表示当日是这只股票的除息日；股票名称前出现 XR 字样时，表明当日是这只股票的除权日；股票名称前出现 DR 字样时，表示当天是这只股票的除息除权日。

五、交易费用

投资者在委托证券时，需支付多项费用和税收，如佣金、过户费、印花税等。

（一）佣金

佣金是投资者在委托买卖证券成交后按成交金额一定比例支付的费用，是证券公司为客户提供证券代理买卖服务收取的费用。此项费用由证券公司经纪佣金、证券交易所手续费及证券交易监管费等组成。佣金的收费标准因交易品种、交易所的不同而有所差异。从 2002 年 5 月 1 日开始，A 股、B 股、证券投资基金的交易佣金实行最高上限向下浮动制度。证券公司向客户收取的佣金（包括代收的证券交易监管费和证券交易所手续费等）不得高于证券交易金额的 3‰，也不得低于代收的证券交易监管费和证券交易所手续费等。A 股、证券投资基金每笔交易佣金不足 5 元的，按 5 元收取；B 股每笔交易佣金不足 1 美元或 5 港元的，按 1 美元或 5 港元收取。国债现券、企业债（含可转换债券）、国债回购以及以后出现的新的交易品种，其交易佣金标准由证券交易所制定并报中国证监会和国家发展和改革委员会备案，备案 15 天内无异议后实施。

（二）过户费

过户费是委托买卖的股票、基金成交后，买卖双方为变更证券登记所支付的费用。这笔收入属于登记结算公司的收入，由证券公司在同投资者清算交收时代为扣收。在 A 股市场中，证券交易过户费是按照投资者成交金额的 0.002% 双向收取的，这笔收入属于证券登记结算机构的收入，由证券经营机构在投资者清算交割的时候代为扣除收取。只有上海证券交易所会单独收取过户费，而深圳证券交易所的过户费是包含在交易经手费中的。

（三）印花税

印花税是根据国家税法规定，在 A 股和 B 股成交后对买卖双方投资者按照规定的税率分别征收的税金。股票交易印花税对于中国证券市场，是政府增加税收收入的一个手段。

中国最早于 1990 年 7 月在深圳证券交易所开征股票交易印花税，其税率规定为对买卖双方各征 6‰，此后不久又因市场的变化调整为 3‰。上海证券交易所也于 1991 年开征了股票交易印花税，税率定为 3‰。

经过多次调整后，在 2008 年 9 月 19 日，由双边征收改为单边征收，税率保持 1‰。由出让方按 1‰ 的税率缴纳股票交易印花税，受让方不再征收，现延续至今。

例 3 - 5：某投资者在沪市买入海兴电力 10 000 股，成交价 15.50 元，同时在深市买入紫金矿业 15 000 股，成交价 9.80 元；12 个月后全部卖出，海兴电力成交价 15.10 元，紫金矿业成交价 13.30 元。佣金和卖出股票印花税的收费分别为成交金额的 0.2‰ 和 1‰，买入股票的印花税免收。沪市和深市 A 股过户费、经手费投资者免收（由证券公司支付）。分步计算：（1）买入股票的实际付出；（2）卖出股票的实际收入，该投资者的年化收益率？

解：（1）买入股票的实际付出

买入海兴电力：$10\ 000 \times 15.50 = 155\ 000$（元）

佣金：$155\ 000 \times 0.2‰ = 31$（元）

买入海兴电力实际付出 $= 155\ 000 + 31 = 155\ 031$（元）

买入紫金矿业：$15\ 000 \times 9.80 = 147\ 000$（元）

佣金：$147\ 000 \times 0.2‰ = 29.4$（元）

买入紫金矿业实际付出：$147\ 000 + 29.4 = 147\ 029.4$（元）

买入股票的实际付出 $= 155\ 031 + 147\ 029.4 = 302\ 060.4$（元）

（2）卖出股票的实际收入，该投资者的年化收益率

卖出海兴电力：$10\ 000 \times 15.10 = 151\ 000$（元）

佣金和印花税：$151\ 000 \times (0.2‰ + 1‰) = 181.2$（元）

卖出海兴电力实际收入 $= 151\ 000 - 181.2 = 150\ 818.81$（元）

卖出紫金矿业：$15\ 000 \times 13.30 = 199\ 500$（元）

佣金和印花税：$199\ 500 \times (0.2‰ + 1‰) = 239.4$（元）

卖出紫金矿业实际收入 $= 1\ 995\ 000 - 239.4 = 199\ 260.6$（元）

卖出股票的实际收入 $= 150\ 818.81 + 199\ 260.6 = 350\ 079.4$（元）

$$年化收益率 = \frac{实际收入 - 实际付出}{实际付出} \times 100\%$$

$$= \frac{350\ 079.4 - 302\ 060.4}{302\ 060.4} \times 100\%$$

$$= 15.90\%$$

第五节　证券交易的清算与交收

一、清算与交收的概念

清算与交收是整个证券交易过程中必不可少的两个重要环节。清算一般有 3 种解释：一是指一定经济行为引起的货币资金关系应收、应付的计算；二是指公司、企业结束经营活动、收回债务、处置分配财产等行为的总和；三是银行同业往来中应付差额的轧抵。

证券交易的清算，指在每一营业日中每个结算参与人成交的证券数量与价款分别予以轧抵，对证券和资金的应收或应付净额进行计算的处理过程。证券交易的交收，指结算参与人根据清算的结果在事先约定的时间内履行合约的行为，即买方支付一定款项以获得所购证券，卖方交付一定证券以获得相应价款。交收的实质是依据清算结果实现证券与价款的收付，从而结束整个交易过程。

清算和交收两个过程统称为"结算"。

二、滚动交收和会计日交收

（1）从结算的时间安排来看，可以分为滚动交收和会计日交收。滚动交收要求某一交易日成交的所有交易有计划地安排距成交日相同营业日天数的某一营业日进行交收。

（2）我国目前存在两种滚动交收周期，即 T + 1 与 T + 3。T + 1 滚动交收目前适用于我国的 A 股、基金、债券、回购交易等，T + 3 滚动交收适用于 B 股。

三、清算、交收的原则

（一）净额清算原则

一般情况下，对于通过证券交易所达成的交易采取净额清算方式。

净额清算又称"差额清算"，就是在一个清算期中，对每个结算参与人价款的清算只计其各笔应收、应付款项相抵后的净额，对证券的清算只计每一种证券应收、应付相抵后的净额。净额清算又分为双边净额清算和多边净额清算。

（二）共同对手方制度

共同对手方是指在结算过程中，同时作为所有买方和卖方的交收对手并保证交收顺利完成的主体。如果买卖中的一方不能按约定条件履约交收，结算机构也要依照结算规则向守约一方先行垫付其应收的证券或资金。

（三）银货对付原则

银货对付又称"款券两讫""钱货两清"。银货对付指证券登记结算机构与结算参与人在交收过程中，当且仅当资金交付时给付证券，证券交付时给付资金。

（四）分级结算原则

证券和资金结算实行分级结算原则。证券登记结算机构负责证券登记结算机构与结算参与人之间的集中清算交收，结算参与人负责办理结算参与人与客户之间的清算交收。但结算参与人与其他客户的证券划付，应当委托证券登记结算机构代为办理。

证券公司参与证券和资金的集中清算交收，应当向证券登记结算机构申请取得结算参与人资格；没有取得结算参与人资格的证券公司，应当与结算参与人签订委托结算协议，委托结算参与人代其进行证券和资金的集中清算交收。证券公司以外的机构经中国证监会批准，也可以申请成为结算参与人。

四、结算账户管理

1. 结算账户的开立

根据《中国证券登记结算有限责任公司结算备付金管理办法》，结算参与人申请开立资金交收账户时，应当提交结算参与人资格证书、法定代表人授权委托书、开立资金交收账户申请表、资金交收账户印鉴卡、指定收款账户授权书等材料。

2. 结算账户的管理

（1）结算备付金账户计息。结算公司按照中国人民银行规定的金融同业活期存款利率向结算参与人计付结算备付金利息。结算备付金利息每季度结算一次。

（2）最低结算备付金限额。最低备付指结算公司为结算备付金账户设定的最低备付限额，结算参与人在其账户中至少应留足该限额的资金量。最低备付可用于完成交收，但不能划出。如果用于交收，次日必须补足。

$$最低结算备付金限额 = \frac{上月证券买入金额}{上月交易天数} \times 最低结算备付金比例$$

纳入最低备付计算的交易品种包括：A 股交易清算、基金交易清算、国债交易清算、企业债交易清算、国债回购交易清算、企业债回购交易清算。

3. 结算账户的撤销

结算系统参与人无对应交易席位且已结清与登记公司的一切债权、债务后，可申请终止在登记公司的结算业务，撤销结算账户。

中国证券登记结算有限责任公司上海分公司（简称"中国结算上海分公司"）和深圳分公司（简称"中国结算深圳分公司"）A 股、基金、债券等品种的清算和交收模式大体相同。

五、上海证券市场的清算与交收

结算参与人首先需以法人名义在中国结算上海分公司开立资金结算账户。中国结算上海分公司对各结算参与人的资金清算产生一个轧差净额，并直接在其结算备付金账户上进行交收。

上海证券交易所资金的清算、交收以结算参与人在该所取得的交易席位为明细核算单位。因此，结算参与人在开立结算备付金账户时应确认该账户核算的席位名单。

（一）中国结算上海分公司同结算参与人之间的资金交收流程

（1）交易日（T 日）闭市后，交易所将当日交易成交数据通过交易系统发送至中国结算上海分公司。

（2）中国结算上海分公司的登记结算系统按照净额结算原则，对所有结算单位当日的证券买卖进行轧差清算，并产生清算金额（清算金额 = 净卖金额 − 净买金额）。在净额结算方式中，中国结算上海分公司作为买卖各方的交收对手方。

（3）中国结算上海分公司在进行中央清算时同时计算有关费用，产生各结算单位的实际应收、应付金额。

$$实际应收、应付金额 = 清算金额 - 交易经手费 - 印花税 -$$
$$证管费 - 过户费 - 其他应付费用$$

（4）中国结算上海分公司在清算完成后，通过远程数据通信方式向各结算单位提供当日清算数据汇总表，列示结算单位当日对中国结算上海分公司的应收、应付资金数额，即中国结算上海分公司对结算单位发出结算指令。

（5）结算单位依据结算指令完成资金交收。

（二）资金交收

资金交收首先满足二级市场交收，然后满足一级市场交收。资金交收具有终局性和不可逆转性。

账户可用余额＝账户余额＋（T＋0实收付）－冻结金额－最低备付限额。如可用余额小于零，结算参与人必须在T＋1交收前补足差额。当可用余额大于零时，余额即为该账户当前可以划出的最大金额。

中国结算上海分公司在T＋1日17：00点进行T日交易的资金交收，由交收系统自动将结算系统参与人T日的应收金额贷记备付金账户，或将应付金额从备付金账户中扣除。

当日结算参与人资金划拨业务全部结束后，有以下两种情况：

（1）如（账户余额＋上日T＋0实收付－冻结金额）>0，T＋1交收完成后，账户余额则更新为实有金额

（2）如（账户余额＋上日T＋0实收付－冻结金额）<0，T＋1交收完成后，则出现交收透支

（三）资金划拨

（1）划入资金。结算参与人交收头寸不足时，应及时向备付金账户补入资金。

（2）划出资金。结算参与人在中国结算上海分公司的备付金账户中有超额备付时，可根据需要将资金划到经授权的预留银行收款账号。结算参与人的划款主要通过PROP券商进行。

六、深圳证券市场的清算与交收

（1）结算参与人首先需以法人名义，在中国结算深圳分公司制定法人结算席位，开设结算备付金账户和结算保证金账户，并建立起结算参与人与中国结算深圳分公司之间的电子结算网络。结算账户用于结算参与人与中国结算深圳分公司完成其下属所有营业部参与交易所交易的资金交收；结算保证金账户用于存放结算参与人缴纳的清算交收保证金，用以防范交收风险。

（2）中国结算深圳分公司同结算参与人之间的资金结算流程。

七、合格境外机构投资者的结算办法

（1）合格境外机构投资者由其托管人作为中国结算上海或深圳分公司（统称"结算公司"）的结算参与人，直接与结算公司办理其所托管合格投资者的结算业务，承担相应的交收责任。

（2）为防范结算风险，依据风险共担的原则，托管人应当缴纳结算保证金。托管人作为结算参与人，应当按照《证券结算风险基金管理暂行办法》的规定，缴纳证券结算风险基金。

（3）托管人如出现资金交收透支，结算公司可以采取以下措施：

①根据托管人发生的透支金额，按中国人民银行有关规定计收罚息。

②T＋1日交收时，暂扣托管人指定的相当于透支金额价值120%的证券。

③要求透支托管人提供书面情况说明和有关责任方盖章的资金交收透支责任确认书，将该透支事件在托管人业务不良记录中予以登记，作为评估风险程度、确定重点监控对象的依据。

④通知透支托管人向结算公司提供财务状况说明，提出弥补透支的具体措施，将该托管人列为重点监控对象，密切监测其财务状况。

⑤提请证券交易所限制或暂停透支托管人所托管合格投资者的证券买入，同时将有关情况报告中国证监会。

练 习 题

一、单项选择题

1. 上海证券交易所上市的中国平安（601318）上个交易日收盘价为45.58元，当天该股票的涨停价格为（　　　）元。

　　A. 50.138　　　　B. 50.14　　　　C. 54.696　　　　D. 54.70

2. 在创业板上市的捷佳伟（300724）上个交易日收盘价为117.90元，当天该股票的跌停价格为（　　　）元。

　　A. 141.48　　　　B. 129.69　　　　C. 106.11　　　　D. 94.32

3. 证券（　　　）业务主要是指在每一营业日中每个结算参与人成交的证券数量与价款分别予以轧抵，对证券和资金的应收或应付净额进行计算的处理过程。

　　A. 清算　　　　B. 交割　　　　C. 交收　　　　D. 登记

4. 按《深圳证券交易所交易规则》的规定，买入、卖出债券质押式回购以（　　　）张或其整数倍进行申报。

A. 10   B. 100   C. 1 000   D. 10 000

5. 有甲、乙、丙 3 位投资者，均申报买入同一股票，申报价格和申报时间分别为：甲的买入价 11.30 元，时间 10：25；乙的买入价 11.40 元，时间 10：30；丙的买入价 11.40 元，时间 10：25。那么这 3 位投资者交易的优先顺序为：（　　）。

    A. 乙、甲、丙   B. 甲、丙、乙   C. 甲、乙、丙   D. 丙、乙、甲

6. 除权（息）日的证券买卖，除了证券交易所另有规定的以外，按（　　）作为计算涨跌幅度的基准。

    A. 前日收盘价   B. 新股股价

    C. 除权（息）价   D. 今日开盘价

7. （　　）是指买卖债券时，以含有应计利息的价格申报并成交的交易。

    A. 净价交易   B. 市场价交易   C. 差价交易   D. 全价交易

8. 证券公司自营买卖业务的特点之一是（　　）。

    A. 交易的无风险性   B. 收益的稳定性

    C. 决策的自主性   D. 数量的不变性

9. 上海主板市场某*ST 股票的收盘价为 15.40 元，则次一交易日该股票交易的价格上限和下限分别为（　　）元。

    A. 16.94 和 13.86   B. 16.17 和 14.63

    C. 16.17 和 13.86   D. 16.94 和 14.63

10. 我国证券交易所证券开盘价产生的方式一般是（　　）。

    A. 集合竞价方式   B. 做市商撮合方式

    C. 连续竞价方式   D. 交易所决定

11. 证券的涨跌幅价格与（　　）无关。

    A. 1 + 涨跌幅比例   B. 1 − 涨跌幅比例

    C. 前日收盘价   D. 当日价格

12. 深圳证券交易所分红派息操作流程，分红派息公告时间为股权登记日的（　　）个工作日前。

    A. 10   B. 5   C. 3   D. 1

13. （　　）申报价格最小变动单位为 0.001 元人民币。

    A. A 股   B. 基金

    C. 债券现货   D. 上海证券交易所 B 股

14. 深圳证券交易所规定，接受会员竞价交易申报的时间为每个交易日（　　）、13：00 ~ 15：00。

    A. 9：15 ~ 11：30

    B. 9：15 ~ 9：25、9：30 ~ 11：30

  C. 9：20～11：30

  D. 9：20～9：25、9：30～11：30

15. 科创板接受会员交易申报的时间为每个交易日9：15～9：25、9：30～11：30、（　　）。

  A. 13：00～15：00

  B. 13：00～15：00、15：00～15：30

  C. 9：20～11：30

  D. 9：20～9：25、13：00～15：30

16. 根据现行制度规定，创业板的ST股票在一个交易日内的交易价格相对上一交易日收市价格的涨跌幅度不得超过（　　）。

  A. 10% B. 5% C. 15% D. 20%

17. （　　）不属于交易方面的费用和税收。

  A. 印花税 B. 佣金 C. 承销费 D. 过户费

18. （　　）滚动交收方式目前适用于我国的A股、基金、债券、回购交易等。

  A. T－1 B. T C. T＋1 D. T＋3

19. 上海证券交易所和（　　）通过交易清算系统代理派发各上市公司的股息红利业务。

  A. 上海证监局

  B. 中国结算上海分公司

  C. 中国结算深圳分公司

  D. 中国证监会

20. 在订单匹配原则方面，我国采用（　　）。

  A. 价格优先原则、时间优先原则 B. 按比例分配原则、数量优先原则

  C. 客户优先原则、做市商优先原则 D. 经纪商优先原则

二、多项选择题

1. 投资者发出非柜台委托指令的形式有（　　）。

  A. 电话委托

  B. 自动终端委托

  C. 传真委托和函电委托

  D. 网上委托

  E. 书面方式委托

2. 股票竞价的结果有哪些（　　）。

  A. 全部成交

  B. 部分成交

  C. 不成交

  D. 选择性成交

  E. 撤单部分成交

3. T＋1滚动交收目前适应于我国哪些证券交易（　　）。

  A. 债券

  B. A股

  C. 外汇

  D. 回购交易

E. 基金

4. 试点初期，沪股通股票范围有（　　）。

 A. 上证 180 指数   B. 上交所上市的 A + H 股公司股票

 C. 上证 380 指数成分股   D. 科创板股票

 E. 沪深 300 指数股票

5. 投资者具有下列情形之一的，不得申报撤销指定交易。（　　　）

 A. 当日还未成交的申报   B. 上午 9：20 ~ 9：25 撤销申报

 C. 可转换债券转换成股票申请 D. 申购新股

 E. 当日已有成交股票

第四章

证 券 估 值

第一节　证券投资分析方法和信息来源

一、证券投资分析的含义与目标

（一）证券投资分析的含义

证券投资是指投资者（法人或自然人）购买股票、债券、基金券等有价证券以及这些有价证券的衍生品，以获取红利、利息及资本利得的投资行为和投资过程，是直接投资的重要形式。证券投资分析是指人们通过各种专业性分析方法，对影响证券价值或价格的各种信息进行综合分析以判断证券价值或价格及其变动的行为，是证券投资过程中不可或缺的一个重要环节。

（二）证券投资分析的目标

1. 实现投资决策的科学性

投资决策贯穿于整个投资过程，其正确与否关系到投资的成败。尽管不同投资者投资决策的方法可能不同，但科学的投资决策无疑有助于保证投资决策的正确性。由于资金拥有量及其他条件的不同，不同的投资者会拥有不同的风险承受能力、不同的收益要求和不同的投资周期。同时，由于受到各种相关因素的影响，每一种证券的风险—收益特性并不是一成不变的。此外，由于证券一般具有可流通性，投资者可以通过在证券流通市场上买卖证券来满足自己的流动性需求。因此，在进行投资决策时，投资者应当正确认识每一种证券在风险性、收益性、流动性和时间性方面的特点，借此选择风险性、收益性、流动性和时间性同自己的要求相匹配的投资对象，并制定相应的投资策略。只有这样，投资者的投资决策才具有科学性，才能保障投资决策的正确性，使投资获得成功。进行证券投资分析正是投资者正确认知证券风险性、收益性、流动性和时间性的有效途径，是投资者科学决策的基础。因此，作证券投资分析有利于减少投资决策的盲目性，从而提高投资决策的科学性。

2. 实现证券投资净效用最大化

证券投资的理想结果是证券投资净效用（收益带来的正效用与风险带来的负效用的权衡）最大化。因此，在风险既定的条件下投资收益率最大化和在收益率既定的条件下风险最小化是证券投资的两大具体目标。证券投资的成功与否往往是看这两个目标的实现程度。但是，影响证券投资目标实现程度的因素很多，其作用机制也十分复杂。只有通过全面、系统和科学的专业分析，才能客观把握住这些因素及其作用机制，并作出比较准确的预测。证券投资分析正是采用专业分析方法和分析手段对影响证券回报率和风险的诸因素进行客观、全面和系统的分析，揭示这些因素影响的作用机制以及某些规律，用于指导投资决策，从而在降低投资风险的同时获取较高的投资收益。

正确评估证券的投资价值。投资者之所以对证券进行投资，是因为证券具有一定的投资价值。证券的投资价值受多方面因素的影响，并随着这些因素的变化而发生相应的变化。例如，债券的投资价值受市场利率水平的影响，并随着市场利率的变化而变化；影响股票投资价值的因素更为复杂，包括宏观经济、行业形势、公司经营管理和市场等多方面因素。所以，投资者在决定投资某种证券前，首先应该认真评估该证券的投资价值。只有当证券处于投资价值区域时，投资该证券才有利可图，否则可能导致投资失败。证券投资分析正是对可能影响证券投资价值的各种因素进行综合分析，来判断这些因素及其变化可能对证券投资价值带来的影响，其有利于投资者正确评估证券的投资价值。

降低投资者的投资风险。投资者从事证券投资是为了获得投资回报（预期收益），但这种回报是以承担相应风险为代价的。从总体来说，预期收益水平和风险之间存在一种正相关关系。预期收益水平越高，投资者要承担的风险也就越大；预期收益水平越低，投资者要承担的风险也就越小。因此，对于某些具体证券而言，由于判断失误，投资者在承担较高风险的同时却未必能获得较高收益。理性投资者通过证券投资分析来考察每一种证券的风险—收益特性及其变化，可以较为准确地确定哪些证券是风险较大的证券，哪些证券是风险较小的证券，从而避免承担不必要的风险。从这个角度讲，证券投资分析有利于降低投资者的投资风险。

二、证券投资主要分析方法

证券投资分析有 3 个基本要素：信息、步骤和方法。其中，选择什么样的证券投资分析方法对投资者的投资决策非常重要。目前，进行证券投资分析所采用的分析方法主要有三大类：基本分析法、技术分析法、量化分析法。

（一）基本分析法

基本分析法又称基本面分析法，是指证券分析师根据经济学、金融学、财务管理学及投资学等基本原理，对决定证券价值及价格的基本要素，如宏观经济指标、经济政策走势、行业发展状况、产品市场状况、公司销售和财务状况等进行分析，评估证券的投资价值，判断证券的合理价位，提出相应的投资建议的一种分析方法。基本分析法的理论基础在于：

任何一种投资对象都有一种可以称为"内在价值"的固定基准，且这种内在价值可以通过对该种投资对象的现状和未来前景的分析来获得。

市场价格和内在价值之间的差距最终会被市场所纠正，因此市场价格低于（或高于）内在价值之日，便是买（卖）机会到来之时。

基本分析流派是指以宏观经济形势、行业特征及上市公司的基本账务数据作为投资分析对象与投资决策基础的投资分析流派，是目前西方投资界的主流派别。基本分析流派的分析方法体系体现了以价值分析理论为基础，以统计方法和现值计算方法为主要分析手段的基本特征。它的两个假设为：股票的价值决定其价格和股票的价格围绕价值波动。因此，价值成为测量价格合理与否的尺度。基本分析的内容主要包括宏观经济分析、行业和区域分析、公司分析三大内容。

1. 宏观经济分析

宏观经济分析主要探讨各经济指标和经济政策对证券价格的影响。经济指标分为 3 类：

（1）先行性指标。这类指标可以对将来的经济状况提供预示性的信息，如利率水平、货币供给、消费者预期、主要生产资料价格、企业投资规模等。

（2）同步性指标。这类指标的变化基本上与总体经济活动的转变同步，如个人收入、企业工资支出、GDP、社会商品销售额等。

（3）滞后性指标。这类指标的变化一般滞后于国民经济的变化，如失业率、库存量、银行未收回贷款规模等。

经济政策主要包括货币政策、财政政策、信贷政策、债务政策、利率与汇率政策、产业政策、收入分配政策等。

2. 行业和区域分析

行业和区域分析是介于宏观经济分析与公司分析之间的中观层次的分析。行业分析主要分析行业所属的不同市场类型和所处的不同生命周期以及行业业绩对证券价格的影响。区域分析主要分析区域经济因素对证券价格的影响。一方面，行业的发展状况对该行业上市公司的影响是巨大的。从某种意义上说，投资某家上市公司实际上就是以某个行业为投资对象。另一方面，上市公司在一定程度上又受到区域经济的影响，尤其是我国各地区的经济发展极不平衡，产业政策也有所不同，从而对我国证券市场中不同区域上市公司的行为与业绩有着不同程度的影响。

3. 公司分析

公司分析是基本分析的重点，无论什么样的分析报告，最终都要落实在某家公司证券价格的走势上。如果没有对发行证券的公司状况进行全面的分析，就不可能准确预测其证券的价格走势。公司分析侧重对公司的竞争能力、盈利能力、经营管理能力、发展潜力、财务状况、经营业绩以及潜在风险等进行分析，借此评估和预测证券的投资价值、价格及其未来变化的趋势。

（二）技术分析法

技术分析法是仅从证券的市场行为来分析证券价格未来变化趋势的方法。证券的市场行为可以有多种表现形式，其中证券的市场价格、成交量、价和量的变化以及完成这些变化所经历的时间是市场行为最基本的表现形式。技术分析的理论基础是建立在3个假设之上的，即市场的行为包含一切信息、价格沿趋势移动、历史会重复。技术分析理论的内容就是市场行为的内容。

粗略地进行划分，可以将技术分析理论分为以下几类：K线理论、切线理论、形态理论、技术指标理论、波浪理论和循环周期理论。技术分析理论经过长时间的发展和演化，形成自身的分析流派。技术分析流派认为，股票价格的波动是对市场供求均衡状态偏离的调整。该流派以价格判断为基础、以正确的投资时机抉择为依据。从最早的直觉化决策方式，到图形化决策方式，再到指标化决策方式，直到最近的模型化决策方式以及正在研究开发中的智能化决策方式，技术分析流派投资分析方法的演进遵循了一条日趋定量化、客观化、系统化的发展道路。对投资市场的数量化与人性化理论之间的平衡，是技术分析流派面对的最艰巨的研究任务之一。

（三）量化分析法

量化分析法是利用统计、数值模拟和其他定量模型进行证券市场相关研究的一种方法，具有"使用大量数据、模型和电脑"的显著特点，广泛应用于解决证券估值、组合构造与优化、策略制定、绩效评估、风险计量与风险管理等投资相关问题，是继传统的基本分析和技术分析之后发展起来的一种重要的证券投资分析方法。

在战术型资产配置中一个常见的方法便是使用多因子模型，通过分析估值、动量指标、风险水平、市场情绪、利率、收益率曲线等因素，从而推导出涵盖股票、债券和外汇市场等不同市场的买入和卖出信号。虽然有一部分战术型资产配置策略完全是量化模型驱动的，但将量化分析和基本面分析相结合将更具活力，因为这种结合可以将量化信号融入基本面分析的过程中。量化分析方法虽然能提供较为精细化的分析结论，但是其太多的定量分析对技术要求较高，且数理模型本身的模型风险，也会给普通投资者带来建模的高难度和模型失效的巨大风险，因此，其适用面较窄。目前，量化分析的主要应用，一般是与程序化交易相结合。

（四）证券投资分析应注意的问题

证券分析师进行证券投资分析时，应当注意每种方法的适用范围及各种方法的结合使用。

基本分析法的优点主要是能够从经济和所属层面揭示证券价格决定的基本因素及这些因素对价格的影响方式和影响程度。缺点主要是对基本面数据的真实性、完整性具有较大依赖。短期价格走势的预测能力较弱。

技术分析法直接选取公开的市场数据，采用图表等方法对市场走势作出直观的解释。它缺乏牢固的经济金融理论基础，对证券价格行为模式的判断有很大随意性，受到学术界的批评。

量化分析法较多采用复杂的数理模型和计算机数值模拟，能够提供较为精细化的分析结论。但它对使用者的定量分析技术有较高要求，不易为普通公众所接受。此外，量化分析法所采用的各种数理模型本身存在模型风险，一旦外部环境发生较大变化，原有模型的稳定性就会受到影响。此外，量化分析法往往需要和程序化交易技术相结合，对交易系统的速度和市场数据的精确度有较高要求，这也在一定程度上限制了其应用范围。

事实上，并不存在完美的证券分析法，任何投资分析理论或分析方法都有其适用的前提和假设。投资分析是一种兼有科学性和艺术性的专业活动，对分析人员的知识、技能和经验都提出了很高的要求。

三、证券投资策略

证券投资策略是指导投资者进行证券投资时所采用的投资规则、行为模式、投资流程的总称，它综合地反映了投资者的投资目标、风险态度以及投资期限等主观、客观因素，通常包括资产配置、证券选择、时机把握、风险管理等内容。

（一）根据投资决策的灵活性不同，分为主动型策略与被动型策略

（1）主动型投资策略。主动型策略的假设前提是市场有效性存在瑕疵，有可供选择的套利机会。它要求投资者根据市场情况变动对投资组合进行积极调整，并通过灵活的投资操作获取超额收益，通常将战胜市场作为基本目标。根据板块轮动、市场风格转换调整投资组合就是一种常见的主动型投资策略。

（2）被动型投资策略。被动型策略是指根据事先确定的投资组合构成及调整规则进行投资，不根据对市场环境的变化主动地实施调整。其他理论依据主要是市场有效性假说，如果所有证券价格均充分反映了可获得的信息，则买入并持有证券，被动接受市场变化而不进行调整，更有可能获取市场收益，并避免了过多的交易成本和误判市场走势造成的损失。

在现实中，主动策略和被动策略是相对而言的，在完全主动和完全被动之间存在广泛的中间地带。通常将指数化投资策略视为被动投资策略的代表，但由此发展而来的各种指数增强型或指数优化型策略已经带有了主动投资的成分。

（二）按照策略适用期限的不同，分为战略性投资策略和战术性投资策略

1. 战略性投资策略

战略性投资策略也称为"战略性资产配置策略"（strategic asset allocation，SAA）或者长期资产配置策略（long-term allocation），是指着眼较长投资期限，追求收益与风险最佳匹配的投资策略。因其着眼长期，故不会随市场行情的短期变化而轻易变动。常见的长期投资策略包括：

（1）买入持有策略（buy-and-hold）。确定恰当的资产组合，并在诸如 3～5 年的适当持有时间内保持这种组合。买入持有策略是一种典型的被动型投资策略，通常与价值型投资相联系，具有最小的交易成本和管理费用，但不能反映环境的变化。

（2）固定比例策略（constant mix strategy）。保持投资组合中各类资产占总市值的比例固定不变。在各类资产的市场表现出现变化时应进行相应调整，买入下跌的资产，卖出上涨的资产。

（3）投资组合保险策略（portfolio insurance）。投资组合保险策略是一大类投资策略的总称，这些策略的共性是强调投资人对最大风险损失的保障。其中，固定比例投资组合保险策略（constant proportion portfolio insurance，CPPI）最具代

表性。其基本做法是将资产分为风险较高和较低（通常采用无风险资产，例如国债）两种，首先确定投资者所能承受的整个资产组合的市值底线，然后以总市值减去市值底线得到安全边际，将这个安全边际乘以事先确定的乘数就得到风险性资产的投资额。当市场情况发生变化时，需要相应调整风险资产的权重。

2. 战术性投资策略

战术性投资策略也称为"战术性资产配置策略"（tactic asset allocation, TAA），通常是一些基于对市场前景预测的短期主动型投资策略。常见的战术性投资策略包括：

（1）交易型策略（trading strategy）。根据市场交易中经常出现的规律性现象，制定某种获利策略。代表性策略包括均值 – 回归策略（mean-return）、动量策略（momentum）或趋势策略（trending）。均值 – 回归策略通常假定证券价格或收益率走势存在一个正常值或均值，高于或低于此均值时会发生反向变动，投资者可以依据该规律进行低买高卖。动量策略也称"惯性策略"，其基本原理是"强者恒强"，投资者买入所谓"赢家组合"（历史表现优于大盘的组合），试图获取惯性高收益。趋势策略与动量策略的操作思路类似，只不过动量策略更侧重量化分析，而趋势策略往往会与技术分析相联系。

（2）多 – 空组合策略（long-short），有时也称为"成对交易策略"（pair-trading），通常需要买入某个看好的资产或资产组合。同时卖空另外一个看淡的资产或资产组合，试图抵销市场风险而获取单个证券的阿尔法收益差额。

（3）事件驱动型策略（event-driven）。根据不同的特殊事件（如公司结构变动、行业政策变动、特殊自然或社会事件等）制定相应的灵活投资策略。

（三）根据投资品种的不同，分为股票投资策略、债券投资策略、另类产品投资策略等

1. 股票投资策略

按照不同分类标准，可以把常见的股票投资策略分为以下类别：

（1）按照投资风格划分，可以区分为价值型投资策略、成长型投资策略和平衡型投资策略。

（2）按收益与市场比较基准的关系划分，可以分为市场中性策略、指数化策略、指数增强型策略以及绝对收益策略。

（3）按照投资决策的层次划分，可以分为配置策略、选股策略和择时策略。

2. 债券投资策略

债券投资策略种类比较复杂，通常可以按照投资的主动性程度，把债券投资

策略分为两类：

（1）消极投资策略，如指数化投资策略、久期免疫策略、现金流匹配策略、阶梯形组合策略、哑铃型组合策略等。

（2）积极投资策略，如子弹型策略、收益曲线骑乘策略、或有免疫策略、债券互换策略等。

四、证券投资分析的信息来源

信息在证券投资分析中起着十分重要的作用，是进行证券投资分析的基础。来自不同渠道的信息最终都将通过各种方式对证券的价格发生作用，导致证券价格的上升或下降，从而影响证券的收益率。因此，信息的多寡、信息质量的高低将直接影响证券投资分析的效果，影响分析报告的最终结论。从信息发布主体和发布渠道来看，证券市场上各种信息的来源主要有以下几个方面。

（一）媒体

媒体是信息发布的主要渠道，特别是一些大的财经网络平台，如东方财富网、和讯网、新浪财经网、巨潮资讯网等。由于影响证券市场的信息内容繁多，信息量极为庞大，因此，媒体便通过专门的人员对各种信息进行收集、整理、归类和汇总，并按有关规定予以公开披露，从而节省信息使用者的时间，大大提高了工作效率。其中，媒体专业人员通过实地采访与调研所形成的新闻报道或报告，是以媒体为发布主体的重要信息形式。

只要符合国家的有关规定，各信息发布主体都可以通过各种书籍、报纸、杂志、其他公开出版物以及电视、广播、互联网等媒介披露有关信息。这些信息包括国家的法律法规、政府部门发布的政策信息、上市公司的年度报告和中期报告等。作为信息发布的主渠道，媒体是连接信息需求者和信息供给者的桥梁。

（二）政府部门

政府部门是国家宏观经济政策的制定者，是一国证券市场上有关信息的主要来源。针对我国的实际情况，从总体上看，所发布的信息可能会对证券市场产生影响的政府部门主要包括国务院、中国证券监督管理委员会、财政部、中国人民银行、国家发展和改革委员会、商务部、国家统计局以及国务院国有资产监督管理委员会。

（1）国务院。中华人民共和国国务院，即中央人民政府，是最高国家权力机关的执行机关，是最高国家行政机关。国务院根据《中华人民共和国宪法》和法律规定的各项行政措施、制定的各项行政法规、发布的各项决定和命令以及颁布的重大方针政策，会对证券市场产生全局性的影响。

（2）中国证券监督管理委员会。中国证券监督管理委员会（简称"中国证监会"）为国务院直属正部级事业单位，依照法律、法规和国务院授权，统一监督管理全国证券期货市场，维护证券期货市场秩序，保障其合法运行。中国证监会制定、颁发的有关发行上市、市场交易、信息披露、上市公司治理、证券经营机构业务管理等的各类部门规章、规范性文件，以及会同其他部、委、局发布的有关金融创新（如股票质押贷款）、证券市场收费行为（如证券交易佣金）的政策通知，乃至中国证监会针对个案作出的处罚决定或相关负责人发表的讲话等，往往对证券市场产生直接或间接的引导作用。

（3）财政部。财政部是国家主管财政收支、财税政策、国有资本金基础工作的宏观调控部门。该部主要负责拟定和执行财政和税收的发展战略、方针政策以及发展规划，参与制定各项宏观经济政策，拟订财政、国有资本金基础管理，财务、会计管理的法律法规草案，制定和执行财政、财务、会计管理的规章制度等事宜。

（4）中国人民银行。中国人民银行作为我国的中央银行，是在国务院领导下制定和实施货币政策的宏观调控部门。其主要职责包括：依法制定和执行货币政策，发行人民币并管理人民币流通，持有、管理、经营国家外汇储备、黄金储备，经理国库，维护支付、清算系统的正常运行，负责金融业的统计、调查、分析和预测，依法从事有关的金融业务活动，从事有关的国际金融活动，管理国家外汇管理局，承办国务院交办的其他事项。

（5）国家发展和改革委员会。作为综合研究拟定经济和社会发展政策、进行总量平衡、指导总体经济体制改革的宏观调控部门，国家发改委的主要职责包括：拟订并组织实施国民经济和社会发展战略、长期规划、年度计划、产业政策和价格政策，监测和调节国民经济运行，搞好经济总量平衡，优化重大经济结构，安排国家重大建设项目，指导和推进经济体制改革。

（6）商务部。作为主管国内外贸易和国际经济合作的部门，商务部的主要职责包括：研究拟订规范市场运行和流通秩序的政策法规，促进市场体系的建立和完善，深化流通体制改革，监测分析市场运行和商品供求状况，组织开展国际经济合作，负责组织协调反倾销、反补贴的有关事宜和组织产业损害调查等。

（7）国家统计局。国家统计局是主管统计和国民经济核算工作的国务院直属机构。其主要职责是拟订统计工作法规、统计改革和统计现代化建设规划以及国家统计调查计划，组织领导和监督检查各地区、各部门的统计和国民经济核算工作，监督检查统计法律法规的实施。国家统计局定期对外发布的国民经济和社会发展中的有关统计数据，是证券投资分析中判断宏观经济运行状况、行业先进水平或平均水平等的重要数据类信息来源。

（8）国务院国有资产监督管理委员会。国务院国有资产监督管理委员会主要职责包括：根据国务院授权，依照《中华人民共和国公司法》（简称《公司法》）等法律和行政法规履行出资人职责，指导推进国有企业改革和重组；对所监管企业国有资产的保值增值进行监督，加强国有资产的管理工作；推进国有企业的现代企业制度建设，完善公司治理结构；推动国有经济结构和布局的战略性调整。国务院国资委制定的一系列关于国有资产监督管理的法规、政策，会直接或间接地影响到诸如国有股减持等证券市场问题，也是证券分析的重要信息来源之一。

（三）证券交易所

根据我国《中华人民共和国证券法》（简称《证券法》）的规定，证券交易所是为证券集中交易提供场所和设施，组织和监督证券交易、实行自律管理的法人。其主要负责提供证券交易的场所和设施，制定证券交易所的业务规则，接受上市申请，安排证券上市，组织、监督证券交易，对会员、上市公司进行监管等事宜。其中，证券交易所向社会公布的证券行情、按日制作的证券行情表以及就市场内成交情况编制的日报表、周报表、月报表与年报表等成为技术分析中的首要信息来源。

上海证券交易所成立于 1990 年 11 月 26 日，同年 12 月 19 日开业，为不以营利为目的的法人，归属中国证监会直接管理。秉承"法制、监管、自律、规范"的八字方针，上海证券交易所致力于创造透明、开放、安全、高效的市场环境，切实保护投资者权益。

深圳证券交易所位于深圳罗湖区，地王大厦斜对面。于 1990 年 12 月 1 日正式营业，是为证券集中交易提供场所和设施，组织和监督证券交易，实行自律管理的法人，由中国证监会直接监督管理。深交所致力于多层次证券市场的建设，努力创造公开、公平、公正的市场环境。

2021 年 9 月 2 日，习近平主席在 2021 年中国国际服务贸易交易会全球服务贸易峰会致辞中宣布，将设立北京证券交易所。2021 年 11 月 15 日上午，北京证券交易所揭牌暨开市仪式举行。北交所揭牌开市，是我国资本市场改革发展的又一重要标志性事件，也是新三板市场运营 8 年多来积极探索具有中国特色资本市场普惠金融之路的新起点。

（四）中国证券业协会

中国证券业协会是证券业的自律性组织，是社会团体法人。根据我国《证券法》的规定，证券公司应当加入中国证券业协会。中国证券业协会履行协助证券监督管理机构组织会员执行有关法律、维护会员的合法权益，为会员提供信息服务。

（五）证券登记结算公司

证券登记结算公司是为证券交易提供集中登记、存管与结算服务，不以营利为目的的法人。证券登记结算业务采取全国集中统一的运营方式，由证券登记结算机构依法集中统一办理。证券登记结算机构实行行业自律管理。证券登记结算公司履行下列职能：证券账户、结算账户的设立和管理，证券的存管和过户，证券持有人名册登记及权益登记，证券和资金的清算交收及相关管理，受发行人的委托派发证券权益，依法提供与证券登记结算业务有关的查询、信息、咨询和培训服务。

（六）上市公司

上市公司作为经营主体，其经营状况的好坏直接影响投资者对其价值的判断，从而影响其股价水平的高低。一般来说，上市公司通过定期报告（如年度报告和中期报告）和临时公告等形式向投资者披露其经营状况的有关信息，如公司盈利水平、公司股利政策、增资减资和资产重组等重大事宜。作为信息发布主体，它所发布的有关信息是投资者对证券进行价值判断的最重要来源。

（七）中介机构

证券中介机构是指为证券市场参与者如发行人、投资者等提供各种服务的专职机构。按提供服务的内容不同，证券中介机构可以分为证券经营机构、证券投资咨询机构、证券登记结算机构以及可从事证券相关业务的会计师事务所、资产评估事务所、律师事务所、信用评级机构等。这些机构利用其人才、信息等方面的优势，为不同市场参与者提供相应的专业化服务，有助于投资者分析证券的投资价值，引导其投资方向。其中，由中介机构专业人员在资料收集、整理、分析的基础上撰写的，通常以有偿形式向使用者提供的研究报告，也是信息的一种重要形式。

（八）其他来源

除上述信息来源以外，投资者还可通过实地调研、专家访谈、市场调查等渠道获得有关的信息，也可通过家庭成员、朋友、邻居等获得有关信息，甚至包括内幕信息。对某些投资者来说，上述渠道有时可能是获取信息的非常重要的渠道。但必须指出的是，根据有关证券投资咨询业务行为的规定，证券分析师从事面向公众的证券投资咨询业务时所引用的信息仅限于完整翔实的、公开披露的信息资料，并且不得以虚假信息、内幕信息或者市场传言为依据向客户或投资者提供分析、预测或建议。所以，证券分析师应当非常谨慎地处理所获得的非公开信息。

第二节　证券估值理论基础

一、价值与价格的基本概念

证券估值是指对证券价值的评估。有价证券的买卖双方根据各自掌握的信息对证券价值分别进行评估，然后才能以双方均接受的价格成交，从这个意义上说，证券估值是证券交易的前提和基础。另外，当证券的持有者参考市场上同类或同种证券的价格来给自己持有的证券进行估价时，我们发现，此时证券估值似乎又成为证券交易的结果。证券估值的复杂性很大程度上来源于人们对价格、价值等重要市场经济概念理解的多重性，从头梳理这些概念对我们讨论证券估值至为重要。

（一）虚拟资本及其价格

随着信用制度的日渐成熟，产生了对实体资本的各种要求权，这些要求权的票据化就是有价证券，以有价证券形态存在的资本就称为"虚拟资本"。我们将要讨论的股票、债券均属虚拟资本的范畴。

作为虚拟资本载体的有价证券，本身并无价值，其交换价值或市场价格来源于其产生未来收益的能力。它们的价格运动形式具体表现为：

（1）其市场价值由证券的预期收益和市场利率决定，不随职能资本价值的变动而变动。

（2）其市场价值与预期收益的多少成正比，与市场利率的高低成反比。

（3）其价格波动，既决定于有价证券的供求，也决定于货币的供求。

（二）市场价格、内在价值、公允价值与安全边际

（1）市场价格。有价证券的市场价格是指该证券在市场中的交易价格反映了市场参与者对该证券价值的评估。根据产生该价格的证券交易发生时间，我们通常又将其区分为历史价格、当前价格和预期市场价格。

（2）内在价值。市场价格对投资者至关重要，很多投资者仅仅因为预期市场价格上涨而买入证券，因预期市场价格下跌而卖出证券。与此同时，几乎所有投资者也常常会问这样的问题："以这个价格买（卖），是不是合算呢？这个证券到底应该值多少钱？"换言之，投资者在心理上会假设证券都存在一个"由证券本身决定的价格"，投资学上将其称为"内在价值"（intrinsic value）。这个概念

大致有两层含义：

①内在价值是一种相对"客观"的价格，由证券自身的内在属性或者基本面因素决定，不受外在因素（如短期供求关系变动、投资者情绪波动等）影响。

②市场价格基本上是围绕着内在价值形成的。套用 20 世纪有名的犹太投资人科斯托兰尼（Andre Kostolany）的妙喻，它们之间的关系犹如"小狗与牵着它的主人一般。小狗前前后后地跑，尽管不会离主人太远，但方向未必一致"。

现代金融学关于证券估值的讨论，基本上是运用各种主观的假设变量，结合相关金融原理或者估值模型，得出某种"理论价格"，并认为那就是证券的"内在价值"。在这种理论的指导下，投资行为简化为：

市场价格 < 内在价值→价格被低估→买入证券。

市场价格 > 内在价值→价格被高估→卖出证券。

有趣的是，由于每个投资者对证券"内在"信息的掌握并不相同，主观假设（如未来市场利率、通货膨胀率、汇率等）也不一致，即便大家都采用相同的计算模型，每个人算出来的内在价值也不会一样。

（3）公允价值。投资者可以参考当前的市场价格来估计自己持有（或打算买入/卖出）的证券价值，也可以运用特定的估值模型计算证券的内在价值。在证券市场完全有效的情况下，证券的市场价格与内在价值是一致的，但是现实中的证券市场却并非完全有效。多数情况下，两者存在差异，而且两者均存在缺陷：

①在某些情况下，某种证券可能没有活跃的市场价格（如股票停牌）；有些情况下，即便发生了交易，交易价格可能也未必真实。因此，采用市场价格来为证券估值不完全可靠。

②估值模型千差万别，相关变量和假设各不相同，"内在价值"并不具有唯一性。著名投资人巴菲特甚至宣称，很多情况下，"用模型定价"（marking-to-model）等于"用神话定价"（marking-to-myth）。

为解决证券估值难题给投资业绩计算、企业会计处理、所得税征收、基金申购和赎回等带来的麻烦，实践中将市场价值和模型定价两者相结合，引入了"公允价值"（fair value）概念。根据我国财政部颁布的《企业会计准则第 22 号——金融工具确认和计量》，如果存在活跃交易的市场，则以市场报价为金融工具的公允价值；否则，采用估值技术确定公允价值。要特别指出："估值技术包括参考熟悉情况并自愿交易的各方最近进行的市场交易中使用的价格、参照实质上相同的其他金融工具的当前公允价值、现金流量折现法和期权定价模型等。"

（4）安全边际。格雷厄姆和多德在他们的经典著作《证券分析》一书中数十次提及"安全边际"（margin-of-safety）概念。按照他们的理论，安全边际是指证券的市场价格低于其内在价值的部分，任何投资活动均以之为基础。"就债券或优先股而言，它通常代表盈利能力超过利率或者必要红利率，或者代表企业价值超过其优先索偿权的部分；对普通股而言，它代表了计算出的内在价值高于市场价格的部分，或者特定年限内预期收益或红利超过正常利息率的部分"。

二、资金的时间价值与计算

（一）资金的时间价值

在不同的时间付出或得到同样数额的资金在价值上是不等的。也就是说，资金的价值会随时间发生变化。今天可以用来投资的一笔资金，即使不考虑通货膨胀因素，也比将来可获得的同样数额的资金更有价值。因为当前可用的资金能够立即用来投资并带来收益，而将来才可取得的资金则无法用于当前的投资，也无法获取相应的收益。不同时间发生的等额资金在价值上的差别称为资金的时间价值。

可以从两个方面理解资金的时间价值。首先，资金随着时间的推移，其价值会增加，这种现象叫资金增值。资金是属于商品经济范畴的概念，资金的运动伴随着生产与交换的进行，生产与交换活动会给投资者带来利润，表现为资金的增值。从投资者的角度来看，资金的增值特性使资金具有时间价值。其次，资金一旦用于投资，就不能用于现期消费。从消费者的角度来看，资金的时间价值体现为对放弃现期消费的损失所应作出的必要补偿。在经济分析中，对资金时间价值的计算方法与银行利息的计算方法基本相同。实际上，银行利息也是一种资金时间价值的表现方式。

在学习证券估值之前，我们先来研究一个最基础的金融工具——资金的价值。不妨做一个实验，如果给你两种选择：A. 现在给你 1 000 元钱；B. 1 年后给你 1 000 元钱，理性的个人通常都会选 A。原因大致有三：

（1）只要利率是正数（这是常见状况），今天的 1 000 元存入银行，或者购买国债，1 年后收回的金额肯定大于 1 000 元。

（2）如果通货膨胀率是正数，今天 1 000 元所代表的购买力比明年的 1 000 元要大。

（3）1 000 元是肯定的，1 年后也存在兑现风险。

这个例子说明，今天到手的资金比预期未来获得相同金额的资金更有价值，我们把这种现象称为"货币的时间价值"（time value of money，TVM）。

（二）复利

由于资金具有时间价值，如果将时间价值让渡给别人（把钱贷给别人），将会得到一定的报酬，即利息。

下面我们再来看一个例子。如果你今天把 1 000 元钱贷给别人 1 年，约定年利率为 5%，则到期将收回：

到期值 = 1 000 × (1 + 5%) = 1 050 （元）

接下来，你把收回的本利 1 050 元再按 5% 年息贷出 1 年，到期将收回：

$$
\begin{aligned}
到期值 &= 1\,050 \times (1 + 5\%) \\
&= 1\,000 \times (1 + 5\%) \times (1 + 5\%) \\
&= 1\,000 \times (1 + 5\%)^2 \\
&= 1\,102.5 （元）
\end{aligned}
$$

同理，如果你重复上述过程 5 年，到期将收回：

到期值 = 1 000 × (1 + 5%)^5 = 1 276.28 （元）

换言之，资金时间价值的存在使得资金的借贷具有"利上加利"的特性，我们将其称为复利。在复利条件下，一笔资金的期末价值（或称为终值、到期值）计算公式如下：

$$F = P \times (1 + i)^n$$

式中：F——终值；

P——本金（现值）；

i——每期利率；

n——期数。

若每期付息 m 次，则到期本利和变为：

$$F = P \times \left(1 + \frac{i}{m}\right)^{m \times n}$$

对投资者而言，利上加利的复利效果是个不能忽视的问题。有一个有趣的例子，据说，1626 年荷兰人用价值约 60 荷兰盾（大约 24 美元）的物品从印第安人手中买下了面积为 57.91 平方千米的曼哈顿岛。今天，这个小岛已成为纽约的中心，价值无可估量。可是，也有人进行如下计算，如果当初荷兰人省下这 24 美元，并能够按 10% 的年复利率进行投资，那么，到了 2022 年，这笔钱将变为：

24 × (1 + 10%)^396 = 591 172 964 046 591 000 （美元）

这个数字折合地价为 10 208 478 053 美元/平方米。这样看来，荷兰人出价还太高了！

（三）现值和贴现

由前述资金借贷的例子我们发现，1 年后的 1 050 元才能与今天的 1 000 元等值，2 年后必须 1 102.5 元才能与今天的 1 000 元等值……5 年后的 1 276.28 元才等于今天的 1 000 元。

于是，在这个例子中，1 年后 1 050 元、2 年后 1 102.5 元……5 年后 1 276.28

元的现值均为 1 000 元。而对给定的终值计算现值的过程，我们称为贴现。

现值（PV）计算公式为：

$$P = F \times \frac{1}{(1+i)^n}$$

例如，计算 2 年后 1 102.5 元的现值：

现值 $= 1\ 102.5 \div (1+5\%)^2 = 1\ 102.5 \div 1.1025 = 1\ 000$（元）

（四）现金流贴现与净现值

投资项目、企业和有价证券都存在现金流。所谓现金流，就是在不同时点上流入或流出相关投资项目（或企业、或有价证券）的一系列现金。从财务投资者的角度看，买入某个证券就等于买进了未来一系列现金流，证券估值也就等价于现金流估值。

我们通常用时间轴来描述有价证券的现金流。例如，某公司按面值（100元）平价发行 5 年期公司债券，年息 10%，每年付息一次，到期还本。对于购买该债券的投资者而言，其现金流时间轴见图 4－1。

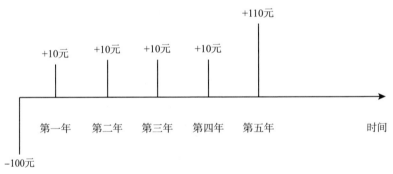

图 4－1　现金流时间轴

在图 4－1 中，我们把投资者支出用于购买债券的 100 元画在时间轴的下方，用负号表示，即为初始现金流出。随后 4 年每年收到利息 10 元和第 5 年本息 110 元是因持有债券带来的现金流入，画在时间轴上方，用正号表示。

简单地看，投资者今天用 100 元的现金换回了未来 5 年总计 150 元的现金。可是，在了解资金时间价值之后，我们已经知道，不能把未来 5 年的现金流简单相加进行比较。正确的做法是，根据一定的贴现率把所有未来现金流入的现值加在一起与今天的现金流出比较。

（1）如果年贴现率为 20%，每年保持不变，则未来现金流入现值为：

$$\frac{10}{1+20\%} + \frac{10}{(1+20\%)^2} + \frac{10}{(1+20\%)^3} + \frac{10}{(1+20\%)^4} + \frac{110}{(1+20\%)^5} = 70.09\ （元）$$

（2）如果年贴现率为 10%，每年保持不变，则未来现金流现值为：

$$\frac{10}{1+10\%}+\frac{10}{(1+10\%)^2}+\frac{10}{(1+10\%)^3}+\frac{10}{(1+10\%)^4}+\frac{110}{(1+10\%)^5}=100（元）$$

（3）如果年贴现率为 5%，每年保持不变，则未来现金流现值为：

$$\frac{10}{1+5\%}+\frac{10}{(1+5\%)^2}+\frac{10}{(1+5\%)^3}+\frac{10}{(1+5\%)^4}+\frac{110}{(1+5\%)^5}=121.65（元）$$

换言之，如果贴现率为 20%，则投资者相当于花 100 元现金购买 5 年期债券换来 70.09 元现值，从现值角度看，亏了 29.91 元；若贴现率为 10%，则现金流入与现金流出的现值正好相等；若贴现率为 5%，则相当于赚了 21.65 元的现值。

我们也可以把现金流入的现值（正数）和现金流出的现值（负数）加在一起，得到该投资项目的净现值。在上例中，不同的贴现率条件下，购买该债券所获得的净现值分别为 -29.91 元、0 元和 21.61 元。

公平交易要求投资者现金流出的现值正好等于现金流入的现值，或者说，该投资行为所产生的现金流的净现值等于 0。

三、证券估值方法

（一）绝对估值

绝对估值是指通过对上市公司的基本面的分析和对未来反映公司经营状况的财务数据的预测获得上市公司股票的内在价值。各种基于现金流贴现的方法均属此类，见表 4-1。

表 4-1　　　　　　　　　贴现现金流估值法基本框架

模型	现金流	贴现率
红利贴现模型	预期红利	必要回报率
企业自由现金流贴现模型	企业自由现金流	加权平均资本成本
股东现金流贴现模型	股东自由现金流	必要回报率
经济利润估值模型	经济利润	加权平均资本成本

现金流贴现定价模型使用最多的是 DDM 和 DCF，股利折现模型（DDM）和自由现金流折现模型（DCF）采用了收入的资本化定价方法，通过预测公司未来的股利或者未来的自由现金流，然后将其折现得到公司股票的内在价值。而 DCF 估值模型中，最广泛应用的就是 FCFE 股权自由现金流模型。

（二）相对估值

相对估值是使用市盈率、市净率、市售率、市现率等价格指标与其他多只股票（对比系）进行对比，如果低于对比系的相应的指标值的平均值，股票价格被低估，股价将很有希望上涨，使得指标回归对比系的平均值，见表4-2。

表4-2　　　　　　　　　相对估值常用指标比较

指标	指标简称	适用	不适用
市盈率	P/E	周期性较弱企业、一般制造业、服务业	亏损公司、周期性公司
市净率	P/B	周期型公司、重组型公司	重置成本变动较大的公司、固定资产较少的服务行业
市销率	P/S	销售收入和利润率较稳定的公司	销售不稳定的公司
经济增加值与利息折旧摊销前收入比	EV/EBIDA	资本密集、准垄断或具有巨额商誉的收购型公司	固定资产更新变化较快的公司
市值回报增长比	PEG	IT 等成长型行业	成熟行业

（三）资产价值

根据企业资产负债表的编制原理，企业的资产价值、负债价值与权益价值三者之间存在下列关系：

$$权益价值 = 资产价值 - 负债价值$$

因此，如果可以评估出 3 个因素中的 2 个，则剩下的 1 个也就可以计算出来了。常用方法包括重置成本法和清算价值法，分别适用于可以持续经营的企业和停止经营的企业。

第三节　股票估值

一、影响股票投资价值的因素

（一）影响股票投资价值的内部因素

一般来讲，影响股票投资价值的内部因素主要包括公司净资产、盈利水平、股利政策、股份分割、增资和减资以及资产重组等。

（1）公司净资产。净资产或资产净值是总资产减去总负债后的净值，它是全体股东的权益，是决定股票投资价值的重要基准。公司经过一段时间的营运，其资产净值必然有所变动。股票作为投资的凭证，每一股代表一定数量的净值。从理论上讲，净值应与股价保持一定比例，即净值增加，股价上涨；净值减少，股价下跌。

（2）公司盈利水平。公司业绩好坏集中表现于盈利水平高低。公司的盈利水平是影响股票投资价值的基本因素之一。在一般情况下，预期公司盈利增加，可分配的股利也会相应增加，股票市场价格上涨；预期公司盈利减少，可分配的股利相应减少，股票市场价格下降。但值得注意的是，股票价格的涨跌和公司盈利的变化并不完全同时发生。

（3）公司的股利政策。股份公司的股利政策直接影响股票投资价值。在一般情况下，股票价格与股利水平呈正比。股利水平越高，股票价格越高；反之，股利水平越低，股票价格越低。股利来自公司的税后盈利，但公司盈利的增加只为股利分配提供了可能，并非盈利增加股利一定增加。公司为了合理地在扩大再生产和回报股东之间分配盈利，都会有一定的股利政策。股利政策体现了公司的经营作风和发展潜力，不同的股利政策对各期股利收入有不同影响。此外，公司对股利的分配方式也会给股价波动带来影响。

（4）股份分割。股份分割又称拆股或拆细，是将原有股份均等地拆成若干较小的股份。股份分割一般在年度决算月份进行，通常会刺激股价上升。股份分割给投资者带来的不是现实的利益，因为股份分割前后投资者持有的公司净资产和以前一样，得到的股利也相同。但是，投资者持有的股份数量增加了，给投资者带来了今后可多分股利和更高收益的预期，因此股份分割往往比增加股利分配对股价上涨的刺激作用更大。

（5）增资和减资。公司因业务发展需要增加资本额而发行新股的行为，对不同公司股票价格的影响不尽相同。在没有产生相应效益前，增资可能会使每股净资产下降，因而可能会促使股价下跌。但对那些业绩优良、财务结构健全、具有发展潜力的公司而言，增资意味着将增加公司经营实力，会给股东带来更多回报，股价不仅不会下跌，可能还会上涨。当公司宣布减资时，多半是因为经营不善、亏损严重、需要重新整顿，所以股价会大幅下降。

（6）公司资产重组。公司重组总会引起公司价值的巨大变动，因而其股价也随之产生剧烈的波动。但需要分析公司重组对公司是否有利，重组后是否会改善公司的经营状况，因为这些是决定股价变动方向的决定因素。

（二）影响股票投资价值的外部因素

一般来讲，影响股票投资价值的外部因素主要包括宏观经济因素、行业因素及市场因素。

1. 宏观经济因素

宏观经济因素是影响股票投资价值的重要因素，它直接或间接地影响股票的供求关系，进而影响股票的价格变化。宏观经济因素主要包括：经济增长、经济周期、投资、货币政策、财政政策、收入分配政策、物价水平、证券市场的监管政策、国际收支及汇率等。

2. 政治因素与自然因素

政治因素及自然因素将最终影响经济，影响股票上市公司经营，从而会影响股票价格波动。

（1）政治因素。包括：战争因素、政局因素、国际政治形势的变化以及劳资纠纷等。

①战争因素。战争造成各国政治经济不稳定，人心动荡，股价下跌。但是，战争对不同行业的股价有不同的影响，如果战争让军工行业蓬勃发展，那么与军工行业相关的公司股价会上涨。

②国内重大政治事件，如政治动荡也会对股市产生影响。对股票投资者的心理产生影响，从而间接影响股价。

③国际政治形势。例如，外交关系的改善会提高相关跨国公司的股价。当外交关系改善时，投资者应该不失时机地购买相关跨国公司的股票。

（2）自然因素。主要是指自然灾害。自然灾害通常会在短时间之内对股市造成不良的影响，但是自然灾害过后的重建工作又会助推股市发展。由于自然灾害发生以后通常都会危害受灾区域正常的生产经营，造成严重的经济损失，因此相关受到影响的公司股价会下降。但是在灾害过后通常都会需要进行恢复重建工作，就又带来了新的投资机会，因此相关的股价又会上涨。

3. 行业因素

产业的发展状况和趋势对于该产业上市公司的影响是巨大的，产业在国民经济中的作用、发展潜力、一些新兴产业的出现等都会影响相关公司的股票市场价格。国家的产业政策和相关产业的发展也会对该产业的股票投资价值产生影响。

4. 心理因素

证券市场上投资者对股票走势的心理预期会对股票价格走势产生重要的影响。市场中的散户投资者往往有从众心理，在受到各个方面的影响后产生心理状态改变，往往导致情绪波动，判断失误，作出盲目追随大户、狂抛抢购行为，对股市产生助涨助跌的作用。

二、股票的相对估值方法

（一）市盈率估价方法

市盈率（price earnings ratio，P/E）又称价格收益比或本益比，是每股市场价格与每股收益之间的比率，其计算公式为：

$$市盈率 = \frac{每股市场价格}{每股收益（EPS）}$$

如果我们能分别估计出股票的市盈率和每股收益，那么我们就能由此公式估计出股票价格。这种评价股票价格的方法就是市盈率估价方法。一般来说，对股票市盈率的估计主要有简单估计法和回归分析法。计算时，股价通常取最新收盘价，而 EPS 方面，若按已公布的上年度 EPS 计算，称为历史市盈率（historical P/E）；计算预估市盈率所用的 EPS 预估值，一般采用市场平均预估（consensus estimates），即追踪公司业绩的机构收集多位分析师的预测所得到的预估平均值或中值。市场广泛谈及的市盈率通常指的是静态市盈率，通常用来作为比较不同价格的股票是否被高估或者低估的指标。用市盈率衡量一家公司股票的价值时，并非总是准确的。一般认为，如果一家公司股票的市盈率过高，那么该股票的价格具有泡沫，价值被高估。当一家公司增长迅速以及未来的业绩增长非常看好时，利用市盈率比较不同股票的投资价值时，这些股票必须属于同一个行业，因为此时公司的每股收益比较接近，相互比较才有效。

市盈率是最常用来评估股价水平是否合理的指标之一，是很具参考价值的股市指针，投资者往往不认为严格按照会计准则计算得出的盈利数字真实反映公司在持续经营基础上的获利能力，因此，分析师往往自行对公司正式公布的净利加以调整。

（二）市净率估值法

市净率（price-to-book ratio，P/B）又称"净资产倍率"，是每股市场价格与每股净资产之间的比率，其计算公式为：

$$市净率 = \frac{股票市价}{每股净资产}$$

上述公式中的每股净资产又称"账面价值"，指每股股票所含的实际资产价值，是支撑股票市场价格的物质基础，也代表公司解散时股东可分得的权益，通常被认为是股票价格下跌的底线。每股净资产的数额越大，表明公司内部积累越雄厚，抵御外来因素影响的能力越强。正因为如此，市净率反映的是，相对于净资产股票当前市场价格是处于较高水平还是较低水平。市净率越大，说明股价处于较高水平；反之，市净率越小，说明股价处于较低水平。市净率与市盈率相比，前者通常用于考察股票的内在价值，多为长期投资者所重视；后者通常用于考察股票的供求状况，更为短期投资者所关注。

市净率与市盈率之间存在如下关系：$(P/B)/(P/E) = E/B = ROE$，或者说，$P/B = P/E \times ROE$。因此，在市盈率相同的情况下，公司的股权收益率（或称为净资产收益率）越高，该公司的市净率也就越高。

（三）市售率估值法

市售率（P/S）为股票价格与每股销售收入之比，其计算公式为：

$$市售率 = \frac{股票市价}{每股销售收入}$$

市净率定价通常为待估值股票的每股销售收入乘以可比公司市售率计算而得。对于一些无利润甚至亏损的公司，无法计算市盈率，对于轻资产公司，市净率的参考价值也不大。对于一些成立时间不长、利润也不显著的公司股票，市售率定价有一定的合理性。

（四）市值回报增长比

市值回报增长比（PEG）即市盈率对公司利润增长的倍数，计算公式为：

$$市值回报增长比 = \frac{市盈率}{增长率}$$

例如，一只股票当前的市盈率为 20 倍，其未来预期每股收益复合增长率为 20%，那么这只股票的 PEG 就是 1。当 PEG 等于 1 时，表明市场赋予这只股票的估值可以充分反映其未来业绩的成长性。如果 PEG 大于 1，则这只股票的价值就可能被高估，或市场认为这家公司的业绩成长性会高于市场的预期。

通常，成长型股票的 PEG 都会大于 1，甚至在 2 以上。投资者愿意给予其高估值，表明这家公司未来很有可能会保持业绩的快速增长，这样的股票就容易有超出想象的市盈率估值。当 PEG 小于 1 时，要么是市场低估了这只股票的价值，要么是市场认为其业绩成长性可能比预期的要差。通常成长型股票的 PEG 都会大于 1，价值型股票的 PEG 都会低于 1。

三、股票的绝对估值方法

股票的绝对估值方法主要是现金流贴现模型，除此之外，也有人采用实物期权定价方法、资产评估法等方法为股票估值，本书主要介绍现金流贴现模型。

（一）现金流贴现模型

现金流贴现模型（discounted cash flow，DCF）是运用收入的资本化定价方法来决定普通股票内在价值的方法。按照收入的资本化定价方法，任何资产的内在价值是由拥有资产的投资者在未来时期所接受的现金流决定的。由于现金流是未来时期的预期值，因此必须按照一定的贴现率返还成现值。也就是说，一种资产的内在价值等于预期现金流的贴现值。

（1）一般公式。对大多数股票投资者而言，投资股票主要是为了获取未来支付的红利以及买卖差价，预期现金流即为预期未来支付的股息以及未来的卖出价格。因此，现金流贴现模型的一般公式如下：

$$V = \frac{D_1}{1+k} + \frac{D_2}{(1+k)^2} + \frac{D_3}{(1+k)^3} + \cdots + \frac{D_\infty}{(1+k)^\infty}$$

$$= \sum_{t=1}^{\infty} \frac{D_t}{(1+k)^t} \tag{4.1}$$

式中：V——股票在期初的内在价值；

　　　D——时期 t 末以现金形式表示的每股股息；

　　　k——一定风险程度下现金流的适合贴现率，即必要收益率。

在式（4.1）中，假定所有时期内的贴现率都是一样的。需要指出的是，股票期初的内在价值与该股票的投资者在未来时期是否中途转让无关。根据式（4.1），可以引出净现值的概念。净现值（NPV）等于内在值（V）与成本（P）之差，即：

$$NPV = V - P = \sum_{t=1}^{\infty} \frac{D_t}{(1+k)^t} - P \tag{4.2}$$

式中：P——在 $t=0$ 时购买股票的成本。

如果 $NPV > 0$，意味着所有预期的现金流入的现值之和大于投资成本，即这种股票被低估价格，因此购买这种股票可行。

如果 $NPV < 0$，意味着所有预期的现金流入的现值之和小于投资成本，即这种股票价格被高估，因此不可购买这种股票。

（2）内部收益率。内部收益率就是指使得投资净现值等于零的贴现率。如果用 K^* 代表内部收益率，根据内部收益率的定义可得下式：

$$NPV = V - P = \sum_{t=1}^{\infty} \frac{D_t}{(1+k^*)^t} - P = 0$$

所以：

$$P = \sum_{t=1}^{\infty} \frac{D_t}{(1+k^*)^t} \tag{4.3}$$

由此可见，内部收益率实际上是使未来股息流贴现值恰好等于股票市场价格的贴现率。

由式（4.3）可以解出内部收益率 k^*。将 k^* 与具有同等风险水平股票的必要收益率 k 相比较：如果 $k^* > k$，则可以考虑购买这种股票；如果 $k^* < k$，则不要购买这种股票。运用现金流贴现模型决定普通股票内在价值存在一个困难，即投资者必须预测所有未来时期支付的股息。由于普通股票没有一个固定的生命周期，因此通常要给无穷多个时期的股息流加上一些假定，以便于计算股票的内在价值。

这些假定始终围绕着股息增长率 g_t。一般假定相邻两个时期的股息 D_{t-1} 和 D_t 之间满足如下关系：

$$D_t = D_{t-1}(1 + g_t) \qquad (4.4)$$

$$g_t = \frac{D_t - D_{t-1}}{D_{t-1}} \times 100\% \qquad (4.5)$$

例 4-1：若预期在 $t = 2$ 时每股股息是 5 元，$t = 3$ 时每股股息是 5.5 元，那么有：

$$g_3 = (5.5 - 5) \div 5 \times 100\%$$

不同股息增长率的假定派生出不同类型的贴现现金流模型。

（二）现金流贴现模型在股票估值中的应用

1. 零增长模型

（1）公式。零增长模型假定股息增长率等于零，即 $g = 0$。也就是说，未来的股息按一个固定数量支付。根据这个假定，我们用 D_0 来替换 D_t，得：

$$V = \sum_{t=1}^{\infty} \frac{D_0}{(1 + k)^t} = D_0 \sum_{t=1}^{\infty} \frac{1}{(1 + k)^t} \qquad (4.6)$$

因为 $k > 0$ 按照数学中无穷级数的性质，可知：

$$\sum_{t=1}^{\infty} \frac{1}{(1 + k)^t} = \frac{1}{k}$$

因此零增长模型公式为：

$$V = \frac{D_0}{k} \qquad (4.7)$$

式中：V——股票的内在价值；

D_0——未来每期支付的每股股息；

k——到期收益率。

例 4-2：假定某公司在未来每期支付的每股股息为 3 元，必要收益率为 10%，运用零增长模型，可知该公司股票的价值为 30 元（$= 3 \div 0.1$），而当每股股票价格为 25 元时，每股股票净现值为 5 元（$= 30 - 25$）。这说明该股票被低估

5 元，因此可以购买该种股票。

（2）内部收益率。零增长模型也可用于计算投资于零增长证券的内部收益率。用证券的当前价格 P 代替 V，用 k^*（内部收益率）替换 k，零增长模型可变形为：

$$P = \sum_{t=1}^{\infty} \frac{D_t}{(1+k^*)^t} = \frac{D_0}{k^*} \tag{4.8}$$

进行转换，可得：

$$k^* = \frac{D_0}{P} \times 100\% \tag{4.9}$$

利用这一公式计算上例中公司股票的内部收益率，其结果是：

$k^* = 3 \div 25 \times 100\% = 12\%$

由于该股票的内部收益率大于其必要收益率（12.5% > 10%），表明该公司股票价格被低估了。

（3）应用。零增长模型的应用似乎受到相当的限制，毕竟假定对某一种股票永远支付固定的股息是不合理的，但在特定的情况下，对于决定普通股票的价值仍然是有用的。在决定优先股的内在价值时这种模型相当有用，因为大多数优先股支付的股息是固定的。

2. 不变增长模型

（1）公式。不变增长模型可以分为两种形式：一种是股息按照不变的增长率增长，另一种是股息以固定不变的绝对值增长。相比之下，前者比后者更为常见。因此，我们主要对股息按照不变增长率增长这种情况进行介绍。如果我们假设股息永远按不变增长率增长，就可以建立不变增长模型。假设时期 t 的股息为：

$$D_t = D_{t-1}(1+g_t) = D_0(1+g)^t$$

将 $D_t = D_0(1+g)^t$ 代入现金流贴现模型（4.1）中，可得：

$$V = \sum_{t=1}^{\infty} \frac{D_0(1+g)^t}{(1+k)^t} = D_0 \sum_{t=1}^{\infty} \frac{(1+g)^t}{(1+k)^t}$$

运用数学中无穷级数的性质，如果 $k > g$，可得：

$$\sum_{t=1}^{\infty} \frac{(1+g)^t}{(1+k)^t} = \frac{1+g}{k-g}$$

从而得出不变增长模型：

$$V = D_0 \frac{1+g}{k-g} \tag{4.10}$$

由于 $D_t = D_0(1+g)$，有时把式（4.10）写成如下形式：

$$V = \frac{D_1}{k-g} \tag{4.11}$$

例 4 - 3：某年某公司支付每股股息为 1.50 元，预计未来该公司股票的股息按每年 4% 的速率增长。因此，预期下一年股息为 1.56 元 [= 1.50 × (1 + 4%)]。假定必要收益率是 7%，根据不变增长模型（4.10）可知，该公司股票的价值为：

1.50 × (1 + 4%) ÷ (7% - 4%) = 52(元)

当前每股股票价格是 60 元，因此股票被高估 8 元，投资者应该出售该股票。

（2）内部收益率。利用不变增长模型同样可以用于求解股票的内部收益率。首先，用股票的市场价格 P 代替 V；其次用 k^* 代替 k，其结果是：

$$P = D_0 \frac{1 + g}{k^* - g} \qquad (4.12)$$

经过变换，可得：

$$k^* = \left(D_0 \frac{1 + g}{P} + g \right) \times 100\% = \left(\frac{D_1}{P} + g \right) \times 100\%$$

用上述公式来计算例 4 - 3 公司股票的内部收益率，可得：

$$k^* = [1.50 \times (1 + 0.04) \div 60 + 0.04] \times 100\% = 6.6\%$$

由于该公司股票的内在收益率小于其必要收益率（6.6% < 7%），显示出该公司股票价格被高估。

（3）应用。零增长模型实际上是不变增长模型的一个特例。假定增长率 g 等于零，股息将永远按固定数量支付，这时不变增长模型就是零增长模型。从这两种模型来看，虽然不变增长的假设比零增长的假设有较小的应用限制，但是在许多情况下仍然被认为是不现实的。但由于不变增长模型是多元增长模型的基础，因此这种模型是极为重要的。

3. 可变增长模型

零增长模型和不变增长模型都对股息的增长率进行了一定的假设。事实上，股息的增长率是变化不定的，因此，零增长模型和不变增长模型并不能很好地在现实中对股票的价值进行评估。下面，我们主要对可变增长模型中的二元增长模型进行介绍。

（1）公式。二元增长模型假定在时间 L 以前，股息以一个不变的增长速度 g_1 增长；在时间 L 后，股息以另一个不变的增长速度 g_2 增长。在此假定下，我们可以建立二元可变增长模型：

$$
\begin{aligned}
V &= \sum_{t=1}^{L} D_0 \frac{(1 + g_1)^t}{(1 + k)^t} + \sum_{t=L+1}^{\infty} D_L \frac{(1 + g_2)^{t-L}}{(1 + k)^t} \\
&= \sum_{t=1}^{L} D_0 \frac{(1 + g_1)^t}{(1 + k)^t} + \frac{1}{(1 + k)^L} \times \sum_{t=L+1}^{\infty} D_L \frac{(1 + g_2)^{t-L}}{(1 + k)^{t-L}}
\end{aligned}
$$

$$= \sum_{t=1}^{L} D_0 \frac{(1+g_1)^t}{(1+k)^t} + \frac{1}{(1+k)^L} \times \frac{D_{L+1}}{k-g_2} \qquad (4.13)$$

$$D_{L+1} = D_0 (1+g_1)^t (1+g_2) \qquad (4.14)$$

例 4 - 4：贵州茅台（600519）目前股息为 10 派 216 元，预期回报率为 6.5%，预计未来 3 年中增长率为 10%，3 年后的增长率为 5.5%，计算贵州茅台股票的合理定价？若当前贵州茅台的市场价格为 1 830 元，请分析合理定价与当前市场价格存在差异的原因？

解：利用式（4.14）得：

$$D_{L+1} = D_0 (1+g_1)^t (1+g_2)$$
$$= 21.6 \times (1+0.1)^3 (1+0.055)$$
$$= 30.331 \text{（元）}$$

利用式（4.13）得：

$$V = \sum_{t=1}^{L} D_0 \frac{(1+g_1)^t}{(1+k)^t} + \frac{1}{(1+k)^L} \times \frac{D_{L+1}}{k-g_2}$$

$$V = 21.6 \times \sum_{t=1}^{3} \frac{(1+0.1)^t}{(1+0.065)^t} + \frac{1}{(1+0.065)^3} \times \frac{30.331}{0.065-0.055}$$

$$= 69.153 + 2\,510.935$$

$$= 2\,580.09 \text{（元）}$$

贵州茅台股票内在价值与当前市场价格存在差异的原因：①股票的市场价格总是围绕其内在价值上下波动，根据贵州茅台公司的基本财务数据和题目前提假设计算出股票内存价值为 2 580.09 元，而当前市场价格为 1 830 元，说明市场价格低于内在价值，市场价格被低估，投资者基于题目前提假设可以买入。②由于题目中"预期回报率为 6.5%，预计未来 3 年中增长率为 10%，3 年后的增长率为 5.5%"是基于投资者的假设和预测，每个投资者对贵州茅台未来的财务状况的预测可能会有差异，对内在价值结果略有不同，所以 2 580.09 元只是一个估值，而非一个确定的内在价值。

（2）内部收益率。在可变增长模型中，用股票的市场价格 P 代替 V，k^* 代替 k，同样可以计算出内部收益率 k^*。不过，由于可变增长模型相对较为复杂，不容易直接得出内部收益率，因此，主要采取试错法来计算 k^*。

试错法的主要思路是，首先估计一个收益率水平 k_1^*，将其代入可变增长模型中。如果计算出在此收益率水平下股票的理论价值低于股票的市场价格，则认为估计的收益率水平高于实际的内部收益率 k^*。同理，如果计算出在此收益率水平下股票的理论价值低于股票的市场价格，则认为估计的收益率水平高于实际的内部收益率 k^*。这样，通过反复试错，所估计的收益率水平将逐步逼近实际的内部收益率水平。

（3）应用。从本质上来说，零增长模型和不变增长模型都可以看作是可变增长模型的特例。例如，在二元增长模型中，当两个阶段的股息增长率都为零时，二元增长模型就是零增长模型；当两个阶段的股息增长率相等且不为零时，二元增长模型就是不变增长模型。相对于零增长模型和不变增长模型而言，二元增长模型较为接近实际情况。然而，对于股票的增长形态，我们可以给予更细的分析，以更贴近实际情况。与二元增长模型相类似。我们还可以建立三元等多元增长模型，其原理、方法和应用方式与二元增长模型差不多，证券分析者可以根据自己的实际需要加以考虑。

第四节　债券估值

一、债券估价原理

债券估值的基本原理就是现金流贴现。债券投资者持有债券，会获得利息和本金偿付。把现金流入用适当的贴现率进行贴现并求和，便可得到债券的理论价格。

（一）债券现金流的确定

债券发行条款规定了债券的现金流。在不发生违约事件的情况下，债券发行人应按照发行条款向债券持有人定期偿付利息和本金。

（1）债券的面值和票面利率。除少数本金逐步摊还的债券外，多数债券在到期日按面值还本。票面利率通常采用年单利表示，票面利率乘以付息间隔和债券面值即得到每期利息支付金额。短期债券一般是到期一次性还本，因此要折价交易。

（2）付息间隔期。债券在存续期内定期支付利息，短期债券一般是到期一次还本付息，我国发行的各类中长期债券通常每年付息 1 次。付息间隔期短的债券，风险相对较小。

（3）债券的嵌入式期权条款。通常，债券条款中可能包含发行人提前赎回权、债券持有人提前返售权、转股权、转股修正权、偿债基金条款等嵌入式期权，这些条款极大地影响了债券的未来现金流模式。一般来说，凡是有利于发行人的条款都会相应降低债券价值；反之，有利于持有人的条款则会提高债券价值。

（4）债券的税收待遇。投资者拿到的实际上是税后现金流，因此，免税债券（如政府债券）与应纳税债券（如公司债券、资产证券化债券等）相比，价值要大一些。一般来说，税款由兑付利息的机构负责代扣代缴。

（5）其他因素。债券的付息方式（浮动、可调、固定）、债券的币种（单一货币、双币债券）等因素都会影响债券的现金流。

（二）债券贴现率的确定

根据定义，债券的贴现率是投资者对该债券要求的最低回报率，也称为必要回报率。其计算公式为：债券必要回报率 = 真实无风险收益率 + 预期通货膨胀率 + 风险溢价。

（1）真实无风险收益率，是指真实资本的无风险回报率，理论上由社会资本平均回报率决定。

（2）预期通货膨胀率，是对未来通货膨胀率的估计值。

（3）风险溢价，根据各种债券的风险大小而定，是投资者因承担投资风险而获得的补偿。债券投资的主要风险因素包括违约风险（信用风险）、流动性风险、汇率风险等。

投资学中，通常把前两项之和称为"名义无风险收益率"，一般用相同期限零息国债的到期收益率［称为即期利率（spot rates）或零利率（zero rates）］来近似。

二、影响债券投资价值的因素

（一）影响债券投资价值的内部因素

（1）债券的期限。一般来说，在其他条件不变的情况下，债券的期限越长，其市场价格变动的可能性就越大，投资者要求的收益率补偿也越高。

（2）债券的票面利率。债券的票面利率越低，债券价格的易变性也越大。在市场利率提高的时候，票面利率较低的债券的价格下降较快。但是，当市场利率下降时，它们的增值潜力也很大。

（3）债券的提前赎回规定。债券的提前赎回条款是债券发行人所拥有的一种选择权，允许债券发行人在债券到期前按约定的赎回价格部分或全部偿还债务。这种规定在财务上对发行人是有利的，因为发行人可以在市场利率降低时发行较低利率的债券，取代原先发行的利率较高的债券，从而降低融资成本。但对投资者来说，提前赎回使他们面临较低的再投资利率。这种风险要从价格上得到补偿。因此，具有较高提前赎回可能性的债券应具有较高的票面利率，其内在价值相对较低。

（4）债券的税收待遇。一般来说，免税债券的到期收益率比类似的应纳税债券的到期收益率低。此外，税收还以其他方式影响着债券的价格和收益率，例如，由于附息债券提供的收益包括息票利息和资本收益两种形式，而美国把这两种收入都当作普通收入来进行征税，但是对于后者的征税可以等到债券出售或到期时才进行。因此，在其他条件相同的情况下，大额折价发行的低利附息债券的税前收益率必然略低于同类高利附息债券。也就是说，低利附息债券比高利附息债券的内在价值要高。

（5）债券的流动性。债券的流动性是指债券可以随时变现的性质，反映了债券规避由市场价格波动而导致的实际价格损失的能力。流动性较弱的债券表现为其按市价卖出较困难，持有者会因此面临遭受损失（包括承受较高的交易成本和资本损失）的风险。这种风险必须在债券的定价中得到补偿。因此，流动性好的债券与流动性差的债券相比，前者具有较高的内在价值。

（6）债券的信用级别。债券的信用级别是指债券发行人按期履行合约规定的义务、足额支付利息和本金的可靠性程度。一般来说，除政府债券以外，一般债券都有信用风险（或称"违约风险"），只是风险大小不同而已。信用级别越低的债券，投资者要求的收益率越高，债券的内在价值也就越低。

（二）影响债券投资价值的外部因素

（1）基础利率。基础利率是债券定价过程中必须考虑的一个重要因素。在证券的投资价值分析中，基础利率一般指无风险证券利率。一般来说，短期政府债券风险最小，可以近似看作无风险证券，其收益率可以被用作确定基础利率的参照物。此外，银行的信用度很高，这就使得银行存款的风险较低，况且银行利率应用广泛，因此基础利率也可以参照银行存款利率来确定。

（2）市场利率。市场利率是债券利率的替代物，是投资于债券的机会成本。在市场总体利率水平上升时，债券的收益率水平也应上升，从而使债券的内在价值降低；反之，在市场总体利率水平下降时，债券的收益水平也应下降，从而使债券的内在价值增加。

（3）其他因素。影响债券定价的外部因素还有通货膨胀水平以及外汇汇率风险等。通货膨胀的存在可能使投资者从债券投资中实现的收益不足以抵补由于通货膨胀而造成的购买力损失。当投资者投资于某种外币债券时，汇率的变化会使投资者的未来本币收入受到贬值损失。这些损失的可能性都必须在债券的定价中得到体现，使债券的到期收益率增加，从而使债券的内在价值降低。

三、债券报价与实付价格

（一）报价形式

债券交易中，报价是指每 100 元面值债券的价格，以下两种报价均较为普遍：

（1）净价报价。债券报价是扣除累计应付利息后的报价。净价报价的优点是把利息累计因素从债券价格中剔除，能更好地反映债券价格的波动程度；缺点是双方需要计算实际支付价格。

（2）全价报价。债券报价即买卖双方实际支付价格。也就是买方除按净价支付成交价款外，还要另向卖方支付应计利息，净价和利息这两项在交割单中分别列示，以便于国债交易的税务处理。全价报价的优点是所见即所得，比较方便。缺点则是含混了债券价格涨跌的真实原因。

全价、净价和应计利息三者关系如下：全价 = 净价 + 应计利息，亦即：结算价格 = 成交价格 + 应计利息。债券全价报价含混了债券价格涨跌的真实原因。

（二）利息计算

计算累计利息时，针对不同类别债券，全年天数和利息累计天数的计算分别有行业惯例。

（1）短期债券。通常全年天数定为 360 天，半年定为 180 天。利息累计天数则分为按实际天数（ACT）计算（ACT/360、ACT/180）和按每月 30 天计算（30/360、30/180）两种。

例 4-5：2023 年 3 月 25 日，某年息 5%、面值 1 000 元、每半年付息 1 次的 1 年期债券，上次付息日为 2022 年 12 月 31 日。如市场净价报价为 970 元，则实际支付价格为：

①ACT/180：

累计天数（算头不算尾）= 31 天（1 月）+ 28 天（2 月）+ 24 天（3 月）= 83（天）

累计利息 = 1 000 × 5% ÷ 2 × 83 ÷ 180 = 11.53（元）

实际支付价格 = 970 + 11.53 = 981.53（元）

②30/180：

累计天数（算头不算尾）= 30 天（1 月）+ 30 天（2 月）+ 24 天（3 月）= 84（天）

累计利息 = 1 000 × 5% ÷ 2 × 84 ÷ 180 = 11.67（元）

实际支付价格 = 970 + 11.67 = 981.67（元）

（2）中长期附息债券。全年天数有的定为实际全年天数，也有的定为 365 天。累计利息天数也分为实际天数、每月按 30 天计算两种。

我国交易所市场对附息债券的计息规定是，全年天数统一按 365 天计算；利息累积天数规则是按实际天数计算，算头不算尾、闰年 2 月 29 日不计息。

例 4 - 6：2023 年 3 月 25 日，某年息 5%，每年付息 1 次，面值 1 000 元的国债，上次付息为 2022 年 12 月 31 日。如市场净价报价为 1 005.65 元，则按实际天数计算的实际支付价格为：

ACT/365：

累计天数（算头不算尾）= 31 天（1 月）+ 28 天（2 月）+ 24 天（3 月）= 83（天）

累计利息 = 100 × 5% × 83 ÷ 365 = 11.37（元）

实际支付价格 = 1 005.65 + 11.37 = 1 017.02（元）

（3）贴现式债券。我国目前对于贴现发行的零息债券按照实际天数计算累计利息，闰年 2 月 29 日也计利息，公式为：

$$应收利息额 = \frac{到期总付额 - 发行价格}{起息日至到期日天数} \times 起息日至结算日天数$$

例 4 - 7：2022 年 1 月 10 日，财政部发行 3 年期贴现式债券，2025 年 1 月 10 日到期，面额为 1 000 元，发行价格为 850 元。2024 年 3 月 5 日，该债券净价报价为 875 元，则实际支付价格计算为：

$$累计利息 = \frac{1\ 000 - 850}{1\ 096} \times 784 = 107.30（元）$$

实际支付价格 = 875 + 107.30 = 982.30（元）

注：起息日至到期日天数为 3 年，其中 2024 年为闰年，故总天数为 1 096 天，计息天数算头不算尾，为 784 天。

四、债券估值模型

根据现金流贴现的基本原理，不含嵌入式期权的债券理论价格计算公式为：

$$P = \sum_{t=1}^{T} \frac{C_t}{(1 + y_t)^t} \tag{4.15}$$

式中：P——债券理论价格；

T——债券距到期日时间长短（通常按年计算）；

t——现金流到达的时间；

C——现金流金额；

y——贴现率（通常为年利率）。

（一）零息债券定价

零息债券不计利息，折价发行，到期还本，零息债券通常是 1 年期以内的债券。其定价公式为：

$$P = \frac{FV}{(1 + y_T)^T} \tag{4.16}$$

式中：FV——零息债券的面值。

例 4 - 8：2023 年 1 月 1 日，中国人民银行发行 1 年期中央银行票据，每张面值为 1 000 元人民币，年贴现率为 3%。则理论价格为：

$$理论价格 = \frac{1\ 000}{1 + 3\%} = 970.87（元）$$

例 4 - 9：2023 年 6 月 30 日，前例所涉中央银行票据年贴现率变为 2.5%，则其理论价为：

$$P = \frac{1\ 000}{(1 + 2.5\%)^{0.5}} = 987.73（元）$$

（二）附息债券定价

附息债券可以视为一组零息债券的组合。例如，一只年息 5%、面值 1 000 元、每年付息 1 次的 2 年期债券，可以分拆为：

面值为 50 元的 1 年期零息债券 + 面值为 1 050 元的 2 年期零息债券。

因此，可以用零息债券定价公式（4.16）分别为其中每只债券定价，加总后即为附息债券的理论价格。也可以直接套用式（4.15）进行定价。

例 4 - 10：2023 年 3 月 31 日，财政部发行的某期国债距到期日还有 3 年，面值 1 000 元，票面利率年息 3.75%，每年付息 1 次，下次付息日在 1 年以后。贴现率为 4%。该债券理论价格（P）为：

$$P = \frac{1\ 000 \times 3.75\%}{(1 + 4\%)^1} + \frac{1\ 000 \times 3.75\%}{(1 + 4\%)^2} + \frac{1\ 000 \times (1 + 3.75\%)}{(1 + 4\%)^3} = 993.06（元）$$

（三）累息债券定价

与附息债券不同的是，累息债券也有票面利率，但是规定到期一次性还本付息。可将其视为面值等于到期还本付息额的零息债券，并按零息债券定价公式定价。

例 4 - 11：2023 年 3 月 31 日，财政部发行的 3 年期国债，面值 1 000 元，票面利率年息 3.75%，按单利计息，到期利随本清。3 年期贴现率 4%。计算如下：

$$到期还本付息 = 1\ 000 \times (1 + 3.75\% \times 3) = 1\ 112.5（元）$$

$$理论价格（P）= \frac{1\ 112.5}{(1 + 4\%)^3} = 989.01（元）$$

五、债券收益率

出于不同的用途，债券收益率的计算方式种类繁多，以下主要介绍债券的当期收益率、到期收益率、即期利率、持有期收益率、赎回收益率的计算。

（一）当期收益率

在投资学中，当期收益率（current yield）被定义为债券的年利息收入与买入债券的实际价格的比率。其计算公式为：

$$Y = \frac{C}{P} \times 100\% \qquad (4.17)$$

式中：Y——当期收益率；

C——每年利息收益；

P——债券价格。

例 4－12：假定某投资者以 950 元的价格购买了面额为 1 000 元、票面利率为 5% 、剩余期限为 5 年的债券，那么该投资者的当期收益率（Y）为：

$Y = 1\ 000 \times 5\% \div 950 \times 100\% = 5.26\%$

当期收益率度量的是债券年利息收益占购买价格的百分比，反映每单位投资能够获得的债券年利息收益，但不反映每单位投资的资本损益。当期收益率的优点在于简便易算，可以用于期限和发行人均较为接近的债券之间进行比较。其缺点是：

（1）零息债券无法计算当期收益。

（2）不同期限附息债券之间，不能仅根据当期收益高低来评判优劣。

（二）到期收益率

债券的到期收益率（yield to maturity，YTM）是使债券未来现金流现值等于当前价格所用的相同的贴现率，也就是金融学中的内部报酬率（internal return rate，IRR）。

$$P = \sum_{t=1}^{T} \frac{C_t}{(1+y_t)^t} \qquad (4.18)$$

式中：P——债券价格；

C——现金流金额；

y_t——到期收益率；

T——债券期限（期数）；

t——现金流到达时间（期）。

式（4.18）是一个关于 y 的高次方程，可以用插值法求出它的值。如果债券每年付息 1 次，每次付息金额为 C，债券面值为 M，则式（4.18）可以写为：

$$P = \sum_{t=1}^{T} \frac{C_t}{(1+y)^t} + \frac{M}{(1+y)^T} \qquad (4.19)$$

例 4 – 13：某剩余期限为 5 年的国债，票面利率 5%，面值 1 000 元，每年付息 1 次，当前市场价格为 1 010 元，则其到期收益率满足：

$$1\ 010 = \frac{50}{1+y} + \frac{50}{(1+y)^2} + \frac{50}{(1+y)^3} + \frac{50}{(1+y)^4} + \frac{1\ 050}{(1+y)^5}$$

这是一个关于到期收益率 y 的一元五次方程，插值法计算得到：$y = 4.7705\%$。

在一般的计算中，我们常使用 Excel 调用 IRR（内部收益率）函数求解。

（三）即期利率

即期利率也称零利率，是零息票债券到期收益率的简称。在债券定价公式中，即期利率就是用来进行现金流贴现的贴现率。反过来，我们也可以从已知的债券价格计算即期利率。

例 4 – 14：息票剥离法计算即期利率。

如表 4 – 3 所示，债券 A、B、C、D、E 相关信息已获知，需要计算 3 个月（0.25 年）~ 2 年的即期利率。

表 4 – 3   5 种债券相关信息

债券	债券本金（元）	距到期期限（年）	年息票（元）	债券价格（元）
A	1 000	0.25	0	990
B	1 000	0.50	0	980
C	1 000	1.00	0	960
D	1 000	1.50	8	950
E	1 000	2.00	12	930

对于 A、B、C 三只零息债券，即期利率分别满足：

0.25 年期利率：

$$990 = \frac{1\ 000}{(1+y_{0.25})^{0.25}}$$ 解得：$y_{0.25} = 4.10\%$

0.5 年期利率：

$$980 = \frac{1\ 000}{(1+y_{0.5})^{0.5}}$$ 解得：$y_{0.5} = 4.12\%$

1 年期利率：

$$960 = \frac{1\ 000}{(1+y_{1.0})^{1.0}}$$ 解得：$y_{1.0} = 4.17\%$

计算 1.5 年期即期利率时，我们会发现，此时能够获得的债券价格（D 债券）不能直接用于计算，因为 D 债券是附息债券。假设 D 债券每年付息 1 次，距下次付息正好半年，则可以将该债券下次付息视为本金为 8 元、半年后到期的零息债券，而 1.5 年后的还本付息（1 008 元）视为本金为 1 008 元、1.5 年后到期的零息债券。于是，债券 D 就分拆为两只零息债券，其价格也就等于两只零息债券的价格之和，于是有：

$$950 = \frac{8}{(1+y_{0.5})^{0.5}} + \frac{1\ 008}{(1+y_{1.5})^{1.5}} = \frac{8}{(1+4.12\%)^{0.5}} + \frac{1\ 008}{(1+y_{1.5})^{1.5}}$$

解得：$y_{1.5} = 4.61\%$

同理，对于 2 年期债券 E，有：

$$930 = \frac{12}{(1+y_{1.0})^{1.0}} + \frac{1\ 012}{(1+y_{2.0})^{2.0}} = \frac{12}{(1+4.17\%)^{1.0}} + \frac{1\ 012}{(1+y_{2.0})^{2.0}}$$

解得：$y_{2.0} = 4.97\%$

（四）持有期收益率

持有期收益率是指买入债券到卖出债券期间所获得的年平均收益，它与到期收益率的区别仅仅在于末笔现金流是卖出价格而非债券到期偿还金额。计算公式为：

$$P = \sum_{t=1}^{T} \frac{C_t}{(1+y_h)^t} + \frac{P_t}{(1+y_h)^T} \tag{4.20}$$

式中：P——债券买入时价格；

$\qquad P_t$——债券卖出时价格；

$\qquad y_h$——持有期收益率；

$\qquad C$——债券每期付息金额；

$\qquad T$——债券期限（期数）；

$\qquad t$——现金流到达时间。

例 4-15：某投资者按 1 000 元价格平价购买了年息 4%、每年付息 1 次的债券，持有 2 年后按 1 016 元价格卖出，该投资者持有期收益率计算为：

$$1\ 000 = \frac{40}{1+y_h} + \frac{40 + 1\ 016}{(1+y_h)^2}$$

解得：$y_h = 4.78\%$

（五）赎回收益率

可赎回债券是指允许发行人在债券到期以前按某一约定的价格赎回已发行的债券。通常在预期市场利率下降时，发行人会发行可赎回债券，以便未来用低利率成本发行的债券替代成本较高的已发债券。可赎回债券的约定赎回价格可以是发行价格、债券面值，也可以是某一指定价格或是与不同赎回时间对应的一组赎回价格。对于可赎回债券，需要计算赎回收益率和到期收益率。赎回收益率的计算与其他收益率相同，是计算使预期现金流量的现值等于债券价格的利率。通常以首次赎回收益率为代表。首次赎回收益率是累计到首次赎回日止，利息支付额与指定的赎回价格加总的现金流量的现值等于债券赎回价格的利率。赎回收益率（y）可通过下面的公式用试错法获得：

$$P = \sum_{t=1}^{N} \frac{C}{(1+y)^t} + \frac{M}{(1+y)^N}$$

式中：P——发行价格；

N——直到第一个赎回日的年数；

M——赎回价格；

C——每年利息收益。

例 4 - 16：某债券的票面价值为 1 000 元，息票利率为 5%，期限为 4 年，现以 975 元的发行价向全社会公开发行，2 年后债券发行人以 1 050 元的价格赎回，第一赎回日为付息日后的第一个交易日，则赎回收益率计算如下：

$$975 = \sum_{t=1}^{2} \frac{50}{(1+y_h)^t} + \frac{1\,050}{(1+y_h)^2} \qquad 解得：y_h = 8.81\%$$

用试错法计算，该债券的到期收益率 $y_h = 8.81\%$。

在一般的计算中，我们常使用 Excel 运用 IRR（内部收益率）函数求解。

六、利率的风险结构与期限结构

（一）利率的风险结构

不同发行人发行的相同期限和票面利率的债券，其市场价格会不相同，从而计算出的债券收益率也不一样，反映在收益率上的这种区别，称为"利率的风险结构"。实践中，通常采用信用评级来确定不同债券的违约风险大小，不同信用等级债券之间的收益率差（yield spread）则反映了不同违约风险的风险溢价，因此也称为"信用利差"。由于国债经常被视为无违约风险债券（简称"无风险债券"），我们只要知道不同期限国债的收益率，再加上适度的收益率差，就可以得出公司债券等风险债券的收益率，并进而作为贴现率为风险债券进行估值。

在经济繁荣时期，低等级债券与无风险债券之间的收益率差通常比较小；而一旦进入衰退或者萧条，信用利差就会急剧扩大，导致低等级债券价格暴跌。

（二）利率的期限结构

由图 4-2 和表 4-4 可知，相同的发行人发行的不同期限债券其收益率也不一样，这种关系称为"利率的期限结构"。

（1）期限结构与收益率曲线。为更好地理解债券的收益率，我们引进"收益率曲线"这个概念。收益率曲线即不同期限即期利率的组合所形成的曲线。在实践中，由于即期利率计算较为烦琐，也有相当多教科书和业者采用到期收益率来刻画利率的期限结构。

图 4-2 中每条曲线就是该种债券的收益率曲线。

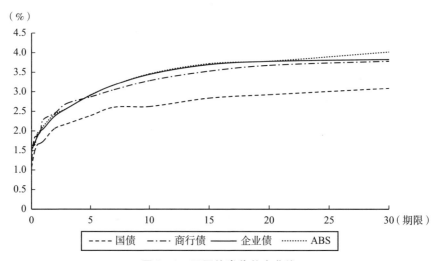

图 4-2 不同债券收益率曲线

资料来源：中国债券信息网，2022-09-08。

表 4-4 不同债券收益率

期限（年）	国债（%）	商行债（%）	企业债（%）	ABS（%）
0	1.064	1.2370	1.5087	1.6400
0.25	1.4628	1.8327	1.6887	1.6359
0.5	1.6535	1.8859	1.8572	1.9425
0.75	1.6862	1.9781	1.9923	2.0111
1	1.7365	2.2871	2.0514	2.1173
2	2.0607	2.4511	2.3756	2.4257
3	2.1748	2.6960	2.5671	2.5680
5	2.3914	2.8688	2.9128	2.9185
7	2.6043	3.0500	3.1716	3.1716

续表

期限（年）	国债（%）	商行债（%）	企业债（%）	ABS（%）
10	2.6215	3.2849	3.4448	3.4592
15	2.8375	3.5296	3.6964	3.7206
20	2.9248	3.6771	3.7785	3.7827
30	3.0887	3.7828	3.8279	4.0177

资料来源：中国债券信息网，2022 - 09 - 08。

（2）收益率曲线的基本类型。从形状上来看，收益率曲线主要包括 4 种类型。在图 4 - 3 中，图（a）显示的是一条向上倾斜的利率曲线，表示期限越长的债券利率越高，这种曲线形状被称为"正向的"利率曲线。图（b）显示的是一条向下倾斜的利率曲线，表示期限越长的债券利率越低，这种曲线形状被称为"相反的"或"反向的"利率曲线。图（c）显示的是一条平直利率曲线，表示不同期限的债券利率相等，这通常是正利率曲线与反利率曲线转化过程中出现的暂时现象。图（d）显示的是拱形利率曲线，表示期限相对较短的债券，利率与期限呈正向关系；期限相对较长的债券，利率与期限呈反向关系。从历史资料来看，在经济周期的不同阶段可以观察到所有这 4 种利率曲线。

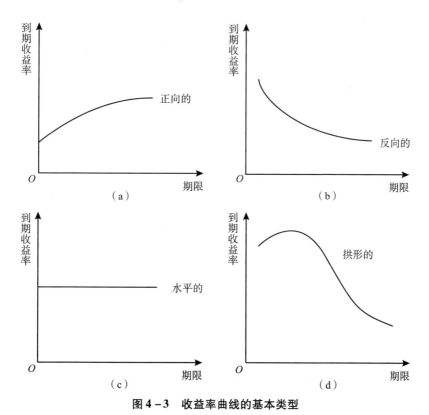

图 4 - 3 收益率曲线的基本类型

（3）利率期限结构的理论。在任一时点上，都有以下 3 种因素影响期限结构的形状：对未来利率变动方向的预期、债券预期收益中可能存在的流动性溢价、市场效率低下或者资金从长期（或短期）市场向短期（或长期）市场流动可能存在的障碍。利率期限结构理论就是基于这 3 种因素分别建立起来的。

①市场预期理论。市场预期理论又称"无偏预期理论"，它认为利率期限结构完全取决于对未来即期利率的市场预期。如果预期未来即期利率上升，则利率期限结构呈上升趋势；如果预期未来即期利率下降，则利率期限结构呈下降趋势。

要注意的是，在市场预期理论中，某一时点的各种期限债券的收益率虽然不同，但是在特定时期内，市场上预计所有债券都取得相同的即期收益率，即长期债券是一组短期债券的理想替代物，长短期债券取得相同的利率，即市场是均衡的。

②流动性偏好理论。流动性偏好理论的基本观点是投资者并不认为长期债券是短期债券的理想替代物。这一方面是由于投资者意识到他们对资金的需求可能会比预期要早，因此他们有可能在预期的期限前被迫出售债券；另一方面他们认识到，如果投资于长期债券，基于债券未来收益的不确定性，要承担较高的价格风险。因此，投资者在接受长期债券时就会要求将与较长偿还期限相联系的风险给予补偿，这便导致了流动性溢价的存在。

在这里，流动性溢价便是远期利率和未来的预期即期利率之间的差额。债券的期限越长，流动性溢价越大，体现了期限长的债券拥有较高的价格风险。在流动性偏好理论中，远期利率不再只是对未来即期利率的无偏估计，还包含了流动性溢价。因此，利率曲线的形状是由对未来利率的预期和延长偿还期所必需的流动性溢价共同决定的（见图 4 - 4）。

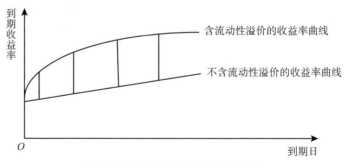

图 4 - 4　流动性偏好下的期限结构

由于流动性溢价的存在，在流动性偏好理论中，如果预期利率上升，其利率期限结构是向上倾斜的；如果预期利率下降的幅度较小，其利率期限结构虽然是向上倾斜的，但两条曲线趋向于重合；如果预期利率下降较多，其利率期限结构是向下倾斜的。按照该理论，在预期利率水平上升和下降的时期大体相当的条件下，期限结构上升的情况要多于期限结构下降的情况。

③市场分割理论。市场预期理论和流动性偏好理论，都假设市场参与者会按照他们的利率预期从债券市场的一个偿还期部分自由地转移到另一个偿还期部分，而不受任何阻碍。市场分割理论的假设却恰恰相反。该理论认为，在贷款或融资活动进行时，贷款者和借款者并不能自由地在利率预期的基础上将证券从一个偿还期部分替换成另一个偿还期部分。在市场存在分割的情况下，投资者和借款人由于偏好或者某种投资期限习惯的制约，他们的贷款或融资活动总是局限于一些特殊的偿还期部分。在最严格的限制形式下，即使现行的利率水平说明如果他们进行市场间的转移会获得比实际要高的预期利率，投资者和借款人也不会离开自己的市场而进入另一个市场。这样的结果使市场划分为两大部分：一部分是短期资金市场；另一部分是长期资金市场。于是，在市场分割理论下，利率期限结构取决于短期资金市场供求状况与长期资金市场供求状况的比较，或者说取决于短期资金市场供需曲线交叉点的利率与长期资金市场供需曲线交叉点的利率对比。如果短期资金市场供需曲线交叉点利率高于长期资金市场供需曲线交叉点利率，利率期限结构则呈现向下倾斜的趋势。如果短期资金供需曲线交叉点利率低于长期资金市场供需曲线交叉点利率，利率期限结构则呈现向上倾斜的趋势。

总而言之，从这3种理论来看，期限结构的形成主要是由对未来利率变化方向的预期决定的，流动性溢价可起一定作用，但期限在1年以上的债券的流动性溢价大致是相同的，这使得期限1年或1年以上的债券虽然价格风险不同，但预期利率却大致相同。有时，市场的不完善和资本流向市场的形式也可能起到一定作用，使得期限结构的形状暂时偏离按对未来利率变化方向进行估计所形成的形状。

七、可转债投资

（一）可转债的定义及特点

1. 可转债的定义

可转债（convertible bond）的全称为可转换公司债券，是债券持有人可按照发行时约定的价格将债券转换成公司的普通股票的债券。如果债券持有人不想转换，则可以继续持有债券，直到偿还期满时收取本金和利息，或者在流通市场出售变现。可转债是指发行人依照法定程序发行，在一定期限内依据约定的条件可以转换成公司股份的公司债券。在我国，可转债发行上市后，一般半年后进入转股期，转股期内可以将可转债转换为对应股票。近年来，上市公司再融资采用的常见方式。

例4-17：立讯转债的基本情况，详见表4-5。

表4-5　　　　　　　　立讯转债2022年9月30日的基本情况

债券代码	128136	债券简称	立讯转债
债券全称	立讯精密工业股份有限公司公开发行可转换公司债券		
债券类型	可转债	交易市场	深圳证券交易所
发行规模（亿元）	30.00	期限（年）	6.00
发行价格（元）	100.00	最新规模（亿元）	29.99
发行方式	网上发行、老股东优先配售	承销方式	余额包销
计息方式	累进利率	首期利率（％）	0.10
最新转股价（元）	57.73	最新利率（％）	0.20
债券信用级别	AA＋	主体信用级别	AA＋
起息日期	2020-11-03	止息日期	2026-11-02
发行日期	2020-11-03	上市日期	2020-12-02
转股起始日	2021-05-10	转股截止日	2026-11-02
兑付日期	2026-11-03	摘牌日期	—
兑付方式	一次还本	是否含权	是
利率条款描述	第一年0.10%、第二年0.20%、第三年0.30%、第四年1.50%、第五年1.80%、第六年2.00%		

立讯转债的发行人是立讯精密工业股份有限公司，其正股是立讯精密（002475）。转股期内该可转债可以按一定比例转换为立讯精密股票。债转股后，立讯转债数量减少，立讯精密的股本数量增加，同时公司债务减少，资本金增加。

2. 可转债的特点

可转债具有债权性、股权性、可转换性3个特点。

（1）债权性。与其他债券一样，可转换债券也有规定的利率和到期时间。投资者可以选择持有债券到期，收取本金和利息。

（2）股权性。可转换债券在转换成股票之前是债券，但在转换成股票之后，原债券持有人就由债权人变成了公司的股东，可参与企业的经营决策和红利分配等。

（3）可转换性。可转换性是可转换债券的重要特性，是区别于普通债券的重要标志。可转换性是指可转债持有者可以按约定的条件将债券转换成股票。转股权是可转债投资者享有的、一般债券所没有的选择权。

可转债还具有双重选择权的特征。一方面，债券投资者具有是持债还是转股的选择权。在条件有利时，投资人可以选择将债券转换为股票，在条件不利时，可作为债券持有。另一方面，可转债发行人具有是否实施赎回条款的选择权。当满足赎回条款时，可转债发行人有权选择赎回发行在外的可转债。

（二）可转债相关概念

1. 转股价

按条款规定的，转债转换为每股股票所支付的价格。如表 4 - 6 所示的立讯转债，转股价为 57.73 元。转股价也会因公司分红或配股、增发引起股价变化，转股价要进行相应的调整。

例 4 - 18：光大转债（113011）近 4 次转股价变动情况，详见表 4 - 6。

表 4 - 6　　　　　　　　光大转债除权除息后股价变动情况

实施日期	变动原因	变动前价格	变动后价格
2022 年 6 月 29 日	分红派息，每 10 股派 2.01 元	3.55	3.35
2021 年 7 月 21 日	分红派息，每 10 股派 2.10 元	3.76	3.55
2020 年 6 月 24 日	分红派息，每 10 股派 2.14 元	3.97	3.76
2019 年 6 月 26 日	分红派息，每 10 股派 1.61 元	4.31	4.13

光大银行 2022 年 7 月 21 日每 10 股派 2.10 元，因此其转债的转股价亦下调 0.21 元，新的转股价 = 3.76 - 0.21 = 3.55（元），这相当于光大转债也每股派发现金红利 0.21 元，不用纳税。

2. 转股比例

转股比例 = 100 ÷ 转股价，即每张转债能转换成正股的股数。如例 4 - 18 中的光大转债，当前的转股比例为 100 ÷ 3.35 = 29.8507，即每张光大转债可换回 10.4384 股川投能源股票。可转债转股后，转股当年的利息、股利及不足一股的剩余金额，由发行人决定是现金兑付还是到期还本付息。

3. 转股价值

转股价值 = 正股市价 × 转股比例，表示每张转债对应的正股价值。如例 4 - 18 中，一张光大转债的转股价值为 84.18 元（ = 2.82 × 100 ÷ 3.35），其中 2.82 元为 2022 年 9 月 30 日光大银行收盘价，3.35 元为光大转债当期转股价。由于当前市场价格低于转股价格，理性投资者会在当期放弃债转股。

4. 转股溢价率

$$转股溢价率 = \frac{转债市场价 - 转股价值}{转股价值}$$

如例 4 - 18 中的光大转债转股溢价率为 - 15.82%。由转股溢价率计算公式可知，转股溢价率由转债的市场价格及对应正股的市场价格共同决定。

由于可转债可以转股，持有可转债，相当于间接持有了正股。正股的涨跌将会传导至可转债，影响可转债的涨跌。当转股溢价率不高时，两者一般同涨同跌。转股溢价率高，一种可能是大家看好正股，转债提前体现正股的未来涨幅。另一种可能是正股股价低迷，远低于转股价。

5. 债券到期偿还

到期偿还是指按发行债券时规定的还本时间，在债券到期时一次全部偿还本金的偿债方式。如例 4 - 18 中的光大转债在本次发行的可转债期满后 5 个交易日内，发行人将以本次发行的可转债的票面面值的 105%（含最后一期年度利息）的价格向投资者兑付全部未转股的可转债。

练 习 题

一、单项选择题

1. 证券估值是指对证券（   ）的评估。

    A. 价值   B. 价格   C. 收益   D. 风险

2. 某投资者的一项投资预计三年后价值 10 000 元，假设必要收益率是 5%，下述最接近按复利计算的该投资现值的是（   ）元。

    A. 8 660   B. 8 655   C. 8 638   D. 8 626

3. 某投资者投资 1 000 元于一项期限为 3 年、年息 4% 的债券（按年计息），按复利计算该项投资的终值为（   ）元。

    A. 1 123.82   B. 1 124.86   C. 1 259.71   D. 1 280.05

4. 下列不是影响股票投资价值内部因素的是（   ）。

    A. 公司净资产   B. 公司盈利水平   C. 股份分割   D. 市场因素

5. 关于影响股票投资价值的因素，以下说法错误的是（   ）。

    A. 在一般情况下，股利水平越高，股价越高；股利水平越低，股价越低

    B. 从理论上讲，公司净资产增加，股价上涨；净资产减少，股价下跌

    C. 股份分割往往比增加股利分配对股价上涨的刺激作用更大

    D. 公司增资一定会使每股净资产下降，因而促使股价下跌

6. 在决定优先股的内在价值时，（　　）相当有用。

  A. 可变增长模型   B. 不变增长模型

  C. 零增长模型   D. 二元增长模型

7. 2022 年 3 月 5 日，某年息 5%、面值为 100 元、每年付息 1 次的 2 年国债，上次付息为 2021 年 12 月 31 日。如净价报价为 103.45 元，则按实际天数计算的利息累计天数为（　　）天。

  A. 59   B. 60   C. 63   D. 64

8. 关于债券当期收益率，以下说法不正确的是（　　）。

  A. 反映每单位投资的资本损益

  B. 反映每单位投资能够获得的债券年利息收益

  C. 度量的是债券年利息收益占购买价格的百分比

  D. 可以用于期限和发行人均较为接近的债券之间进行比较

9. 下列影响股票投资价值的外部因素中，不属于宏观经济因素的是（　　）。

  A. 货币政策   B. 财政政策   C. 经济周期   D. 产业政策

10. 债券交易中，报价是指每（　　）元面值债券的价格。

  A. 10   B. 100   C. 1 000   D. 10 000

11. 股票内在价值的计算方法模型中，假定股票永远支付固定股利的模型是（　　）。

  A. 现金流贴现模型   B. 市盈率估价模型

  C. 不变增长模型   D. 零增长模型

12. 可转换证券转换价值等于（　　）。

  A. 标的股票市场价格×转换比例

  B. 标的股票净资产×转换比例

  C. 标的股票市场价格÷转换比例

  D. 标的股票净资产÷转换比例

13. 上市公司拟在未来无限时期每年支付每股股利 1.5 元，相应的贴现率（必要收益率）为 5%。该公司市场价格为 25 元，计算该股票的净现值为（　　）元。

  A. −5   B. 5   C. 25   D. 50

14. 调整现值模型以（　　）为指标，以无杠杆权益成本为贴现系数。

  A. 经济利润   B. 资本现金流   C. 自由现金流   D. 权益现金流

15. 通常债券的期限越长，流动性溢价（　　），体现了期限长的债券拥有较高的价格风险。

  A. 越小   B. 越大   C. 不变   D. 不确定

16. 作为虚拟资本载体的有价证券，本身并无价值，其交换价值或市场价格来源于其（　　）。

  A. 规避市场风险的能力   B. 产生未来收益的能力

  C. 流动性   D. 交易性

  17. 在贷款或融资活动进行时，贷款者和借款者并不能自由地在利率预期的基础上将证券从一个偿还期部分替换成另一个偿还期部分，是（　　）的观点。

  A. 流动性偏好理论   B. 市场预期理论

  C. 市场分割理论   D. 有效市场理论

  18. 某公司在未来无限时期内每年支付的股利为 2.5 元/股，必要收益率为 5%，则采用零增长模型计算的该公司股票在期初的内在价值为（　　）元。

  A. 10   B. 20   C. 30   D. 50

  19. 去年末某公司支付每股股息为 2 元，预计在未来该公司的股票按每年 3% 的速度增长，必要收益率为 6%，则该公司股票的内在价值为（　　）元。

  A. 66.37 B. 67.67 C. 68.67 D. 69.37

  20. 如果某投资者以 25.5 元的价格购买某公司的股票，该公司在去年末支付每股股息 2 元，预计在未来该公司的股票按每年 5% 的速度增长，则该投资者的预期收益率为（　　）。

  A. 12% B. 13%   C. 13.24% D. 15.25%

  21. 某公司上年年末支付每股股息为 0.5 元，预期回报率为 15%，未来 3 年中超常态增长率为 20%，随后的增长率保持 8%，则股票的内在价值为（　　）元。

  A. 9.75 B. 8.50 C. 6.70 D. 5.90

  22. 假定某公司在未来每期支付的股息为 10 派 15 元，必要收益率为 5%，当股票价格为 25 元时，该公司股票价格（　　）。

  A. 被高估   B. 被低估

  C. 不存在被高估或被低估现象 D. 以上说法均不正确

  23. 可转换证券的理论价值是指将可转换证券转股前的利息收入和转股时的转换价值按适当的（　　）折算的现值。

  A. 内部收益率 B. 净资产收益率 C. 市盈率   D. 必要收益率

  24. 某年某公司支付每股股息为 1.8 元，预计未来的日子里该公司股票的股息按每年 5% 的速度增长。假定必要收益率为 11%，则该公司股票的内在价值为（　　）元。

  A. 28.5 B. 29.5   C. 30.5   D. 31.5

  25. 接第 24 题，公司股票的内在收益率为（　　）。

  A. 9.73% B. 10.5% C. 11%   D. 11.8%

二、多项选择题

1. 下列哪些是影响股票投资价值的内部因素（　　　）。

   A. 公司净资产　　　　　　　　B. 公司盈利水平

   C. 公司资产重组　　　　　　　D. 公司股份分割

   E. 增资和减资

2. 下列影响股票投资价值的外部因素中，属于宏观经济因素的有（　　　）。

   A. 货币政策　　　　　　　　　B. 财政政策

   C. 收入分配政策　　　　　　　D. 产业的发展状况

   E. 物价水平

3. 在任一时点上，影响利率期限结构形状的因素有（　　　）。

   A. 市场效率低下

   B. 债券预期收益中可能存在的流动性溢价

   C. 对未来利率变动方向的预期

   D. 债券的市场供求关系

   E. 资金在长期市场和短期市场之间的流动可能存在的障碍

4. 股票的相对估值方法有（　　　）。

   A. 市盈率估值法　　　　　　　B. 市净率估值法

   C. 市售率估值法　　　　　　　D. 现金流贴现模型

   E. 市值回报增长比

5. 债券必要回报率由（　　　）组成。

   A. 当期收益率　　　　　　　　B. 真实无风险收益率

   C. 预期通货膨胀率　　　　　　D. 风险溢价

   E. 投资者预期收益

第五章

宏观经济分析与证券投资

第一节 宏观经济分析概述

一、宏观经济分析的意义和方法

(一) 宏观经济分析的意义

(1) 把握上市公司的经营环境。按照价值分析的理论，要确定上市公司股票的合理价格，必须先预测公司预期的股利和盈利，通常将分析预期收益等价值决定因素的方法称为基本面分析。但是，公司的股利和盈利以及受此影响的股票价格都将由公司的业绩决定，而公司未来的业绩与宏观经济因素相关，因为宏观经济状况关系到公司所处的经营环境，所以经营环境是上市公司基本面分析的重要内容。

(2) 判断证券市场的总体变动趋势。在证券投资领域中，宏观经济分析非常重要，只有把握住经济发展的大方向，才能作出正确的长期决策；只有密切关注宏观经济因素的变化，尤其是货币政策和财政政策因素的变化才能抓住市场时机。

(3) 分析整个证券市场的整体投资价值。证券市场的投资价值与国民经济整体状况及其结构变动密切相关。这里的证券市场的投资价值是指整个市场的平均投资价值。不同部门、不同行业与成千上万的不同企业相互影响、互相制约，共同作用于国民经济发展的速度和质量。是判断整个证券市场投资价值的关键。

(4) 掌握宏观经济政策对证券市场的影响力度与方向。证券投资与国家宏观经济政策息息相关。在市场经济条件下，国家通过财政政策和货币政策来调节经济，或挤出泡沫，或促进经济增长，这些政策直接作用于企业，从而影响经济增长速度和企业效益。因此，证券投资必须认真分析宏观经济政策，这无论是对投资者、投资对象，还是对证券业本身乃至整个国民经济的快速健康发展都具有非常重要的意义。

（二）宏观经济分析的基本方法

1. 经济指标分析法

经济指标是反映宏观经济活动结果的系列性数据，通过对这些指标的分析，可以帮助我们对当前的宏观经济形势进行判断，并且可以对未来的经济状况提供一些有重大参考价值的预示性信息。宏观经济指标可以分为先行指标、同步指标和滞后指标 3 种。其中先行指标是指领先于经济活动的指标，主要有货币供应量、股票价格指数等；同步指标是指与经济活动基本保持同步的指标，主要有失业率、国民生产总值等；滞后指标是指滞后于经济活动的指标，主要有银行短期商业贷款利率、工商业未还贷款等。

2. 总量分析法

总量分析法是指对影响宏观经济运行总量指标的因素及其变动规律进行分析，如对国民生产总值、消费额、投资额、银行贷款总额及物价水平的变动规律的分析等，进而说明整个经济的状态和全貌。总量分析主要是一种动态分析，因为它主要研究总量指标的变动规律。同时，也包括静态分析，因为总量分析包括考察同一时期内各总量指标的相互关系，如投资额、消费额和国民生产总值的关系等。

总量是反映整个社会经济活动状态的经济变量，包括两个方面：一是个量的总和。如国民收入是构成整个经济各单位收入的总和，总投资是指全社会私人投资和政府投资的总和，总消费是指参与经济活动各单位消费的总和。二是平均量或比例量。如价格水平是各种商品与劳务的平均水平并以某时期的基期计算的百分比。

3. 结构分析法

结构分析法是指对经济系统中各组成部分及其对比关系变动规律的分析。如国民生产总值中三次产业的结构及消费和投资的结构分析、经济增长中各因素作用的结构分析等。结构分析主要是一种静态分析，即对一定时间内经济系统中各组成部分变动规律的分析。如果对不同时期内经济结构变动进行分析，则属于动态分析。

总量分析与结构分析的关系。总量分析侧重于总量指标速度的考察，它侧重分析经济运行的动态过程；结构分析则侧重于对一定时期经济整体中各组成部分相互关系的研究，它侧重分析经济现象的相对静止状态。总量分析非常重要，但它需要结构分析来深化和补充，而结构分析要服从于总量分析的目标。为使经济正常运行，需要对经济运行进行全面把握，将总量分析方法和结构分析方法结合起来使用。

4. 计量模型分析法

计量经济模型是表示经济现象及主要因素之间数量关系的方程式，通过建立和运用计量经济模型，可以了解各种经济变量之间的数量关系，从而把握整个宏观经济的发展动向。计量经济模型主要有经济变量、参数和随机误差三大要素。通常，变量可以分为因变量和自变量，而在计量经济模型中，一般将变量分为内生变量和外生变量。内生变量是指由模型本身加以说明的变量，是方程式中的未知数，其数值可以通过方程式求解获得。外生变量是指不能够由模型本身加以说明的变量，是方程式中的已知数，通常可以通过各种统计资料来获得。参数通常反映变量之间稳定的比例关系，是用来求出其他变量的常数。随机误差则是指由各种很难预知的随机因素以及经济数据统计中的因素产生的差错，通常可以忽略不计。

二、评价宏观经济形势的基本指标

（一）国民经济总体指标

1. 国内生产总值（GDP）

国内生产总值（GDP）是指一个国家（或地区）所有常住居民在一定时期内（一般按年统计）生产活动的最终成果。统计时，要将出口计算在内，但不计算进口。

区分国内生产和国外生产一般以常住居民为标准，只有常住居民在 1 年内生产的产品和提供劳务所得到的收入才计算在本国的国内生产总值之内。常住居民是指居住在本国的公民、暂居外国的本国公民和长期居住在本国但未加入本国国籍的居民。因此，一国的国内生产总值是指在一国的领土范围内，本国居民和外国居民在一定时期内所生产的、以市场价格表示的产品和劳务的总值。从这个意义上讲，与以国民原则为核算标准的国民生产总值（GNP）相比，以国土原则为核算标准的国内生产总值（GDP）不包含本国公民在国外取得的收入，但包含外国居民在国内取得的收入；相反，国民生产总值包含本国公民在国外取得的收入，但不包含外国居民在国内取得的收入。

GDP = GNP − 本国居民在国外的收入 + 外国居民在本国的收入

= GNP − (本国生产要素在国外取得的收入 − 本国付给外国生产要素的收入)

= GNP − 国外要素收入净额

在实践中，随着对外交往的增加，越来越多的国家（包括我国）在国民经济核算中选择使用 GDP 指标。

国内生产总值有 3 种表现形态，即价值形态、收入形态和产品形态。从价值形态看，它是所有常住居民在一定时期内生产的全部货物和服务价值超过同期中间投入的全部非固定资产货物和服务价值的差额；从收入形态看，它是所有常住居民在一定时期内创造并分配给常住居民和非常住居民的初次收入分配之和；从产品形态看，它是所有常住居民在一定时期内最终使用的货物和服务价值与货物和服务净出口价值之和。

对应于这 3 种表现形态，在实际核算中，国内生产总值有 3 种计算方法，即生产法、收入法和支出法。这 3 种方法分别从不同的方面反映国内生产总值及其构成。

以常用的支出法为例，统计 GDP 时要将出口计算在内，但不计算进口。其公式为：

$$GDP = C + I + G + (X - M)$$

式中：C——消费（即常住居民的个人消费。其中，所有房屋，包括居民住房的购买，都属于固定资本形成，而不属于消费性支出）；

I——投资（包括净投资与折旧）；

G——政府支出（包括政府购买，但不包括政府转移支付，以避免重复计算）；

X——出口；

M——进口；

X − M——净出口。

国内生产总值的增长速度一般用来衡量经济增长率（也称"经济增长速度"），是反映一定时期经济发展水平变化程度的动态指标，也是反映一个国家经济是否具有活力的基本指标。对于发达国家来说，其经济发展总水平已经达到相当的高度，经济发展速度的提高相对来说比较困难；对经济尚处于较低水平的发展中国家而言，由于发展潜力大，其经济发展速度可能达到高速甚至超高速增长。这时就要警惕由此可能带来的诸如通货膨胀、泡沫经济等问题，以避免造成宏观经济的过热。

因此，在宏观经济分析中，国内生产总值指标占有非常重要的地位，具有十分广泛的用途。国内生产总值的持续稳定增长是政府追求的目标之一。

值得注意的是，国内生产总值等总量指标的情况只能对国民经济形势有一个大致的判断，要深入掌握经济运行的内在规律，还必须对经济运行的变动特点进行分析。与对国内生产总值等总量指标的分析相比，对经济运行变动特点进行分析更偏重于对经济运行质量的研究，主要包括以下三个方面：一是经济增长的历史动态比较，说明增长波动的特征，即所处经济周期的阶段特征；二是经济结构的动态比较，说明经济结构的变化过程和趋势；三是物价变动的动态比较，说明物价总水平的波动与通货膨胀状况，并联系经济增长、经济结构的发展变化等，说明物价变化的特点及其对经济运行主要方面的影响。

2. 工业增加值

工业增加值是指工业行业在报告期内以货币表现的工业生产活动的最终成果，是衡量国民经济的重要统计指标之一。

工业增加值有两种计算方法：一是生产法，即工业总产出减去工业中间投入；二是收入法，即从收入的角度出发，根据生产要素在生产过程中应得到的收入份额计算，具体构成项目有固定资产折旧、劳动者报酬、生产税净额、营业盈余。这种方法也称"要素分配法"。

以常用的支出法为例，工业增加值等于工业总产值与中间消耗的差额。工业增加值率则是指一定时期内工业增加值占工业总产值的比重，反映降低中间消耗的经济效益。

测算工业增加值的基础来源于工业总产值，即以货币表现的工业企业在一定时期内生产的已出售或可供出售的工业产品总量，反映一定时间内工业生产的总规模和总水平。工业总产值采用"工厂法"计算，即以工业企业作为一个整体，按企业工业生产活动的最终成果来计算，企业内部不允许重复计算，不能把企业内部各个车间（分厂）生产的成果相加。但在企业之间、行业之间、地区之间存在着重复计算。

3. 失业率

失业率是指劳动力人口中失业人数所占的百分比。劳动力人口是指年龄在16岁以上具有劳动能力的人的全体。

目前，我国统计部门公布的失业率为城镇登记失业率，即城镇登记失业人数占城镇从业人数与城镇登记失业人数之和的百分比。城镇登记失业人数是指拥有非农业户口，在一定的劳动年龄内，有劳动能力，无业而要求就业，并在当地就业服务机构进行求职登记的人员数。

失业率上升与下降是以国内生产总值（GDP）相对于潜在GDP的变动为背景的，而其本身则是现代社会的一个主要问题。当失业率很高时，资源被浪费，人们收入减少，此时，经济问题还可能影响人们的情绪和家庭生活，进而引发一系列的社会问题。

但值得注意的是，通常所说的充分就业是指对劳动力的充分利用，但不是完全利用，因为在实际的经济生活中不可能达到失业率为零的状态。在充分就业情况下也会存在一部分正常的失业，如由于劳动力的结构不能适应经济发展对劳动力的需求变动所引起的结构性失业。

4. 通货膨胀

通货膨胀是指一般物价水平持续、普遍、明显地上涨。零售物价指数又称消费价格指数（CPI）：反映消费者为购买消费品而付出的价格的变动情况。生产者物价指数（PPI）：是衡量工业企业产品出厂价格变动趋势和变动程度的指数。通货膨胀对社会经济产生的影响主要有：引起收入和财富的再分配，扭曲商品相对价格，降低资源配置效率，促发泡沫经济乃至损害一国的经济基础和政权基础。通货膨胀有被预期和未被预期之分，从程度上则有温和的、严重的和恶性的三种。温和的通货膨胀是指年通胀率低于10%的通货膨胀，严重的通货膨胀是指两位数的通货膨胀，恶性的通货膨胀则是指3位数以上的通货膨胀。为抑制通货膨胀而采取的货币政策和财政政策通常会导致高失业和GDP的低增长。

通货膨胀产生的3种原因：需求拉上的通货膨胀、成本推进的通货膨胀和结构性通货膨胀。

5. 宏观经济运行景气指标

采购经理指数（PMI）就是通过对采购经理的月度调查统计汇总、编制而成的指数，这个指数比较准确地反映了经济的变化趋势，是经济监测的先行指标。

制造业PMI是一个综合指数，以百分比来表示，通常以50%作为经济强弱的分界点。当指数高于50%时，被解释为经济扩张的信号。当指数低于50%，尤其是非常接近40%时，则有经济萧条的预兆和忧虑。按国际惯例，PMI指数如连续多月沿同一方向变化，就可说明这种变化具有趋势性。

制造业PMI是一个综合指数，由5个扩散指数（分类指数）加权计算而成。即新订单指数（简称订单），权数为30%；生产量指数（简称生产），权数为25%；从业人员指数（简称雇员），权数为20%；供应商配送时间指数（简称配送），权数为15%；主要原材料库存指数（简称存货），权数为10%。

PMI具有明显的先导性，是经济的先行指标。是国际上通行的宏观经济监测指标体系之一，对国家经济活动的监测和预测具有重要作用。通常50%为经济强弱的分界点，PMI高于50%，反映制造业经济扩张；低于50%，则反映制造业经济衰退。

6. 国际收支

国际收支是一国居民在一定时期内与非本国居民在政治、经济、军事、文化及其他往来中所产生的全部交易的系统记录。这里的居民是指在国内居住1年以上的自然人和法人。

国际收支包括经常项目和资本项目。经常项目主要反映一国的贸易和劳务往来状况，包括贸易收支、劳务收支和单方面转移，是最具综合性的对外贸易指标。

资本项目集中反映一国同国外资金往来的情况，反映一国利用外资和偿还本金的执行情况。资本项目一般分为长期资本和短期资本。

进出口总量及其增长是衡量一国经济开放程度的重要指标。

国际收支平衡需要避免国际收支的过度逆差或顺差。

（二）投资指标

投资规模是指一定时期在国民经济各部门、各行业再生产中投入资金的数量。投资规模是否适度是影响经济稳定与增长的一个决定因素。投资规模过小，不利于为经济的进一步发展奠定物质技术基础；投资规模安排过大，超出了一定时期人力、物力和财力的可能，又会造成国民经济比例的失调，导致经济大起大落。

全社会固定资产投资是衡量投资规模的主要变量。按经济类型划分，全社会固定资产投资包括国有经济单位投资、城乡集体经济单位投资、其他各种经济类型的单位投资和城乡居民个人投资；按我国现行管理体制划分，全社会固定资产投资包括基本建设、更新改造、房地产开发投资和其他固定资产投资4部分。固定资产投资是社会固定资产再生产的主要手段。固定资产投资额是以货币表现的建造和购置固定资产活动的工作量，是反映固定资产投资规模、速度、比例关系和使用方向的综合性指标。

随着我国改革开放的不断深入，投资主体呈现出多元化的趋势，主要包括政府投资、企业投资和外商投资3个方面。

（1）政府投资。政府投资是政府以财政资金投资于经济建设，其目的是改变长期失衡的经济结构，完成私人部门不能或不愿从事但对国民经济发展却至关重要的投资项目，如大型水利设施、公路建设和生态保护等。同时，政府投资也是扩大投资需求、促进经济增长的重要手段。

（2）企业投资。随着我国现代企业制度的建立，企业逐渐成为投资主体之一，企业投融资的权力不断扩大。随着我国市场化改革的不断深入，企业投资需求将成为国内投资需求的主要部分，企业投资的规模和方向影响着一国经济未来的走向。

（3）外商投资。外商投资包括外商直接投资和外商间接投资。外商直接投资是指外国企业和经济组织或个人（包括华侨、港澳台胞以及我国在境外注册的企业）按我国有关政策、法规，用现汇、实物、技术等在我国境内开办外商独资企业，与我国境内的企业或经济组织共同举办中外合资经营企业、合作经营企业或合作开发资源的投资（包括外商投资收益的再投资）以及经政府有关部门批准的项目投资总额内企业从境外借入的资金等。外商间接投资是指除对外借款（外国政府贷款、国际金融组织贷款、商业银行商业贷款、出口信贷以及对外发行债券等）和外商直接投资以外的各种利用外资的形式，包括企业在境内外股票市场公开发行的以外币计价的股票或人民币发行总额，国际租赁进口设备的应付款，补偿贸易中外商提供的进口设备、技术、物料的价款，加工装配贸易中外商提供的进口设备、物料的价款。

（三）消费指标

1. 社会消费品零售总额

社会消费品零售总额是指国民经济各行业通过多种商品流通渠道向城乡居民和社会集团供应的消费品总额。根据我国国家统计局的统计标准，社会消费品零售总额包括十大项内容。简而言之，社会消费品零售总额包括各种经济类型的批发零售贸易业、餐饮业、制造业和其他行业售给城乡居民和社会集团的消费品零售额以及农民售给非农业居民和社会集团的消费品零售额。

社会消费品零售总额按销售对象划分为两大部分，即对居民的消费品零售额和对社会集团的消费品零售额。对居民的消费品零售额针对售给城乡居民用于生活消费的商品，对社会集团的消费品零售额针对企业、事业和行政等各种类型单位用公款购买的用作非生产、非经营用的消费品。其中，居民的消费品零售额与国民经济核算中的居民消费之间具有密切的联系，前者中的大部分直接构成居民消费，是计算后者的主要资料来源之一。

社会消费品零售总额是研究国内零售市场变动情况、反映经济景气程度的重要指标。社会消费品零售总额的大小和增长速度也反映了城乡居民与社会集团消费水平的高低、居民消费意愿的强弱。社会消费品需求是国内需求的重要组成部分，对一国经济增长具有巨大促进作用。

2. 城乡居民储蓄存款余额

城乡居民储蓄存款余额是指某一时点城乡居民存入银行及农村信用社的储蓄金额，包括城镇居民储蓄存款和农民个人储蓄存款，不包括居民的手持现金和工矿企业、部队、机关、团体等单位存款。居民储蓄存款是居民可支配收入扣除消费支出以后形成的。居民储蓄量的大小首先决定于可支配收入的多少，同时又受可支配收入中消费支出比例的限制。在可支配收入一定时，消费支出多了，储蓄就会减少，是此多彼少的关系。当市场上人们的消费意愿增强时，储蓄相应缩小；市场消费意愿减弱时，储蓄相应增加。

居民储蓄增加以后，银行的资金来源扩大了，如果存贷比率不变，银行贷款投放也会相应增加，这就扩大了企业的资金使用，正常情况下就会扩大国内投资需求。所以，储蓄扩大的直接效果就是投资需求扩大和消费需求减少。

3. 居民可支配收入

居民可支配收入是居民家庭在一定时期内获得并且可以用来自由支配的收入。它是通过居民家庭日常获得的总收入计算得来的。由于居民家庭总收入包括个人所得税、公积金、养老基金、医疗基金、失业基金等属于国家先发后征或居民家庭成员必须缴纳的刚性支出，因此这部分名义收入（居民不可自由支配的）必须予以扣除，余下的即为居民可以用来自由支配的收入。

居民可支配收入＝城镇居民家庭总收入－缴纳所得税－个人缴纳的社会保障支出家庭总收入包括工薪收入、经营净收入、财产性收入（如利息红利房租收入等）、转移性收入（如养老金、离退休金、社会救济收入等）。分析一国的消费能力时，应注意该国居民可支配收入占国民收入的比例及占比变化。

国家统计局 2022 年 2 月 28 日发布的《2021 年国民经济和社会发展统计公报》显示，2021 年，全年全国居民人均可支配收入 35 128 元，比上年增长 9.1%，扣除价格因素，实际增长 8.1%。快于人均 GDP 增速，与 GDP 增速同步。全国居民人均可支配收入中位数 29 975 元，增长 8.8%。

（四）金融指标

1. 总量指标

（1）货币供应量。货币供应量是单位和居民个人在银行的各项存款和手持现金之和，其变化反映着中央银行货币政策的变化，对企业生产经营、金融市场尤其是证券市场的运行和居民个人的投资行为有着重大的影响。中央银行一般根据宏观监测和宏观调控的需要，根据流动性的大小将货币供应量划分为不同的层次。

根据我国现行货币统计制度将货币供应量划分为 3 个层次：①流通中现金（M_0），指单位库存现金和居民手持现金之和；②狭义货币供应量（M_1），指 M_0 加上单位在银行的可开支票进行支付的活期存款；③广义货币供应量（M_2），指 M_1 加上单位在银行的定期存款和城乡居民个人在银行的各项储蓄以及证券公司的客户保证金。M_2 与 M_1 的差额，通常称为准货币。

（2）金融机构各项存贷款余额。金融机构各项存贷款余额是指某一时点金融机构存款金额与金融机构贷款金额。其中金融机构主要包括商业银行和政策性银行、非银行信贷机构和保险公司。

（3）金融资产总量。是指手持现金、银行存款、有价证券、保险等其他资产的总和。

（4）社会融资总额。社会融资总额：一定时期内实体经济从金融体系获得的全部资金总额。

社会融资总量的内涵主要体现在 3 个方面。

一是金融机构通过资金运用对实体经济提供的全部资金支持，即金融机构资产的综合运用，主要包括人民币各项贷款、外币各项贷款、信托贷款、委托贷款、金融机构持有的企业债券、非金融企业股票、保险公司的赔偿和投资性房地产等。

二是实体经济利用规范的金融工具、在正规金融市场、通过金融机构服务所获得的直接融资，主要包括银行承兑汇票、非金融企业股票筹资及企业债的净发行等。

三是其他融资，主要包括小额贷款公司贷款、贷款公司贷款、产业基金投资等。

社会融资总量 = 人民币各项贷款 + 外币各项贷款 + 委托贷款 + 信托贷款 + 银行承兑汇票 + 企业债券 + 非金融企业股票 + 保险公司赔偿 + 保险公司投资性房地产 + 其他

（5）外汇储备。外汇储备是一国对外债权的总和，用于偿还外债和支付进口，是国际储备的一种。

一国的国际储备除了外汇储备之外，还包括黄金储备、特别提款权和在国际货币基金组织（IMF）的储备头寸。

外汇储备增加，本币需求增加，国内总需求增加。非储备外汇影响机制刚好相反。

（6）外汇占款。外汇占款是指受资国中央银行收购外汇资产而相应投放的本国货币。由于人民币是非自由兑换货币，外资引入后需兑换成人民币才能进入流通使用，国家为了外资换汇要投入大量的资金增加了货币的需求量，形成了外汇占款。

银行购买外汇形成本币投放，所购买的外汇资产构成银行的外汇储备。

中央银行的外汇占款→央行持有的外汇储备→基础货币投放

银行体系收购外汇资产→全社会外汇储备→社会资金投放

2. 利率

利率（或称"利息率"）是指在借贷期内所形成的利息额与本金的比率。利率直接反映的是信用关系中债务人使用资金的代价，也是债权人出让资金使用权的报酬。从宏观经济分析的角度看，利率的波动反映出市场资金供求的变动状况。在经济发展的不同阶段，市场利率有不同的表现。在经济持续繁荣增长时期，资金供不应求，利率上升；当经济萧条市场疲软时，利率会随着资金需求的减少而下降。除了与整体经济状况密切相关之外，利率影响着人们的储蓄、投资和消费行为；利率结构也影响着居民金融资产的选择，影响着证券的持有结构。利率有存款利率、贷款利率、国债利率、回购利率、同业拆借利率之分。再贴现率和同业拆借利率是基准利率。随着市场经济的不断发展和政府宏观调控能力的不断加强，利率特别是基准利率已经成为中央银行一项行之有效的货币政策工具。

（1）贴现率与再贴现率。贴现是指银行应客户的要求，买进其未到付款日期的票据。或者说，购买票据的业务称为"贴现"。办理贴现业务时，银行向客户收取一定的利息，称为"贴现利息"或"折扣"，其对应的比率即贴现率。再贴现率是商业银行由于资金周转的需要，以未到期的合格票据再向中央银行贴现时所适用的利率。对中央银行而言，再贴现是买进票据，让渡资金；对商业银行而言，再贴现是卖出票据，获得资金。再贴现是中央银行的一项主要的货币政策工具。中央银行根据市场资金供求状况调整再贴现率，能够影响商业银行资金借入的成本，进而影响商业银行对社会的信用量，从而调节货币供给总量。如果中央银行提高再贴现率，就意味着商业银行向中央银行再融资的成本提高了，因此它们必然要调高对客户的贴现率或提高放款利率，从而带动整个市场利率上涨，这样借款人就会减少，起到紧缩信用的作用，市场货币供应量减少；反之，如果中央银行降低再贴现率，就可以起到扩大信用的作用。所以，再贴现率的变动对货币供应量起直接作用，进而对国内总需求产生影响。当再贴现率提高时，会降低总需求；当再贴现率降低时，会扩大总需求。

（2）同业拆借利率。同业拆借利率是指银行同业之间的短期资金借贷利率。同业拆借有两个利率，即拆进利率与拆出利率。拆进利率表示银行愿意借款的利率，拆出利率表示银行愿意贷款的利率。一家银行的拆进（借款）实际上也是另一家银行的拆出（贷款）。同一家银行的拆进利率同拆出利率相比较，拆进利率永远小于拆出利率，其差额就是银行的收益。同业拆借中大量使用的利率是伦敦同业拆借利率（LIBOR）。LIBOR是指在伦敦的第一流银行借款给伦敦的另一家第一流银行资金的利率。现在LIBOR已经作为国际金融市场中大多数浮动利率的基础利率，并作为银行从市场上筹集资金进行转贷的融资成本。贷款协议中议定的LIBOR通常是由几家指定的参考银行在规定的时间（一般是伦敦时间上午11：00）报价的平均利率。使用最多的是3个月和6个月的LIBOR。我国对外筹资成本即是在LIBOR基础上加一定百分点。从LIBOR变化出来的，还有新加坡同业拆借利率、纽约同业拆借利率、中国香港同业拆借利率等。

（3）回购利率。回购是交易双方在全国统一同业拆借中心进行的以债券（包括国债、政策性金融债和中央银行融资券）为权利质押的一种短期资金融通业务，是指资金融入方（正回购方）在将债券出质给资金融出方（逆回购方）融入资金的同时，双方约定在将来某一日期由正回购方按某一约定利率计算的资金额向逆回购方返还资金，逆回购方向正回购方返还原出质债券的融资行为。该约定的利率即回购利率。全国银行间债券市场的回购交易是以国家主权级的债券作为质押品的交易。其回购利率可以说是一种无风险利率，可以准确反映市场资金成本和短期收益水平，比较真实地反映中国金融市场的资金供求情况，已成为中央银行制定货币政策、财政部和其他债券发行人制定发行策略、市场参与者进行资产管理的重要参考指标。

（4）各项存贷款利率。各项存贷款利率包括金融机构对客户存贷款利率，即城乡居民和企事业单位存贷款利率、中国人民银行对金融机构存贷款利率、优惠贷款利率。国务院批准和授权中国人民银行制定的各项利率为法定利率，具有法律效力，其他任何单位和个人无权变动，且法定利率的公布、实施由中国人民银行负责。

银行利率的变动不仅对银行存贷款有直接影响，对债券利率也会产生影响，其他货币的市场价格也会随利率的变动而变动。所以，利率是对市场反应非常灵敏的一个经济变量。在对利率与总供需关系的研究中，应该对存款利率和贷款利率加以区别。存款利率主要调节存款，贷款利率主要调节贷款。一般情况下，两者之间的变动方向是一致的，但是有时候在变动幅度上可以不同。因而，存贷款利率之间的差额也可以成为调节供需关系的一种工具。

在其他条件不变时，由于利率水平上浮引起存款增加和贷款下降，使居民的消费支出减少，使企业生产成本增加，会同时抑制供给和需求；利率水平的降低则会引起需求和供给的双向扩大。

3. 汇率

汇率是外汇市场上一国货币与他国货币相互交换的比率。一般来说，国际金融市场上的外汇汇率是由一国货币所代表的实际社会购买力平价和自由市场对外汇的供求关系决定的。

汇率变动是国际市场商品和货币供求关系的综合反映。以外币为基准，当汇率上升时，本币贬值，国外的本币持有人就会抛出本币，或者加快从国内市场购买商品的速度。对于国内来说，一方面是流回国内的本币增多，另一方面是从国内流出的商品增多，出口量扩大，这就形成了国内需求的扩大和供给的减少。当汇率下降时，本币升值，国外对本币的需求增大以及流出增加，对国内的进口增加，这就使国内需求减少，使国内供给增加。总体效应就是：提高汇率会扩大国内总需求，降低汇率会缩减国内总需求。

一国的汇率会因该国的国际收支状况、通货膨胀率、利率、经济增长率等的变化而波动；同样，汇率波动又会影响一国的进出口额和资本流动，并影响一国的经济发展。特别是在当前国际分工异常发达、各国间经济联系十分密切的情况下，汇率的变动对一国的国内经济、对外经济以及国际经济联系都产生着重大影响。

（五）财政指标

1. 财政收入

财政收入指国家财政参与社会产品分配所取得的收入，是实现国家职能的财力保证。财政收入的内容几经变化，目前主要包括：

（1）各项税收：增值税、营业税、消费税、土地增值税、城市维护建设税、资源税、城镇土地使用税、印花税、个人所得税、企业所得税、关税、农牧业税和耕地占用税等。

（2）专项收入：征收排污费收入、征收城市水资源费收入、教育费附加收入等。

（3）其他收入：基本建设贷款归还收入、基本建设收入、捐赠收入等。

（4）国有企业计划亏损补贴。这项为负收入，冲减财政收入。

2. 财政支出

财政支出指国家财政将筹集起来的资金进行分配使用，以满足经济建设和各项事业的需要，可归类为两部分：一部分是经常性支出，包括政府的日常性支出、公共消费产品的购买、经常性转移等；另一部分是资本性支出，就是政府的公共性投资支出，包括政府在基础设施上的投资、环境改善方面的投资以及政府储备物资的购买等。

经常性支出的扩大可以扩大消费需求，其中既有个人消费需求，也有公共物品的消费需求。资本性支出扩大则扩大投资需求。在总量不变的条件下，两者是此多彼少的关系。扩大了投资，消费就必须减少；扩大了消费，投资就必须减少。所以在需求结构调整时，适当调整财政的支出结构就能很显著地产生效应。

3. 赤字或结余

财政收入与财政支出的差额即为赤字（差值为负时）或结余（差值为正时）。核算财政收支总额主要是为了进行财政收支状况的对比。财政收入大于支出表现为结余，财政收不抵支则出现赤字。如果财政赤字过大，就会引起社会总需求的膨胀和社会总供求的失衡。

同时，财政赤字或结余也是宏观调控中应用最普遍的一个经济变量。财政发生赤字的时候有两种弥补方式：一是通过举债即发行国债来弥补，二是通过向银行借款来弥补。

发行国债对国内需求总量是不会产生影响的。财政向银行借款弥补赤字，如果银行不因此而增发货币，只是把本来应该增加贷款的数量借给财政使用，那么财政赤字同样不会使需求总量增加。这是由债务本身的性质所决定的。只有在银行因为财政的借款而增加货币发行量时，财政赤字才会扩大国内需求。

值得注意的是，为了更好地发挥财政政策的作用，财政政策应当和货币政策相互结合使用。

（六）主权债务

主权债务是指一国以自己的主权为担保向外（不管是向国际货币基金组织，还是向世界银行，还是向其他国家）借来的外债。主权债务危机的实质是国家债务信用危机。现在很多国家，随着救市规模不断扩大，债务的比重也在大幅度地增加。当这个危机爆发到一定阶段的时候可能会出现主权违约，当一国不能偿付其主权债务时发生的违约。

主权债务危机——国家债务信用危机。其判断依据：国债负担率、债务依存度、偿债率。《马斯特里赫特条约》：国债负担率、赤字率。

主权债务危机一般会产生以下的负面影响：导致新的贸易保护；危机国财政紧缩、税收增加和失业率增加，社会矛盾激化；危机国货币贬值，资金外流；危机国债收益率上升，筹资成本大幅增加，甚至无法发行国债。

第二节　宏观经济对证券市场的影响

一、宏观经济运行与证券市场变动的关系

（一）宏观经济运行对证券市场的影响

证券市场有经济晴雨表之称。这表明证券市场是宏观经济的先行指标，也表明宏观经济的走向决定证券市场长期趋势。宏观经济因素是影响证券市场长期走势的唯一因素。

宏观经济运行通过 4 个途径影响证券市场：企业经营效益、居民收入水平、投资者对股价的预期、资金成本。

1. 企业经营效益

无论从长远还是近期看，宏观经济环境是影响公司生存、发展的最基本因素。公司的经营效益会随着宏观经济运行周期、市场环境、宏观经济政策、利率水平和物价水平等宏观经济因素而变动。如当公司经营随宏观经济的趋好而改

善，盈利水平提高，其股价自然上涨；当采取强有力的宏观调控政策，紧缩银根，公司的投资和经营受到影响，盈利下降，证券市场也会遭受重创。

2. 居民收入水平

在经济周期处于上升阶段或在提高居民收入政策的情况下，居民收入水平提高，将不仅促进消费，改善企业经营环境，而且直接增加证券市场的需求，促使证券价格上涨。

3. 投资者对股价的预期

投资者对股价的预期，也就是投资者的信心，即"人气指标"，是宏观经济影响证券市场走势的重要途径。当宏观经济趋好时，投资者预期公司效益和自身的收入水平会上升，证券市场自然人气旺盛，从而推动证券价格上扬。

4. 资金成本

当国家经济政策发生变化，如采取调整利率水平、实施消费信贷政策、征收利息税等政策，居民、单位的资金持有成本随之变化，促使资金流向改变，影响证券市场的需求，从而影响证券市场的走向。

（二）宏观经济变动与证券市场波动的关系

1. 国内生产总值变动

国内生产总值（GDP）是一国经济成就的根本反映，从长期看，在上市公司的行业结构与该国产业结构基本一致的情况下，股票平均价格的变动与 GDP 的变化趋势是吻合的。但不能简单地以为 GDP 增长，证券市场就必将伴之以上升的走势，实际上有时恰恰相反。我们必须将 GDP 与经济形势结合起来进行考察。

（1）持续、稳定、高速的 GDP 增长。在这种情况下，社会总需求与总供给协调增长，经济结构逐步合理，趋于平衡，经济增长来源于需求刺激并使得闲置的或利用率不高的资源得以更充分利用，从而表明经济发展势头良好。这时证券市场将基于下述原因而呈现上升走势：一是，伴随总体经济成长，上市公司利润持续上升，股息和红利不断增长，企业经营环境不断改善，产销两旺，投资风险也越来越小，从而公司的股票和债券全面得到升值，促使价格上扬。二是，人们对经济形势形成了良好的预期，投资积极性得以提高，从而增加了对证券的需求，促使证券价格上涨。三是，随着国内生产总值 GDP 的持续增长，国民收入和个人收入都不断得到提高，收入增加也将增加证券投资的需求，从而证券价格上涨。

（2）高通胀下的 GDP 增长。当经济处于严重失衡下的高速增长时，总需求大大超过总供给，这将表现为高的通货膨胀率，这是经济形势恶化的征兆，如不采取调控措施，必将导致未来的"滞胀"（通货膨胀与经济停滞并存）。这时经济中的矛盾会突出地表现出来，企业经营将面临困境，居民实际收入也将降低，因而失衡的经济增长必将导致证券价格下跌。

（3）宏观调控下的GDP减速增长。当GDP呈失衡的高速增长时，政府可能采用宏观调控措施以维持经济的稳定增长，这样必然减缓GDP的增长速度。如果调控目标得以顺利实现，GDP仍以适当的速度增长而未导致GDP的负增长或低增长，说明宏观调控措施十分有效，经济矛盾逐步得以缓解，为进一步增长创造了有利条件。这时证券市场亦将反映这种好的形势而呈平稳渐升的态势。

（4）转折性的GDP变动。如果GDP一段时期以来呈负增长，当负增长速度逐渐减缓并呈现向正增长转变的趋势时，表明恶化的经济环境逐步得到改善，证券市场走势也将由下跌转为上升。当GDP由低速增长转向高速增长时，表明低速增长中，经济结构得到调整，经济的"瓶颈"制约得以改善，新一轮经济高速增长已经来临，证券价格亦将伴之以快速上涨之势。

证券市场一般提前对GDP变动作出反应，也就是说，证券市场是反映预期的GDP变动，而GDP的实际变动被公布时，证券市场只反映实际变动与预期变动的差别，因而对GDP变动进行分析时必须着眼于未来，这是最基本的原则。

股市指数与宏观经济走势之间的关联关系被不同程度地弱化，股市指数与国民经济增长速度经常呈现非正相关甚至负相关关系。

2. 经济周期变动

经济周期是一个连续不断的过程，表现为扩张和收缩的交替出现。某个时期产出、价格、利率、就业不断上升直至某个高峰——繁荣，之后可能是经济的衰退，产出、产品销售、利率、就业率开始下降，直至某个低谷——萧条。萧条阶段的明显特征是需求严重不足，生产相对严重过剩，销售量下降，价格低落，企业盈利水平极低，生产萎缩，出现大量破产倒闭，失业率增大。接下来则是经济重新复苏，进入一个新的经济周期。

证券市场综合了人们对于经济形势的预期，这种预期较全面地反映了人们对经济发展过程中表现出的有关信息的切身感受。这种预期又必然反映到投资者的投资行为中，从而影响证券市场的价格。既然股价反映的是对经济形势的预期，因而其表现必定领先于经济的实际表现（除非预期出现偏差，经济形势本身才对股价产生纠错反应）。当经济持续衰退至尾声即萧条时期，百业不振，投资者已远离证券市场，每日成交稀少。此时，那些有眼光而且在不停收集和分析有关经济形势并作出合理判断的投资者已在默默吸纳股票，股价已缓缓上升。当各种媒介开始传播萧条已去、经济日渐复苏时，股价实际上已经升至一定水平。而那些有识之士在综合分析经济形势的基础上，认为经济将不会再创热潮时，就悄然抛出股票，股价虽然还在上涨，但供需力量逐渐发生转变。当经济形势逐渐被更多的投资者所认识，供求趋于平衡直至供大于求时，股价便开始下跌。当经济形势发展按照人们的预期走向衰退时，与上述相反的情况便会发生。

上面描述了股价波动与经济周期相互关联的一个总体轮廓。这个轮廓给我们以下几点启示：

（1）经济总是处于周期性运动中，股价波动是永恒的。股价伴随经济相应地波动，但股价的波动超前于经济运动，股价波动是永恒的。

（2）收集有关宏观经济资料和政策信息，随时注意经济发展动向。正确把握当前经济发展处于经济周期的何种阶段，对未来作出正确判断，切忌盲目从众。

（3）把握经济周期，认清经济形势。不要被股价的"小涨""小跌"驱使而追逐小利或回避小失（这一点对中长期投资者尤为重要）。在把握经济周期的同时，配合技术分析的趋势线进行研究或许会大有收益。

3. 通货变动

在我国，所谓通货，就是指中国的法定货币。它的国内购买力水平是以可比物价变动情况来衡量的。一般在没有价格管制、价格基本由市场调节的情况下，通货变动与物价总水平是同义语。通货变动包括通货膨胀和通货紧缩。

（1）通货膨胀对证券市场的影响。

通货膨胀对证券市场特别是个股的影响，没有一成不变的规律可循，完全可能产生相反方向的影响，应具体情况具体分析。

分析的一般性原则：

①温和的、稳定的通货膨胀对股价的影响较小。通货膨胀提高了债券的必要收益率，从而引起债券价格下跌。

②如果通货膨胀在一定的可容忍范围内持续，而经济处于景气（扩张）阶段，产量和就业都持续增长，那么股价也将持续上升。

③严重的通货膨胀是很危险的，经济将被严重扭曲，货币加速贬值，这时，人们会囤积商品、购买房屋等进行保值。这可能从两个方面影响证券价格：一是资金流出证券市场，引起股价和债券价格下跌。二是经济扭曲和失去效率，企业筹集不到必需的生产资金；同时，原材料、劳务成本等价格飞涨，使企业经营严重受挫，盈利水平下降，甚至倒闭。

④政府往往不会长期容忍通货膨胀存在，因而必然会使用某些宏观经济政策工具来抑制通货膨胀，这些政策必然对经济运行造成影响。

⑤通货膨胀时期，并不是所有价格和工资都按同一比率变动，而是相对价格发生变化。这种相对价格变化引致财富和收入的再分配，因而某些公司可能从中获利，而另一些公司可能蒙受损失。

⑥通货膨胀不仅会产生经济影响，还可能产生社会影响，并影响投资者的心理和预期，从而对股价产生影响。

⑦通货膨胀使得各种商品价格具有更大的不确定性，也使得企业未来经营状况具有更大的不确定性，从而增加证券投资的风险。

⑧通货膨胀对企业的微观影响表现为：通货膨胀之初，税收效应、负债效应、存货效应和波纹效应等都有可能刺激股价上涨。但长期严重的通货膨胀必然恶化经济环境、社会环境，股价将受大环境影响而下跌。

（2）通货紧缩对证券市场的影响。

通货紧缩将损害消费者和投资者的积极性，造成经济衰退和经济萧条，与通货膨胀一样不利于币值稳定和经济增长。通货紧缩甚至被认为是导致经济衰退的"杀手"。从消费者的角度来说，通货的持续紧缩，使消费者对物价的预期值下降，而更多地持币待购，推迟购买。对投资者来说，通货紧缩将使目前的投资在将来投产后，产品价格比现在的价格还低，并且投资者预期未来工资下降，成本降低，这些会促使投资者更加谨慎，或推迟原有投资计划。消费和投资的下降减少了总需求，使物价继续下降，从而步入恶性循环。从利率角度分析，通货紧缩形成了利率下调的稳定预期，由于真实利率为名义利率减通货膨胀率，下调名义利率降低了社会的投资预期收益率，导致有效需求和投资支出进一步减少，工资降低，失业增多，企业的效益下滑，居民收入减少，引致物价更大幅度地下降。可见，因通货紧缩带来的经济负增长，使得股票债券及房地产等资产价格大幅下降，银行资产状况严重恶化。而经济危机与金融萧条的出现反过来又大大影响了投资者对汇率与证券市场走势的信心。

二、宏观经济政策对证券市场的影响

（一）财政政策

财政政策是政府依据客观经济规律制定的指导财政工作和处理财政关系的一系列方针、准则和措施的总称。财政政策是当代市场经济条件下国家干预经济、与货币政策并重的一项手段。

1. 财政政策的手段及其对证券市场的影响

财政政策的6个手段：国家预算、税收、国债、财政补贴、财政管理体制、转移支付制度。这些手段可以单独使用，也可以配合协调使用。

（1）国家预算。国家预算是财政政策的主要手段。作为政府的基本财政收支计划，国家预算能够全面反映国家财力规模和平衡状态，并且是各种财政政策手段综合运用结果的反映，因而在宏观调控中具有重要的功能作用。国家预算的支出方向可以调节社会总供求的结构平衡。财政投资主要运用于能源、交通及重要的基础产业、基础设施的建设，财政投资的多少和投资方向直接影响和制约国民经济的部门结构，因而具有造就未来经济结构框架的功能，也有矫正当期结构失衡状态的功能。

（2）税收。税收是国家凭借政治权力参与社会产品分配的重要形式。税收具有强制性、无偿性和固定性的特征，它既是筹集财政收入的主要工具，又是调节宏观经济的重要手段。首先，税制的设置可以调节和制约企业间的税负水平。税收还可以根据消费需求和投资需求的不同对象设置税种或在同一税种中实行差别税率，以控制需求数量和调节供求结构。进口关税政策和出口退税政策对于国际收支平衡具有重要的调节功能。

（3）国债。国债是国家按照有偿信用原则筹集财政资金的一种形式，同时也是实现政府财政政策，进行宏观调控的重要工具。国债可以调节国民收入的使用结构和产业结构，用于农业、能源、交通和基础设施等国民经济的薄弱部门和"瓶颈"产业的发展，调整固定资产投资结构，促进经济结构的合理化。国债还可以调节资金供求和货币流通量。政府主要通过扩大或减少国债发行、降低或提高国债利率和贴现率以及中央银行的公开市场业务来调节资金供求和货币供应。

（4）财政补贴。财政补贴是国家为了某种特定需要，将一部分财政资金无偿补助给企业和居民的一种再分配形式。我国财政补贴主要包括：价格补贴、企业亏损补贴、财政贴息、房租补贴、职工生活补贴和外贸补贴等。

（5）财政管理体制。财政管理体是在财政管理中划分各级政权之间以及国家与国营企业、事业单位之间的责任、权力和利益关系的制度。其主要功能是调节各地区、各部门之间的财力分配。

（6）转移支付制度。转移支付制度是中央财政将集中的一部分财政资金，按一定的标准拨付给地方财政的一项制度。其主要功能是调整中央政府与地方政府之间的财力纵向不平衡，以及调整地区间财力横向不平衡。

财政预算政策、税收政策除了通过预算安排的松紧、课税的轻重影响到财政收支的多少，进而影响到整个经济的景气外，更重要的是对某些行业、某些企业带来不同的影响。如果财政预算对能源、交通等行业在支出安排上有所侧重，将促进这些行业的发展，从而有利于这些行业在证券市场上的整体表现。同样，如果国家对某些行业、某些企业实施税收优惠政策，诸如减税、提高出口退税率等措施，那么这些行业及其企业就会处于有利的经营环境，其税后利润增加，该行业及其企业的股票价格也会随之上扬。

2. 财政政策的种类及其对证券市场的影响

财政政策分为扩张性财政政策、紧缩性财政政策和中性财政政策。紧缩性财政政策将使得过热的经济受到控制，证券市场也将走弱，因为这预示着未来经济将减速增长或走向衰退，而扩张性财政政策刺激经济发展，证券市场则将走强，因为这预示着未来经济将加速增长或进入繁荣阶段。

实施积极财政政策对证券市场的影响有：

（1）减少税收，降低税率，扩大减免税范围。其政策的经济效应是：增加微观经济主体的收入，以刺激经济主体的投资需求，从而扩大社会供给，进而增加人们的收入，同时增加了他们的投资需求和消费支出。对证券市场的影响为：增加收入直接引起证券市场价格上涨，增加投资需求和消费支出又会拉动社会总需求。而总需求增加又反过来刺激投资需求，从而使企业扩大生产规模，增加企业利润；利润增加，又将刺激企业扩大生产规模的积极性，进一步增加利润总额，从而促进股票价格上涨。因市场需求活跃，企业经营环境改善，盈利能力增强，进而降低了还本付息风险，债券价格也将上扬。

（2）扩大财政支出，加大财政赤字。其政策效应是：扩大社会总需求，从而刺激投资，扩大就业。政府通过购买和公共支出增加商品和劳务需求，激励企业增加投入，提高产出水平，于是企业利润增加，经营风险降低，将使得股票价格和债券价格上升。同时居民在经济复苏中增加了收入，持有货币增加，经济景气的趋势更增加了投资者的信心，买气增强，证券市场趋于活跃，价格自然上扬。

（3）减少国债发行（或回购部分短期国债）。其政策效应是缩减证券市场上国债的供给量，从而对证券市场原有的供求平衡发生影响。国债是证券市场上重要的交易券种，国债发行规模的缩减，使市场供给量缩减，更多的资金转向股票、企业债券，推动证券价格上扬，从而使整个证券市场的总体价格水平趋于上涨。

（4）增加财政补贴。财政补贴往往使财政支出扩大。其政策效应是扩大社会总需求和刺激供给增加，从而使整个证券价格的总体水平趋于上涨。

紧缩财政政策的经济效应及其对证券市场的影响与上述情况相反。

（二）货币政策

1. 货币政策及其作用

货币政策是指中央银行为实现既定的经济目标，采用各种控制和调节货币供应量和信用量的方针、政策和措施的总称。调节总需求的货币政策的三大工具为法定准备金率，公开市场业务和贴现政策。

（1）通过调控货币供应总量保持社会总供给与总需求的平衡。货币政策可通过调控货币供应量达到对社会总需求和总供给两方面的调节，使经济达到均衡。当总需求膨胀导致供求失衡时，可通过控制货币量达到对总需求的抑制；当总需求不足时，可通过增加货币供应量，提高社会总需求，使经济继续发展。同时，货币供给的增加有利于贷款利率的降低，可减少投资成本，刺激投资增长和生产扩大，从而增加社会总供给；反之，货币供给的减少将促使贷款利率上升，从而抑制社会总供给的增加。

（2）通过调控利率和货币总量控制通货膨胀，保持物价总水平的稳定。无论通货膨胀的形成原因多么复杂，从总量上看，都表现为流通中的货币超过社会在不变价格下所能提供的商品和劳务总量。提高利率可使现有货币购买力推迟，减少即期社会需求，同时也使银行贷款需求减少；降低利率的作用则相反。中央银行还可以通过金融市场直接调控货币供应量。

（3）调节国民收入中消费与储蓄的比例。货币政策通过对利率的调节能够影响人们的消费倾向和储蓄倾向。低利率鼓励消费，高利率则有利于吸收储蓄。

（4）引导储蓄向投资的转化并实现资源的合理配置。储蓄是投资的来源，但储蓄不能自动转化为投资，储蓄向投资的转化依赖一定的市场条件。货币政策可以通过利率的变化影响投资成本和投资的边际效率，提高储蓄转化的比重，并通过金融市场有效运作实现资源的合理配置。

2. 货币政策工具

货币政策工具是中央银行为达到货币政策目标而采取的手段。货币政策工具分为一般性工具和选择性工具。一般性政策工具包含 3 种：法定存款准备金率、再贴现政策、公开市场业务。在过去较长时期内，中国货币政策以直接调控为主，即采取信贷规模、现金计划等工具。1998 年以后，主要采取间接货币政策工具调控货币供应总量。现阶段，中国的货币政策工具主要有公开市场操作、存款准备金、再贷款与再贴现、利率政策、汇率政策和窗口指导等。2013 年 11 月 6 日，央行网站新增"常备借贷便利（SLF）"栏目，并正式发布当年常备借贷便利开展情况，标志着这一新的货币政策工具的正式使用。2019 年 8 月 17 日，人民银行发布改革完善贷款市场报价利率形成机制公告，在报价原则、形成方式、期限品种、报价行、报价频率和运用要求 6 个方面对 LPR 进行改革，同时把贷款基础利率中文名更改为贷款市场报价利率，全国银行间同业拆借中心披露了最新的贷款市场报价利率（LPR）报价行。2022 年 8 月 22 日贷款市场报价利率（LPR）为：1 年期 LPR 为 3.65%，5 年期以上 LPR 为 4.3%。

（1）一般性货币政策工具。

①法定存款准备金率。法定存款准备金率是指中央银行规定的金融机构为保证客户提取存款和资金清算需要而准备的在中央银行的存款占其存款总额的比例。当中央银行提高法定存款准备金率时，商业银行可运用的资金减少，贷款能力下降，货币乘数变小，市场货币流通量便会相应减少。所以，在通货膨胀时，

中央银行可提高法定存款准备金率；反之，则降低法定存款准备金率。

②再贴现政策。再贴现政策是指中央银行对商业银行用持有的未到期票据向中央银行融资所作的政策规定。再贴现政策一般包括再贴现率的确定和再贴现的资格条件。再贴现率工具主要着眼于短期政策效应。中央银行根据市场资金供求状况调整再贴现率，以影响商业银行借入资金成本，进而影响商业银行对社会的信用量，从而调整货币供给总量。在传导机制上，商业银行需要以较高的代价才能获得中央银行的贷款，便会提高对客户的贴现率或提高放款利率，其结果就会使得信用量收缩，市场货币供应量减少；反之则相反。

③公开市场业务。公开市场业务是指中央银行通过买进或卖出有价证券，吞吐基础货币，调节货币供应量的活动。与一般金融机构所从事的证券买卖不同，中央银行买卖证券的目的不是为了盈利，而是为了调节货币供应量。根据经济形势的发展，当中央银行认为需要收缩银根时，便卖出证券，相应地收回一部分基础货币，减少金融机构可用资金的数量；相反，当中央银行认为需要放松银根时，便买入证券，扩大基础货币供应，直接增加金融机构可用资金的数量。

从交易品种看，中国人民银行公开市场业务债券交易主要包括回购交易、现券交易和发行中央银行票据。其中回购交易分为正回购和逆回购两种，正回购为中国人民银行向一级交易商卖出有价证券，并约定在未来特定日期买回有价证券的交易行为，正回购为央行从市场收回流动性的操作，正回购到期则为央行向市场投放流动性的操作；逆回购为中国人民银行向一级交易商购买有价证券，并约定在未来特定日期将有价证券卖给一级交易商的交易行为，逆回购为央行向市场上投放流动性的操作，逆回购到期则为央行从市场收回流动性的操作。

（2）选择性货币政策工具。

选择性货币政策工具是指中央银行针对某些特殊的经济领域或特殊用途的信贷而采用的信用调节工具。选择性政策工具包含两种：直接信用控制和间接信用指导。

①直接信用控制。直接信用控制是指以行政命令或其他方式，从质和量两个方面直接对金融机构尤其是商业银行的信用活动进行控制。其手段包括利率最高限、信用配额、流动性比率和直接干预等。

②间接信用指导。间接信用指导是指中央银行对商业银行和其他金融机构发出通告、指示或与各金融机构的负责人进行面谈，劝告其遵守政府政策并自动采取贯彻政策的相应措施。窗口指导，是指中央银行根据产业行情、物价趋势和金融市场动向，规定商业银行贷款近期的增减额，并要求其执行。

3. 货币政策的运作

货币政策的运作主要是指中央银行根据客观经济形势采取适当的政策措施调

控货币供应量和信用规模，使之达到预定的货币政策目标，并以此影响整体经济的运行。通常，将货币政策的运作分为紧的货币政策和松的货币政策。

（1）紧缩的货币政策。紧缩的货币政策的主要手段是：减少货币供应量，提高利率，加强信贷控制。紧缩的货币政策主要体现在抑制通货膨胀，当通货膨胀的时候，经济增速过快出现泡沫，国家就会采取从紧的政策。此时通货膨胀的根源就是市场上流通的货币太多了，货币供过于求。

（2）宽松的货币政策。宽松的货币政策的主要手段是：增加货币供应量，降低利率，放松信贷控制。宽松的货币政策总的来说是增加市场货币供应量，如直接发行货币，在公开市场上买债券，降低准备金率和贷款利率等，货币量多了需要贷款的企业和个人就更容易贷到款，一般能使经济更快发展，是促进繁荣或者是抵抗衰退的措施，如中央放出的大量信贷就是宽松货币政策的表现。

4. 货币政策对证券市场的影响

中央银行的货币政策对证券市场的影响，可以从利率、公开市场业务、调节货币供应量、选择性货币政策工具进行分析：

（1）利率。中央银行调整基准利率的调幅低，对证券价格产生影响。一般来说，利率下降时，股票价格就上升，而利率上升时，股票价格就下降。原因：第一，利率的上升，不仅会增加公司的借款成本，而且还会使公司难以获得必需的资金，这样，公司就不得不削减生产规模，而生产规模的缩小又势必会减少公司的未来利润。因此，股票价格就会下降。反之，股票价格就会上涨。第二，利率上升时，一部分资金从投向股市转向到银行储蓄和购买债券，从而会减少市场上的股票需求，使股票价格出现下跌。反之，利率下降时，储蓄的获利能力降低，一部分资金就可能回到股市中来，从而扩大对股票的需求，使股票价格上涨。第三，利率是计算股票内在投资价值的重要依据之一。当利率水平上升，投资者据以评估股票价值所在的折现率也会上升，股票价值因此会下降，从而，也会使股票价格相应下降；反之，利率下降时，股票价格就会上升。

上述利率与股价运动呈反向变化是一般情况，我们也不能将此绝对化。在股市发展的历史上，也有一些相对特殊的情形。当形势看好时，股票行情暴涨的时候，利率的调整对股价的控制作用就不会很大。同样，当股市处于暴跌的时候，即使出现利率下降的调整政策，也可能会使股价回升乏力。

（2）中央银行的公开市场业务对证券价格的影响。当政府倾向于实施较为宽松的货币政策时，中央银行就会大量购进有价证券，从而使市场上的货币供给量增加。这会推动利率下调，资金成本降低，从而企业和个人的投资和消费热情高涨，生产扩张，利润增加，这又会推动股票价格上涨；反之，股票价格将下跌。我们之所以特别强调公开市场业务对证券市场的影响，还在于中央银行的公开市场业务的运作是直接以国债为操作对象，从而直接关系到国债市场的供求变动，影响到国债行市的波动。

（3）调节货币供应量对证券市场的影响。中央银行可以通过法定存款准备金率和再贴现政策调节货币供应量，从而影响货币市场和资本市场的资金供求，进而影响证券市场。如果中央银行提高法定存款准备金率，这在很大程度上限制了商业银行体系创造派生存款的能力，就等于冻结了一部分商业银行的超额准备。由于法定存款准备金率对应数额庞大的存款总量，并通过货币乘数的作用，使货币供应量更大幅度地减少，证券行情趋于下跌。

（4）选择性货币政策工具对证券市场的影响。为了实现国家的产业政策和区域经济政策，我国在中央银行货币政策通过贷款计划实行总量控制的前提下，对不同行业和区域采取区别对待的方针。一般说来，该项政策会对证券市场行情整体走势产生影响，而且还会因为板块效应对证券市场产生结构性影响。当直接信用控制或间接信用指导降低贷款限额、压缩信贷规模时，紧缩的货币政策使证券市场行情呈下跌走势；但如果在紧缩的货币政策前提下，实行总量控制，通过直接信用控制或间接信用指导区别对待，紧中有松，那么一些优先发展的产业和国家支柱产业以及农业、能源、交通、通信等基础产业及优先重点发展的地区的证券价格则可能不受影响，甚至逆势而上。总的来说，此时贷款流向反映当时的产业政策与区域政策，并引起证券市场价格的比价关系作出结构性的调整。

（三）汇率

汇率亦称外汇行市或汇价，一国货币兑换另一国货币的比率，是以一种货币表示另一种货币的价格。由于世界各国货币的名称不同，币值不一，所以一国货币对其他国家的货币要规定一个兑换率，即汇率。具体是指一国货币与另一国货币的比率或比价，或者说是用一国货币表示的另一国货币的价格。汇率变动对一国进出口贸易有着直接的调节作用。

从短期来看，一国（或地区）的汇率由对该国（或地区）货币兑换外币的需求和供给所决定。外国人购买本国商品、在本国投资以及利用本国货币进行投资会影响本国货币的需求。本国居民想购买外国产品、向外国投资以及外汇投机影响本国货币供给。在长期中，影响汇率的主要因素主要有：相对价格水平、关税和限额、对本国商品相对于外国商品的偏好以及生产率。

1. 汇率制度

汇率制度是指一国货币当局对汇率制度本国汇率变动的基本方式所作的一系列安排或规定。传统上，按照汇率变动的幅度，汇率制度主要分为 4 种：自由浮动汇率制度、有管理的浮动汇率制度、目标区间管理和固定汇率制度。

（1）自由浮动汇率。自由浮动汇率是指货币当局对汇率上下浮动不采取任何干预措施，完全听任外汇市场的供求变化自由涨落的一种浮动汇率制度。这种制度的缺点是名义（和实际）汇率的大幅波动可能扭曲资源配置，汇率的随机性和通货膨胀偏向较大。

（2）有管理的浮动汇率。有管理的浮动汇率制是指一国货币当局按照本国经济利益的需要，不时地干预外汇市场，以使本国货币汇率升降朝有利于本国的方向发展的汇率制度。在有管理的浮动汇率制下，汇率在货币当局确定的区间内波动。

（3）目标区间管理。汇率目标区间是指政府设定本国货币对其他货币的中心汇率并规定汇率上下浮动幅度的一种汇率制度。

（4）固定汇率。固定汇率是指一国货币与另一国家货币的兑换比率基本固定的汇率，固定汇率并非汇率完全固定不动，而是围绕一个相对固定的平价的上下限范围波动，该范围最高点叫"上限"，最低点叫"下限"。当汇价涨或跌到上限或下限时，政府的中央银行要采取措施，使汇率维持不变。在 19 世纪初到 20 世纪 30 年代的金本位制时期、第二次世界大战后到 20 世纪 70 年代初以美元为中心的国际货币体系，都实行固定汇率制。

2. 汇率变化对证券市场的影响

（1）汇率的变化及对证券市场的影响。汇率变动主要包含两方面内涵：一是汇率水平波动，二是汇率制度变动，后者往往在短期内导致前者的发生并加剧其波动程度。在浮动汇率制下，汇率水平处于经常性波动之中。如资本可自由流动，国外名义利率提高将导致本国货币贬值，引发国内实际利率上升，影响投资需求。而对固定汇率进行制度性变革，也将造成汇率水平波动；加上相应地放松资本管制，短期内，将强化该货币升值或贬值的预期，促使资本流动方向、规模和速度发生变化，诱发投机现象，影响证券市场走势。外汇市场对证券市场的影响随着资本开放度的提高更为明显，使得汇率风险成为证券市场的主要系统性风险之一。

（2）汇率变动影响证券市场的途径。一是通过影响证券市场决策行为来影响资本流动，最终影响证券市场价格。证券资产的供给与资产价格正相关。在一定价格水平下，证券资产的需求与资产价格同向变动。价格上涨，市场对该资产的需求不但不会减少，反而增加；反之亦然，表现出"强者恒强，弱者恒弱"的特点。但由于证券资产的供给弹性大于需求弹性，随价格持续上涨或下跌，需求将与价格呈负相关关系。因此，价格越高，需求量越少；反之亦然。证券资产的供给与需求的这种背离说明二者之间的均衡关系被完全破坏，价格将被迫发生逆转，导致市场大幅波动。

如外汇市场对本国货币形成升值预期，将在短期内吸引国际资本流入，以获得以本币计价资产升值的收益，导致证券资产价格上涨；并吸引更多国际资本流入，进一步加大升值压力，推动证券价格上涨。加上证券市场助涨助跌的特点，极易形成市场泡沫。反之，如果外汇市场产生本币贬值预期，则资本大量流出，造成证券价格剧烈波动，并加剧货币贬值。如果市场的上述预期因汇率制度变革而实现，那么这种预期将得以强化，推动汇率水平进一步上涨或下跌。

二是影响上市公司进出口及收益水平。本币贬值短期内可刺激出口，限制进口。同时，为避免本币大幅贬值，政府则会提高利率以支持本币汇率水平，公司经营成本就会上升，利润将会减少，证券价格也会下跌。反之，升值则可提高本币购买力，降低进口成本，可以较低价格收购国外企业，扩大对外投资；同时，会抑制出口，造成通胀。总之，相关企业业绩将因此受较大影响，上市公司资产价值变化，促使国际投资者调整投资策略。

此外，汇率变动对不同的上市公司收益率产生不同影响。收入中外汇与人民币比重不同，人民币升值对上市公司收益率的影响也不同。人民币占收入比重越多的，正面影响越大；而外汇收入占总收入越多，负面影响越大。相应地，不同企业的市场定价也将发生变化。对汇率变动的预期可能改变部分企业的投融资计划。在境内美元债务越多的公司从人民币升值中获得的好处越大。如人民币升值一定比例，其财务费用负担就可减少相应比例。这显然将影响公司业绩及股价。

汇率变动对贸易品进口的冲击是普遍的、持久的、实质性的。在人民币升值的情况下，我国内地生产成本和价格越高的产业，与境外差距越大，或者说内地厂家对进口商品的优势越小，则进口冲击对上市公司业绩的影响越大；而那些与境外价格接轨程度较高的产业所受影响则要小些。另外，机场、港口、铁路、高速公路、电力、供水和房地产等非贸易品将因需求扩张而出现价格上涨，市场定价将上调。总之，汇率变动将导致上市公司的资产价格进行结构性调整。

三是通过公开市场、外汇市场等领域操作影响证券市场。本币贬值时，为稳定汇率水平，政府可动用国际储备，抛售外汇，减少本币供应量，导致证券价格下跌。另外，也可利用债市与股市的联动关系进行操作，如抛售外汇，同时回购国债，使国债市场价格上扬；既抑制本币升势（贬值），又不减少本币供应量。

（四）收入政策

1. 收入政策概述

收入政策是国家为实现宏观调控总目标和总任务，针对居民收入水平高低、收入差距大小在分配方面制定的原则和方针。收入政策具有更高层次的调节功能，制约着财政政策和货币政策的作用方向和作用力度，最终也要通过财政政策和货币政策来实现。

收入政策目标包括收入总量目标和收入结构目标。收入总量目标着眼于近期的宏观经济总量平衡，着重处理积累和消费、人们近期生活水平改善和国家长远经济发展的关系，以及失业和通货膨胀的问题。收入结构目标则着眼于处理各种收入的比例，以解决公共消费和私人消费、收入差距等问题。

收入总量调控政策主要通过财政、货币机制来实施，还可以通过行政干预和法律调整等机制来实施。财政机制通过预算控制、税收控制、补贴调控和国债调控等手段贯彻收入政策，货币机制通过调控货币供应量、调控货币流通量、调控信贷方向和数量、调控利息率等贯彻收入政策，因而收入总量调控通过财政政策和货币政策的传导对证券市场产生影响。

2. 我国收入政策的变化及对证券市场的影响

我国个人收入分配实行以按劳分配为主体，多种分配方式并存的收入分配政策。在以劳动收入为主体的前提下，国家依法保护法人和居民的一切合法收入和财产，鼓励城乡居民储蓄和投资，允许属于个人的资本等生产要素参与分配。

收入总量调节政策有紧分配与超分配两种。实行紧分配政策导致社会可分配收入减少，除消费及实业投资外，可进行证券投资比例降低，使流入股市资金减少；同时企业居民收入增长率降低，使人们对未来经济预期不乐观，导致股价下跌。反之，实行超分配政策，可使企业居民收入增加，有更多的资金进入股市，推动股价上涨。但超分配超越了一定界限，会导致严重通货膨胀，又会对股市产生不利影响。

收入结构政策侧重对积累、消费、公共消费与个人消费以及各种收入比例进行调节。如财政收入、公共消费比例减少，企业居民可支配收入增加，将会有更多的资金流入股市；反之，则产生相反效应。收入拉开差距，使社会资本比重增大，会强化股市投机，有利于股市上涨；反之，收入过于平均化，分散资金入市，则使股价走势相对平稳。

三、国际经济形势对证券市场的影响

对国际经济形势分析是证券投资基本分析的重要组成部分。对上市公司和股票价格前景的分析必须先从全球经济入手，尤其要重视对以美国、日本、欧盟为代表的主要发达国家和地区以及以"金砖四国"为代表的新兴市场国家的经济形势进行分析，以便掌握全球经济的发展前景。

1. 全球经济分析的重要性

全球经济分析在基本分析中的重要性主要表现在：

第一，从总体上来说，国际经济环境可能会影响公司的出口、竞争者之间的价格竞争以及公司海外投资的收益。例如，在 2007 年发生了以美国为中心的全球金融危机，导致各相关国家失业率上升，消费需求下降，贸易保护主义抬头，从而使各国的出口都受到严重影响，国家间的价格竞争激化，海外投资的收益普遍下滑，各地区的股市也都相继进入熊市。

第二，对于出口导向的经济地区来说，其经济繁荣与否，与主要发达国家的经济盛衰密切相关。因为主要发达国家的市场广阔、人民生活水平普遍较高、社会的购买力强、经济制度比较透明。所以，当其经济活力转强时，人民对商品的需求扩大，从而也会带来对国外产品需求的增加，带动出口导向地区的经济繁荣。所以，如果预期发达国家的经济前景看好，出口导向国家相关公司的盈利将会上升，其股票价格也会出现上涨的预期。

2. 全球经济分析的着重点

（1）全球经济环境中包含的政治风险。我们可以看到很多政治事件对经济前景产生过深刻影响的事例。比如在 1992～1993 年，由于公众对《北美自由贸易协议》能否在美国国会通过的预期发生了变化，导致墨西哥股市发生剧烈动荡。还有，1997 年香港回归中国，股市对此也表现出很强的敏感性。

（2）重大经济和金融危机的影响。我们也可以看到重大经济和金融危机对证券市场的直接影响。比如 1997 年发生在泰国、印度尼西亚、韩国、日本等地的亚洲金融危机，货币和股市都随着危机的发生、深化、缓解而动荡不已。1998 年发生在俄罗斯的卢布贬值和债务危机也同样导致全球金融市场一片混乱，各国股市也难以独善其身。还有，2007 年发生的美国次贷危机以及 2009 年发生的源于希腊的欧洲主权债务危机等，也引起了危机发生地及全球股市的激烈动荡。

（3）贸易保护主义和资本自由流动的动向。有些因素虽然不像政治事件和危机事件那样具有轰动效应，但仍然是决定经济增长和投资收益的国际经济环境的重要因素，这些因素主要包括贸易政策中的保护主义和资本的自由流动问题。因为贸易保护主义的抬头，会直接影响到相关国家的出口水平，而资本的自由流动会直接影响到汇率以及相关国家金融市场的资金及证券的供求关系。2018 年 7 月，美国特朗普政府实行单边主义的贸易保护政策，以降低美国对华贸易逆差为借口，悍然发起对华贸易战。2022 年 8 月，美国总统拜登在白宫签署《芯片和科学法案》。这些事件对中国股市产生较大的负面影响。

（4）国际金融市场的汇率走向。影响某国产品国际竞争力的一个最显著的因素就是该国货币与其他国家货币的兑换比率，这就是汇率。汇率并不是单纯由本国的因素所决定，而是由双边或多边的因素共同决定。汇率变动的最直接影响就是会导致以外币计价产品的本币价值发生变动，从而带来在国际市场上价格竞争力的改变。

（5）主要发达国家的重要宏观经济数据和宏观经济政策。由于主要发达国家的经济在全球经济总量中占有很高的比重，因此很显然全球经济分析的重点也应该放在它们身上。一方面，我们可以通过领先指标、利率、通货膨胀率、经济增长率等重要指标来预测主要发达国家未来的经济活力；另一方面，也要通过对主要发达国家政府的财政政策和货币政策的仔细分析来了解主要发达国家今后的经济形势走向。

第三节　证券市场的供求关系

从长期来看，证券的价格由其内在价值决定，但就中期、短期的价格分析而言，证券的市场交易价格由供求关系决定。成熟市场的供求关系是由资本收益率引导的供求关系，即资本收益率水平对证券价格有决定性影响。而我国的证券价格在很大程度上由证券的供求关系决定。

一、证券市场供给的决定因素与变动特点

股票市场供给方面的主体是上市公司，上市公司的数量和质量构成了股票市场的供给方。

（一）上市公司质量

上市公司的质量状况影响到股票市场的前景、投资者的收益及投资热情、个股价格及大盘指数变动，这些因素将直接或间接影响股票市场的供给，是影响股票市场供给的最直接、最根本的因素。总的来看，上市公司的数量和质量将随国家的宏观经济形势的变化、股票市场主管部门对股票市场实施的政策以及上市公司的整体质量等因素的变化而变化。由于我国的股票市场规模还小，企业上市筹资的需求仍然很大，股票市场的供给增加将是必然趋势。在今后相当长的一段时期内，我国股票市场的供给量仍然会比较大。

（二）上市公司数量

影响上市公司数量的主要因素有 3 个。

1. 宏观经济环境

如果宏观经济运行良好，投资扩张的企业必然增多，融资的需求必然增加，

这时将有更多的企业申请公开发行股票，同时投资者良好的预期会促使其积极参与认购，上市公司数量也随之增加。这样，上市流通股份的数量就会增加，股票市场的供给也会相应增加。

2. 制度因素

影响股票市场供给的制度因素主要有发行上市制度、市场设立制度、股权流通制度。

随着《证券法》的颁布实施，股票发行制度逐步走向市场化，采用了由承销商推荐并辅导企业，再由各方专家组成的发行审核委员会审核的股票发行制度。这一制度的变化有利于提高上市公司的质量。目前我国的股票市场交易场所有上海和深圳两个证券交易所，一般企业都在这两个市场之中的一个上市。股票的供给受市场的容量和上市速度等因素制约，如果增设创业板市场，则必然会带来更多新的上市公司。这样，上市公司数量即股票市场的供给方将随之增加。

3. 市场因素

股票市场是广大投资者交易上市公司股票的场所，也是上市公司进行直接融资的场所。当股票市场处于牛市的情况下，大量的场外资金流入股市，为上市公司的增发、配股提供了资金支持，也为非上市公司的首次公开募股（IPO）营造了良好的市场氛围，进而能够增加市场上的股票供给量。反之，当股票市场处于熊市的时候，市场的资金面压力增大，从而不利于股票有效供给的增加。中国上市公司协会的数据显示，截至2022年8月31日，上海证券交易所、深圳证券交易所、北京证券交易所共4 800多家上市公司。

二、证券市场需求的决定因素与变动特点

主要受5个方面因素决定：宏观经济环境、政策因素、居民金融资产结构的调整、机构投资者的培育和壮大、资本市场的逐步开放。

（一）宏观经济环境

如果宏观经济运行良好，银根较松，整个社会的资金供给会呈现出比较充裕的局面。同时由于宏观经济形势向好，作为微观主体的上市公司业绩的预期会得到相应的改善，也将会吸引投资者资金进一步进入股票市场，从而增加对股票的需求，有效增加股票市场资金的供给量。

（二）政策因素

包括市场准入政策、融资融券政策、金融监管政策甚至货币与财政政策在内

的一系列政策。在中国股票市场还处于不太成熟的发展阶段，有关部门为了防范股票市场的风险，对进入股票市场的投资主体有着严格的规定，一些不符合规定的资金不能进入股票市场。利率是在不断变化之中的，利率调整会影响投资者投资股票市场的意愿。

（三）居民金融资产结构的调整

居民的金融资产主要由股票、债券及银行存款等构成。中国居民以前的金融资产的绝大部分是银行储蓄，证券投资尤其是股票投资占金融资产的比例相当小。但是，随着人民生活水平的不断提高、金融投资意识的加强，不断有居民将原先的银行储蓄转化为股票投资，股票占个人金融资产的比例会不断提高，而且这种变化趋势是长期的。但总的来讲，目前股票投资占中国居民金融资产的比例仍然偏低，可以预计，在居民金融资产结构调整的过程中，股票投资的比例将不断提高，进而给股票市场带来大量的增量资金，增加我国股票市场的资金供应量。

（四）机构投资者的培育和壮大

机构投资者是指用自有资金或者从分散的公众手中筹集的资金专门进行有价证券投资活动的法人机构。这类投资者一般具有投资资金量大、收集和分析信息的能力强等特点。机构投资者分类有政府机构类投资者、金融机构类投资者、合格境外机构投资者（QFII）、合格境内机构投资者（QDII）、企业和事业法人类机构投资者以及基金类投资者。

三、影响我国证券市场供求关系的政策分析

（一）影响股市供给状况的股市政策

1. 股票发行的暂停、重启或者发行量的调节

股市的重要功能之一是融资功能，在股票市场上发行股票，对于企业来说是一种融资行为，而对于市场来说则是一种增加股票供应量的行为。股票供应量的增加，在一定的预期条件下，可以使股价的均衡水平下移，在理论和实践上应该是股价的一个负面因素。因此，证券监管当局往往利用IPO（新股首次发行）或者发行量的调节和增发的重启、暂停来调节股市。当股市进入熊市的极度低迷期，就会暂停IPO和增发，或者减少发行量，以便减少因供给量增加而带来的市场下行压力，刺激股市逐渐恢复而当股市进入牛市阶段，就会重启IPO和增发，

如果市场过度繁荣、发生过热和严重的泡沫现象，就会进一步加大 IPO 和增发的数量以及频率，保持市场的稳定。所以，证券监管当局 IPO 和增发方面的政策，是非常重要的影响股市供给状况的政策，是证券分析人员观察当前和今后股市趋势的重要参考。对于 IPO 和增发问题，要根据市场的不同阶段进行具体的分析，尤其是在股市从熊市中走出来，进入恢复性上涨的阶段，对于证券监管当局重启 IPO 和增发，不需要过度考虑其增加供给量的负面效应。因为，市场预期的转好，将会完全抵消掉供给量增加的负面效应。但是，当牛市进入尾声，市场出现过热迹象时，对于证券监管当局加大 IPO 和增发的数量和频率，一定要保持高度的警惕，这种调控政策很容易让市场发生反转。

2. 发行制度的改变

发行制度的改变也会对股票市场的供给数量和质量产生影响。例如，我国在改革开放初期股市刚刚建立的阶段，股票发行实行额度制，由地方政府直接控制股票发行的额度，使市场处于明显的供给不足状态。以后，改革了发行制度，将额度制取消，转为核准制，由证监会根据发行条件来审查股票的发行，改善了股票的供给情况。后来，在核准制的基础上，进一步推行股票发行的询价制，分成初步询价和累计投标询价两个阶段，使得新股发行的定价更加市场化，通过价格机制直接影响到上市公司股票发行的数量和质量。2018 年 11 月 5 日，习近平主席出席首届中国国际进口博览会开幕式并发表主旨演讲，宣布在上海证券交易所设立科创板并试点注册制。2020 年 4 月 27 日，中央全面深化改革委员会第十三次会议审议通过了《创业板改革并试点注册制总体实施方案》，将在创业板试点注册制。"十四五"规划和 2035 年远景目标纲要提出，全面实行股票发行注册制。2022 年政府工作报告提出，稳步推进注册制改革。

3. 新市场的设立

股票市场可以分成场内交易市场和场外交易市场，场内交易市场又可以分成主板市场、中小企业板市场、创业板市场和国际板市场等。对于新兴证券市场来说，新市场的设立实际是一个不断丰富资本市场层次的过程，随着各种新市场的设立，股票供给的渠道也将进一步拓宽。所以，新市场的增加无疑会增加整体股票市场的供给水平。从我国资本市场的发展来看，2006 年建立了中小企业板市场，2009 年又建立了创业板市场，以后还要进一步设立场外交易市场和国际板市场。对于新市场建立的短期和中长期影响，也是分析股市政策的重要组成部分。2019 年 6 月 13 日，科创板正式开板。2021 年 11 月 15 日，北京证券交易所开市，新三板精选层的 71 家挂牌公司，平移至北交所。另外，10 家已完成公开发行的企业将直接在北交所上市，开市首日，北交所上市公司数量将达 81 家。

4. 流通制度的改革和流通量的调节

从 2005 年起，我国实行了股权分量改革，以国家股为代表的非流通股的大小股东，通过向流通股的股东支付对价的形式获得了流通权。但是，为了减轻对市场的供应量增加的压力，对大小非（大的非流通股东和小的非流通股东的总称）已经获得流通权的股票实行限售期制度，即规定大小非的股票必须在股权分置改革完成以后，再经过一定的过渡期才能上市交易。因此，在过渡期结束后，大小非解禁（完成过渡期允许上市交易）就成为影响市场行情的非常重要的供给方面的因素。此外，我国目前在股票发行时实行网上发行与网下发行两种方式，在主要面向机构投资者的网下发行市场，通常对战略投资者和普通投资者实行股票锁定期制度，前者最低为 6 个月，后者通常为 3 个月。还有，为了防止上市公司高管、上市公司控股股东、上市公司实际控制人等一些特定对象在股票刚上市交易时就套现，严重影响股价稳定，也对他们设定了股票锁定期。股票锁定期一般期限是 12 个月，特殊情况下是 24 个月或 36 个月。例如，一般特定对象以资产认购取得上市公司股份，自股份发行之日起 12 个月内不得转让，如果特定对象属于上市公司控股股东、实际控制人或者其控制的关联人，则 36 个月内不得转让。在借壳上市的情况下，上市公司原控股股东、实际控制人及其控制的关联人也必须实行 36 个月的锁定期除收购人及其关联人以外的特定对象，其以资产认购取得的股份，则有 24 个月的锁定期。证券监管当局也可以通过对锁定期的调节，来影响中短期的股票供给，这也是我们在分析股市中短期行情时应该关注的一个方面。

（二）影响股市需求状况的股市政策

1. 市场准入政策

市场准入政策是指对进入股票市场的投资主体进行限定的政策，包括质的限定和量的限定，前者是指按经济主体的类别进行限定，后者是指对准入的经济主体在投资金额上进行限定，这些限定将会直接影响股市需求量的变化。很显然，在一般情况下，股市需求量的扩张是有利于股市行情发展的；反之，则不利于股市行情的发展。从我国股市发展的历史来看，早期为了控制市场风险，对一些经济主体的市场准入控制较严格，严重限制了股市的正常需求。随着我国股市规模的不断扩大和市场的逐渐成熟，允许入市的经济主体越来越多，为股市提供了大量的增量资金。1999 年以来，证券监管当局先后出台了国有企业、国有控股企业以及上市公司可以直接进入股市的政策，其中影响比较深远的是允许保险公司和社保基金等具有社会保障功能的经济主体入市的政策，因为它们的资金规模比较庞大，对市场需求的影响相对比较明显。所以，保险公司和社保基金入市资金规模的变化，是影响股价的不可忽视的信息。

2. 证券投资基金的发行政策

证券投资基金是股市最重要的机构投资者，它们通过集中社会闲散资金进行股票等证券投资，是形成股市需求的生力军。我们可以通过基金规模的扩张和收缩，直接观察到股市的冷与热。从政府股市政策的角度来看，证券监管当局对基金发行节奏快与慢的调节，可以直接影响到股市的需求量，从而进一步影响到股价的涨与跌。通常，在市场比较低迷的时候，证券监管当局就会加快证券投资基金的发行节奏，以便通过增加股市需求量来提振市场；反之，在市场比较繁荣的时候，就会放缓证券投资基金的发行节奏，以便通过减少股市需求量给市场适当降温。因此，在分析股市需求变化的趋势时，应该适当重视证券投资基金发行节奏的变化。随着我国老龄化的加深，与养老有关的证券投资基金也逐步登上历史舞台，这对于增强股市的有效需求也必将产生正面的促进作用。2018年9月，我国内地首只养老目标基金开始发售，首批共有14家基金管理公司获得发行资格。由于市场比较低迷，再加上投资者对养老目标基金认识还不深刻，首发的规模还比较有限。但是，从美国等成熟市场的经验来看，由于养老目标基金享受个人税收递延等优惠政策，随着投资者对其了解的加深和未来业绩表现的提高，将会明显增强大众配置这一基金产品的意愿，其对股市需求的影响不容忽视。

3. QFII、QDII、RQFII、RQDII 制度

我国已经在人民币尚未实现自由兑换、资本项目还没有完全开放的条件下，逐步地开放资本市场，并且正在向双向开放的目标迈进。作为境外证券投资金进入我国内地证券市场的渠道，我国已经实行了 QFII（合格境外机构投资者）制度、RQFII（人民币合格境外机构投资者）制度；作为我国内地证券投资资金进入境外证券市场的渠道，我国也已实行了 QDII（合格境内机构投资者）制度、RQDII（人民币合格境内机构投资者）制度。作为有管理的、间接的资本市场开放形式，额度控制是其重要的特征之一，而证券监管当局对 QFII、RQFII、QDII、RQDII 制度也是影响我国内地证券市场需求的有效政策之一。

4. 沪港通、深港通开通及额度的调整

沪港通是指上海证券交易所和香港联合交易所允许两地投资者通过当地证券公司（或经纪商）买卖规定范围内的对方交易所上市的股票，是沪港股票市场交易互联互通机制。沪港通 2014 年 11 月 17 日开始交易。初期，沪股通总额度为3 000 亿元人民币，每日额度为 130 亿元人民币；港股通总额度为 2 500 亿元人民币，每日额度为 105 亿元人民币。参与港股通的个人投资者资金账户余额应不低于人民币 50 万元。

深港通，是深港股票市场交易互联互通机制的简称，指深圳证券交易所和香

港联合交易所有限公司建立技术连接，使内地和香港投资者可以通过当地证券公司或经纪商买卖规定范围内的对方交易所上市的股票。2016年12月5日，深港通正式启动，深港通的每日限额为130亿元人民币，深股通和港股通为105亿元人民币，港股通在深港通、港股通和沪的每日限额为105亿元人民币。

2018年4月11日上午将沪股通、深股通每日额度分别调整为520亿元人民币。沪港股通和深港通港股每日额度分别调整为420亿元。也就是港股通每日额度为420亿元。

5. 对证券业的扶持政策

以券商为代表的证券业的规模也是影响证券市场需求的现实性的因素之一，因为券商实力增强，必然有助于扩大其自身的自营业务，同时券商软件和硬件能力的提高，也必然有利于扩大其经纪业务。券商自营业务和经纪业务水平及规模的提升，归根结底可以带来证券市场整体需求水平的上升。因此，证券监管当局对于证券业的一些扶持政策也应该是我们分析股市需求动向内容的一个方面，例如，允许券商在资本市场进行增资扩股，允许券商在同业拆借市场进行股票质押贷款，都会产生增加股票市场的资金供应量，从而增加股票市场证券需求量的作用。还有，推行银证合作的政策，可以利用银行广泛分布的营业网点，让投资者可以在银行的网点上进行证券代理服务，保障投资者的资金安全，客观上也起到了扩大投资者队伍、增加股票市场需求的作用。

练 习 题

一、单项选择题

1. 国内生产总值（GDP）是指一个国家（或地区）所有（   ）在一定时期内生产活动的最终成果。

    A. 本国居民   B. 国内居民

    C. 常住居民   D. 常住居民但不包括外国人

2. 在宏观经济分析中，总量分析法是（   ）。

    A. 动态分析

    B. 静态分析

    C. 主要是动态分析，也包括静态分析

    D. 主要是静态分析，也包括动态分析

3. 劳动力人口是指年龄在（   ）具有劳动能力的人的全体。

    A. 15岁以上   B. 16岁以上

    C. 18岁以上   D. 以上都不正确

4.（　　）是一国对外债权的总和，用于偿还外债和支付进口，是国际储备的一种。

　　A. 外汇储备　　　B. 国际储备　　　C. 黄金储备　　　D. 特别提款权

5. 资本项目一般分为（　　）。

　　A. 有效资本和无效资本　　　　　B. 固定资本和长期资本

　　C. 本国资本和外国资本　　　　　D. 长期资本和短期资本

6. 参与港股通个人投资者资金账户余额应不低于人民币（　　）万元。

　　A. 10　　　　　B. 20　　　　　C. 50　　　　　D. 100

7.（　　）是指中央银行通过道义劝告、窗口指导等方法来间接影响商业银行等金融机构行为的做法。

　　A. 再贴现率　　　　　　　　　B. 间接信用指导

　　C. 法定存款准备金率　　　　　D. 公开市场业务

8. 居民储蓄存款是居民（　　）扣除消费支出以后形成的。

　　A. 总收入　　　B. 工资收入　　　C. 可支配收入　　　D. 税前收入

9. 收入政策的总量目标着眼于近期的（　　）。

　　A. 产业结构优化　　　　　　　B. 经济与社会协调发展

　　C. 宏观经济总量平衡　　　　　D. 国民收入公平分配

10. 商业银行由于资金周转的需要，以未到期的合格票据再向中央银行贴现时所适用的利率称为（　　）。

　　A. 贴现率　　　B. 再贴现率　　　C. 同业拆借率　　　D. 回购利率

11. 高通货膨胀下的 GDP 增长，将促使证券价格（　　）。

　　A. 快速上涨　　　B. 呈慢牛态势　　　C. 平稳波动　　　D. 下跌

12. 影响证券市场需求的政策因素不包括（　　）。

　　A. 市场准入政策　　　　　　　B. 融资融券政策

　　C. 产业政策　　　　　　　　　D. 金融监管政策

13. 从长期看，在上市公司的行业结构与该国产业结构基本一致的情况下，股票平均价格的变动与 GDP 的变化趋势是（　　）。

　　A. 相吻合的　　　B. 相背离的　　　C. 不相关的　　　D. 关系不确定的

14. 在（　　）情况下，证券市场将呈现上升走势。

　　A. 持续、稳定、高速的 GDP 增长

　　B. 高通货膨胀下的 GDP 增长

　　C. 宏观调整下的 GDP 减速增长

　　D. 转折性的 GDP 变动

15. 从利率角度分析，（　　）形成了利率下调的稳定预期。

　　A. 温和的通货膨胀　　　　　　B. 严重的通货膨胀

  C. 恶性的通货膨胀   D. 通货紧缩

16. 下列不是财政政策手段的是（ ）。

  A. 国家预算 B. 税收 C. 发行国债 D. 利率

17. （ ）是指中央银行规定的金融机构为保证客户提取存款和资金清算需要而准备的在中央银行的存款占其存款总额的比例。

  A. 法定存款准备金率   B. 存款准备金率

  C. 超额准备金率   D. 再贴现率

18. 通过货币乘数的作用，（ ）的作用效果十分明显。

  A. 再贴现率   B. 直接信用控制

  C. 法定存款准备金率   D. 公开市场业务

19. 一个完整的经济周期的变动过程是（ ）。

  A. 繁荣—衰退—萧条—复苏 B. 复苏—上升—繁荣—萧条

  C. 上升—繁荣—下降—萧条 D. 繁荣—萧条—衰退—复苏

20. 下面关于货币政策对证券市场的影响，错误的是（ ）。

  A. 一般来说，利率下降时，股票价格就上升；而利率上升时，股票价格就下降

  B. 如果中央银行大量购进有价证券，会推动利率下调，推动股票价格上涨

  C. 如果中央银行提高存款准备金率，货币供应量便大幅度减少，证券市场价格趋于下跌

  D. 如果中央银行提高再贴现率，会使证券市场行情走势上扬

二、多项选择题

1. 宏观经济运行通过哪些途径影响证券市场的组成（ ）。

  A. 企业经营效益   B. 居民收入水平

  C. 投资者对股价的预期 D. 资金成本

  E. 风险管理

2. 影响上市公司数量的主要因素有（ ）。

  A. 宏观经济环境   B. 制度因素

  C. 投资者对证券市场的参与 D. 证券市场的风险变化

  E. 市场因素

3. 影响股市供给状况的股市政策（ ）。

  A. 发行制度的改变

  B. 货币政策的变动

  C. 新市场的设立

  D. 流通制度的改革和流通量的调节

E. 股票发行的暂停、重启或者发行量的调节

4. 宏观经济分析的意义（　　）。

A. 把握上市公司的经营环境

B. 判断证券市场的总体变动趋势

C. 分析整个证券市场的整体投资价值

D. 了解市场投资者的心理预期

E. 掌握宏观经济政策对证券市场的影响力度与方向

5. 汇率变动影响证券市场的途径（　　）。

A. 影响投资需求

B. 影响上市公司进出口及收益水平

C. 汇率变动影响证券资产价格

D. 通过公开市场、外汇市场等领域操作

E. 影响证券市场决策行为最终影响证券市场价格

第六章

行业分析与证券投资

第一节 行业分析概述

一、行业的含义

所谓行业，是指从事国民经济中同性质的生产或其他经济社会活动的经营单位和个体等构成的组织结构体系，如林业、汽车业、银行业、房地产业等。从严格意义上讲，行业与产业有差别，主要是适用范围不一样。产业作为经济学的专门术语，有更严格的使用条件。产业一般具有 3 个特点：

第一，规模性，即产业的企业数量、产品或服务的产出量达到一定的规模。

第二，职业化，即形成了专门从事这一产业活动的职业人员。

第三，社会功能性，即这一产业在社会经济活动中承担一定的角色，而且是不可缺少的。

行业虽然也拥有职业人员，也具有特定的社会功能，但一般没有规模上的约定。例如，国家机关和党政机关行业就不构成一个产业。证券投资分析关注的往往都是具有相当规模的行业，特别是含有上市公司的行业，所以业内一直约定俗成地把行业分析与产业分析视为同义语。

二、行业分析与宏观分析、公司分析的关系

行业分析的主要任务包括：解释行业本身所处的发展阶段及在国民经济中的地位，分析影响行业发展的各种因素以及判断对行业影响的力度、预测，引导行业的未来发展趋势，判断行业投资价值，揭示行业投资风险，为政府部门提供决

策依据，为投资者提供投资依据。

行业经济是宏观经济的构成部分，宏观经济活动是行业经济活动的总和。行业经济活动是介于宏观经济活动和微观经济活动中的经济层面，是中观经济分析的主要对象之一。

宏观经济分析主要分析社会经济的总体状况，但没有对总体经济的各组成部分进行具体分析。宏观经济的发展水平和增长速度反映了各组成部分的平均水平和速度，但各个组成部分的发展却有很大的差别，并非都和总体水平相一致。实际上，总是有些行业的增长快于宏观经济的增长，而有些行业的增长慢于宏观经济的增长。

从证券投资分析的角度看，宏观经济分析是为了掌握证券投资的宏观环境，把握证券市场的总体趋势。但宏观经济分析并不能提供具体的投资领域和投资对象的建议。面对只能投资于国内上市的证券投资者，分析师们除了提供宏观经济分析之外，更需要提供深入的行业分析和公司分析。当然，随着投资全球化的趋势，在多个国家进行证券投资的投资者，尤其是机构投资者，越来越需要对各国的宏观经济进行分析从而决定不同的投资比例。另外，对于全球范围投资的指数基金来说，宏观经济分析也非常重要。

行业分析是对上市公司进行分析的前提，也是连接宏观经济分析和上市公司分析的桥梁，是基本分析的重要环节。行业有自己特定的生命周期。处在生命周期不同发展阶段的行业，其投资价值也不一样。在国民经济中具有不同地位的行业，其投资价值也不一样。公司的投资价值可能会由于所处行业不同而有明显差异。因此，行业是决定公司投资价值的重要因素之一。

行业分析和公司分析是相辅相成的。一方面，上市公司的投资价值可能会因为所处行业的不同而产生差异；另一方面，同一行业内的上市公司也会千差万别。

三、行业划分的方法

（一）道–琼斯分类法

道–琼斯分类法是在 19 世纪末为选取在纽约证券交易所上市的有代表性的股票而对各公司进行的分类，是证券指数统计中最常用的分类法之一。

道–琼斯分类法将大多数股票分为 3 类：工业、运输业和公用事业，然后选取有代表性的股票。虽然入选的股票并不涵盖这类行业中的全部股票，但所选择的这些股票足以表明行业的一种趋势。

在道–琼斯指数中，工业类股票取自工业部门的 30 家公司，包括采掘业、制造业和商业；运输业类股票取自 20 家交通运输业公司，包括航空、铁路汽车运输与航运业；公用事业类股票取自 6 家公用事业公司，主要包括电话公司、煤气公司和电力公司等。作为计算道 - 琼斯股价指数的股票类别，公用事业行业直到 1929 年才被确认添加进来。

（二）标准行业分类法

为便于汇总各国的统计资料并进行互相对比，联合国经济和社会事务统计局曾制定了一个《全部经济活动国际标准行业分类》（简称《国际标准行业分类》），建议各国采用。它把国民经济划分为 10 个门类：

（1）农业、畜牧狩猎业、林业和渔业。

（2）采矿业及土、石采掘业。

（3）制造业。

（4）电、煤气和水。

（5）建筑业。

（6）批发和零售业、饮食和旅馆业。

（7）运输、仓储和邮电通信业。

（8）金融、保险、房地产和工商服务业。

（9）政府、社会和个人服务业。

（10）其他。

对每个门类再划分大类、中类、小类。例如，制造业部门分为食品、饮料和烟草制造业等 9 个大类。食品、饮料和烟草制造业又分为食品业、饮料工业和烟草加工业 3 个中类。食品业中再分为屠宰、肉类加工和保藏业，水果、蔬菜罐头制作和保藏业等 11 个小类。各个类目都进行编码。各个门类用 1 个数字代表，如制造业为 3；各个大类用 2 个数字代表，如食品、饮料和烟草制造业为 31；各个中类用 3 个数字代表，如食品业为 311 ~ 312（因食品业有 11 个小类，第三位数不够用，所以占了 2 个代码）；各个小类用 4 个数字代表，如屠宰、肉类加工和保藏业为 3111。根据上述编码原则，在表示某小类的 4 位数代码中，第 1 位数字表示该小类所属的部门，第 1 位和第 2 位数字合起来表示所属大类，前 3 位数字表示所属中类，全部 4 个数字就表示某小类本身。

（三）我国国民经济的行业分类

1985 年，国家统计局明确划分三大产业。把农业（包括林业、牧业、渔业等）定义为第一产业；把工业（包括采掘业、制造业、自来水、电力、煤气）和建筑业定义为第二产业；把第一、第二产业以外的各行业定义为第三产业，主要是指向全社会提供各种各样劳务的服务性行业，具体包括交通运输业、邮电通信业、仓储业、金融保险业、餐饮业、房地产业、社会服务业等。其中，第三产业的内涵非常丰富，而且随着生产力的发展，它所包括的细分行业也不断增多，因而是个发展性的概念。

随着社会主义市场经济的发展，为正确反映国民经济内部结构和发展状况，并为国家宏观管理、各级政府部门和行业协会的经济管理以及进行科研、教学、新闻宣传、信息咨询服务等提供统一的行业分类和编码，1984年，《中华人民共和国国家标准（GB/T4754—94）》第一次对我国国民经济行业分类进行了详细的划分。后续分别于1994年和2002年进行修订，2011年第三次修订，2017年第四次修改。新标准（GB/T 4754—2017）由国家统计局起草，国家质量监督检验检疫总局、国家标准化管理委员会批准发布，并于2017年10月1日实施。新标准按照GB/T 1.1—2009给出的规则进行起草，代替GB/T 4754—2011《国民经济行业分类》，与GB/T 4754—2011相比，保留GB/T 4754—2011主要内容，对个别大类及若干中类、小类的条目、名称和范围作了调整。新标准使用重新起草法参考联合国统计委员会制定的《所有经济活动的国际标准行业分类》（2006年，修订第四版，简称ISIC Rev.4）编制，与ISIC Rev.4的一致性程度为非等效。修订后的《国民经济行业分类》（GB/T 4754—2017）仍保持20个门类。行业大类由96个增加至97个，增加了"土地管理业"。行类中类由432个增加至473个（增加了41个），调整新增41个。行类小类由1 094个增加至1 380个，调整新增286个。

2017年新行业分类共有20个门类、97个大类、473个中类、1 380个小类，基本反映出我国目前行业结构状况。其中，大的门类从A到T分别为：

A. 农、林、牧、渔业；

B. 采矿业；

C. 制造业；

D. 电力、热力、燃气及水生产和供应业；

E. 建筑业；

F. 交通运输、仓储和邮政业；

G. 信息传输、软件和信息技术服务业；

H. 批发和零售业；

I. 住宿和餐饮业；

J. 金融业；

K. 房地产业；

L. 租赁和商务服务业；

M. 科学研究和技术服务业；

N. 水利、环境和公共设施管理业；

O. 居民服务、修理和其他服务业；

P. 教育；

Q. 卫生和社会工作；

R. 文化、体育和娱乐业；

S. 公共管理、社会保障和社会组织；

T. 国际组织。

（四）我国上市公司的行业分类

由于各种原因，我国在证券市场建立之初，对上市公司没有统一的分类。上海证券交易所、深圳证券交易所根据各自工作的需要，分别对上市公司进行了简单划分。上海证券交易所将上市公司分为工业、商业、地产业、公用事业和综合5类，深圳证券交易所则将上市公司分为工业、商业、地产业、公用事业、金融业和综合6类。

上海证券交易所与中证指数有限公司于2007年5月31日公布了调整后的沪市上市公司行业分类。该行业分类是参照摩根士丹利和标准普尔共同发布的全球行业分类标准（GICS），结合我国上市公司的实际情况来确定的。根据2007年最新行业分类，沪市841家上市公司分为金融地产、原材料、工业、可选消费、主要消费、公用事业、能源、电信业务、医药卫生、信息技术十大行业。具体的分类见表6-1。

表6-1   上海证券交易所行业分类

行业名称	行业主要类别
能源	能源设备与服务、石油、天然气与消费用燃料
原材料	化学制品、建筑材料、容器与包装、金属与采矿、纸类与林业产品
工业	航空航天与国防、建筑产品、建筑与工程、电气设备、工业集团企业、机械制造、贸易公司与经销商、商业服务与商业用品、航空货运与物流、航空公司、海运、公路与铁路、交通基本设施
可选消费	汽车零配件、汽车、家庭耐用消费品、休闲设备与用品、纺织品、服装与奢侈品、酒店、餐馆与休闲、综合消费者服务、媒体、经销商、互联网与售货目录零售、多元化零售、专营零售
主要消费	食品与主要用品零售、饮料、食品、烟草、家常用品、个人用品
医药卫生	医疗保健设备与用品、医疗保健提供商与服务、医疗保健技术、生物科技、制药、生命科学工具和服务
金融地产	商业银行、互助储蓄银行与抵押信贷、综合金融服务、消费信贷、资本市场、保险、房地产投资信托、房地产管理和开发

续表

行业名称	行业主要类别
信息技术	互联网软件与服务、信息科技服务、软件、通信设备、电脑与外围设备、电子设备与仪器、办公电子设备、半导体产品与半导体设备
电信业务	综合电信业务、无线电信业务
公用事业	电力公用事业、燃气公用事业、复合型公用事业、水公用事业、独立电力生产商与能源贸易商

中国证监会于 2001 年发布了《上市公司行业分类指引》（简称《指引》），2012 年 10 月 26 日公布了对该《指引》的修订版。该修订版将行业分为 19 个门类共 90 个大类。

申银万国行业分类法市场上采用较多。该分类下，当前共有一级行业分类 28 个、二级行业分类 104 个、三级行业分类 227 个。

第二节　行业分析与资本配置

一、行业的市场结构分析

现实中各行业的市场是不同的，即存在着不同的市场结构。市场结构就是市场竞争或垄断的程度。根据该行业中企业数量的多少、进入限制程度和产品差别，行业基本上可分为 4 种市场结构：完全竞争、垄断竞争、寡头垄断、完全垄断。

（一）完全竞争

完全竞争型市场是指竞争不受任何阻碍和干扰的市场结构。其特点是：

（1）生产者众多，各种生产资料可以完全流动。

（2）产品不论是有形的还是无形的，都是同质的、无差别的。

（3）没有一个企业能够影响产品的价格，企业永远是价格的接受者而不是价格的制定者。

（4）企业的盈利基本上由市场对产品的需求来决定。

（5）生产者可自由进入或退出这个市场。

（6）市场信息对买卖双方都是畅通的，生产者和消费者对市场情况非常了解。

从上述特点可以看出，完全竞争是一个理论上的假设，该市场结构得以形成的根本因素在于企业产品的无差异，所有的企业都无法控制产品的市场价格。在现实经济中，完全竞争的市场类型是少见的，初级产品（如农产品）的市场类型较类似于完全竞争。

（二）垄断竞争

垄断竞争型市场是指既有垄断又有竞争的市场结构。在垄断竞争型市场上，每家企业都在市场上具有一定的垄断力，但它们之间又存在激烈的竞争。其特点是：

（1）生产者众多，各种生产资料可以流动。

（2）生产的产品同种但不同质，即产品之间存在着差异。产品的差异性是指各种产品之间存在着实际或想象上的差异。这是垄断竞争与完全竞争的主要区别。

（3）由于产品差异性的存在，生产者可以树立自己产品的信誉，从而对其产品的价格有一定的控制能力。可以看出，垄断竞争型市场中有大量企业，但没有一个企业能有效影响其他企业的行为。该市场结构中，造成垄断现象的原因是产品差别；造成竞争现象的是产品同种，即产品的可替代性。在国民经济各行业中，制成品（如纺织、服装等轻工业产品）的市场类型一般都属于垄断竞争。

（三）寡头垄断

寡头垄断型市场是指相对少量的生产者在某种产品的生产中占据很大市场份额，从而控制了这个行业的供给的市场结构。

该市场结构得以形成的原因有：

（1）这类行业初始投入资本较大，阻止了大量中小企业的进入。

（2）这类产品只有在大规模生产时才能获得好的效益，这就会在竞争中自然淘汰大量的中小企业。

在寡头垄断的市场上，由于这些少数生产者的产量非常大，因此他们对市场的价格和交易具有一定的垄断能力。同时，由于只有少量的生产者生产同一种产品，因而每个生产者的价格政策和经营方式及其变化都会对其他生产者产生重要影响。

因此，在这个市场上，通常存在着一个起领导作用的企业，其他企业跟随该企业定价与经营方式的变化来相应进行某些调整，资本密集型、技术密集型产品，如钢铁、汽车等重工业以及少数储量集中的矿产品如石油等的市场多属于这种类型。因为生产这些产品所必需的巨额投资、复杂的技术或产品储量的分布限制了新企业对这个市场的侵入。

（四）完全垄断

完全垄断型市场是指独家企业生产某种特质产品的情形，即整个行业的市场完全处于一家企业所控制的市场结构。特质产品是指那些没有或缺少相近的替代品的产品。

完全垄断可分为两种类型：

（1）政府完全垄断。通常在公用事业中居多，如国有铁路、邮电等部门。

（2）私人完全垄断。如根据政府授予的特许专营，或根据专利生产的独家经营以及由于资本雄厚、技术先进而建立的排他性的私人垄断经营。

完全垄断型市场结构的特点是：

（1）市场被独家企业所控制，其他企业不可以或不可能进入该行业。

（2）产品没有或缺少相近的替代品。

（3）垄断者能够根据市场的供需情况制定理想的价格和产量，在高价少销和低价多销之间进行选择，以获取最大的利润。

（4）垄断者在制定产品的价格与生产数量方面的自由性是有限度的，要受到有关反垄断法和政府管制的约束。

在当前的现实生活中没有真正的完全垄断型市场，每个行业都或多或少地引进了竞争。公用事业（如发电厂、煤气公司、自来水公司和邮电通信等）和某些资本密集型、技术高度密集型或稀有金属矿藏的开采等行业属于接近完全垄断的市场类型。

二、行业的竞争结构分析

（一）产业价值链

美国哈佛商学院教授迈克尔·波特在其 1985 年出版的《竞争优势》一书中提出了价值链（value chain）理论。他认为，企业内部各业务单元的联系构成了企业的价值链，一般企业都可以视为一个由管理、设计、采购、生产、销售、交货等一系列创造价值的活动所组成的链条式集合体。对于具体企业来说，它所从事的处于该链条上的每一项活动都会产生成本，同时也会带来一定的价值增值。当它出售产品或服务的价格比其创造产品所花费的成本高时，就可以获得一定的利润。因此，企业的总价值包括价值活动和利润这两部分。其中，价值活动就是指企业所从事的物质和技术上的界限分明的各种活动。这些活动根据其在价值增值过程中的参与形式可以划分为两大类：基本活动和辅助性的支持活动。基本活动主要包括生产前的准备、生产机器制造、生产后的产品仓储和分销、销售、广告、服务等，辅助性的支持活动主要包括一般管理、财务会计、战略计划、人力资源管理、技术开发和采购等。其中关键的是基本活动，它是产品或服务的主要形成过程，并直接体现了企业价值链中价值量的递增过程。企业的每一项活动均可以从是否创造价值的角度来评判。企业的竞争优势也主要来源于它自身与竞争对手在价值链上的差异。

价值链在经济活动中是无处不在的，将企业价值链根据企业与相应供应方和需求方的关系，分别向其前、后延伸就形成了产业价值链。由于每个产业的技术特点不同，相应地，每一产业都有其结构独特的产业价值链，而处于产业价值链条上的每个企业的价值链就是一个产业环节。

以汽车行业为例，从铁矿石、钢厂、橡胶厂、轮胎厂、螺丝加工厂、化工喷漆一直到汽车总装出厂，有运输企业负责运输，有广告公司负责市场推广、品牌定位，有销售公司销售，最后还有汽车维修厂和参与汽车保险的保险公司，这一系列企业同属于汽车行业价值链。

对产业链进行分析，实质上就是将某一产业价值链进行分解考察，通过区分和界定处于产业价值链上的不同企业在某一特定产业内的各种活动，比较各个环节的价值和变化，以分析产业链上企业的竞争力和产业的发展方向。产业链分析有利于不同国家或地区的企业和行业根据自己独特的比较优势和竞争优势进行相应产业价值链环节的选择，进而一方面因正确的产业定位和选择而形成自己独特的产业竞争力，另一方面也促使不同国家或地区的生产者在同一产业价值链上不同环节间的有效协作和分工的形成。因此，从价值链的角度来看，对不同国家或地区间产业竞争力的比较，并不一定需要建立在最终产品或服务的比较上，只需要就产业价值链条上的某几个价值环节的经济效益进行比较或对其中间产品或半成品进行比较。

（二）行业竞争结构

波特五力分析模型是迈克尔·波特（Michael Porter）于 20 世纪 80 年代初提出的，对企业战略制定产生全球性的深远影响。用于竞争战略的分析，可以有效地分析客户的竞争环境。

根据波特的观点，一个行业中的竞争，不只是在原有竞争对手中进行，而是存在着 5 种基本的竞争力量，这 5 种基本竞争力量的状况及综合强度，决定着行业的竞争激烈程度，从而决定着行业中最终的获利潜力以及资本向本行业的流向程度，这一切最终决定着企业保持高收益的能力。"五力"分别是：供应商的议价能力、购买者的议价能力、潜在竞争者进入的能力、替代品的替代能力、行业内竞争者现在的竞争能力。5 种力量的不同组合变化，最终影响行业利润潜力变化。

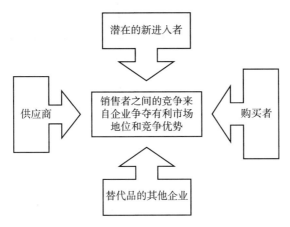

图6-1　波特"五力"分析模型

波特"五力"分析属于外部环境分析中的微观环境分析，主要用来分析本行业的企业竞争格局以及本行业与其他行业之间的关系。本质上是一种管理思想在企业营销管理实践活动中战略层面的应用工具，要求我们的企业市场营销管理者从战略分析的角度来管理企业。强调的是一种战略意识，或者说是战略性思维的运用。

波特"五力"分析模型将大量不同的因素汇集在一个简便的模型中，以此分析一个行业的基本竞争态势。5种力量模型确定了竞争的5种主要来源，即供应商的议价能力，购买者的议价能力，潜在进入者的威胁，替代品的威胁，以及来自目前在同一行业的公司间的竞争。这五大竞争力量，决定了行业的盈利能力，并指出企业战略的核心，应在于选择正确的行业以及行业中最具有吸引力的竞争位置。

三、经济周期与行业分析

各行业变动时，往往呈现出明显的、可测的增长或衰退的格局。这些变动与国民经济总体的周期变动是有关系的，但关系密切的程度又不一样。据此，可以将行业分为3类。

（一）增长型行业

增长型行业的运行状态与经济活动总水平的周期及其振幅并不紧密相关。这些行业收入增长的速率并不会总是随着经济周期的变动而出现同步变动，因为它们主要依靠技术的进步、新产品的推出及更优质的服务，从而使其经常呈现出增长形态。

在过去的几十年内，计算机和复印机行业表现出了这种形态。投资者对高增长的行业十分感兴趣，主要是因为这些行业对经济周期性波动来说，提供了一种财富套期保值的手段。在经济高涨时，高增长行业的发展速度通常高于平均水平；在经济衰退时期，其所受影响较小甚至仍能保持一定的增长。然而，这种行业增长的形态却使得投资者难以把握精确的购买时机，因为这些行业的股票价格不会明显地随着经济周期的变化而变化。

（二）周期型行业

周期型行业的运行状态与经济周期紧密相关。当经济处于上升时期，这些行业会紧随其扩张；当经济衰退时，这些行业也相应衰落，且该类型行业收益的变化幅度往往会在一定程度上夸大经济的周期性。产生这种现象的原因是，当经济上升时，对这些行业相关产品的购买相应增加；当经济衰退时，这些行业相关产品的购买被延迟到经济改善之后。例如，消费品业、耐用品制造业及其他需求收入弹性较高的行业，就属于典型的周期性行业。

（三）防守型行业

防守型行业的经营状况在经济周期的上升和下降阶段都很稳定。这种运动形态的存在是因为该类型行业的产品需求相对稳定，需求弹性小，经济周期处于衰退阶段对这种行业的影响也比较小。甚至有些防守型行业在经济衰退时期还会有一定的实际增长。该类型行业的产品往往是生活必需品或是必要的公共服务，公众对其产品有相对稳定的需求，因而行业中有代表性的公司盈利水平相对较稳定。例如，在防守型资本配置中可以考虑选择食品业和公用事业等行业。也正是因为这个原因，投资于防守型行业一般属于收入型投资，而非资本利得型投资。

四、行业生命周期分析

一个行业的历史表现往往构成了同人类相似的生长轨迹，在发展的早期，其增长率很高，而步入壮年期后发展速度渐渐放慢，当成熟期持续了一段时间以后，便出现了停滞和衰退的迹象，形成了所谓的行业生命周期。行业生命周期一般划分为 4 个阶段，即初创阶段、成长阶段、成熟阶段和衰退阶段。

1. 幼稚期（初创期）

（1）行业产生的条件。行业的幼稚期也就是一个行业萌芽和产生的时期，此时在行业体系中的地位属于幼稚行业。行业产生的最基本条件有两个：一是社会物质和精神的新需求，人类社会的发展会不断产生新的物质和精神的需求，这是行业产生最根本的动力；二是新技术的发展催生了新行业的问世，科学技术的进步会不断产生各种新的技术，从而使新的行业诞生，例如，随着移动通信技术的问世，自然而然地产生了移动通信行业。目前，我国很多的新兴战略性行业，如新一代信息技术、节能环保、新能源、新医药、生物工程、高端装备制造、新材料、新能源汽车、人工智能等都处于幼稚行业阶段。

（2）行业形成的方式。行业形成的方式有 3 种，即分化、衍生和新生长。分化是指新行业从原有的行业母体中分离出来，分解为一个独立的新行业，比如石油化工从石油工业中分化出来，成为一个新兴的行业。衍生是指出现与原有行业相关的相配套的行业，比如在汽车业中衍生出汽车修理业，在房地产业中衍生出房地产中介业等。新生长是指新行业并不依附于原有行业而是以相对独立的形式产生，这种行业的产生往往是科学技术出现突破性进步的结果。像生物医药业、网络通信业等都属于新生长的范畴。

（3）幼稚期行业的特点。第一，幼稚期行业中的很多企业在财务上一般不仅没有盈利，反而大多是亏损的。这是因为处在开创时期，一方面社会大众一般对新行业的产品缺乏了解，其产品只为少数人认识并接受，所以社会需求比较小，市场销售额比较低。另一方面由于产品的研究开发费用很高，造成产品的成本也比较高。

第二，幼稚期行业中的很多企业一般只能向股东支付很少的股息，甚至根本不能够支付股息，有的还面临随时都会破产倒闭的风险。但是，尽管市场前景不明朗，由于孕育着将来获得巨大市场机会的可能性，所以这些行业往往被人们认为是具有发展潜力，但同时又具有高风险的投资对象，是风险创业资本的考察对象。在幼稚期后期，随着行业生产技术的提高、生产成本的降低和市场需求的扩大，新行业便逐步由高风险、低收益的初创时期转向高风险、高收益的成长期。

2. 成长期

（1）成长能力的判断要素。成长期是指行业的生产技术趋于成熟、生产成本趋于下降、市场需求趋于扩大的时期，这个时期意味着行业的发展实现了从高风险、低收益向高风险、高收益的转变。此时，在行业体系中的地位，属于朝阳行业。判断一个行业的成长能力可以从以下 5 个方面进行考察：①收入的需求弹性，一般来说，收入的需求弹性比较高的行业，成长能力比较强；②生产技术，生产技术进步快的行业，由于创新能力强，生产率提高快，其成长能力也比较强；③产业关联度，产业关联度强的行业，其成长能力也比较强；④市场容量和潜力，市场容量和市场发展潜力大的行业，因为有成长的空间，所以成长的机会比较大；⑤行业在空间的转移活动，行业在空间的转移活动停止，一般可以说明行业成长已经达到市场需求的边界，成长期也就进入尾声；⑥产业组织的变化活动，在行业的成长过程中，一般伴随着行业中企业组织的集团化和大型化。

（2）成长期行业的特点。第一，随着技术的逐渐成形和产品的完善与推广，产品的需求量快速上升，销售量也会急剧增加；同时随着生产规模的扩大，产品的单位成本也逐步降低，行业中企业的收益稳步提高，开始能够为投资者提供比较稳定的股息和红利。由于这个时期行业的增长非常迅速，所以会有一些优势企业脱颖而出，使投资于这些企业的投资者获得极高的投资回报，所以，成长期阶段也被称为投资机会期。

第二，由于行业形势向好，因此会导致更多的企业加入这个行业，使行业内部的竞争加剧，出现价格下降的现象。一些经营不良的企业会在激烈的竞争中被淘汰或者被兼并，破产倒闭时有发生，所以，处于这个阶段的行业，从投资的角度来说，仍然具有高风险的特点。

第三，在成长期阶段由于新的机会不断出现，一些实力雄厚、竞争力强的企业逐渐扩大规模并控制整个行业，这些企业需要大量的资金来实现高速成长，因此会出现在资本市场进行大规模融资的现象，融资渠道也从幼稚期主要依靠风险创业投资基金的投资，转为主要依靠创业板、中小企业板甚至主板市场。因此，对于投资者来说，选择有竞争力的成长企业进行投资是分享成长行业成长成果的关键。

3. 成熟期

（1）行业成熟的表现。由于市场竞争优胜劣汰的规律，行业中的企业数量会在一个阶段后出现大幅度减少然后稳定下来，同时，由于市场需求趋向饱和，产品的销售增长率明显减缓，迅速赚取利润的机会也在减少，整个行业便开始进入成熟期。

行业成熟首先表现在：①技术和生产工艺的成熟，即行业内企业普遍采用的是适用的、具有一定先进性和稳定性的技术；②产品的成熟，是指产品的基本性能、样式、规格、结构等都趋向成熟，已经被消费者习惯使用；③产业组织的成熟，是指行业内的企业之间建立了良好的分工协作关系。

（2）成熟期行业的特点。第一，由于产品普及程度提高，市场需求逐步趋向饱和，市场的扩展速度开始放慢，行业的增长趋势开始受阻。

第二，由于竞争的结果，企业的数量减少，开始出现规模巨大的企业，市场主要为少数资本雄厚、技术先进的大公司瓜分，各个大公司的市场份额和生产布局都稳定下来，企业之间的竞争手段也逐渐从价格竞争转为提高质量、改善性能、完善售后服务等非价格竞争。

第三，构成支柱产业的地位，其生产要素份额和产值、利税份额在国民经济中占有较大的比重。

第四，由于行业增长缓慢甚至不再增长，因此整个行业扩大再生产的积极性受阻，企业利润留存的积极性受阻，所以行业中的绝大多数企业都比较倾向于向投资者发放比较稳定、优厚的股息和红利作为前期投资的回报。另外，由于一定程度的垄断存在使行业利润达到了较高的水平，而风险却因为市场结构比较稳定，新企业难以进入而得到降低。所以，这一时期是投资的高收益、低风险时期。

4. 衰退期

（1）导致行业衰退的原因。在行业的成熟期，行业的增长速度会下降到一个适当水平。如果以后该行业的增长完全停止，甚至出现负增长，则意味着该行业开始步入衰退期，此种行业一般称为夕阳行业。行业的衰退是客观的必然，它可以分为自然衰退和偶然衰退。自然衰退是指在内在因素作用下自然到来的衰退，这是一种绝对的衰退，就像人类自然衰老一样；而偶然衰退是指在偶然的、外在因素的作用下提前或者延后发生的衰退，这是一种相对衰退，比如电视业的发展导致电影业相对衰退，高速公路运输业的发展导致水运和铁路运输的相对衰退，它们都是由于外在因素造成的。

（2）衰退期行业的特点。第一，产品的市场需求开始萎缩，市场销售量开始下降，利润增长水平停滞不前或者不断下降，行业中的公司收益减少，发放的股息锐减。

第二，行业中的一些企业开始退出本行业向其他的新兴行业转移，行业中的企业数量出现明显的下降趋势。

第三，行业的衰退期要比其他时期长得多，有衰退但不等于消亡，可以说是衰而不亡，这和一般的自然生命现象有所不同。例如，钢铁业、纺织业、造船业在很多国家都是衰退行业，但是不会消亡，会与人类社会共存。

五、行业景气分析

（一）行业景气基本内涵

处于周期波动不同周期节点的行业将有明显的表现差异。处于周期上升期的行业出现需求旺盛、生产满负荷和买卖活跃的景象。反之，处于周期下降期的行业出现需求萎靡、生产能力过剩、产品滞销、应收款增加、价格下跌和多数企业亏损的景象。行业周期波动是行业在市场经济下的必然规律，根据这一特点并综合目前国内外有关行业景气方面的定义，行业景气可定义如下：当行业处于不同周期节点时呈现不同的市场景象，称为行业景气。

（二）行业景气指数

景气指数又称景气度，它是采用定量的方法综合反映某一特定调查群体或某一社会经济现象所处的状态或发展趋势的一种指标。

景气指数通常以 100 为临界值，范围在 0～200 之间，即景气指数高于 100，表明调查对象的状态趋于上升或改善，处于景气状态；景气指数低于 100，表明其处于下降或恶化，处于不景气状态。描述行业发展、变动的指标很多，既有总量指标又有比率指标，不同指标从不同方面描述行业。为了对行业经济有整体把握，同时能分析行业变动状况，有必要构建一个反映行业景气度的指标——行业景气指数。

行业景气指数是将能综合反映行业的各种指标进行加权编制而成的能够反映行业变动趋势的一种综合指数。例如，房地产开发景气指数，是反映房地产业发展景气状况的综合指数。它是根据经济周期波动理论和景气指数原理，采用合成指数的计算方法，从房地产业发展必须同时具备的土地、资金和市场需求 3 个基本条件出发，选择房地产开发投资、资金来源、土地出让收入、完成土地开发面积、空置面积、新开工面积、竣工面积、商品房销售价格等具有代表性的统计指标进行分类指数测算，然后进行加权平均得到的总体指数。

（三）影响行业景气的几个重要因素

影响行业景气的外因是宏观经济指标波动、经济周期、上下游产业链的供应需求变动，内因是行业的产品需求变动、生产能力变动、技术水平变化及产业政策的变化等。在分析行业景气变化时，通常会关注到以下 4 个重要因素：

（1）需求。当行业产品需求增加时，会导致销售增加和总产量提高，行业景气由差向好转变，但这取决于需求量的多少和维持时间的长短。短时间的需求量提高不能作为景气转好的特征，仅作为波动而已。

（2）供应。当行业内部因竞争或产业政策限制，使总供应下降，而总需求不变，这时企业效益好转，景气转好。只要总需求不变，这种景气转变往往能维持较长的时间。

（3）产业政策。由于环保因素或产业升级，使行业的企业数减少，导致竞争下降，效益转好，这种景气能长时间维持。

（4）价格。价格因素是比较敏感的因素，也是波动较多的因素。价格上涨，一般实际需求增加，行业景气向好。但价格上涨是由于原料价格上涨造成的，反而使行业景气向淡。价格因素导致的景气转变往往持续时间不长，这是由于价格因素改变会导致供应能力发生变化，供求关系改变进一步影响价格。

第三节　影响行业兴衰的主要因素

一、技术进步

技术进步对行业的影响是巨大的。例如，电灯的出现极大地削减了煤气灯的需求，蒸汽动力行业则被电力行业逐渐替代。显而易见，投资于衰落的行业是一种错误的选择。投资者还必须不断地考察一个行业产品生产线的前途，分析其被优良产品或消费需求替代的趋势。

行业追求技术进步也是时代的要求。目前人类社会所处的时代正是科学技术日新月异的时代。不仅新兴学科不断涌现，而且理论科学向实用技术的转化过程也被大大缩短，速度大大加快。战后工业发展的一个显著特点是，新技术在不断推出新行业的同时，也在不断淘汰旧行业。如在较短的时间里，喷气式飞机就替代了螺旋桨飞机；大规模集成电路计算机替代了一般的电子计算机；通信卫星替代了海底电缆；等等。这些新产品在定型和大批量生产后，市场价格大幅度下降，从而很快就能被消费者所使用。上述这些特点使得新兴行业能够很快超过并替代旧行业，或严重地威胁原有行业的生存。因此，充分了解各种行业技术发展的状况和趋势，对投资者来说是至关重要的。

在众多技术因素中，最重要的也是首先需要考虑的是产品的稳定性。通过产品稳定性分析，检验产品的性质及技术复杂性有助于判断产品的未来需求是保持不变，还是可能出现大幅度变化，而历史资料只能说明过去的行业产品需求。例如，仅以一时风行的产品为基础的行业会很快被淘汰。产品性质较稳定的产业，如钢铁工业和化学工业，其产品需求则有着较长期的稳定性。然而，由于价格构成的变动及产品需求的减少，这些产品需求较稳定的行业在不同的年份其获利能力仍有波动。

二、政府政策

（1）政府影响的行业范围。政府的管理措施可以影响行业的经营范围、增长速度、价格政策、利润率和其他许多方面。政府直接实施管理的主要行业都是直接服务于公共利益，或与公共利益密切联系的行业，主要有公用事业，如煤气、电力、供水、排污、邮电通信、广播电视等；运输部门，如铁路、公路、航空、航运和管道运输等；金融部门，如银行以及保险公司、商品与股票交易市场、经纪商、交易商等非银行金融机构。同时，政府实行各类宏观经济政策，调整宏观经济运行，调节资源在各部门和行业的配置，这些调节政策则几乎可以间接地影响到所有行业。

（2）政府对行业的促进干预和限制干预。政府对行业的促进作用可通过补贴、优惠税、限制外国竞争的关税、保护某一行业的附加法规等措施来实现，因为这些措施有利于降低该行业的成本，并刺激和扩大其投资规模。

同时，考虑到生态、安全、企业规模和价格因素，政府会对某些行业实施限制性规定，这会加重该行业的负担，某些法律已经对某些行业的短期业绩产生了负面影响。在美国，铁路和天然气便能证明政府的干预是怎样影响私人利润形成的。

总的来说，政府的干预极大地支持了某些行业的稳定性，否则情况会变得十分混乱。例如，航空业有其自己的正常航线，因而不会出现所有的航班仅在可能获利的城市之间飞行；公用事业的规模保证了某地域只能有一家电力公司，从而避免了潜在的混乱，不至于有四五家电力公司在同一条街上竖起自己的电线杆。

三、产业组织创新

产业组织是指同一产业内企业的组织形态和企业间的关系，包括市场结构、市场行为、市场绩效三方面内容。因此，所谓产业组织创新，是指同一产业内企业的组织形态和企业间关系的创新。产业组织的创新过程（活动）实际上是对影响产业组织绩效的要素进行整合优化的过程，是使产业组织重新获取竞争优势的过程。

从作用的效果来看，产业政策的调控与产业组织的创新都有优化产业组织的功能，但产业政策在产业组织合理化过程中的作用是一种经济过程中的被组织力量，而产业组织创新则往往是产业及产业内企业的自组织过程。一方面，产业组织与产业结构息息相关，是连接产业结构与产业政策的纽带。因此，产业组织创新是推动产业结构升级的重要力量之一。另一方面，产业组织又与企业组织密切相关，是具有某种同一性的互动范畴。因此，产业组织的创新不仅仅是产业内企业与企业之间垄断或竞争关系平衡的结果，更是企业组织创新与产业组织创新协调与互动的结果。

实践证明，产业组织创新的直接效应包括实现规模经济、专业化分工与协作、提高产业集中度、促进技术进步和有效竞争等；间接影响包括创造产业增长机会、促进产业增长实现、构筑产业赶超效应、适应产业经济增长等多项功效。产业组织创新能在一定程度上引起产业（或行业）生命周期运行轨迹或生命周期阶段持续时间的变化。

与其他创新活动一样，产业组织的创新没有固定的模式。在不同行业或同一行业的不同发展时期，产业组织创新有着与行业本身固有的行业属性、行业所处生命周期的阶段特征、行业内企业组织变革乃至与整个社会经济演进相关联的各种形式。例如，产业化经营旨在延长产业链，增加附加值，加深产业与相关产业的融合发展、解决产品的产供销衔接问题，使商业资本与产业资本相对集中，产生聚合的规模效益；产融结合旨在通过产业部门与金融部门的资本融合，使产业资本加速集中，充分发挥金融对产业发展的融资作用，使产业结构的调整得以迅速有效地进行；服务体系建设旨在加强产业的服务体系建设，完善产业市场信息体系、产业质量标准体系及产业自律体系；大规模数字化经济旨在改变产业内企业的组织管理形式、厂商与消费者的关系、竞争者之间的竞争方式以及企业间乃至产业间的分工协作方式等。以我国农业为例，家庭承包制、一体化经营、农业产业化等成为我国农业在不同发展时期产业组织创新的尝试，构筑了传统农业向现代农业演进的产业升级之路。此外，产业组织创新与产业技术创新等密不可分。产业技术创新在很大程度上由产业组织创新的过程和产业组织创新的结果所驱动。技术创新是组织创新某方面的表现，组织创新是技术创新的有效载体，二者是相互促进的互动关系。具有创新活力且通过组织创新不断优化的产业组织，能最大限度地、系统地为产业技术创新配置资源（如资本资源、人力资源、环境资源等）。由此，产业组织创新与产业技术创新共同成为产业不断适应外部竞争环境或者从内部增强产业核心能力的关键。

四、社会习惯的改变

随着人们生活水平和受教育水平的提高，消费心理、消费习惯、文明程度和社会责任感会逐渐改变，从而引起对某些商品的需求变化并进一步影响行业的兴衰。在基本温饱解决之后，人们更注重生活的质量，不受污染的天然食品和纺织品备受人们青睐；对健康投资从注重保健品转向健身器材；在物质生活丰富后注重智力投资和丰富的精神生活，旅游、音响成了新的消费热点；快节奏的现代生活使人们更偏好便捷的交通和通信工具；高度工业化和生活现代化又使得人们认识到保护生存环境免受污染的重要性，发达国家的工业部门每年都要花费几十亿美元的经费来研制和生产与环境保护有关的各种设备，以便使工业的变化对企业的经营活动、生产成本和利润收益等方面都会产生一定的影响，足以使一些不再适应社会需要的行业衰退而又激发新兴行业的发展。

练 习 题

一、单项选择题

1. 产业的特点不包括（ ）。

    A. 规模性   B. 职业化   C. 社会功能性   D. 盈利性

2. 《国民经济行业分类》国家标准（GB/T4754—2002）将我国国民经济行业划分为（ ）。

    A. 门类、大类、中类、小类   B. 大类、中类、小类

    C. 门类、大类、中类   D. 门类、大类

3. 从收益与风险的关系来看，成熟期行业是（ ）时期。

    A. 高风险低收益   B. 高风险高收益

    C. 低风险高收益   D. 低风险低收益

4. 按照《上市公司行业分类指引》的编码规则，以下说法错误的是（ ）。

    A. 总体编码采用层次编码法   B. 类别编码采用顺序编码法

    C. 门类编码采用顺序编码法   D. 门类编码采用单字母升序编码法

5. 道－琼斯分类法把大多数股票分为（ ）类。

    A. 3   B. 5   C. 6   D. 10

6. 根据行业中企业数量的多少、进入限制程度和产品差别，行业基本上可以分为 4 种市场结构，即（ ）。

    A. 完全竞争、不完全竞争、垄断竞争、完全垄断

    B. 公平竞争、不公平竞争、完全垄断、不完全垄断

    C. 完全竞争、垄断竞争、寡头垄断、完全垄断

    D. 完全竞争、垄断竞争、部分垄断、完全垄断

7. 当前的现实生活中没有真正的完全垄断市场，以下接近完全垄断市场类型的行业是（ ）。

    A. 钢铁、汽车等重工业

    B. 资本密集型、技术密集型产品

    C. 少数储量集中的矿产品

    D. 公用事业如发电厂、煤气公司、自来水公司

8. 汽车制造业属于（ ）。

    A. 完全垄断型市场   B. 成长行业

    C. 寡头垄断市场   D. 衰退型行业

9. 处于高风险高收益状态的应该是行业的（ ）。

    A. 幼稚期   B. 成长期   C. 成熟期   D. 衰退期

10. 相对少量的生产者在某种产品的生产中占据很大的市场份额，从而控制了这个行业供给的市场结构是（　　）。

  A. 完全竞争 B. 垄断竞争 C. 寡头垄断 D. 完全垄断

11. 对于收益型的投资者，可以建议优先选择处于（　　）的行业，因为这些行业基础稳定，盈利丰厚，市场风险相对较小。

  A. 幼稚期 B. 成长期 C. 成熟期 D. 衰退期

12. 如果呈现出销售额或利润额快速不断增长的状态，应该是行业的（　　）。

  A. 幼稚期 B. 成长期 C. 成熟期 D. 衰退期

13. 某一行业有如下特征：企业的利润由于一定程度的垄断达到了很高的水平，竞争风险比较稳定，新企业难以进入。那么这一行业最有可能处于生命周期的（　　）。

  A. 幼稚期 B. 成长期 C. 成熟期 D. 衰退期

14. （　　）行业的产品往往是生活必需品或必要的公共服务。

  A. 增长型 B. 周期型 C. 防守型 D. 初创型

15. 从增长率变动的角度来观察，成长期行业表现为（　　）。

  A. 快速不断增长   B. 稳定增长

  C. 缓慢增长   D. 最低增长或负增长

16. 随着行业生产技术的成熟、生产成本的降低和市场需求的扩大，新行业从幼稚期迈入成长期，其变化是（　　）。

  A. 由低风险、低收益变为高风险、高收益

  B. 由高风险、低收益变为高风险、高收益

  C. 由低风险、高收益变为高风险、高收益

  D. 由高风险、低收益变为低风险、高收益

17. 行业处于成熟期的特点不包括（　　）。

  A. 企业规模空前，地位显赫，产品普及程度高

  B. 行业生产能力接近饱和，市场需求也趋于饱和，买方市场出现

  C. 行业在空间转移活动继续进行

  D. 构成支柱产业地位，其生产要素份额、产值、利税份额在国民经济中占有一席之地

18. （　　）主要是利用行业的历史数据，分析过去的增长情况，并据此预测行业的未来发展趋势。

  A. 横向比较   B. 纵向比较

  C. 历史资料研究法 D. 调查研究法

19. 分析某行业是否属于增长型行业，可采用的方法是（　　）。

A. 用该行业的历年统计资料来分析

B. 用该行业的历年统计资料与一个增长型行业进行比较

C. 用该行业的历年统计资料与一个成熟型行业进行比较

D. 用该行业的历年统计资料与国民经济综合指标进行比较

20. 行业产品的销售价格下降导致产品产量销量上升，是一种（　　　）。

    A. 因果关系　　　　B. 相关关系　　　　C. 共变关系　　　　D. 自相关关系

二、多项选择题

1. 市场结构的类型包括（　　　）。

    A. 完全竞争　　　　　　　　　　B. 完全合作

    C. 垄断竞争　　　　　　　　　　D. 寡头垄断

    E. 完全垄断

2. 行业成长能力的判断要素包括（　　　）。

    A. 收入需求弹性　　　　　　　　B. 行业在空间的转移活动

    C. 生产技术　　　　　　　　　　D. 产业关联度

    E. 市场容量和潜力

3. 行业幼稚期的主要特征（　　　）。

    A. 大众对产品缺乏认识　　　　　B. 市场需求较小

    C. 公司销售收入较低　　　　　　D. 亏损的可能性大

    E. 适合创业投资者

4. 根据行业与经济周期变动的关系可以将行业分为（　　　）。

    A. 增长型行业　　　　　　　　　B. 平衡型行业

    C. 周期型行业　　　　　　　　　D. 防守型行业

    E. 成长型行业

5. 行业成长能力的判断要素包括（　　　）。

    A. 需求弹性　　　　　　　　　　B. 生产技术

    C. 产业关联度　　　　　　　　　D. 市场容量与潜力

    E. 行业在空间的转移活动

第七章

上市公司分析

第一节 上市公司分析概述

一、公司与上市公司的含义

公司是指一般依法设立的，有独立的法人财产，以营利为目的的企业法人。根据我国公司法，其两种主要形式为有限责任公司和股份有限公司。

从经济学角度，公司是指依法设立的从事经济活动并以营利为目的的企业法人。从立法角度，我国《公司法》有关条款所揭示的公司本质特征，公司应指全部资本由股东出资构成，股东以其出资额或所持股份为限对公司承担责任，公司以其全部财产对公司债务承担责任的依《公司法》成立的企业法人。按是否上市流通分为：上市公司、非上市公司。根据我国《公司法》规定，我国的上市公司是指其股票在证券交易所上市交易的股份有限公司。股份有限公司申请其股票上市交易，应当向证券交易所报送有关文件。证券交易所依照本法及有关法律、行政法规的规定决定是否接受其股票上市交易。

二、上市公司分析的意义

上市公司分析是证券投资基本分析的核心部分，因为无论是宏观经济分析还是行业分析最终都要落实到对公司经营活动的影响，从投资对象来说也最终要落实到某一个具体的上市公司。例如，当我们认为未来的经济活动将转强，宏观经济环境有利于证券投资，接下来就要选择具有良好前景的行业。但是，在某一行业内会有一批上市公司，究竟选择哪些上市公司为好，这就涉及公司分析，这也是公司分析的最基本的意义。具体而言，公司分析的意义主要表现在以下 4 个方面。

第一，通过公司分析可以全面了解拟投资上市公司的基本面情况，包括公司的生产、经营、财务、管理等方面的基本状况，从而可以充分地把握相关公司的总体性品质，知晓影响相关公司发展的各项因素，预见相关公司业绩增长的趋势以及可能面临的风险，并在此基础上做出投资判断和建议。因为，公司的基本面决定股价中长期走势，公司基本面的转折必然带来股价的转折。公司基本面转折一般有 3 种原因：一是由于行业复苏使公司基本面发生转折，二是由于重组等外部原因导致公司基本面转折，三是由于公司内生原因导致公司基本面发生逆转或持续的改善。

第二，通过公司分析有助于从前景良好的行业内挖掘出具有成长潜力的上市公司，作为长期投资的选择对象。在一般情况下，成长性公司都会通过内源性融资或外源性融资的方式扩大投资规模，同时其投资资金的资本收益率都会高于其融资成本。在这种情况下，公司的盈利将会持续增长，公司的市场价值也会随之提高，投资者将从中获得良好的投资回报。

第三，通过公司分析可以在行业分析的基础上，进一步辨认良好的循环性公司和防守性公司，作为择时投资的选择对象。因为在经济活动转强时，循环性公司的销售及盈利将会随之明显增加，所以在经济活动转强时，应主要投资于循环性公司的股票，从而可以获得更大的利润。但经济活动转弱时，此类公司受到的冲击比一般公司更大，所以应在预期经济活动转弱时，及时卖出循环性公司的股票，以免遭受重大损失。

第四，通过公司分析可以避免资金投向高风险的投机性股票，减轻证券投资中的非系统风险。如果说辨认循环性公司和防守性公司有助于化解证券投资中的系统风险，那么辨认投机性股票则有利于化解证券投资中的非系统风险。所谓投机性股票，是指受到损失的概率比较大，且获得正常或高回报率的概率比较小的股票，包括一些价格严重高估的股票和存在破产或退市风险的股票以及发展前景极具不确定性的股票。

第二节　上市公司基本分析

一、公司行业地位分析

行业地位分析的目的是判断公司在所处行业中的竞争地位。如是否为领导企业，在价格上是否具有影响力，是否具有竞争优势等。在大多数行业中，无论其行业平均盈利能力如何，总有一些企业具有更强的获利能力。企业的行业地位决定了其盈利能力是高于还是低于行业平均水平，决定了其在行业内的竞争地位。衡量公司行业竞争地位的主要指标是产品的市场占有率。

二、公司经济区位分析

经济区位是指地理范畴上的经济增长点及辐射范围。处在好的经济区位内的上市公司，一般具有较高的投资价值。上市公司区位分析的内容包括 3 个内容。

（一）区位内的自然条件与基础条件

自然和基础条件包括矿产资源、水资源、能源、交通、通信设施等，它们在区位经济发展中起着重要作用，也对区位上市公司的发展起着重要的限制或促进作用。分析区位内的自然条件与基础条件，有利于分析该区位内上市公司的发展前景。如果上市公司所从事的行业与当地的自然和基础条件不符，公司的发展可能会受到很大制约。

（二）区位内政府的产业政策

为了促进区位经济的发展，当地政府一般都会制定相应的经济发展战略规划，提出相应的产业政策，确定区位优先发展和扶植的产业，并给予相应的财政、信贷及税收等诸多方面的优惠措施。这些措施有利于引导和推动相应产业的发展，相关产业内的公司将因此受益。

（三）区位内的经济特色

经济特色，是指区位内经济与区位外经济的联系和互补性、龙头作用及发展活力与潜力的比较优势。符合当地特色的企业比其他区位主营业务相同的上市公司具有更大的竞争优势和发展空间。

三、公司产品竞争能力分析

（一）成本优势

成本优势是指公司的产品依靠低成本获得高于同行业其他企业的盈利能力。成本优势是决定竞争优势的关键因素。
成本优势可通过规模经济、专有技术、优惠的原材料、低廉的劳动力、科学的管理、发达的营销网络等实现。

由资本的集中度决定的规模效益是决定产品生产成本的基本因素。

（二）技术优势

技术优势是指公司拥有比其他竞争对手更强的技术实力及研究与开发新产品的能力，主要体现在公司的生产技术水平和产品技术含量上面。

公司新产品的研究与开发（R&D）能力是决定公司竞争成败的关键因素。

实现方式：产品创新和人才创新。

产品创新包括4种方式：一是通过核心技术研发，开发出一种新产品或提高产品质量；二是通过新工艺研究，降低现有生产成本，开发出一种新的生产方式；三是根据细分市场进行产品细分，实行产品差别化生产；四是通过研究产品要素新组合，获得一种原材料或半成品的新的供给来源等。

（三）质量优势

质量优势是指公司的产品以高于其他公司同类产品的质量赢得市场，从而取得竞争优势。由于公司技术能力及管理等诸多因素的差别，不同公司间相同产品的质量是有差别的。消费者在进行购买选择时，产品的质量始终是影响他们购买倾向的一个重要因素。当一个公司的产品价格溢价超过了其为追求产品的质量优势而附加的额外成本时，该公司就能获得高于其所属行业平均水平的盈利。换句话说，在与竞争对手成本相等或成本近似的情况下，具有质量优势的公司往往在该行业中占据领先地位。

（四）产品的市场占有情况

产品的市场占有情况在衡量公司产品竞争力方面占有重要地位。通常可以从两个方面进行考察。其一，公司产品销售市场的地域分布情况。公司销售市场可分为：地区型、全国型和世界范围型。市场地域的范围能大致估计一家公司的经营能力和实力。其二，公司产品在同类产品市场上的占有率。市场占有率是对公司实力和经营能力较精确的估计。市场占有率是指公司某产品销售量占该类产品整个市场销售总量的比例。市场占有率越高，表示公司的经营能力和竞争力越强，公司的销售和利润水平越好、越稳定。

（五）产品的品牌战略

品牌是一个商品名称和商标的总称，可以用于辨别一个卖者或者卖者集团的货物或劳务，以便同竞争者的产品相区别。品牌竞争是产品竞争的延伸和深化；产业进入成熟阶段后，品牌就成为产品及企业竞争力的一个越来越重要的因素。

品牌的三种功能：一是创造市场的功能，二是联合市场的功能，三是巩固市场的功能。

四、公司经营能力分析

（一）公司法人治理结构

公司法人治理结构有狭义和广义两种定义，狭义上的公司法人治理结构是指有关公司董事会的功能、结构和股东的权利等方面的制度安排；广义上的法人治理结构是指有关企业控制权和剩余索取权分配的一整套法律、文化和制度安排，包括人力资源管理、收益分配和激励机制、财务制度、内部制度和管理等。健全的公司法人治理结构体现在7个方面。

1. 规范的股权结构

股权结构是公司法人治理结构的基础，许多上市公司的治理结构出现问题都与不规范的股权有关。规范的股权结构包括3层含义：一是降低股权集中度，改变"一股独大"局面；二是流通股股权适度集中，发展机构投资者、战略投资者，发挥他们在公司治理中的积极作用；三是股权的流通性。

2. 有效的股东大会制度

股东大会制度是确保股东充分行使权力的最基础的制度安排，能否建立有效的股东大会制度是上市公司建立健全公司法人治理机制的关键。根据2002年1月7日中国证监会与国家经济贸易委员会联合颁布的《上市公司治理准则》，有效的股东大会制度应包括：具备规范的召开与表决程序，股东大会应给予每个提案合理的讨论时间，对董事会的授权原则、授权内容应明确具体，股东大会会议时间、地点的选择应有利于让尽可能多的股东参加会议，充分运用现代信息技术手段扩大股东参与股东大会的比例等。

3. 董事会权利的合理界定与约束

董事会作为公司的决策机构，对于公司法人治理机制的完善具有重要作用。股东大会应赋予董事会合理充分的权力，但也要建立对董事会权力的约束机制。根据《上市公司治理准则》，合理的董事会制度应制定规范、透明的董事选聘程序；在董事的选举过程中，应充分反映中小股东的意见，并积极推进累积投票制度；董事应根据公司和全体股东的最大利益，忠实、诚信、勤勉地履行职责；上市公司治理结构应确保董事会能够按照法律法规和公司章程的规定行使职权，公平对待所有股东，并关注公司其他利益相关者的利益；董事会授权董事长在董事会闭会期间行使董事会部分职权的，上市公司应在公司章程中明确规定授权原则和授权内容，凡涉及公司重大利益的事项应由董事会集体决策等。

4. 完善的独立董事制度

独立董事是指不在公司担任除董事外的其他职务，并与其所受聘的上市公司及其主要股东不存在可能妨碍其进行独立客观判断的关系的董事。独立董事对上市公司及全体股东负责。2001年8月，中国证监会发布了《关于在上市公司建立独立董事制度的指导意见》，要求上市公司在2002年6月30日之前建立独立董事制度。

5. 监事会的独立性和监督责任

一方面，应该加强监事会的地位和作用，增强监事会的独立性和加强监督的力度，限制大股东提名监事候选人和作为监事会召集人。另一方面，应该加大监事会的监督责任，对公司的经营管理进行全面的监督，包括调查和审查公司的业务状况，检查各种财务情况，并向股东大会或监事会提供报告，对公司高管的行为实行监督。

6. 优秀的职业经理层

优秀的职业经理层是保证公司治理结构规范化、高效化的人才基础。形成高效运作的职业经理层的前提是建立一套科学化、市场化、制度化的选聘制度和激励制度。

7. 相关利益者的共同治理

相关利益者包括员工、债权人、供应商和客户等主要利益相关者。相关利益者共同参与的共同治理可以有效建立公司外部治理结构，弥补内部治理的不足。

（二）公司经理层素质

所谓素质，是指个人品质、性格、学识、能力、体质5个方面特性的总和。在一定意义上，是否有卓越的企业经理人员和经理层，直接决定着企业的经营成果。一般而言，公司经理人员应该具备的素质：一是从事管理工作的愿望，二是专业技术能力，三是良好的道德品质修养，四是人际关系协调能力。

（三）公司从业人员素质和创新能力

公司业务人员的素质对公司的发展起到很重要的作用。公司业务人员应该具有的素质：专业技术能力、对企业的忠诚度、责任感、团队合作精神和创新能力等。对员工的素质进行分析，可以判断公司发展的持久力和创新能力。

五、公司盈利能力分析

（一）公司盈利预测

对公司盈利进行预测，是判断公司估值水平及投资价值的重要基础。盈利预测是建立在对公司深入了解和判断之上的，通过对公司基本面进行分析，进而对公司的预测作出假设。所作假设应该与公司、行业和宏观经济环境相符，且与以往年度各项经济指标比率的变化相符。盈利预测的假设主要包括：

（1）销售收入预测。包括销售收入的历史数据和发展趋势、公司产品的需求变化、市场占有率和销售网络、主要产品的存货情况、销售收入的明细等方面。销售收入预测的准确性也是公司盈利预测中最为关键的因素。

（2）生产成本预测。包括生产成本的结构、主要原材料的价格走势和每年所需原材料的总量、成本变动和销售情况变动、能否将上涨的成本转嫁给下游、毛利率的变化情况等。

（3）管理和销售费用预测。包括销售费用和销售费用占销售收入的比例、管理费用的变化、新市场的拓展、每年的研究和开发费用占销售收入的比例等。

（4）财务费用预测。包括新增长期贷款和短期贷款等。

（5）其他。包括主营业务利润占税前利润的百分比、非经常项目及其他利润占税前利润的比例、到目前为止利润的完成情况等。

例 7 - 1：某一制造企业历年的主要盈利指标见表 7 - 1。

表 7 - 1　　　　　**某制造企业 2020～2022 年主要盈利指标**　　　　单位：万元

项目	2020 年	2021 年	2022 年
一、营业收入	2 308.94	2 893.75	3 790.81
减：营业成本	1 756.41	2 197.22	2 793.83
二、营业毛利	552.53	696.53	996.98
减：营业税费	17.55	25.75	37.91
销售费用	196.72	150.76	189.54
管理费用	157.70	231.79	227.45
财务费用	138.54	160.60	199.78
资产减值损失	0.00	0.00	0.00
加：公允价值变动净收益	0.00	0.00	0.00
投资净收益	2.87	34.31	50.00

项目	2020 年	2021 年	2022 年
三、营业利润	44.89	161.92	392.31
加：营业外收入	118.37	121.57	177.40
减：营业外支出	2.78	16.53	20.00
其中：非流动资产处置净损失	0.00	0.00	0.00
四、利润总额	160.48	266.96	549.71
减：所得税费用	23.56	48.45	55.52
五、净利润	136.92	218.51	494.19
归属于母公司所有者的利润	127.73	201.43	458.69
少数股东损益	9.19	17.08	35.50

根据企业 2020~2022 年的数据，可以对企业 2023 年各指标进行预测。在对 2023 年公司盈利进行预测时，首先预测销售收入，再根据毛利率、费用率、税率等的预测得出其他各项指标。销售收入预测的准确性是公司盈利预测中最为关键的因素。

（二）公司经营战略分析

公司经营战略是指企业面对激烈的市场环境变化和市场竞争的挑战，为了求得长期生存和不断发展而进行的总体性的谋划，是企业长远性、全局性发展思路的集中体现，它从宏观上规定了公司的成长方向、成长速度及实现方式。公司实施经营战略的目的是要在利用企业现有的外部环境和内部条件的基础上，寻找企业发展的新的机会。包括确定企业同外部环境的关系、企业经营范围的变化方向或企业发展成长的方向、企业竞争的策略、企业结构的调整方向等。由于公司经营战略涉及的是企业未来发展，公司经营遇到的问题又常常是难以完全预料的，有些是突发性的，所以对公司经营战略的评价通常比较困难，难以标准化。

（三）公司规模变动特征及扩张潜力分析

公司规模变动特征和扩张潜力一般与其所处的行业发展阶段、市场结构、经营战略密切相关，是从微观方面具体考察公司的成长性，公司成长性可以从 5 个方面进行分析：

（1）公司规模的扩张的推动因素（是供给推动还是需求拉动，是创造需求还是满足需求，是技术进步还是其他生产要素，找出企业发展的内在规律）。

（2）纵向比较公司历年销售、利润、资产规模，把握趋势。

（3）横向比较公司的销售、利润和资产规模及其增长率与行业平均水平及主要竞争对手的数据进行比较，了解其行业地位的变化。

（4）预测产品的未来前景和未来市场份额，分析公司的投资项目，预计其销售和利润水平。

（5）分析财务状况以及公司的投资和筹资潜力。

六、公司偿债能力分析

公司的偿债能力是指公司用其资产偿还长期债务与短期债务的能力。公司有无支付现金的能力和偿还债务的能力，是公司能否生存和健康发展的关键。公司偿债能力是反映公司财务状况和经营能力的重要标志。偿债能力是公司偿还到期债务的承受能力或保证程度，包括偿还短期债务和长期债务的能力。公司偿债能力，静态地讲，就是用公司资产清偿公司债务的能力；动态地讲，就是用公司资产和经营过程创造的收益偿还债务的能力。公司有无现金支付能力和偿债能力是公司能否健康发展的关键。公司偿债能力分析是公司财务分析的重要组成部分。

公司偿债能力分析通常包括短期偿债能力分析和长期偿债能力分析。

短期偿债能力是指企业以流动资产偿还流动负债的能力，它反映了企业偿付日常到期债务的能力。对债权人来说，企业要具有充分的偿还能力才能保证其债权的安全，按期取得利息，到期取回本金；对投资者来说，如果企业的短期偿债能力发生问题，就会牵制企业经营的管理人员耗费大量精力去筹集资金，以应付还债，还会增加企业筹资的难度，或加大临时紧急筹资的成本，影响企业的盈利能力。

长期偿债能力是指企业对债务的承担能力和对偿还债务的保障能力。长期偿债能力分析是企业债权人、投资者、经营者和与企业有关联的各方面等都十分关注的重要问题。

七、公司重大事项分析

1. 公司的资产重组

公司资产重组主要包括公司扩张、公司调整、公司控制权变更三大类型。

（1）扩张型公司资产重组。扩张型公司资产重组是指扩大公司经营规模和资产规模的重组行为，通常包括购买资产、收购公司、收购股份、合资或联营组建子公司、公司合并等。

（2）调整型公司资产重组。调整型公司资产重组主要是指在不改变控制权或者基本上不改变公司资产规模条件下的重组，包括不改变控制权的股权置换，不改变控制权的股份与资产置换，不改变公司资产规模的资产置换，缩小公司规模的资产出售、公司分立、资产负债剥离等。

（3）控制权变更型公司资产重组。公司的所有权和控制权变更是公司重组的最高形式，通常公司的所有权决定了公司的控制权，但两者不存在必然的联系。常见的公司控股权及控制权的转移方式有以下 6 种：股权的无偿划拨、股权的协议转让、公司股权托管和公司托管、表决权信托和委托、股份回购、交叉控股。

上述 3 类重组类型的划分，是从单一上市公司视角出发的。在实践中，一个重组行为有时可以同时包含 3 个类型。比如收购公司，对收购方来说，是一种扩张行为；而对目标公司来说，是一种控制权或所有权的转移行为；而对目标公司的出让方来说，又是一种收缩或调整行为。

2. 公司关联交易分析

公司关联交易是指关联方之间转移资源、劳务或义务的行为，而不论是否收取对价。《企业会计准则第 36 号——关联方披露》第三条对关联方进行了界定，即"一方控制、共同控制另一方或对另一方施加重大影响，以及两方或两方以上同受一方控制、共同控制或重大影响的，构成关联方"。所谓控制，是指有权决定一个企业的财务和经营政策，并能据此从该企业的经营活动中获取利益；所谓共同控制，是指按照合同约定对某项经济活动所共有的控制，仅在与该项经济活动相关的重要财务和经营决策需要分享控制权的投资方达成一致同意时存在所谓重大影响，是指对一个企业的财务和经营政策有参与决策的权力，但并不能够控制或者与其他方一起共同控制这些政策的制定。常见的关联交易主要有关联购销、资产租赁、担保、托管经营、承包经营、共同投资等。

从理论上说，关联交易属于中性交易，它既不属于单纯的市场行为，也不属于内幕交易，其主要作用是降低交易成本，促进生产经营渠道的畅通，提供扩张所需的优质资产，有利于实现利润等。但在实际操作中，关联交易有其非经济特性。关联交易价格可由关联双方协商决定，特别是在我国评估和审计等中介机构尚不健全的情况下，关联交易就容易成为企业调节利润、避税和一些部门及个人获取私利的途径，这往往使中小投资者的利益受到损害。

在实际经济活动中经常可以看到的做法是，当上市公司经营业绩不理想时，集团公司或者调低上市公司应缴纳的费用标准，或者承担上市公司的相关费用，甚至将以前年度已缴纳的费用退还，从而达到转移费用、增加利润的目的。此外，由于各类资产租赁的市场价格难以确定，租赁活动也很容易成为上市公司与集团公司等关联公司之间转移费用、调节利润的手段。当上市公司利润水平不理想时，集团公司会调低租金价格，或以象征性的价格收费，或上市公司按照远高于市场价格的租金水平将资产租赁给集团公司使用。上述这些都是有利于上市公司的关联交易，但是也有一些反向的不利于上市公司的关联交易存在，如果发生的话，将会对上市公司的股价产生明显的负面影响。

3. 会计政策和税收政策变化的影响分析

（1）会计政策的变化以及对公司的影响。会计政策是指企业在会计确认、计量和报告中所采用的基本原则和会计处理方法。公司基本上是在法规所允许的范围内选择适合本公司实际情况的会计政策。当会计制度发生变更，或公司根据实际情况认为需要变更会计政策时，公司可以变更会计政策。公司的会计政策发生变更将影响公司年末的资产负债表和利润表，如果采用追溯调整法进行会计处理，则会计政策的变更将影响公司年初以及以前年度的利润、净资产、未分配利润等数据。

（2）税收政策的变化及对公司的影响。税收政策的变更也将对上市公司的业绩产生影响，比如增值税的出口退税政策的改变。增值税作为价外税，其出口退税是指销售时免征增值税，同时将购进时支付的增值税进项税额退给公司，这就意味着产品是以不含税的价格进入国际市场，从而提高了公司的竞争力。对出口比重比较大的上市公司来说，这一政策对经营会产生明显有利的影响。由于增值税的出口退税额作为一种收益只计入会计利润而不计入应纳税所得额，因而不需要征收企业所得税。我国实行的新税法，预计将对较高税率的银行业、通信服务业和批发零售业产生较大影响。两税合并后，目前实际所得税较高的银行业将通过当前应纳税所得和递延税款两方面影响其所得税费用。此外，所得税政策改革趋势还会影响上市公司的价值重估。

八、公司基本分析在上市公司调研中的实际运用

（一）公司调研的目的

核实公司公开信息中披露的信息；考察和咨询重大事项及重大影响的会计科目；了解公司基本素质和管理层的战略设想；考察承建和工地，清醒认识开工率和员工精神面貌；深入了解风险；提高盈利预测模型中相关参数确定的准确性。

（二）公司调研的对象

公司调研的对象并不限于上市公司本身。公司管理层及员工、公司总部及子公司、公司车间及工地、公司所处行业协会、公司供应商、公司客户、公司产品零售网点。总之，一切关系到盈利的对象都应当关注。

（三）公司调研的分类内容及重点

根据调研所涉及问题的广度不同，可以分为全面调查和专项调查。

全面调查：覆盖上市公司经营活动的各个层面，适于重点上市公司的深度研究或为发行股票、债券、兼并、重组等重大事项而进行的实地尽职调查。

专项调查：调研对象和范围有较明确的指向性，或针对敏感信息、特定信息和重大因素等。

具体来看，公司基本情况（包括重大股权变动、重大重组、主要股东及相关利益人情况、历史沿革及独立情况、商业信用等）、业务与技术（包括行业优势与竞争、购产销环节、核心技术与研发情况等）、同业竞争与关联交易（包括关联方情况）、高级管理人员信息（包括高级管理人员变动及持股投资情况等）、组织结构与内部控制、财务与会计信息、业务发展目标（包括发展战略、经营理念及模式、发展计划执行及实现情况、募集资金投向及使用情况等），以及公司风险因素及其他重要事项，在结合特定或非特定的公司调研目标下，将不同程度地成为公司调研的重点内容。

（四）公司调研的流程

（1）资料分析与收集等案头工作。

（2）编写调研计划、申请领导批准。

（3）实地调研，包括访谈、考察、笔录。其中，访谈是目前上市公司实地调查中最常用的方法。

（4）编写调查报告，包括调研成果与投资建议。

（5）发表报告。

（五）公司调研所涉及的防止内幕信息及分析师职业道德问题

（1）不得披露未公开信息。根据《关于进一步做好上市公司公平信息披露工作的通知》，上市公司及其工作人员接受调研过程中不得披露任何未公开披露的信息（法律法规有规定的情形除外）。调研过程及会谈内容须形成书面记录，由接受调研的人员与来访调研人员共同亲笔签字确认，并由上市公司董事会秘书通过交易所网站"上市公司专区"进行报备。

（2）加强职业修养，坚守职业道德，避免利益冲突。

（3）通过自身分析得出的判断不属于内幕信息，可以披露。

第三节　上市公司财务分析

一、公司主要的财务报表

财务报表是以会计准则为规范编制的，向所有者、债权人、政府及其他有关各方及社会公众等外部反映会计主体财务状况和经营的会计报表。财务报表包括资产负债表、损益表、现金流量表或财务状况变动表、附表和附注。财务报表是财务报告的主要部分，不包括董事报告、管理分析及财务情况说明书等列入财务报告或年度报告的资料。

（一）资产负债表

资产负债表是反映企业在某一特定日期财务状况的会计报表，它表明企业在某一特定日期所拥有或控制的经济资源、所承担的现有义务和所有者对净资产的要求权。

$$总资产 = 负债 + 净资产（资本、股东权益、所有者权益）$$

资产负债表分为左方和右方，左方列示资产各项目，右方列示负债和所有者权益各项目。

SH 公司资产负债情况（见表 7 – 2）。

表 7 – 2　　　　　　　　　　　　资产负债表

编制单位：SH 公司　　　　　　20 × × 年 × × 月 × × 日　　　　　　单位：万元

资产	期末余额	年初余额	负债和所有者权益（或股东权益）	期末余额	年初余额
流动资产：			流动负债：		
货币资金	87 789	72 861	短期借款	107 799	93 600
交易性金融资产	0	160	交易性金融负债	−72	0
应收票据	19 234	19 274	应付票据	26 903	29 647
应收账款	148 122	76 975	应付账款	52 097	40 534
预付款项	38 583	35 217	预收款项	11 904	11 893
应收利息	0	0	应付职工薪酬	897	867
应收股利	0	0	应交税费	−5 350	8 380

229

续表

资产	期末余额	年初余额	负债和所有者权益（或股东权益）	期末余额	年初余额
其他应收款	51 602	85 893	应付利息	0	0
存货	83 071	65 609	应付股利	0	0
一年内到期的非流动资产	0	0	其他应付款	77 003	28 012
其他流动资产	0	0	一年内到期的非流动负债	0	10 000
流动资产合计	428 401	355 988	其他流动负债	0	0
非流动资产：	0	0	流动负债合计	271 181	222 933
可供出售金融资产	0	0	非流动负债：	0	0
持有至到期投资	0	0	长期借款	72 187	62 247
长期应收款	0	0	应付债款	0	0
长期股权投资	107 693	107 493	长期应付款	0	0
投资性房地产	0	0	专项应付款	0	0
固定资产	77 176	76 023	预计负债	0	0
在建工程	3 183	2 424	递延所得税负债	4 128	0
工程物资	0	3 436	其他非流动负债	0	0
固定资产清理	0	0	非流动负债合计	76 315	62 247
生产性生物资产	0	0	负债合计	347 496	285 180
油气资产	0	0	所有者权益（或股东权益）：	0	0
无形资产	4 230	3 735	实收资本（或股本）	50 000	50 000
开发支出	0	0	资本公积	59 936	59 936
商誉	0	0	减：库存股	0	0
长期待摊费用	0	0	盈余公积	23 199	23 199
递延所得税资产	3 680	1 944	未分配利润	143 732	132 728
其他非流动资产	0	0	所有者权益（或股东权益）合计	276 867	265 863
非流动资产合计	195 962	195 055		0	0
资产总计	624 363	551 043	负债和所有者权益（或股东权益）总计	624 363	551 043

（二）利润及利润分配表

利润表是反映企业在一定会计期间的经营成果的财务报表，表明企业运用所拥有的资产进行获利的能力，它反映的是某一期间的情况，所以，又被称为动态报表。利润表把一定期间的营业收入与其同一会计期间相关的营业费用进行配比，以计算企业一定时期的净利润（或净亏损）。

当前国际上常用的利润表格式有单步式和多步式两种。单步式是将当期收入总额相加，然后将所有费用总额相加，一次计算出当期收益的方式，其特点是所提供的信息都是原始数据，便于理解；多步式是将各种利润分多步计算求得净利润的方式，便于使用人对企业经营情况和盈利能力进行比较和分析。我国一般采用多步式利润表格式（见表7-3）。

表7-3   利润表

编制单位：SH公司　　　　　　　20××年　　　　　　　　　单位：万元

项目	本期金额	上期金额
一、营业收入	234 419	80 260
减：营业成本	195 890	63 599
营业税金及附加	6	160
销售费用	13 077	10 596
管理费用	8 574	5 247
财务费用	3 539	2 507
资产减值损失	0	0
加：公允价值变动收益（损失以"-"号填列）	72	0
投资收益（损失以"-"号填列）	63	5 657
其中：对联营企业和合营企业的投资收益	0	0
二、营业利润（亏损以"-"号填列）	13 468	3 808
加：营业外收入	19	301
减：营业外支出	88	3
其中：非流动资产处置损失	29	-131
三、利润总额（亏损总额以"-"号填列）	13 399	4 106
减：所得税费用	2 395	434
四、净利润（净亏损以"-"号填列）	11 004	3 672
五、每股收益		
（一）基本每股收益		
（二）稀释每股收益		
六、其他综合收益		
七、综合收益总额		

利润表分项列示了企业在一定会计期间因销售商品、提供劳务、对外投资等所取得的各种收入以及与各种收入相对应的费用、损失并将收入与费用、损失加

以对比结出当期的净利润。这一将收入与相关的费用、损失进行对比，结出净利润的过程，会计上称为配比。其目的是衡量企业在特定时期或特定业务中所取得的成果，以及为取得这些成果所付出的代价，为考核经营效益和效果提供数据。例如分别列示主营业务收入和主营业务成本、主营业务税金及附加并加以对比，得出主营业务利润，从而掌握一个企业主营业务活动的成果。配比是一项重要的会计原则，在利润表中得到了充分体现。

通常，利润表主要反映以下 4 个方面的内容：

（1）构成主营业务利润的各项要素。从主营业务收入出发，减去为取得主营业务收入而发生的相关费用、税金后得出主营业务利润。

（2）构成营业利润的各项要素。营业利润在主营业务利润的基础上，加其他业务利润，减销售费用、管理费用、财务费用后得出。

（3）构成利润总额（或亏损总额）的各项要素。利润总额（或亏损总额）在营业利润的基础上加（减）投资收益（损失）、补贴收入、营业外收支后得出。

（4）构成净利润（或净亏损）的各项要素。净利润（或净亏损）在利润总额（或亏损总额）的基础上，减去本期计入损益的所得税费用后得出。

在利润表中，企业通常按各项收入、费用以及构成利润的各个项目分类分项列示。也就是说收入按其重要性进行列示，主要包括主营业务收入、其他业务收入、投资收益、补贴收入、营业外收入；费用按其性质进行列示主要包括主营业务成本、主营业务税金及附加、营业费用、管理费用、财务费用、其他业务支出营业外支出、所得税等；利润按营业利润、利润总额和净利润等利润的构成分类分项列示。

（三）现金流量表

现金流量表是反映一定时期内（如月度、季度或年度）企业经营活动、投资活动和筹资活动对其现金及现金等价物所产生影响的财务报表。现金流量表是原先财务状况变动表或者资金流动状况表的替代物。它详细描述了由公司的经营、投资与筹资活动所产生的现金流。这张表由财务会计标准委员会于 1987 年批准生效，因而有时被称为 FASB95 号表。这份报告显示资产负债表如何影响现金和等同现金，以及根据公司的经营、投资和融资角度作出分析。现金流量表反映企业一定期间现金的流入和流出，表明企业获得现金和现金等价物的能力。

现金流量表分为：经营活动、投资活动和筹资活动产生的现金流量 3 个部分。经营活动产生的现金流量通常可以采用间接法和直接法两种方法反映。间接法针对净利润利用非现金交易进行调整后得到经营现金流；直接法直接通过现金收入和现金支出的主要类别列示经营活动的现金流量（见表 7-4）。

表 7 – 4 　　　　　　　　　　　　　　　现金流量表

编制单位：SH 公司　　　　　　　　　　20 × × 年　　　　　　　　　　单位：万元

项目	本期金额	上期金额
一、经营活动产生的现金流量：		
销售商品、提供劳务收到的现金	197 817	89 237
收到的税费返还	0	0
收到其他与经营活动有关的现金	186	304
经营活动现金流入小计	198 003	89 541
购买商品、接受劳务支付的现金	169 045	68 745
支付给职工以及为职工支付的现金	6 718	4 018
支付的各项税费	4 638	318
支付其他与经营活动有关的现金	10 311	10 977
经营活动现金流出小计	190 712	84 058
经营活动产生的现金流量净额	7 291	5 483
二、投资活动产生的现金流量：		
收回投资收到的现金	233	996
取得投资收益收到的现金	0	0
处置固定资产、无形资产和其他长期资产收回的现金净额	2	4 708
处置子公司及其他营业单位收到的现金净额	0	0
收到其他与投资活动有关的现金	0	0
投资活动现金流入小计	255	5 704
购建固定资产、无形资产和其他长期资产支付的现金	4 252	275
投资支付的现金	0	444
取得子公司及其他营业单位支付的现金净额	0	0
支付其他与投资活动有关的现金	0	0
投资活动现金流出小计	4 252	719
投资活动产生的现金流量净额	– 4 027	4 985
三、筹资活动产生的现金流量：		
吸收投资收到的现金	0	0
取得借款收到的现金	47 839	52 714
收到其他与筹资活动有关的现金	0	0
筹资活动现金流入小计	47 839	52 714
偿还债务支付的现金	33 600	38 700
分配股利、利润或偿付利息支付的现金	2 410	2 254

续表

项目	本期金额	上期金额
支付其他与筹资活动有关的现金	164	0
筹资活动现金流出小计	36 174	40 954
筹资活动产生的现金流量净额	11 665	11 760
四、汇率变动对现金及现金等价物的影响	0	0
五、现金及现金等价物增加额	14 928	22 229
加：期初现金及现金等价物余额	72 861	50 632
六、期末现金及现金等价物余额	87 789	72 861

二、公司财务报表分析的目的与方法

（一）主要目的

从共性的角度来看，财务报表分析的目的是向有关各方提供可以用来作出决策的信息。但具体而言，公司财务报表的使用主体不同，其分析的目的也不完全相同。

（1）公司的经理人员。通过分析财务报表判断公司的现状及可能存在的问题，以便进一步改善经营管理。

（2）公司的现有投资者及潜在投资者。主要关心公司的财务状况、盈利能力。

（3）公司的债权人。主要关心自己的债权能否收回。财务报表的一般目的可以概括为：评价过去的经营业绩，衡量现在的财务状况，预测未来的发展趋势。

（4）公司雇员与供应商。公司雇员评估企业的稳定性和盈利能力，关心企业是否有能力提供报酬和养老金。供应商关心企业是否能如期支付到期货款。

（二）分析方法与原则

1. 财务报表分析的方法有比较分析法和因素分析法两大类

财务报表的比较分析是指对两个或几个有关的可比数据进行对比，揭示财务指标的差异和变动关系，是财务报表分析中最基本的方法。财务报表的因素分析是依据分析指标和影响因素的关系，从数量上确定各因素对财务指标的影响程度。

最常用的比较分析方法有：单个年度的财务比率分析、不同时期的财务报表比较分析、与同行业其他公司之间的财务指标比较分析3种。

功能：单个年度的财务比率分析可以判断年度内偿债能力、资产管理效率、经营效率、盈利能力等；不同时期的财务报表分析，可以对公司持续经营能力、财务状况变动趋势、盈利能力作出分析，从一个较长时期来动态分析公司状况；与同行业其他公司的比较可以了解公司各种指标的优劣，在群体中判断个体。

2. 财务报表分析的原则

（1）坚持全面原则。将多个指标、比率综合在一起得出全面客观的评价。

（2）坚持考虑个性原则。各公司具体经营管理活动采取不同方式会在财务报表中体现，要考虑公司的特殊性，不能简单地与同行业公司直接比较。

三、公司财务比率分析

财务比率指同一张财务报表的不同项目之间、不同类别之间，在同一年度不同财务报表的有关项目之间，各会计要素的相互关系。财务比率分类：变现能力分析、营运能力分析、长期偿债能力分析、盈利能力分析、投资收益分析、现金流量分析等。财务比率的基准：公司过去的最高水平、公司当年的计划预测水平、同行业的先进水平或平均水平。

比率分析可以从当年实际比率与以上基准比较后得出结论。

（一）变现能力分析

变现能力是公司产生现金的能力，它取决于可以在近期转变为现金的流动资产的多少，是考察公司短期偿债能力的关键。主要包括：流动比率、速动比率、保守速动比率。

1. 流动比率

流动比率指流动资产总额和流动负债总额之比。

计算公式：
$$流动比率 = \frac{流动资产}{流动负债}$$

流动资产是指企业可以在一年或者超过一年的一个营业周期内变现或者运用的资产，主要包括货币资金、短期投资、应收票据、应收账款和存货等。流动负债，也叫短期负债，是指将在一年或者超过一年的一个营业周期内偿还的债务，包括短期借款、应付票据、应付账款、预收账款、应付股利、应交税费、其他暂收应付款项、预提费用和一年内到期的长期借款等。

流动比率用来衡量企业流动资产在短期债务到期以前，可以变为现金用于偿还负债的能力。虽然流动比率越高，企业资产的流动性越大，但是比率太大表明流动资产占用较多,会影响经营资金周转效率和获利能力。一般认为合理的最低流动比率为2。

2. 速动比率

速动比率是指企业速动资产与流动负债的比率,速动资产是企业的流动资产减去存货的余额。

计算公式:
$$速动比率 = \frac{流动资产 - 存货}{流动负债}$$

在计算速动比率时,要把存货从流动资产中剔除的原因:(1)在流动资产中,存货的变现能力最差;(2)由于某种原因,部分存货可能已损失报废,还没作处理;(3)部分存货已抵押给某债权人;(4)存货估价还存在着成本与当前市价相差悬殊的问题。

一般认为,企业的速动比率其合理标准是1,低于1的速动比率被认为是短期偿债能力偏低。但也由于行业不同而有很大差别。例如商品零售行业,由于采用大量现金销售,几乎没有应收账款,速动比率大大低于1,也是合理的。相反,有些企业虽然速动比率大于1,但速动资产中大部分是应收账款,并不代表企业的偿债能力强,因为应收账款能否收回具有很大的不确定性。所以,在评价速动比率时,还应分析应收账款的质量。

3. 保守速动比率

除扣除存货外,还可以去掉其他可能与当期现金流量无关的项目,如待摊费用、预付账款等,以计算更进一步的变现能力,如采用保守速动比率(超速动比率)。

计算公式:
$$保守速动比率 = \frac{(现金 + 交易性金融资产 + 应收账款净额)}{流动负债}$$

其中,应收账款净额是指应收账款(主要包括应收账款、应收票据等)和其他应收款减去备抵坏账的净额,实质即为信誉高客户的应收款净额。

例7-2:从SH公司资产负债表(表7-2)得知,年末的流动资产为428 401万元,流动负债为271 181万元,存货为83 071万元,应收账款为148 122万元,应收票据19 234万元,交易性金融资产为0元,SH公司的流动比率、速动比率、保守速动比率分别为:

$$流动比率 = \frac{流动资产}{流动负债} = \frac{428\ 401}{271\ 181} = 1.58$$

$$速动比率 = \frac{速动资产}{流动负债} = \frac{428\ 401 - 83\ 071}{271\ 181} = 1.27$$

$$保守速动比率 = \frac{现金 + 交易性金融资产 + 应收账款 + 其他应收款}{流动负债}$$

$$= \frac{87\ 789 + 0 + 148\ 122 + 51\ 602}{271\ 181} = 1.06$$

（二）营运能力分析

营运能力是指公司经营管理中利用资金运营的能力，一般通过公司资产管理比率来衡量，主要表现为资产管理及资产利用的效率。营运能力常规是指公司的营销系统，包括部门有市场部、销售部、统计部、票务部、售后服务部等，是社会生产力在企业中的微观表现，是企业的各项经济资源，包括人力资源、生产资料资源、财务资源、技术信息资源和管理资源等，基于环境约束与价值增值目标，通过配置组合与相互作用而生成的推动企业运行的物质能量。广义的营运能力是企业所有要素所能发挥的营运作用；狭义的营运能力是指企业资产的营运效率，不直接体现人力资源的合理使用和有效利用。营运能力主要包括存货周转率、应收账款周转率、流动资产周转率和总资产周转率等。

1. 存货周转率和存货周转天数

$$存货周转率 = \frac{营业成本}{平均存货}（次）$$

$$存货周转天数 = \frac{360}{存货周转率}（天）$$

公式中的"营业成本"数据来自利润表，"平均存货"数据来自资产负债表中"存货"期初数与期末数的平均数。存货周转率是衡量和评价公司购入存货、投入生产、销售收回等各环节管理状况的综合性指标。

一般，存货周转速度越快，存货的占用水平越低，流动性越强，存货转化为现金或应收账款的速度越快。存货周转天数指标的好坏反映了存货管理水平，不仅影响公司的短期偿债能力，也是整个公司管理的重要内容。

2. 应收账款周转率和应收账款周转天数

$$应收账款周转率 = \frac{营业收入}{平均应收账款}（次）$$

$$应收账款周转天数 = \frac{360}{应收账款周转率} = \frac{平均应收账款 \times 360}{营业收入}（天）$$

公式中的营业收入数据来自利润表。平均应收账款是指未扣除坏账准备的应收账款金额，是资产负债表中的应收账款期初数与期末数及对应坏账准备的平均数。

一般情况下，应收账款周转率越高越好，平均收账期越短，应收账款周转率高，说明应收账款的收回越快，账龄较短；资产流动性强，短期偿债能力强；可以减少坏账损失等。影响指标的因素有：（1）季节性经营，（2）大量使用分期付款结算方式，（3）大量使用现金结算的销售，（4）年末销售的大幅度增加或下降。

3. 流动资产周转率

$$流动资产周转率 = \frac{营业收入}{平均流动资产}（次）$$

平均流动资产总额是指企业流动资产总额的年初数与年末数的平均值。通过该指标的对比分析，可以促进企业加强内部管理，充分有效地利用流动资产，如降低成本、调动暂时闲置的货币资金用于短期投资创造收益等，还可以促进企业采取措施扩大销售，提高流动资产的综合使用效率。一般情况下，该指标越高，表明企业流动资产周转速度越快，利用越好。

4. 总资产周转率

总资产周转率是考察企业资产运营效率的一项重要指标，体现了企业经营期间全部资产从投入到产出的流转速度，反映了企业全部资产的管理质量和利用效率。

$$总资产周转率 = \frac{营业收入}{平均资产总额}（次）$$

通过该指标的对比分析，可以反映企业本年度以及以前年度总资产的运营效率和变化，发现企业与同类企业在资产利用上的差距，促进企业挖掘潜力、积极创收、提高产品市场占有率、提高资产利用效率。一般情况下，该数值越高，表明企业总资产周转速度越快，销售能力越强，资产利用效率越高。

总之，各项资产的周转指标用于衡量公司运用资产赚取收入的能力，经常和反映盈利能力的指标结合在一起使用，可全面评价公司的盈利能力。

例 7-3：从 SH 公司资产负债表（表 7-2）、利润表（表 7-3）得知，20××年的营业收入为 234 419 万元，营业成本为 195 890 万元，年初应收账款余额为 76 975 万元，年末应收账款余额为 148 122 万元，假设期末、期初坏账准备为零，年初的存货为 65 609 万元，年末的存货为 83 071 万元，年初的流动资产为 355 988 万元，年末的流动资产为 428 401 万元，年初资产总额为 551 043 万元，年末的资产总额为 624 363 万元，SH 公司的存货周转率、存货周转天数、应收账款周转率、应收账款周转天数、流动资产周转率、总资产周转率分别为：

$$存货周转率 = \frac{营业成本}{平均存货} = \frac{195\ 890}{(65\ 609 + 83\ 017) \div 2} = 2.64（次）$$

$$存货周转天数 = \frac{360}{存货周转率} = \frac{360}{2.64} = 136.36（天）$$

$$应收账款周转率 = \frac{营业收入}{平均应收账款} = \frac{234\ 419}{(76\ 975 + 148\ 122) \div 2} = 2.08（次）$$

$$应收账款周转天数 = \frac{360}{应收账款周转率} = \frac{360}{2.08} = 173.08（天）$$

$$流动资产周转率 = \frac{营业收入}{平均流动资产} = \frac{234\ 419}{355\ 988 + 428\ 401} = 0.60（次）$$

$$总资产周转率 = \frac{营业收入}{平均资产总额} = \frac{234\ 419}{(551\ 043 + 624\ 363) \div 2} = 0.40（次）$$

（三）长期偿债能力分析

长期偿债能力是指公司偿付到期长期债务的能力，通常以反映债务与资产、净资产的关系的负债比率来衡量。主要包括：资产负债率、产权比率、有形资产净值债务率、已获利息倍数、长期债务与营运资金比率等。

1. 资产负债率

资产负债率是负债总额除以资产总额的百分比，也就是负债总额与资产总额的比例关系。资产负债率反映在总资产中有多大比例是通过借债来筹资的，也可以衡量企业在清算时保护债权人利益的程度。

$$资产负债率 = \frac{负债总额}{资产总额} \times 100\%$$

公式中的负债总额包括短期负债（公司总是长期性占用着短期负债，可以视同长期资本来源的一部分）和长期负债。资产总额是扣除累计折旧后的净额。

这项指标反映债权人所提供的资本占全部资本的比例，也被称为举债经营比率，它有以下几个方面的含义：

从债权人的立场看，他们最关心的是贷给公司款项的安全程度，也就是能否按期收回本金和利息。他们希望债务比例越低越好，公司偿债有保证，贷款不会有太大的风险。

从股东的立场看，在全部资本利润率高于借款利息率时，负债比例越大越好；否则相反。

从经营者的立场看，如果举债规模很大，超出债权人心理承受程度，则被认为是不保险的，公司就借不到钱。如果公司不举债，或负债比例很小，说明公司畏缩不前，对前途信心不足，利用债权人资本进行经营活动的能力很差。借款比率越大（当然不是盲目地借款），越是显得公司具有活力。

2. 产权比率

产权比率是负债总额与股东权益总额的比率，是评估资金结构合理性的一种指标。

$$产权比率 = \frac{负债总额}{股东权益} \times 100\%$$

产权比率反映了债权人提供的资本与股东提供的资本的相对关系，反映了公司基本财务结构是否稳定。一般来说，股东资本大于借入资本比较好，但也不能一概而论。例如，从股东来看，通胀加剧时，公司多借债可以将风险和损失转嫁给债权人；在经济繁荣时，公司多借债可以通过财务杠杆获得额外的利润；在经济萎缩时，少借债可减少利息负担和财务风险。产权比率高是高风险、高报酬的财务结构；相反，则是低风险、低报酬。

资产负债率与产权比率具有相同的经济意义，可以相互补充。

3. 有形资产净值债务率

有形资产净值债务率是企业负债总额与有形净值的百分比。有形净值是所有者权益减去无形资产净值后的净值。即所有者具有所有权的有形资产净值。有形净值债务率用于揭示企业的长期偿债能力，表明债权人在企业破产时的被保护程度。

$$有形资产净值债务率 = \frac{负债总额}{股东权益 - 无形资产净值} \times 100\%$$

从长期偿债能力看，有形资产净值债务率越低越好。有形资产净值债务率指标实质上是产权比率指标的延伸，其更为谨慎、保守地反映了公司清算时债权人投入的资本受到股东权益的保障制度。因为该指标不考虑无形资产——商誉、商标、专利权以及非专利技术等的价值，而这些事项不一定能用来还债。

4. 已获利息倍数

已获利息倍数，也称利息保障倍数，是指上市公司税息前利润相对于所需支付债务利息的倍数，可用来分析公司在一定盈利水平下支付债务利息的能力。

$$已获利息倍率 = \frac{税息前利润}{利息费用} （倍）$$

与资产负债率共同测试债权人投入资本的风险。公式中的"税前利润"是指利润表中未扣除利息费用和所得税之前的利润。它可以用"利润总额加利息费用"来测算。"利息费用"是指本期发生的全部应付利息，不仅包括财务费用中的利息费用，还应包括计入固定资产成本的资本化利息。在我国，一般以利润总额加财务费用来估计税息前利润。

已获利息倍数的重点是衡量公司支付利息的能力，没有足够大的税息前利润，利息的支付就会发生困难。要合理评价公司的已获利息倍数，不仅需要与其他公司，特别是本行业平均水平进行比较，而且从稳健性角度出发，分析、比较本公司连续几年的该项指标水平，并选择最低指标年度的数据作为标准。

与此同时，结合这一指标，公司还可以测算长期负债与营运资金的比率。它是用公司的长期债务与营运资金相除计算的，其计算公式如下：

$$长期债务与营运资金比率 = \frac{长期负债}{流动资产 - 流动负债}$$

一般情况下，长期债务不应超过营运资金。长期债务会随时间延续不断转化为流动负债，并需运用流动资产来偿还。保持长期债务不超过营运资金，就不会因这种转化而造成流动资产小于流动负债，从而使长期债权人和短期债权人感到贷款有安全保障。

例7-4：从SH公司资产负债表（表7-2）、利润表（表7-3）得知，20××年的负债总额为347 496万元，资产总额为624 363万元，股东权益总额为276 867万元，无形资产净值为4 230万元，利润总额为13 399万元，财务费用暂计为3 588万元，长期负债为76 315万元，流动资产为428 401万元，流动负债为271 181万元。SH公司的资产负债率、产权比率、有形资产净值债务率、已获利息倍数、长期债务与营运资金比率分别为：

$$资产负债率 = \frac{负债总额}{资产总额} \times 100\% = \frac{347\,496}{624\,363} \times 100\% = 55.66\%$$

$$产权比率 = \frac{负债总额}{股东权益} \times 100\% = \frac{347\,496}{276\,867} \times 100\% = 125.51\%$$

$$有形资产净值债务率 = \frac{负债总额}{股东权益 - 无形资产净值}$$
$$= \frac{347\,496}{276\,867 - 4\,230} \times 100\% = 127.46\%$$

$$已获利息倍率 = \frac{税息前利润}{利息费用} = \frac{13\,399 + 3\,588}{3\,588} = 4.73（倍）$$

$$长期债务与营运资金比率 = \frac{长期负债}{流动资产 - 流动负债} = \frac{76\,315}{428\,401 - 271\,181} = 0.49$$

（四）盈利能力分析

盈利能力就是公司赚取利润的能力。一般只涉及正常的营业状况，应当排除以下因素：证券买卖等非正常项目、已经或将要停止的营业项目、重大事故或法律更改等特别项目、会计准则和财务制度变更带来的累积影响等。

反映公司盈利能力的指标很多，通常使用的主要有营业净利率、营业毛利率、资产净利率、净资产收益率等。

1. 营业净利率

$$营业净利率 = \frac{净利润}{营业收入} \times 100\%$$

净利润，或称净利，在我国会计制度中是指税后利润。

该指标反映每1元营业收入带来的净利润是多少，表示营业收入的收益水平。从营业净利率的指标关系看，净利额与营业净利率呈正比关系，而营业收入额与营业净利率呈反比关系。

2. 营业毛利率

$$营业毛利率 = \frac{营业收入 - 营业成本}{营业收入} \times 100\%$$

它表示每 1 元营业收入扣除营业成本后，有多少钱可以用于各项期间费用和形成盈利。营业毛利率是营业净利率的基础，没有足够高的毛利率便不能盈利。

3. 资产净利率

资产净利率是一个综合指标，资产净利率的计算公式为：

$$资产净利率 = \frac{净利润}{平均资产总额} \times 100\%$$

资产净利率是公司净利润与平均资产总额的百分比。该指标表明公司资产的利用效果，指标越高，表明资产的利用效果越好，说明公司在增收节支和加速资金周转方面取得了良好效果。

影响因素主要有产品价格、单位成本高低、产品产量和销售数量、资金占用量大小等。

4. 净资产收益率

净资产收益率（return on equity，ROE），又称股东权益报酬率/净值报酬率/权益报酬率/权益利润率/净资产利润率，是净利润与平均股东权益的百分比，是公司税后利润除以净资产得到的百分比率，该指标反映股东权益的收益水平，用以衡量公司运用自有资本的效率。指标值越高，说明投资带来的收益越高。该指标体现了自有资本获得净收益的能力。一般来说，负债增加会导致净资产收益率的上升。

$$净资产收益率 = \frac{净利润}{平均净资产}$$

企业资产包括了两部分，一部分是股东的投资，即所有者权益（它是股东投入的股本，企业公积金和留存收益等的总和），另一部分是企业借入和暂时占用的资金。企业适当地运用财务杠杆可以提高资金的使用效率，借入的资金过多会增大企业的财务风险，但一般可以提高盈利，借入的资金过少会降低资金的使用效率。净资产收益率是衡量股东资金使用效率的重要财务指标。

为了进一步了解影响公司权益报酬率的因素，可以将权益报酬率分解成一系列的比率，每一种比率都有其自身的含义，这种分解法经常被称为杜邦系统（DuPont system）。即：

$$ROE = \underset{(1)}{\frac{净利润}{税前利润}} \times \underset{(2)}{\frac{税前利润}{息税前利润}} \times \underset{(3)}{\frac{息税前利润}{营业额}} \times \underset{(4)}{\frac{营业额}{资产}} \times \underset{(5)}{\frac{资产}{股东权益}}$$

其中，因子（1）是税后利润与税前利润的比率，也可以称为税负担比率，它的数值既反映了政府的税收政策，也反映了公司的避税政策。因子（2）税前利润与息税前利润的比率，也可以称为利息负担比率。很显然，当公司不用向其债权人支付利息时，税前利润将达到最大。另外，财务杠杆的作用程度越高，则利息负担比率越低。因子（3）是公司的营业利润率或销售利润率，显示了每 1 元的销售收入可获得的营业利润。因子（4）是销售收入与资产的比率，可以称为资产周转率，它表明公司利用资产的效率，测量 1 元的资产可以产生多少销售收入。因子（5）资产与股东权益比率，它可以测量公司财务杠杆的程度，也可以称为杠杆率。为了测量杠杆作用在整个权益报酬率结构中的全部影响，可以使用复合杠杆因子的概念，它是利息负担比率与杠杆率的乘积。

例 7－5：从 SH 公司资产负债表（表 7－2）、利润表（表 7－3）得知，20××年的净利润为 11 004 万元，营业收入为 234 419 万元，营业成本为 195 890 万元，年初资产总额为 551 043 万元，期末资产总额为 624 363 万元，年初净资产为 265 863 万元，期末净资产为 276 867 万元。SH 公司的营业净利率、营业毛利率、资产净利率、净资产收益率分别为：

$$营业净利率 = \frac{净利润}{营业收入} \times 100\% = \frac{11\ 004}{234\ 419} \times 100\% = 4.69\%$$

$$营业毛利率 = \frac{营业收入 - 营业成本}{营业收入} \times 100\%$$

$$= \frac{234\ 419 - 195\ 890}{234\ 419} \times 100\% = 16.44\%$$

$$资产净利率 = \frac{净利润}{平均资产总额} \times 100\%$$

$$= \frac{11\ 004}{(551\ 043 + 624\ 363) \div 2} \times 100\% = 1.87\%$$

$$净资产收益率 = \frac{净利润}{平均净资产} = \frac{11\ 004}{(265\ 863 + 276\ 867) \div 2} = 4.06\%$$

（五）投资收益分析

1. 每股收益

每股收益即每股盈利（EPS），又称每股税后利润、每股盈余，指税后利润与股本总数的比率。是普通股股东每持有 1 股所能享有的企业净利润或需承担的企业净亏损。每股收益通常被用来反映企业的经营成果，衡量普通股的获利水平及投资风险，是投资者等信息使用者据以评价企业盈利能力、预测企业成长潜力，进而做出相关经济决策的重要的财务指标之一。计算公式为：

$$每股收益 = \frac{净利润}{期末发行在外普通股总数}$$

每股收益是衡量上市公司盈利能力最重要的财务指标，它反映了普通股的获利水平。

使用每股收益指标分析投资收益时要注意以下问题：

（1）每股收益不反映股票所含有的风险。

（2）不同股票的每1股在经济上不等量，它们所含有的净资产和市价不同，即换取每股收益的投入量不同，限制了公司间每股收益的比较。

（3）每股收益多，不一定意味着多分红，还要看公司的股利分配政策。

2. 市盈率

市盈率（price earnings ratio，即 P/E ratio）也称"本益比""股价收益比率"或"市价盈利比率（简称市盈率）"。市盈率是最常用来评估股价水平是否合理的指标之一，由股价除以年度每股盈余（EPS）得出（以公司市值除以年度股东应占溢利亦可得出相同结果）。计算时，股价通常取最新收盘价，而 EPS 方面，若按已公布的上年度 EPS 计算，称为历史市盈率（historical P/E）；计算预估市盈率所用的 EPS 预估值，一般采用市场平均预估（consensus estimates），即追踪公司业绩的机构收集多位分析师的预测所得到的预估平均值或中值。所谓合理的市盈率没有一定的准则。计算公式为：

$$市盈率 = \frac{每股市价}{每股收益}（倍）$$

市盈率反映投资者对每1元净利润所愿支付的价格，可以用来估计公司股票的投资报酬和风险。该指标是衡量上市公司盈利能力的重要指标，一般说来，市盈率越高，表明市场对公司的未来越看好。在市价确定的情况下，每股收益越高，市盈率越低，投资风险越小；反之亦然。在每股收益确定的情况下，市价越高，市盈率越高，风险越大；反之亦然。由于一般期望报酬率为 5%～20%，通常认为正常的市盈率为 5～20 倍。

使用时应注意问题：

（1）该指标不能用于不同行业公司的比较，成长性好的新兴行业的市盈率普遍较高，而传统行业的市盈率普遍较低，这并不说明后者的股票没有投资价值。

（2）在每股收益很小或亏损时，由于市价不至于降为零，公司的市盈率会很高，如此情形下的高市盈率不能说明任何问题。

（3）市盈率的高低受市价的影响，观察市盈率的长期趋势很重要。

3. 股利支付率

股利支付率，也称股息发放率，是指净收益中股利所占的比重。它反映公司的股利分配政策和股利支付能力。

$$股利支付率 = \frac{每股股利}{每股收益} \times 100\%$$

由于普通股的获利包括两部分：一是股利收入；二是股票本身市价上升而导致的利得，因此，计算股票获利率时分子应采用该两部分之和。

$$股利获利率 = \frac{普通股每股股利}{普通股每股市价} \times 100\%$$

股票获利率主要应用于非上市公司的少数股权。在这种情况下，股东难以出售股票，也没有能力影响股利分配政策，他们持有公司股票的主要动机在于获得稳定的股利收益。

4. 每股净资产

股票的净值又称为账面价值，也称为每股净资产，是用会计统计的方法计算出来的每股股票所包含的资产净值。股份公司的账面价值越高，则股东实际拥有的资产就越多。由于账面价值是财务统计、计算的结果，数据较精确而且可信度很高，所以它是股票投资者评估和分析上市公司实力的重要依据之一。

$$每股净资产 = \frac{年末净资产}{发行在外的年末普通股股数}$$

这里的年末股东权益指扣除优先股权益后的余额。

该指标反映发行在外的每股普通股所代表的净资产成本即账面权益。只能有限地使用这个指标（只反映历史成本，不能反映现在的变现价值和未来的产出能力价值）。每股净资产在理论上提供了股票的最低价值。

5. 市净率

市净率指的是市价与每股净资产之间的比值，比值越低意味着风险越低。

$$市净率 = \frac{每股市价}{每股净资产} \quad (倍)$$

净资产代表了全体股东共同享有的权益，通过企业的经营过程逐年累积，净资产通常变化幅度不大，因此市净率更多取决于股价高低，股票价格则包含净资产和期权价值。由于市净率能反映市场对上市公司未来经营的预期，通过评判市净率就能得知个股的风险状况。

例7-6：从SH公司资产负债表（表7-2）、利润表（表7-3）得知，20××年的净利润为11 004万元，年初与年末发行在外的普通股股数均为50 000万股，每股面值1元。目前股票市场价格为5.5元，假设公司应付普通股股利为8 500万元，期末净资产为276 867万元。SH公司的每股收益、市盈率、股利支付率、股票获利率、每股净资产、市净率分别为：

$$每股收益 = \frac{净利润}{期末发行在外普通股总数} = \frac{11\ 004}{50\ 000} = 0.22 \quad (元)$$

$$市盈率 = \frac{每股市价}{每股收益} = \frac{5.5}{0.22} = 25 \quad (倍)$$

$$股利支付率 = \frac{每股股利}{每股收益} \times 100\% = \frac{8\,500 \div 50\,000}{0.22} \times 100\% = 77.27\%$$

$$股利获利率 = \frac{每股股利}{每股市价} \times 100\% = \frac{0.17}{5.5} \times 100\% = 3.10\%$$

$$每股净资产 = \frac{年末净资产}{发行在外的年末普通股股数} = \frac{276\,867}{50\,000} = 5.54 （元）$$

$$市净率 = \frac{每股市价}{每股净资产} = \frac{5.5}{5.54} = 0.99 （倍）$$

（六）现金流量分析

现金流量分析（cash flow analysis），现金净流量是指现金流入与现金流出的差额。现金净流量可能是正数，也可能是负数。如果是正数，则为净流入；如果是负数，则为净流出。现金净流量反映了企业各类活动形成的现金流量的最终结果，即企业在一定时期内，现金流入大于现金流出，还是现金流出大于现金流入。现金净流量是现金流量表要反映的一个重要指标。

1. 流动性分析

所谓流动性，是指将资产迅速转变为现金的能力。真正能用于偿还债务的是现金流量，所以现金流量和债务的比较可以（比资产负债表确定的流动比率）更好地反映公司偿还债务的能力。

（1）现金到期债务比。

$$现金到期债务比 = \frac{经营现金净流量}{本期到期的债务}$$

公式中，经营现金净流量是现金流量表中的经营活动产生的现金流量净额，本期到期的债务是指本期到期的长期债务和本期应付的应付票据。

本期到期的债务是指本期到期的长期债务和本期应付的应付票据。

（2）现金流动负债比。

现金流动负债比，是企业一定时期的经营现金净流量同流动负债的比率，它可以从现金流量角度来反映企业当期偿付短期负债的能力。

$$现金流动负债比 = \frac{经营现金净流量}{流动负债}$$

这一指标中，比率的值与现金偿债能力成反比，即该比率偏低，说明企业依靠现金偿还债务的压力较大，若较高，则说明企业能轻松地依靠现金偿债。

（3）现金债务总额比。

现金债务总额比是经营活动现金净流量总额与债务总额的比率。该指标旨在衡量企业承担债务的能力，是评估企业中长期偿债能力的重要指标，同时它也是预测企业破产的可靠指标。这一比率越高，企业承担债务的能力越强，破产的可能性越小。这一比率越低，企业财务灵活性越差，破产的可能性越大。

$$现金负债总额比 = \frac{经营现金净流量}{负债总额}$$

此项比值越高，表明公司承担债务的能力越强。同时，该比值也体现了企业最大付息能力。

2. 获取现金能力分析

获取现金能力分析主要是了解当期经营活动获取现金的能力，它是经营现金净流入与投入资源的比值，投入资源主要是业务收入、总资产、营运资金、净资产或普通股股数等。

（1）营业现金比率。

$$营业现金比率 = \frac{经营现金净流量}{营业收入}$$

该比率反映每1元营业收入得到的净现金，其数值越大越好。

（2）每股营业现金净流量。

$$每股营业现金净流量 = \frac{经营现金净流量}{普通股股数}$$

该指标反映公司最大的分派股利能力，超过此限度，就要借款分红。

（3）全部资产现金回收率。

$$全部资产现金回收率 = \frac{经营现金净流量}{资产总额} \times 100\%$$

该指标说明公司资产产生现金的能力。

例7-7：从SH公司资产负债表（表7-2）、现金流量表（表7-4）得知，20××年本期应付的应付票据为26 903万元，经营活动产生的现金流量净额为7 291万元，假设公司本期到期长期债务为200万元，负债总额为347 496万元，流动负债为271 181万元，营业收入为234 419万元，发行在外的普通股股数均为50 000万股，资产总额为624 363万元。SH公司的现金到期债务比、现金流动负债比、现金债务总额比、营业现金比率、每股营业现金净流量、全部资产现金回收率分别为：

$$现金到期债务比 = \frac{经营现金净流量}{本期到期的债务} = \frac{7\ 291}{200 + 26\ 903} = 0.269$$

$$现金流动负债比 = \frac{经营现金净流量}{流动负债} = \frac{7\ 291}{271\ 181} = 0.027$$

$$现金负债总额比 = \frac{经营现金净流量}{负债总额} = \frac{7\ 291}{347\ 496} = 0.021$$

$$营业现金比率 = \frac{经营现金净流量}{营业收入} = \frac{7\ 291}{234\ 419} = 0.031$$

$$每股营业现金净流量 = \frac{经营现金净流量}{普通股股数} = \frac{7\,291}{50\,000} = 0.146$$

$$全部资产现金回收率 = \frac{经营现金净流量}{资产总额} \times 100\% = \frac{7\,291}{624\,364} \times 100\% = 1.17\%$$

若同业平均全部资产现金回收率为 2%，则说明 SH 公司资产产生现金的能力较弱。

3. 财务弹性分析

财务弹性是指公司适应经济环境变化和利用投资机会的能力。这种能力来源于现金流量和支付现金需要的比较。现金流量超过需要，有剩余的现金，适应性就强。

（1）现金满足投资比率。

$$现金满足投资比率 = \frac{近5年经营活动现金净流量}{近5年资本支出、存货增加、现金股利之和}$$

该比率越大，说明资金自给率越高。达到 1 时，说明公司可以用经营活动获取的现金满足扩充所需资金；若小于 1，则说明公司是靠外部融资来补充。

（2）现金股利保障倍数。

$$现金股利保障倍数 = \frac{每股营业现金净流量}{每股现金股利}$$

该比率越大，说明支付现金股利的能力越强。

假设 SH 公司近 5 年经营现金流量平均数为 7 158 万元，平均资本支出为 4 200 万元，存货平均增加 70 万元，现金股利平均每年为 5 100 万元，公司每股营业现金净流量为 0.146 元，每股现金股利为 0.1 元，则：

$$现金满足投资比率 = \frac{近5年经营活动现金净流量}{近5年资本支出、存货增加、现金股利}$$
$$= \frac{7\,258}{4\,200 + 70 + 4\,850} = 0.796$$

$$现金股利保障倍数 = \frac{每股营业现金净流量}{每股现金股利} = \frac{0.146}{0.1} = 1.46（倍）$$

若同业平均现金股利保障倍数为 3，相比之下，SH 公司的股利保障倍数不高。如果遇到不景气的情况，可能没有现金维持当前的股利水平，或者要靠举债才能维持。

4. 收益质量分析

收益质量是指报告收益与公司业绩之间的关系。收益质量分析是一个主观判断过程，其判断的正确性与分析者的经验、能力和风险偏好密切相关，分析者必须努力提高自己的专业素质并在实践中积累丰富的经验才能胜任这项工作。目前还没有一种比较客观、可以量化的统一评价方法。另外，收益质量分析仅仅是对一个上市公司整体投资质量评价过程中要考虑的因素之一，并非全部。因此，在对公司整体进行评价时，分析者应该将财务报表分析和公司的整体环境结合起来，根据各个公司的具体情况，灵活运用各种分析指标，不要生搬硬套各种指标和公式，才能得出恰当的评价。

主要是分析会计收益与现金流量的比率关系，主要财务比率是营运指数。

$$营运指数 = \frac{经营现金净流量}{经营所得现金}$$

$$经营所得现金 = 经营净收益 + 非付现费用$$

$$= 净利润 - 非经营收益 + 非付现费用$$

非经营收益涉及处置固定资产、无形资产和其他资产损失，固定资产报废损失，财务费用，投资损失等项目；非付现费用涉及计提的资产减值准备、固定资产折旧、无形资产摊销、长期待摊费用摊销、摊销费用减少、预提费用的增加等。

以 SH 公司为例，部分补充资料如下：SH 公司的非经营收益包括处置固定资产收益 -30 万元、固定资产报废损失 95 万元、财务费用 3 588 万元、投资收益 800 万元，非付现费用包括计提的资产减值准备 350 万元、固定资产折旧 650 万元、无形资产摊销 200 万元、长期待摊费用摊销 210 万元、待摊费用减少 30 万元、预提费用增加 2 500 万元，代入上式得：

经营所得现金 = 11 004 - (2 550 - 30 - 95 - 3 588) + (350 + 650 + 200 + 210 + 30 + 2 500) = 16 107（万元）

$$营运指数 = \frac{经营现金净流量}{经营所得现金} = \frac{7\ 291}{16\ 107} = 0.453$$

营运指数小于 1，说明收益质量不够好。原因：一是反映部分收益尚未取得现金，停留在实物或债权形态，而实物或债权资产的风险大于现金，应收账款能否足额变现是有疑问的，存货也有贬值的风险，因而这些资产的风险都要大于现金；二是它反映公司为了取得同样的收益占用了更多的营运资金，因而同样的收益代表着更差的业绩。应收账款增加或应付账款减少使得收现金额减少，影响到公司的收益质量。应收账款若不能收回，已经实现的收益就会落空。即使延迟收现，其收益质量也低于已收现的收益。

四、财务分析中应注意的问题

（一）财务报表数据的准确性、真实性与可靠性

财务报表是按会计准则编制的，它们合乎规范，但不一定反映该公司的客观

实际。例如，报表数据未按通货膨胀或物价水平调整非流动资产的余额是按历史成本减折旧或摊销计算的，不代表现行成本或变现价值有许多项目，如科研开发支出和广告支出，从理论上看是资本支出，但发生时已列作了当期费用。有些数据基本上是估计的，如无形资产摊销和开办费摊销，但这种估计未必正确；发生了非常的或偶然的事项，如财产盘盈或坏账损失，可能歪曲本期的净收益，使之不能反映盈利的正常水平。

（二）财务分析结果的预测性调整

公司的经济环境和经营条件发生变化后，原有的财务数据与新情况下的财务数据不具有直接可比性。例如，某公司由批发销售为主转为以零售为主的经营方式，其应收账款数额会大幅下降，应收账款周转率加快，但这并不意味着公司应收账款的管理发生了突破性的改变。因此，在对公司财务指标进行比率分析后，在对公司的财务情况下结论时，必须预测公司经营环境可能发生的变化，对财务分析结果进行调整。如市场消费习惯改变后如果产品不转型，将会失去一大部分市场，或者由于行业的低进入壁垒使许多新兴公司加盟该行业，这些都会在现有的基础上降低公司的盈利能力。

（三）公司增资行为对财务结构的影响

公司的增资行为一般会改变负债和所有者权益在公司资本总额中的相对比重，因此，公司的资产负债率和权益负债比率会相应受到影响。

1. 股票发行增资对财务结构的影响

（1）配股增资对财务结构的影响。公司通过配股融资后，由于净资产增加，而负债总额和负债结构都不会发生变化，因此公司的资产负债率和权益负债比率将降低，减少了债权人承担的风险，而股东所承担的风险将增加。

（2）增发新股对财务结构的影响。增发新股后，公司净资产增加，负债总额以及负债结构都不会发生变化，因此公司的资产负债率和权益负债比率都将降低。

2. 债券发行增资对财务结构的影响

发行债券后，公司的负债总额将增加，总资产也增加，资产负债率将提高。此外，公司发行不同期限的债券也将影响公司的负债结构。

3. 其他增资行为对财务结构的影响

除了股权融资和发行债券外，公司其他增资方式还有向外借款等。如果公司向银行等金融机构以及向其他单位借款，则形成了公司的负债，公司的权益负债比率和资产负债率都将提高。

练 习 题

一、单项选择题

1. （   ）是全体股东的权益，是决定股票投资价值的重要基准。

   A. 股票股利　　　B. 总资产　　　C. 总负债　　　D. 资产净值

2. （   ）不是筹资活动产生的现金流量。

   A. 取得借款收到的现金　　　　　B. 偿还债务支付的现金

   C. 处置固定资产收回的现金　　　D. 分配股利支付的现金

3. 下列指标不反映企业偿付长期债务能力的是（   ）。

   A. 速动比率　　　　　　　　　　B. 已获利息倍数

   C. 有形资产净值债务率　　　　　D. 资产负债率

4. 计算存货周转率，不需要用到的财务数据是（   ）。

   A. 年末存货　　　B. 营业成本　　　C. 营业收入　　　D. 年初存货

5. （   ）指标的计算不需要使用现金流量表。

   A. 现金到期债务比　　　　　　　B. 每股净资产

   C. 每股经营现金流量　　　　　　D. 全部资金现金回报率

6. （   ）反映企业一定期间现金的流入和流出，表明企业获得现金及现金等价物的能力。

   A. 现金流量表　　　　　　　　　B. 资产负债表

   C. 利润表　　　　　　　　　　　D. 所有者权益变动表

7. 下列反映资产总额周转速度的指标是（   ）。

   A. 固定资产周转率　　　　　　　B. 存货周转率

   C. 总资产周转率　　　　　　　　D. 股东权益周转率

8. 某公司某年税后利润300万元，所得税税率为25%，利息费用为60万元，则该公司本年度已获利息倍数为（   ）。

   A. 7.70　　　B. 8.25　　　C. 7.67　　　D. 6.70

9. 新华保险（601336）5月10日的收盘价为47.90元，该股票每股净收益为1.86元，该股票当天的市盈率为（   ）。

   A. 16.5　　　B. 18.53　　　C. 20　　　D. 25.75

10. 某公司上年度和本年度的流动资产年均占用额分别为100万元和120万元，流动资产周转率分别为6次和8次，则本年比上年营业收入增加（   ）万元。

   A. 180　　　B. 360　　　C. 320　　　D. 80

根据以下材料，完成第11~13题：

某上市公司发行股票5 000万股，总资产100 000万元，经营性现金净流量为 7 500 万元, 营业收入为 25 000 万元 (增值税税率 16%)。

11. 该公司的营业现金比率是 (　　)。

    A. 0. 25 　　　　B. 0. 30 　　　　C. 0. 35 　　　　D. 0. 42

12. 该公司每股营业现金净流量是 (　　)。

    A. 1. 25 　　　　B. 1. 5 　　　　C. 1. 75 　　　　D. 2

13. 该公司全部资产现金回报率是 (　　)。

    A. 4. 5% 　　　　B. 5% 　　　　C. 7. 5% 　　　　D. 9. 38%

14. 在现金流量分析中, 下列不属于流动性分析的财务指标是 (　　)。

    A. 现金到期债务比 　　　　　　　B. 现金流动负债比

    C. 现金债务总额比 　　　　　　　D. 现金股利保障倍数

15. 属于试探性的多元化经营的开始和策略性投资的资产重组方式是 (　　)。

    A. 收购公司 　　B. 收购股份 　　C. 公司合并 　　D. 购买资产

16. 为了实现战略伙伴之间的一体化的资产重组形式是 (　　)。

    A. 收购公司 　　B. 收购股份 　　C. 公司合并 　　D. 购买资产

17. 为了引入战略投资者而进行资产重组的是 (　　)。

    A. 股权置换 　　B. 资产置换 　　C. 股权回购 　　D. 交叉持股

18. 某企业某年流动资产平均余额为 100 万元, 流动资产周转率为 7 次。若企业该年净利润为 210 万元, 则本年度销售净利率为 (　　)。

    A. 15% 　　　　B. 50% 　　　　C. 40% 　　　　D. 30%

19. 资产负债率公式中的 "资产总额" 是扣除 (　　) 后的净额。

    A. 累计折旧 　　B. 无形资产 　　C. 应收账款 　　D. 递延资产

20. 某公司年初净资产为 1 100 万元, 年末净资产为 1 250 万元, 税息前利润为 250 万元, 利息费用为 50 万元, 公司所得税为 25%, 请问公司的净资产收益率为 (　　)。

    A. 10% 　　　　B. 11% 　　　　C. 12% 　　　　D. 13%

二、多项选择题

1. 盈利预测的假设包括 (　　)。

    A. 销售收入预测 　　　　　　　B. 生产成本预测

    C. 管理费用和营业费用预测 　　D. 财务费用预测

    E. 主营业务利润占税前利润的百分比

2. 分析公司产品的竞争能力, 需要分析的内容包括 (　　)。

    A. 成本优势 　　　　　　　　　B. 技术优势

    C. 质量优势 　　　　　　　　　D. 产品的品牌战略

    E. 产品的市场占有情况

3. 反映公司长期偿债能力的指标有（   ）。

    A. 资产负债率　　　　　　　　B. 营业净利率

    C. 产权比率　　　　　　　　　D. 有形资产净值债务率

    E. 已获利息倍数

4. 获取现金能力是指企业的经营现金净流入和投入资源的比值，投入资源可以有（   ）。

    A. 营业成本　　　　　　　　　B. 营业收入

    C. 营运资金　　　　　　　　　D. 总资产

    E. 普通股股数

5. 反映公司投资收益分析的指标有（   ）。

    A. 每股收益　　　　　　　　　B. 每股净资产

    C. 市盈率　　　　　　　　　　D. 股利支付率

    E. 资本化率

第八章

证券投资技术分析

第一节 证券投资技术分析理论基础

一、技术分析的基本假设与要素

(一)技术分析含义

技术分析是对证券市场的市场行为所作的分析。其特点是通过对市场过去和现在的行为,应用数学和逻辑的方法,归纳总结出典型的行为,从而预测证券市场未来的变化趋势。市场行为包括价格的高低、价格的变化、发生这些变化所伴随的成交量,以及完成这些变化所经过的时间。作为一门经验之学的技术分析是建立在合理的假设之上的。

(二)技术分析的基本假设

作为一种投资工具,技术分析是以一定假设条件为前提的。这些假设是:市场行为涵盖一切信息、证券价格沿着趋势移动和历史会重演。

1. 市场行为涵盖一切信息

第一假设是进行技术分析的基础。主要思想是认为影响证券价格的所有因素——包括内在的和外在的都反映在市场行为中,不必对影响价格因素的具体内容作过多的关心。这个假设有一定的合理性。任何一个因素对市场的影响最终都体现在价格的变动上。如果某一消息公布后,价格同以前一样没有大的变动,这就说明这个消息不是影响市场的因素,尽管投资者可能都认为对市场有一定的影响力。作为技术分析人员，只关心这些因素对市场行为的影响效果，而不关心具体导致这些变化的东西究竟是什么。主要思想是任何一个影响证券市场的因素，最终都必然体现在股票价格变动上。

2. 证券价格沿趋势移动

第二个假设是进行技术分析最根本、最核心的因素。这个假设认为价格的变动是按一定规律进行的，价格有保持原来方向的惯性。正是由于此，技术分析者们才花费大力气寻找价格变动的规律。如果价格一直是持续上涨（下跌），那么，今后如果不出意外，价格也会按这一方向继续上涨（下跌），没有理由改变既定的运动方向。当价格的变动遵循一定规律，就能运用技术分析工具找到这些规律，对今后的投资活动进行有效的指导。主要思想是证券价格的变动是有一定规律的，即保持原来运动方向的惯性，而证券价格的运动方向是由供求关系决定的。

3. 历史会重演

第三个假设是从统计和人的心理因素方面考虑的。投资者在某一场合得到某种结果，那么，下一次碰到相同或相似的场合，这个人就认为会得到相同的结果，就会按同一方法进行操作；如果前一次失败了，后面这一次就不会按前一次的方法操作。过去的结果是已知的，这个已知的结果应该是用现在对未来作预测的参考。对重复出现的某些现象的结果进行统计，得到成功和失败的概率，对具体的投资行为也是有好处的。

（三）技术分析的要素

证券市场中，价格、成交量、时间和空间是进行分析的要素。这几个因素的具体情况和相互关系是进行正确分析的基础。

（1）价格和成交量是市场行为最基本的表现。市场行为最基本的表现就是成交价和成交量。过去和现在的成交价和成交量涵盖了过去和现在的市场行为。在某一时点上的价和量反映的是买卖双方在这一时点上共同的市场行为，是双方的暂时均衡点，随着时间的变化，均衡会发生变化，这就是价量关系的变化。一般说来，买卖双方对价格的认同程度会通过成交量的大小得到确认，认同程度大，成交量大；认同程度小，成交量小。

（2）时间和空间体现了趋势的深度和广度。时间要素是指完成某一趋势所需要经过的时间长度，通常是指一个波段或一个升降周期所经过的时间长度。空间要素通常是指证券价格波动的方向和范围，或者说是价格上下波动所能够达到的低点和高点的极限。时间在进行行情判断时有着很重要的作用，是针对价格波动的时间跨度进行研究的理论。一方面，一个已经形成的趋势在短时间内不会发生根本改变。另一方面，一个形成了的趋势又不可能永远不变，经过了一定时间又会有新的趋势出现。空间在某种意义上讲，可以认为是价格的一方面。它指的是价格波动能够达到的从空间上考虑的限度。

二、道氏理论

（一）理论形成

道氏理论是技术分析的理论基础，许多技术分析方法的基本思想都来自道氏理论。该理论的创始人是美国人查尔斯·亨利·道。为了反映市场的总体趋势，他与爱德华·琼斯创立了著名的道－琼斯平均指数。他们在《华尔街日报》上发表了有关证券市场的文章，经后人整理，成为我们今天看到的道氏理论。

（二）主要原理

（1）市场平均价格指数可以解释和反映市场的大部分行为。这是道氏理论对证券市场的重大贡献。道氏理论认为收盘价是最重要的价格，并利用收盘价计算平均价格指数。

（2）市场的3种波动趋势。①长期趋势。又称主要趋势、原始移动，一般指持续一年或多年的市场变化趋势，其间或为长期上涨的多头市场，或为长期下跌的空头市场。②中期趋势。又称次要趋势、次级运动，它发生在主要趋势过程之中，是长期趋势中的反动作用，亦即中间性的离心变化。③短期趋势。又称日常波动，一般指短则数小时，长则数天的波动。短期趋势因时间持续太短，因此它除了对一些短期投资者从事买卖活动有意义外，对中长期投资者意义不大。

（3）主要趋势有3个阶段（以上升为例）。第一个阶段是建仓（或积累），在这一阶段，尽管现在市场萧条或横盘整理，但聪明的投资者在得到信息并进行分析的基础上开始买入股票。第二个阶段是一轮稳定的上涨，更多的投资者根据信息分析市场后参与股市，尽管趋势向上，但也有股价修正或回落。第三个阶段，随着公众蜂拥而上的市场高峰的出现，所有信息都令人乐观，价格惊人地上扬并不断创造"崭新的一页"，风险不断累积直至高点出现和转向下降趋势。

（4）两种平均价格指数必须相互加强。道氏理论认为，工业平均指数和运输平均指数必须在同一方向上运行才可确认某一市场趋势的形成。

（5）趋势必须得到交易量的确认。交易量是重要的附加信息，交易量应在主要趋势的方向上放大。

（6）一个趋势形成后将持续，直到趋势出现明显的反转信号，这是趋势分析的基础。然而，确定趋势的反转却不太容易。

（三）应用道氏理论注意的问题

道氏理论从来就不是用来指出应该买卖哪只股票，而是在相关收盘价的基础上确定股票市场的主要趋势，因此，道氏理论对大形势的判断有较大的作用，但对于每日每时都在发生的小波动则显得无能为力。道氏理论甚至对次要趋势的判断作用也不大。

道氏理论的另一个不足是它的可操作性较差。一方面，道氏理论的结论落后于价格变化，信号太迟。另一方面，理论本身存在不足，使一个很优秀的道氏理论分析师在进行行情判断时，也会因得到一些不明确的信号而产生困惑。

尽管道氏理论存在某些缺陷，有的内容对今天的投资者来说已过时，但它仍是许多技术分析的理论基础。近 30 年来，出现了很多新的技术，有相当一部分是道氏理论的延伸，这在一定程度上弥补了道氏理论的不足。

三、技术分析方法的分类

在成交价格和成交量历史数据基础上进行量化投资分析，技术分析方法的主要手段是统计数据、数据挖掘、数学计算、绘制图表等。从这个意义上讲，技术分析方法种类繁多，形式多样。一般说来，可以将技术分析方法分为常用的 5 类。

（一）K 线类

K 线类是根据若干天的 K 线组合情况，推测证券市场中多空双方力量的对比，进而判断证券市场行情的方法。K 线图是进行各种技术分析的最重要的图表。人们经过不断总结经验，发现了一些对股票买卖有意义的 K 线组合，而且新的研究结果也在不断地被发现、被运用。

（二）切线类

切线类是按一定方法和原则，在根据股票价格数据所绘制的图表中画出一些直线，然后根据这些直线的情况推测股票价格的未来趋势，为投资操作提供参考。这些直线就叫切线。切线的画法最为重要，画得好坏直接影响预测的结果。常见的有趋势线、轨道线、黄金分割线等。

（三）形态类

形态类是根据价格图表中过去一段时间走过的轨迹形态来预测股票价格未来趋势的方法。价格走过的形态是市场行为的重要部分，从价格轨迹的形态中，我们可以推测出证券市场处在一个什么样的大环境之中，由此对今后的投资给予一定的指导。主要的形态有 M 头、W 底、头肩顶、头肩底等十几种。

（四）波浪类

波浪理论是把股价的上下变动和不同时期的持续上涨、下跌看成是波浪的上下起伏，认为股票的价格运动遵循波浪起伏的规律，数清楚了各个浪就能准确地预见到跌势已接近尾声，牛市即将来临；或是牛市已到了强弩之末，熊市即将来到。波浪理论较之别的技术分析流派，最大的区别就是能提前很长时间预计到行情的底和顶，而别的流派往往要等到新的趋势已经确立之后才能看到。但是，波浪理论又是公认的较难掌握的技术分析方法。

（五）指标类

指标类是根据价、量的历史资料，通过建立一个数学模型，给出数学上的计算公式，得到一个体现证券市场的某个方面内在实质的指标值。指标反映的内容大多是无法从行情报表中直接看到的，它可为我们的操作提供指导方向。常见的指标有相对强弱指标（RSI）、随机指标（KDJ）、移动平均线（MA）、平滑异同移动平均线（MACD）、能量潮（OBV）、心理线（PSY）、乖离率（BIAS）等。

第二节　技术分析的主要理论

一、K 线理论

（一）K 线的画法和主要形状

1．K 线的画法

K 线图这种图表源于日本德川幕府时代，被当时日本米市的商人用来记录米市的行情与价格波动，后因其细腻独到的标画方式而被引入到股市及期货市场。由于用这种方法绘制出来的图表形状颇似一根根蜡烛，加上这些蜡烛有黑白之分，因而也叫阴阳线图表。通过 K 线图，我们能够把每日或某一周期的市况表现完全记录下来，股价经过一段时间的盘档后，在图上即形成一种特殊区域或形态，不同的形态显示出不同意义。

K 线中涉及的 4 个价格分别是：开盘价、最高价、最低价和收盘价。其中收盘价最为重要。

K 线是一条柱状的线条，由影线和实体组成。中间的矩形部分是实体，实体的上下端为开盘价和收盘价。实体上方的直线为上影线，上端点是最高价。实体下方的直线为下影线，下端点是最低价。

根据开盘价和收盘价的关系，K 线又分为阳线和阴线两种，收盘价高于开盘价时为阳线，证券行情系统通常设为红色；收盘价低于开盘价时为阴线，证券行情系统通常设为蓝色（见图 8 - 1）。

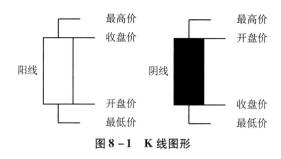

图 8 - 1　K 线图形

2. K 线的主要形状

光头阳线和光头阴线。这是没有上影线的 K 线。当收盘价或开盘价正好与最高价相等时，就会出现这种 K 线。

光脚阳线和光脚阴线。这是没有下影线的 K 线。当开盘价或收盘价正好与最低价相等时，就会出现这种 K 线。

光头光脚的阳线和阴线。这种 K 线既没有上影线也没有下影线。当收盘价和开盘价分别与最高价和最低价中的一个相等时，就会出现这种 K 线。

十字形。当收盘价与开盘价相同时，就会出现这种 K 线，它的特点是没有实体。

T 字形和倒 T 字形。当收盘价、开盘价和最高价 3 价相等时，就会出现 T 字形 K 线图；当收盘价、开盘价和最低价 3 价相等时，就会出现倒 T 字形 K 线图。它们没有实体，也没有上影线或者下影线。

一字形。当收盘价、开盘价、最高价、最低价 4 个价格相等时，就会出现这种 K 线图。在存在涨跌停板制度时，当一只股票一开盘就封死在涨跌停板上，而且一天都不打开时，就会出现这种 K 线。同十字形和 T 字形 K 线一样，一字形 K 线同样没有实体。

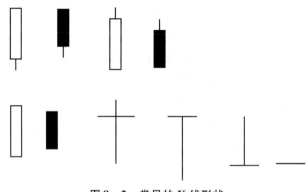

图 8-2　常见的 K 线形状

（二）K 线的组合应用

K 线图反映的是一段时间以来买卖双方实际战斗的结果。从中可以看到买卖双方争斗中力量的增减、风向的转变等。因此，熟悉这些 K 线组合对市场走势的分析至关重要。

1. 单根 K 线的应用

应用单根 K 线研判行情，主要从实体的长短、阴阳，上下影线的长短以及实体的长短与上下影线长短之间的关系等几个方面进行。由于 K 线的类型很多，这里仅就几种具有典型意义的单根 K 线进行分析。

（1）大阳线实体和大阴线实体。

①大阳线实体，如图 8-3（左）所示。它是大幅低开高收的阳线，实体很长以至于可以忽略上下影线的存在。这种 K 线说明多方已经取得了决定性胜利，这是一种涨势的信号。如果这条长阳线出现在一段盘局的末端，它所包含的内容将更有说服力。

②大阴线实体，如图 8-3（右）所示，含义正好同大阳线实体相反。这时，空方已取得优势地位，是一种跌势的信号。如果这条长阴线出现在一段上涨行情的末端，行情下跌的可能性将更大。

图 8-3　光头光脚的大阳线和大阴线

（2）有上下影线的阳线和阴线，如图 8-4 所示。这是两种最为普遍的 K 线形状，说明多空双方争斗很激烈。双方一度都占据优势，把价格抬到最高价或压到最低价，但是，又都被对方顽强地拉回。阳线是到了收尾时多方才勉强占优势，阴线则是到收尾时空方勉强占优势。

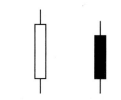

图 8 - 4　有上下影线的阳线和阴线

对多方与空方优势的衡量，主要依靠上下影线和实体的长度来确定。一般说来，上影线越长，下影线越短，阳线实体越短或阴线实体越长，越有利于空方占优；上影线越短，下影线越长，阴线实体越短或阳线实体越长，越有利于多方占优。上影线和下影线相比的结果，可以判断多方和空方的努力对比。上影线长于下影线，利于空方；下影线长于上影线，则利于多方。

（3）十字星。十字星的出现表明多空双方力量暂时平衡，使市势暂时失去方向，但却是一个值得警惕、随时可能改变趋势方向的 K 线图形。十字星分为两种，一种是大十字星，如图 8 - 5（左）所示，它有很长的上下影线，表明多空双方争斗激烈，最后回到原处，后市往往有变化。另一种为小十字星，如图 8 - 5（右）所示，它的上下影线较短，表明窄幅盘整，交易清淡。

图 8 - 5　十字星

总之，应用一根 K 线进行分析时，多空双方力量的对比取决于影线的长短与实体的大小。一般来说，指向一个方向的影线越长，越不利于股价今后朝这个方向变动。阴线实体越长，越有利于下跌；阳线实体越长，越有利于上涨。另外，当上下影线相对实体较短时，可忽略影线的存在。

2. 由多根 K 线的组合推测行情

K 线组合的情况非常多，要综合考虑各根 K 线的阴阳、高低、上下影线的长短等。无论是 2 根 K 线、3 根 K 线乃至多根 K 线，都是以各根 K 线的相对位置和阴阳来推测行情的。将前一天的 K 线画出，然后，将这根 K 线按数字划分成 5 个区域（见图 8 - 6）。

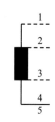

图8-6 K线区域划分

对于两根K线的组合来说，第二天的K线是进行行情判断的关键。简单地说，第二天多空双方争斗的区域越高，越有利于上涨；越低，越有利于下跌。也就是说，从区域1到区域5是多方力量减少、空方力量增加的过程。例如，连续两阴两阳线的情况（见图8-7）。这是多空双方的一方已经取得决定性胜利，今后将以取胜的一方为主要运动方向。左图是空方获胜，右图是多方获胜。第二根K线实体越长，超出前一根K线越多，则取胜的一方优势越大。

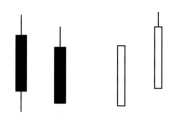

图8-7 连续两阴两阳

总之，无论K线的组合多复杂，考虑问题的方式是相同的，都是由最后一根K线相对于前面K线的位置来判断多空双方的实力大小。由于3根K线组合比2根K线组合多了一根K线，获得的信息就多些，得出的结论相对于2根K线组合来讲要准确些，可信度更大些。也就是说，K线多的组合要比K线少的组合得出的结论可靠。

（三）应用K线理论应注意的问题

无论是一根K线，还是2根、3根以至更多根K线，都是对多空双方争斗作出的一个描述，由它们的组合得出的结论都是相对的，不是绝对的。对股票投资者而言，结论只是起一种建议作用。

在应用时，有时会发现运用不同种类的组合会得到不同的结论。有时应用一种组合得出明天会下跌的结论，但是次日股价没有下跌，反而上涨。这时的一个重要原则是尽量使用根数多的K线组合的结论，并将新的K线加进来重新进行分析判断。一般说来，多根K线组合得到的结果不大容易与事实相反。

二、切线理论

证券市场有顺应潮流的问题。"顺势而为，不逆势而动"，已经成为投资者的共识。

（一）趋势分析

股价变动有一定的趋势，在长期上涨或下跌的趋势中，会有短暂的盘旋或调整，投资者应把握长期趋势，不为暂时的回调和反弹所迷惑，同时也应及时把握大势的反转。切线理论就是帮助投资者识别大势变动方向的较为实用的方法。

1. 趋势的含义

趋势是指股票价格的波动方向。若确定了一段上升或下降的趋势，则股价的波动必然朝着这个方向运动。上升的行情中，虽然也时有下降，但不影响上升的大方向；同样，下降行情中也可能上升，但不断出现的新低使下降趋势不变。

一般说来，市场变动不是朝一个方向直来直去，中间肯定要有曲折，从图形上看就是一条曲折蜿蜒的折线，每个折点处就形成一个峰或谷。由这些峰和谷的相对高度，我们可以看出趋势的方向。技术分析的三大假设中的第二条明确说明价格的变化是有趋势的，没有特别的理由，价格将沿着这个趋势继续运动。这一点就说明趋势这个概念在技术分析中的重要地位。

2. 趋势的方向

趋势的方向有 3 类：

（1）上升方向。如果图形中每个后面的峰和谷都高于前面的峰和谷，则趋势就是上升方向。这就是常说的一底比一底高或底部抬高。

（2）下降方向。如果图形中每个后面的峰和谷都低于前面的峰和谷，则趋势就是下降方向。这就是常说的一顶比一顶低或顶部降低。

（3）水平方向（无趋势方向）。如果图形中后面的峰和谷与前面的峰和谷相比，没有明显的高低之分，几乎呈水平延伸，这时的趋势就是水平方向。水平方向趋势是被大多数人忽视的一种方向，这种方向在市场上出现的机会是相当多的。就水平方向本身而言，也是极为重要的。大多数的技术分析方法，在对处于水平方向的市场进行分析时，都容易出错，或者说作用不大。这是因为这时的市场正处在供需平衡的状态，股价下一步朝哪个方向走是没有规律可循的，可以向上也可以向下，而对这样的对象去预测它朝何方运动是极为困难的，也是不明智的。

3. 趋势的类型

按道氏理论的分类，趋势分为 3 个类型：

（1）主要趋势。主要趋势是趋势的主要方向，是股票投资者极力要弄清楚的。了解了主要趋势才能做到顺势而为。主要趋势是股价波动的大方向，一般持续的时间比较长（这是技术分析第二大假设所决定的）。

（2）次要趋势。次要趋势是在主要趋势过程中进行的调整。由于趋势不会是直来直去的，总有个局部的调整和回撤，次要趋势完成的正是这一使命。

（3）短暂趋势。短暂趋势是在次要趋势中进行的调整。短暂趋势与次要趋势的关系就如同次要趋势与主要趋势的关系一样。

这 3 种类型的趋势最大的区别是时间的长短和波动幅度的大小。主要趋势持续时间最长，波动幅度最大；次要趋势次之；短期趋势持续时间最短，波动幅度最小。

（二）支撑线和压力线

1. 支撑线和压力线的含义

支撑线又称抵抗线，是指当股价下跌到某个价位附近时，会出现买方增加、卖方减少的情况，从而使股价停止下跌，甚至有可能回升。支撑线起阻止股价继续下跌的作用。这个起着阻止股价继续下跌的价格就是支撑线所在的位置。

压力线又称阻力线，是指当股价上涨到某价位附近时，会出现卖方增加、买方减少的情况，股价会停止上涨，甚至回落。压力线起阻止股价继续上升的作用。这个起着阻止股价继续上升的价位就是压力线所在的位置。

在某一价位附近之所以形成对股价运动的支撑和压力，主要由投资者的筹码分布、持有成本以及投资者的心理因素所决定。当股价下跌到投资者（特别是机构投资者）的持仓成本价位附近，或股价从较高的价位下跌一定程度（如50%），或股价下跌到过去的最低价位区域时，都会导致买方大量增加买盘，使股价在该价位站稳，从而对股价形成支撑。当股价上升到某一历史成交密集区，或当股价从较低的价位上升一定程度，或上升到过去的最高价位区域时，会导致大量解套盘和获利盘的抛出，从而对股价的进一步上升形成压力。

2. 支撑线和压力线的作用

如前所述，支撑线和压力线的作用是阻止或暂时阻止股价朝一个方向继续运动。我们知道股价的变动是有趋势的，要维持这种趋势，保持原来的变动方向，就必须冲破阻止其继续向前的障碍。例如，要维持下跌行情，就必须突破支撑线的阻力和干扰，创造出新的低点；要维持上升行情，就必须突破上升压力线的阻力和干扰，创造出新的高点。由此可见，支撑线和压力线有被突破的可能，它们不足以长久地阻止股价保持原来的变动方向，只不过是暂时停顿而已（见图 8 - 8）。

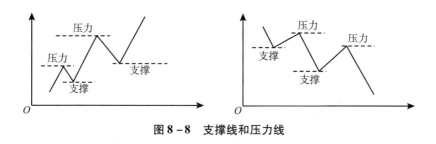

图 8 - 8　支撑线和压力线

同时，支撑线和压力线又有彻底阻止股价按原方向变动的可能。当一个趋势终结了，它就不可能创出新的低价或新的高价，这时的支撑线和压力线就显得异常重要。

在上升趋势中，如果下一次未创新高，即未突破压力线，这个上升趋势就已经处在很关键的位置了，如果往后的股价又向下突破了这个上升趋势的支撑线，这就产生了一个很强烈的趋势有变的警告信号。这通常意味着这一轮上升趋势已经结束，下一步的走向是下跌。

同样，在下降趋势中，如果下一次未创新低，即未突破支撑线，这个下降趋势就已经处于很关键的位置；如果下一步股价向上突破了这次下降趋势的压力线，这就发出了这个下降趋势将要结束的强烈信号，股价的下一步将是上升的趋势（见图 8 - 9）。

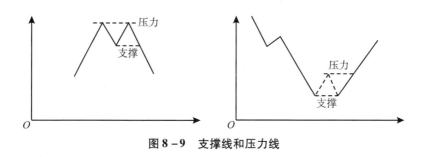

图 8 - 9　支撑线和压力线

3. 二者的相互转化

支撑线和压力线的作用和相互转化，很大程度上是心理因素方面的影响，这也是支撑线和压力线理论上的依据。

证券市场中主要有 3 种人：多头、空头和旁观者。旁观者又可分为持股者和持币者。假设股价在一个区域停留了一段时间后突破压力区域开始向上移动，在此区域买入股票的多头们肯定认为自己对了，并对自己没有多买入些股票而感到后悔。在该区域卖出股票的空头们这时也认识到自己弄错了，他们希望股价再跌回他们卖出的区域时，将他们原来卖出的股票补回来。而旁观者中的持股者的心情和多头相似，持币者的心情同空头相似。无论是这4种人中的哪一种，都有买入股票成为多头的愿望。这样，原来的压力线就转化为支撑线。

正是由于这4种人决定要在下一个买入的时机买入，所以股价稍一回落就会受到大家的关心。他们会或早或晚地进入股市买入股票，这就使价格根本还未下降到原来的位置，上述4个新的买进大军自然又会把价格推上去，使该区域成为支撑区。在该支撑区发生的交易越多，就说明很多的股票投资者在这个支撑区有切身利益，这个支撑区就越重要。

以上的分析过程对于压力线也同样适用，只不过结论正好相反。

可见，一条支撑线如果被跌破，那么这一支撑线将成为压力线；同理，一条压力线被突破，这个压力线将成为支撑线。这说明支撑线和压力线的地位不是一成不变的，而是可以改变的，条件是它被有效的、足够强大的股价变动突破（见图8-10）。

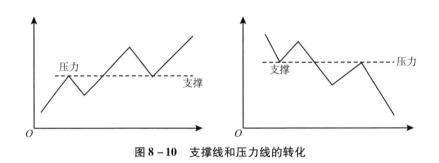

图8-10　支撑线和压力线的转化

4. 支撑线和压力线的确认和修正

一条支撑线或压力线对当前影响的重要性有3个方面的考虑：一是股价在这个区域停留时间的长短，二是股价在这个区域伴随的成交量大小，三是这个支撑区域或压力区域发生的时间距离当前这个时期的远近。很显然，股价停留的时间越长、伴随的成交量越大、离现在越近，则这个支撑或压力区域对当前的影响就越大；反之就越小。

上述3个方面是确认一条支撑线或压力线的重要识别手段。有时，由于股价的变动，会发现原来确认的支撑线或压力线可能不真正具有支撑或压力的作用。例如，不完全符合上面所述的3个条件，这时就有一个对支撑线和压力线进行调整的问题，这就是支撑线和压力线的修正。

对支撑线和压力线的修正过程其实是对现有各个支撑线和压力线重要性的

确认。

每条支撑线和压力线在人们心目中的地位是不同的。股价到了这个区域，投资者心里清楚，它很有可能被突破；而到了另一个区域，投资者心里明白，它就不容易被突破。这为进行买卖提供了一些依据，不至于仅凭直觉进行买卖决策。

（三）趋势线和轨道线

1. 趋势线

（1）趋势线的含义。由于证券价格变化的趋势是有方向的，因而可以用直线将这种趋势表示出来，这样的直线称为趋势线。反映价格向上波动发展的趋势线称为上升趋势线；反映价格向下波动发展的趋势线则称为下降趋势线。由于股票价格的波动可分为长期趋势、中期趋势及短期趋势3种，因此，描述价格变动的趋势线也分为长期趋势线、中期趋势线与短期趋势线3种。

由于价格波动经常变化，可能由升转跌，也可能由跌转升，甚至在上升或下跌途中转换方向，因此，反映价格变动的趋势线不可能一成不变，而是要随着价格波动的实际情况进行调整。

换句话说，价格不论是上升还是下跌，在任一发展方向上的趋势线都不是只有一条，而是若干条。不同的趋势线反映了不同时期价格波动的实际走向，研究这些趋势线的变化方向和变化特征，就能把握住价格波动的方向和特征。

（2）趋势线的画法。连接一段时间内价格波动的高点或低点可画出一条趋势线。在上升趋势中，将两个低点连成一条直线，就得到上升趋势线；在下降趋势中，将两个高点连成一条直线，就得到下降趋势线。如图8-11所示的直线L。标准的趋势线必须由两个以上的高点或低点连接而成。

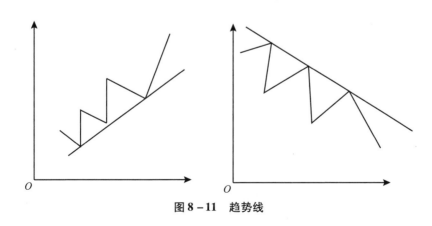

图8-11 趋势线

由图8-11可看出，上升趋势线起支撑作用，是支撑线的一种；下降趋势线起压力作用，是压力线的一种。

虽然我们很容易画出趋势线，这并不意味着趋势线已经被我们掌握了。画出一条直线后，有很多问题需要我们去解答，最关键的问题是正确确定趋势线的高点或低点。然而，正确判断趋势线的高点或低点并不是一件十分简单的事情，它需要对过去价格波动的形态进行分析研究。根据两点决定一条直线的基本原理，画任何趋势线必然选择两个有决定意义的高点或低点。一般来说，上升趋势线的两个低点，应是两个反转低点，即下跌至某一低点开始回升，再下跌没有跌破前一低点又开始上升，则这两个低点就是两个反转低点。同理，决定下跌趋势线也需要两个反转高点，即上升至某一高点后开始下跌，回升未达前一高点又开始回跌，则这两个高点就是反转高点。

在若干条上升趋势线和下跌趋势线中，最重要的是原始上升趋势线或原始下跌趋势线。它决定了价格波动的基本发展趋势，有着极其重要的意义。原始趋势的最低点是由下跌行情转为上升行情之最低点，至少在 1 年中此价位没有再出现，例如 2019 年 1 月 4 日上证综合指数的 2 440 点。原始趋势的最高点是上升行情转为下跌行情之最高点，同样至少在 1 年中此价位没有再出现，例如 2021 年 2 月 18 日沪市的 3 731 点。

（3）趋势线的确认及作用。要得到一条真正起作用的趋势线，要经多方面的验证才能最终确认，不合条件的一般应删除。首先，必须确实有趋势存在。也就是说，在上升趋势中必须确认出两个依次上升的低点；在下降趋势中必须确认两个依次下降的高点，才能确认趋势的存在。其次，画出直线后，还应得到第三个点的验证才能确认这条趋势线是有效的。一般说来，所画出的直线被触及的次数越多，其作为趋势线的有效性越能得到确认，用它进行预测越准确有效。另外，这条直线延续的时间越长，越具有有效性。

一般来说，趋势线有两种作用：第一，对价格今后的变动起约束作用，使价格总保持在这条趋势线的上方（上升趋势线）或下方（下降趋势线）。实际上，就是起支撑和压力的作用。第二，趋势线被突破后，就说明股价下一步的走势将要反转。越重要、越有效的趋势线被突破，其转势的信号越强烈。被突破的趋势线原来所起的支撑和压力作用，现在将相互交换角色（见图 8-12）。

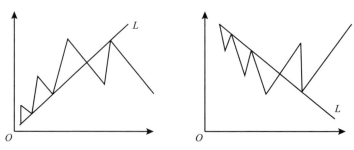

图 8-12　趋势线突破后起相反作用

2. 轨道线

轨道线又称通道线或管道线，是基于趋势线的一种方法。在已经得到了趋势线后，通过第一个峰和谷可以作出这条趋势线的平行线，这条平行线就是轨道线，如图 8 – 13 所示的虚线。

两条平行线组成的一个轨道，就是常说的上升和下降轨道。轨道的作用是限制股价的变动范围，让它不能变得太离谱。一个轨道一旦得到确认，那么价格将在这个通道里变动。对上面或下面的直线的突破将意味着行情有一个大的变化。

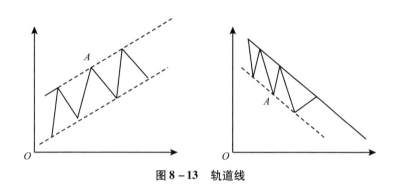

图 8 – 13　轨道线

与突破趋势线不同，对轨道线的突破并不是趋势反转的开始，而是趋势加速的开始，即原来的趋势线的斜率将会增加，趋势线的方向将会更加陡峭（见图 8 – 14）。

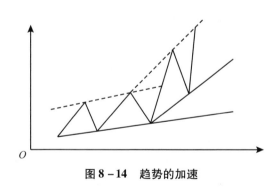

图 8 – 14　趋势的加速

轨道线也有一个被确认的问题。一般而言，轨道线被触及的次数越多，延续的时间越长，其被认可的程度和重要性越高。

轨道线的另一个作用是提出趋势转向的警报。如果在一次波动中未触及轨道线，离得很远就开始掉头，这往往是趋势将要改变的信号。这说明，市场已经没有力量继续维持原有的上升或下降的趋势了。

轨道线和趋势线是相互合作的一对。很显然，先有趋势线，后有轨道线。趋势线比轨道线重要。趋势线可以单独存在，而轨道线则不能单独存在。

（四）应用切线理论应注意的问题

切线为我们提供了很多价格移动可能存在的支撑线和压力线，这些直线有很重要的作用。但是，支撑线、压力线有被突破的可能，它们的价位只是一种参考，不能把它们当成万能的工具。

三、形态理论

形态理论是技术分析的重要组成部分，它通过对市场横向运动时形成的各种价格形态进行分析，并且配合成交量的变化，推断出市场现存的趋势将会延续或反转。价格形态可分为反转形态和持续形态，反转形态表示市场经过一段时期的酝酿后，决定改变原有趋势，而采取相反的发展方向，持续形态则表示市场将顺着原有趋势的方向发展。形态理论是通过研究股价所走过的轨迹，分析和挖掘出曲线的一些多空双方力量的对比结果，开始行动。

（一）股价移动规律和两种形态类型

（1）股价移动规律。股价的移动是由多空双方力量大小决定的。在一个时期内，多方处于优势，股价将向上移动；在另一个时期内，如果空方处于优势，则股价将向下移动。这些事实，我们在介绍 K 线的时候已经作了说明，这里所考虑的范围要比前面所叙述的内容广泛得多。

多空双方的一方占据优势的情况又是多种多样的。有的只是稍强一点，股价向上（下）走不了多远就会遇到阻力；有的强势大一些，可以把股价向上（下）拉得多一些；有的优势是决定性的，这种优势完全占据主动，对方几乎没有什么力量与之抗衡，股价的向上（下）移动势如破竹。

根据多空双方力量对比可能发生的变化，可以知道股价的移动应该遵循这样的规律：第一，股价应在多空双方取得均衡的位置上下来回波动；第二，原有的平衡被打破后，股价将寻找新的平衡位置。这种股价移动的规律可用下式描述：

持续整理、保持平衡→打破平衡→新的平衡→再打破平衡→再寻找新的平衡→……

股价的移动就是按这一规律循环往复、不断运行的。证券市场中的胜利者往往是在原来的平衡快要打破之前或者是在打破的过程中采取行动来获得收益的。如果原平衡已经打破，新的平衡已经找到，这时才开始行动，就已经晚了。

（2）股价移动的两种形态类型。根据股价移动的规律，我们可以把股价曲线的形态分成两大类型：持续整理形态和反转突破形态。前者保持平衡，后者打破平衡。平衡的概念是相对的，股价只要在一个范围内变动，都属于保持了平衡。这样，这个范围的选择就成为判断平衡是否被打破的关键。

同支撑线、压力线被突破一样，平衡被打破也有被认可的问题。刚打破一点，不能算真正打破。反转突破形态存在种种假突破的情况，假突破给某些投资者造成的损失有时是很大的。虽然我们对形态的类型作了分类，但是这些形态中有些不容易区分其究竟属于哪一类。例如，一个局部的三重顶（底）形态，在一个更大的范围内有可能被认为是矩形形态的一部分。一个三角形形态有时也可以被当成反转突破形态，尽管多数情况下我们都把它当成持续整理形态。

（二）反转突破形态

反转突破形态描述了趋势方向的反转，是投资分析中应该重点关注的变化形态。反转变化形态主要有头肩形态、双重顶（底）形态、圆弧顶（底）形态、喇叭形以及 V 形反转形态等多种形态。

1. 头肩形态

头肩形态是实际股价形态中出现最多的一种形态，也是最著名和最可靠的反转突破形态。它一般可分为头肩顶、头肩底以及复合头肩形态 3 种类型。

（1）头肩顶形态。头肩顶形态是一个可靠的沽出时机，一般通过连续的 3 次起落构成该形态的 3 个部分，也就是要出现 3 个局部的高点。中间的高点比另外两个都高，称为头；左右两个相对较低的高点称为肩。这就是头肩顶形态名称的由来（见图 8 – 15）。

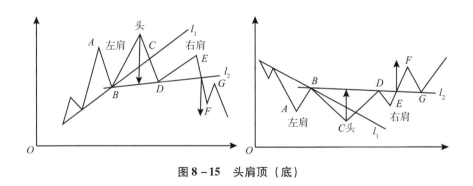

图 8 – 15　头肩顶（底）

头肩顶形态的形成过程大体如下：

①股价长期上升后，成交量大增，获利回吐压力亦增加，导致股价回落，成交量较大幅度下降，左肩形成。

②股价回升，突破左肩之顶点，成交量亦可能因充分换手而创纪录，但价位

过高使持股者产生恐慌心理，竞相抛售，股价回跌到前一低点水准附近，头部完成。

③股价第三次上升，但前段的巨额成交量将不再重现，涨势亦不再凶猛，价位到达头部顶点之前即告回落，形成右肩。这一次下跌时，股价急速穿过颈线，再回升时，股价也仅能达到颈线附近，然后成为下跌趋势，头肩顶形态宣告完成。

这种头肩顶反转向下的道理与支撑线和压力线的内容有密切关系。图 8 – 15 左图中的直线 l_1 和直线 l_2 是两条明显的支撑线。从 C 点到 D 点，突破直线 l_1 说明上升趋势的势头已经遇到了阻力，E 点和 F 点之间的突破则是趋势的转向。另外，E 点的反弹高度没有超过 C 点，也是上升趋势出现问题的信号。

图 8 – 15 左图中的直线 l_2 是头肩顶形态中极为重要的直线——颈线。在头肩顶形态中，它是支撑线，起支撑作用。

头肩顶形态走到了 E 点并调头向下，只能说是原有的上升趋势已经转化成了横向延伸，还不能说已经反转向下了。只有当走到了 F 点，即股价向下突破了颈线时，才能说头肩顶反转形态已经形成。

同大多数的突破一样，这里颈线被突破也有一个被认可的问题。百分比原则和时间原则在这里都适用。一般而言，以下两种形态为假头肩顶形态：第一，当右肩的高点比头部还要高时，不能构成头肩顶形态；第二，如果股价最后在颈线水平回升，而且回升的幅度高于头部，或者股价跌破颈线后又回升到颈线上方，这可能是一个失败的头肩顶，宜进一步观察。

头肩顶形态是一个长期趋势的转向形态，一般出现在一段升势的尽头。这一形态具有如下特征：

①一般来说，左肩与右肩高点大致相等，有时右肩较左肩低，即颈线向下倾斜。

②就成交量而言，左肩最大，头部次之，而右肩成交量最小，即呈梯状递减。

③突破颈线不一定需要大成交量配合，但日后继续下跌时成交量会放大。

当颈线被突破，反转确认以后，大势将下跌。下跌的深度，可以借助头肩顶形态的测算功能进行。

从突破点算起，股价将至少要跌到与形态高度相等的距离。

形态高度的测算方法是这样的：量出从头到颈线的直线距离（图 8 – 15 的左图中从 C 点向下的箭头长度），这个长度称为头肩顶形态的形态高度。

上述原则是股价下落的最起码的深度，是最近的目标，价格实际下落的位置要根据很多别的因素来确定。上述原则只是给出了一个范围，只对我们有一定的指导作用。预计股价今后将跌到什么位置能止住，永远是股票投资者最关心的问题，也是最不易回答的问题。

（2）头肩底形态。头肩底是头肩顶的倒转形态，是一个可靠的买进时机。这一形态的构成和分析方法，除了在成交量方面与头肩顶有所区别外，其余与头肩顶类同，只是方向正好相反，如图8－15右图所示。例如，上升改成下降，高点改成低点，支撑改成压力。值得注意的是，头肩顶形态与头肩底形态在成交量配合方面的最大区别是：头肩顶形态完成后，向下突破颈线时，成交量不一定放大；而头肩底形态向上突破颈线，若没有较大的成交量出现，可靠性将大为降低，甚至可能出现假的头肩底形态。

（3）复合头肩形态。股价变化经过复杂而长期的波动所形成的形态可能不只是标准的头肩型形态，会形成所谓的复合头肩形态。这种形态与头肩形态基本相似，只是左右肩部或者头部出现多于一次。其形成过程也与头肩形态类似，分析意义也和普通的头肩形态一样，往往出现在长期趋势的底部或顶部。复合头肩形态一旦完成，即构成一个可靠性较大的买进或沽出时机。

2. 双重顶形态和双重底形态

双重顶形态和双重底形态就是市场上众所周知的M头和W底，是一种极为重要的反转形态，它在实际中出现得也非常频繁。与头肩形态相比，就是没有头部，只是由两个基本等高的峰或谷组成。图8－16是这种形态的简单形状。

从图中可以看出，双重顶（底）一共出现两个顶（底），也就是两个相同高度的高点（低点）。下面以M头（见图8－16的左图）为例说明双重顶形成的过程。

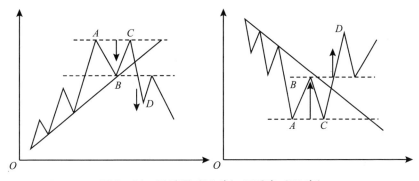

图8－16　双重顶（M头）双重底（W底）

在上升趋势过程的末期，股价急速上升到第一个高点A建立了新高点之后受阻回跌，在峰顶处留下大成交量。受上升趋势线的支撑，这次回档将在B点附近停止，成交量随股价下跌而萎缩。往后就是继续上升，股价又回至前一峰顶附近C点（与A点几乎等高），成交量再度增加，却不能达到前面的成交水准，上升遇到阻力，接着股价掉头向下，这样就形成A和C两个顶的形状。

M头形成以后，有两种可能的前途：第一种是未突破B点的支撑位置，股价

在 A、B、C 三点形成的狭窄范围内上下波动，演变成下文将要介绍的矩形。第二种是突破 B 点的支撑位置继续向下，这种情况才是双重顶反转突破形态的真正出现。前一种情况只能说是一个潜在的双重顶反转突破形态出现了。

以 B 点作平行于 A、C 连线的平行线（见图 8 – 16 左图中第二条虚线），就得到一条非常重要的直线——颈线。A、C 连线是趋势线，颈线是与这条趋势线对应的轨道线，它在这里起支撑作用。

一个真正的双重顶反转突破形态的出现，除了必要的两个相同高度的高点以外，还应该向下突破 B 点支撑。

突破颈线就是突破轨道线、突破支撑线，所以也有突破被认可的问题。前面介绍的有关支撑线、压力线被突破的确认原则在这里都适用。

双重顶反转突破形态一旦得到确认，同样具有测算功能，即从突破点算起，股价将至少要跌到与形态高度相等的距离。

这里的形态高度是从顶点到颈线的垂直距离，即从 A 或 C 到 B 的垂直距离。图 8 – 16 的左图中右边箭头所指的将是股价至少要跌到的位置，在它之前的支撑都不可靠。

总结起来，双重顶反转形态一般具有如下特征：①双重顶的两个高点不一定在同一水平，两者相差少于 3% 就不会影响形态的分析意义；②向下突破颈线时不一定有大成交量伴随，但日后继续下跌时成交量会扩大；③双重顶形态完成后的最小跌幅量度方法是由颈线开始，至少会下跌从双头最高点到颈线之间的差价距离。

对于双重底，有完全相似或完全相同的结果。只要将对双重顶的介绍反过来叙述就可以了。例如，向下说成向上，高点说成低点，支撑说成压力。

需要注意的是，双重底的颈线突破时必须有大成交量的配合，否则即可能为无效突破。

3. 三重顶（底）形态

三重顶（底）形态是双重顶（底）形态的扩展形式，也是头肩顶（底）形态的变形，由 3 个一样高或一样低的顶和底组成。与头肩形的区别是头的价位回缩到与肩部差不多相等的位置，有时甚至低于或高于肩部一点。从这个意义上讲，三重顶（底）形态与双重顶（底）形态也有相似的地方，只是前者比后者多"折腾"了一次。

出现三重顶（底）形态的原因是没有耐心的投资者在形态未完全确定时，便急于跟进或跳出；走势不尽如人意时又急于杀出或抢进；等到大势已定，股价正式反转上升或下跌，仍照原预期方向进行时，投资者却犹豫不决，缺乏信心，结果使股价走势比较复杂。

图 8 - 17 是三重顶（底）形态的简单图形。它的颈线差不多是水平的，3 个顶（底）也差不多是相等高度。

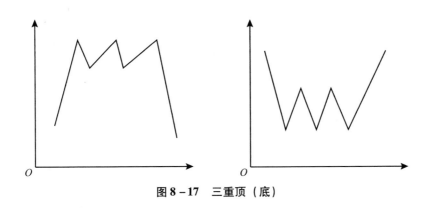

图 8 - 17　三重顶（底）

应用和识别三重顶（底）的方法主要是用识别头肩形态的方法。头肩形态适用的方法三重顶（底）都适用，这是因为三重顶（底）从本质上说就是头肩形态。与一般头肩形态最大的区别是，三重顶（底）的颈线和顶部（底部）连线是水平的，这就使得三重顶（底）具有矩形的特征。比起头肩形态来说，三重顶（底）更容易演变成持续形态，而不是反转形态。另外，三重顶（底）的顶峰与顶峰，或谷底与谷底的间隔距离和时间在分析时不必相等。此外，如果三重顶（底）的 3 个顶（底）的高度从左到右依次下降（上升），则三重顶（底）就演变成了直角三角形态。这些都是我们在应用三重顶（底）时应该注意的地方。

4. 圆弧形态

将股价在一段时间的顶部高点用折线连起来，每一个局部的高点都考虑到，我们有时可能得到一条类似于圆弧的弧线，盖在股价之上；将每个局部的低点连在一起也能得到一条弧线，托在股价之下，如图 8 - 18 所示。

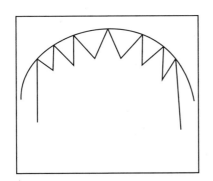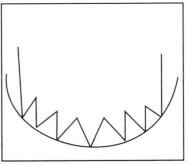

图 8 - 18　圆形顶（底）

圆弧形又称碟形、圆形或碗形等，这些称呼都很形象。不过应该注意的是：图中的曲线不是数学意义上的圆，也不是抛物线，而仅仅是一条曲线。人们已经习惯于使用直线，在遇到图 8 - 18 中这样的顶和底时，用直线显然就不够了，因为顶、底的变化太频繁，一条直线应付不过来。

圆弧形态在实际中出现的机会较少，但是一旦出现则是绝好的机会，它的反转深度和高度是不可测的，这一点同前面几种形态有一定区别。

圆弧的形成过程与头肩形态中的复合头肩形态有相似的地方，只是圆弧形态的各种顶或底没有明显的头肩的感觉。这些顶部和底部的地位都差不多，没有明显的主次区分。这种局面的形成在很大程度上是一些机构大户炒作证券的产物。这些人手里有足够的股票，如果一下抛出太多，股价下落太快，手里的货也许不能全部出手，只能一点一点地往外抛，形成众多的来回拉锯，直到手中股票接近抛完时，才会大幅度打压，一举使股价下跌到很深的位置。如果这些人手里持有足够的资金，一下子买得太多，股价上得太快，也不利于今后的买入，也要逐渐地分批建仓，直到股价一点一点地来回拉锯，往上接近圆弧缘时，才会用少量的资金一举往上提拉到一个很高的高度。因为这时股票大部分在机构大户手中，别人无法打压股价。

圆弧形态具有如下特征：①形态完成、股价反转后，行情多属爆发性，涨跌急速，持续时间也不长，一般是一口气走完，中间极少出现回档或反弹。因此，形态确信后应立即顺势而为，以免踏空、套牢。②在圆弧顶或圆弧底形态的形成过程中，成交量的变化都是两头多、中间少。越靠近顶或底成交量越少，到达顶或底时成交量达到最少。在突破后的一段，都有相当大的成交量。③圆弧形态形成所花的时间越长，今后反转的力度就越大，越值得人们去相信这个圆弧形。一般来说，应该与一个头肩形态形成的时间相当。

5. 喇叭形

喇叭形也是一种重要的反转形态。它大多出现在顶部，是一种较可靠的看跌形态。更为可贵的是，喇叭形在形态完成后，几乎总是下跌，不存在突破是否成立的问题。这种形态在实际中出现的次数不多，但是一旦出现，则极为有用。

喇叭形的正确名称应该是扩大形或增大形。因为这种形态酷似一个喇叭，故得名。图 8 - 19 是喇叭形的图形。

喇叭形态的形成往往是由于投资者的冲动情绪造成的，通常在长期上升的最后阶段出现。这是一个缺乏理性的市场，投资者受到市场炽热的投机气氛或市场传闻的感染，很容易追涨杀跌。这种冲动而杂乱无章的行市，使得股价不正常地大起大落，形成巨幅震荡的行情，继而在震荡中完成形态的反转。

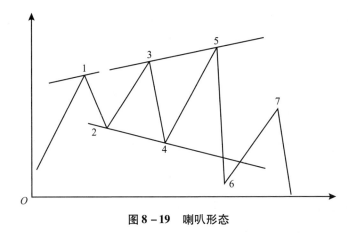

图 8 - 19　喇叭形态

从图 8 - 19 中看出，由于股价波动的幅度越来越大，形成了越来越高的 3 个高点，以及越来越低的 2 个低点。这说明当时的交易异常活跃，成交量日益放大，市场已失去控制，完全由参与交易的公众情绪决定。在这个混乱的时候进入证券市场是很危险的，交易也十分困难。在经过了剧烈的动荡之后，人们的情绪会渐渐平静，远离这个市场，股价将逐步往下运行。

一个标准的喇叭形态应该有 3 个高点，2 个低点。股票投资者应该在第三峰（图 8 - 19 中的 5）调头向下时就抛出手中的股票，这在大多数情况下是正确的。如果股价进一步跌破了第二个谷（见图 8 - 19 中的 4），则喇叭形态完全得到确认，抛出股票更成为必然。

股价在喇叭形之后的下调过程中，肯定会遇到反扑，而且反扑的力度会相当大，这是喇叭形的特殊性。但是，只要反扑高度不超过下跌高度的一半（见图 8 - 19 中的 7），股价下跌的势头还是应该继续的。

喇叭形态具有如下特征：①喇叭形态一般是一个下跌形态，暗示升势将到尽头，只有在少数情况下股价在高成交量配合下向上突破时，才会改变其分析意义；②在成交量方面，整个喇叭形态形成期间都会保持不规则的大成交量，否则难以构成该形态；③喇叭形态走势的跌幅是不可量度的，一般说来，跌幅都会很大；④喇叭形态源于投资者的非理性，因而在投资意愿不强、气氛低沉的市道中，不可能形成该形态。

6. V 形反转

V 形走势是一种很难预测的反转形态，它往往出现在市场剧烈的波动之中。无论 V 形顶还是 V 形底的出现，都没有一个明显的形成过程，这一点同其他反转形态有较大的区别，因此往往让投资者感到突如其来甚至难以置信。图 8 - 20 是 V 形和倒 V 形的简单图示。

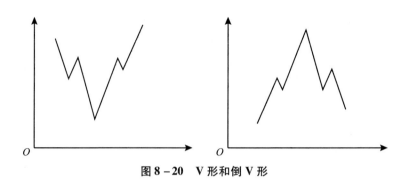

图 8 – 20　V 形和倒 V 形

一般的反转形态，都有一个较为明确的步骤：首先是原来的走势趋缓，市场多空双方的力量渐趋均衡；其次，价格也由先前的走势转为横向徘徊；最后，多空力量的对比发生改变，走势发生逆转，股价反向而行。但 V 形走势却迥然不同，它没有中间那一段过渡性的横盘过程，其关键转向过程仅 2 ~ 3 个交易日，有时甚至在 1 个交易日内完成整个转向过程。

就上海和深圳证券市场而言，V 形反转同突发利好消息的出现有密切关系。上海证券市场最明显的 V 形反转的例子是 2022 年 4 月 27 日的从低谷 2 863 点的反转。

V 形走势的一个重要特征是在转势点必须有大成交量的配合，且成交量在图形上形成倒 V 形。若没有大成交量，则 V 形走势不宜信赖。

（三）持续整理形态

与反转突破形态不同，持续整理形态描述的是，在股价向一个方向经过一段时间的快速运行后，不再继续原趋势，而在一定区域内上下窄幅波动，等待时机成熟后再继续前进。这种运行所留下的轨迹称为"整理形态"。

包括：三角形、矩形、楔形和旗形。

1. 三角形态

分类：对称三角形、上升三角形和下降三角形。

（1）对称三角形。大多是发生在一个大趋势进行的途中，它表示原有的趋势暂时处于休整阶段，之后还要随着原趋势的方向继续行进。由此可见，见到对称三角形后，股价今后走向的最大可能是沿原有的趋势方向运动。

根据经验，突破的位置一般应在三角形的横向宽度的 1/2 ~ 3/4 的某个位置。三角形的横向宽度指三角形的顶点到底的高度。

对称三角形突破的有效性：对称三角形的突破也有真假的问题，方法与前述的类似，可采用百分比原则、日数原则或收盘原则等确认。这里要注意的是，对称三角形的成交量因越来越小的股价波动而递减，而向上突破需要大成交量配合，向下突破则不必。没有成交量的配合，很难判断突破的真假。

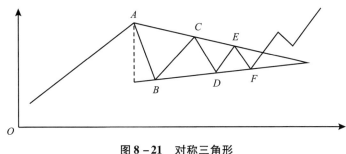

图 8 - 21 对称三角形

对称三角形被突破后，也有测算功能。这里以原有的趋势上升为例介绍两种测算价位的方法。

方法一：如图 8 - 22 所示。从 C 点向上带箭头直线的高度，是未来股价至少要达到的高度。箭头直线长度与 AB 连线长度相等。AB 连线的长度称为对称三角形的高度。从突破点算起，股价至少要运动到与形态高度相等的距离。

方法二：如图 8 - 22 所示。过 A 点作平行于下边直线的平行线，即图中的斜虚线，它是股价今后至少要达到的位置。

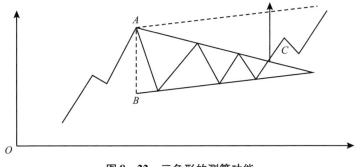

图 8 - 22 三角形的测算功能

（2）上升三角形。上升三角形比起对称三角形来，有更强烈的上升趋势，多方比空方更为积极。通常以三角形的向上突破作为这个持续过程终止的标志。如果股价原有的趋势是向上，遇到上升三角形后，几乎可以肯定今后是向上突破。

上升三角形在突破顶部的阻力线时，必须有大成交量的配合，否则为假突破。突破后的升幅量度方法与对称三角形相同。如图 8 - 23 所示。

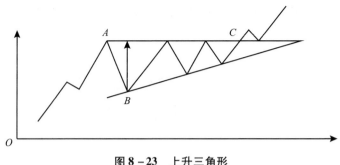

图 8 - 23　上升三角形

（3）下降三角形。下降三角形同上升三角形正好反向，它是看跌的形态。通常在回档低点的连线趋近于水平而回升高点的连线则往下倾斜，代表市场卖方的力量逐渐增加，使高点随时间而演变，越盘越低，而下档支撑的买盘逐渐转弱，退居观望的卖压逐渐增加，在买盘力量转弱而卖压逐渐增强的情况下，整理至末端，配合量能温和放大，而价格往下跌破的机会较大。如图 8 - 24 所示。

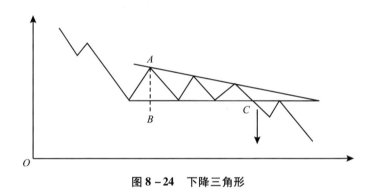

图 8 - 24　下降三角形

2. 矩形

矩形又叫箱形，也是一种典型的整理形态，股票价格在两条横着的水平直线之间上下波动，作横向延伸运动。如图 8 - 25 所示。

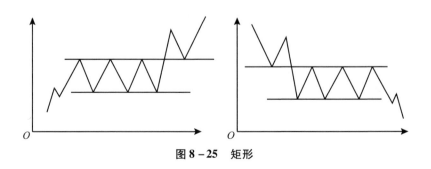

图 8 - 25　矩形

当股价向上突破时，必须有大成交量的配合方可确认，而向下突破则不必有成交量增加；当矩形突破后，其涨跌幅度通常等于矩形本身宽度，这是矩阵形态的测算功能。

矩形在其形成的过程中极可能演变成三重顶（底）形态，这是我们应该注意的。正是由于矩形的判断有一个容易出错的可能性，在面对矩形和三重顶（底）进行操作时，几乎一定要等到突破之后才能采取行动，因为这两个形态今后的走势方向完全相反。

3. 旗形和楔形

旗形和楔形是两个著名的持续整理形态。

这两个形态的特殊之处在于，它们都有明确的形态方向，如向上或向下，并且形态方向与原有的趋势方向相反。

（1）旗形。旗形大多发生在市场极度活跃、股价运动近乎直线上升或下降的情况下。在市场急速而又大幅的波动中，股价经过一连串紧密的短期波动后，形成一个稍微与原来趋势呈相反方向倾斜的长方形，这就是旗形走势。如图 8 – 26 所示。

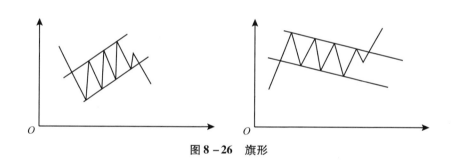

图 8 – 26　旗形

旗形也有测算功能。旗形的形态高度是平行四边形左右两条边的长度。旗形被突破后，股价将至少要走到形态高度的距离，大多数情况是走到旗杆高度的距离。

应用旗形时，有几点要注意：

①旗形出现之前，一般应有一个旗杆，这是由于价格的直线运动形成的。

②旗形持续的时间不能太长，时间一长，保持原来趋势的能力将下降。经验告诉我们，持续时间应该短于 3 周。

③旗形形成之前和被突破之后，成交量都很大。在旗形的形成过程中，成交量从左向右逐渐减少。

（2）楔形。如果将旗形中上倾或下倾的平等四边形变成上倾或下倾的三角形，就会得到楔形。楔形可分为上升楔形和下降楔形两种。如图 8 – 27 所示。

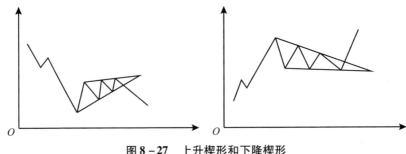

图 8 - 27   上升楔形和下降楔形

上升楔形是指股价经过一次下跌后产生强烈技术性反弹，价格升至一定水平后又掉头下落，但回落点比前次高，然后又上升至新高点，再回落，在总体上形成一浪高于一浪的势头。如果把短期高点相连，形成一向上倾斜直线，且两者呈收敛之势。

在楔形形成过程中，成交量渐次减少；在楔形形成之前和突破之后，成交量一般都很大。与旗形的另一个不同是，楔形形成所花费的时间较长，一般需要 2 周以上的时间方可完成。

（四）应用形态理论应该注意的问题

形态分析是较早得到应用的方法，相对比较成熟。尽管如此，也有正确使用的问题。一方面，站在不同的角度，对同一形态可能产生不同的解释。例如，头肩形是反转形态，但有时从更大的范围去观察，则有可能成为中途持续形态。另一方面，进行实际操作时，形态理论要求形态完全明朗才能行动，从某种意义上讲，有错过机会的可能。此外，同其他技术方法一样，不能把形态理论当成万能的工具，更不应将其作为金科玉律。形态分析得出的结论仅是一种参考。

四、缺口理论

（一）缺口的概念

缺口是指股价在快速大幅变动中有一段价格没有任何交易，显示在股价趋势图上是一个真空区域，这个区域称为"缺口"，通常又称为跳空。K 线图中的缺口是指由于受到利好或者利空消息的影响，股价大幅上涨，也称向上跳空"缺口"，如图 8 - 28 左侧所示。或者大幅下跌，也称向下跳空"缺口"，如图 8 - 28 右侧所示。导致日 K 线图出现当日最低价超过前一交易日最高价或者当日最高价低于前一交易日最低价的图形形态的一种现象。当股价出现缺口，经过几天，甚至更长时间的变动，然后反转过来，回到原来缺口的价位时，称为缺口的封闭。

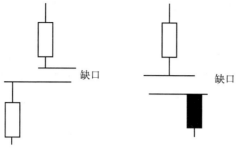

图 8 - 28　跳空"缺口"

（二）缺口的种类

缺口分为 4 种：普通缺口、突破缺口、持续性缺口与消耗性缺口，如图 8 - 29 所示。从缺口发生的部位大小，可以预测走势的强弱，确定是突破，还是已到趋势之尽头。

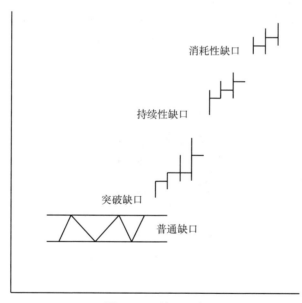

图 8 - 29　缺口示意

1. 普通缺口

普通缺口经常出现在股价整理形态中，特别是出现在矩形或对称三角形等整理形态中。由于股价仍处于盘整阶段，因此，在形态内的缺口并不影响股价短期内的走势。普通缺口具有的一个比较明显的特征是，它一般会在 3 日内回补，同时，成交量很小，很少有主动的参与者。如果不具备这些特点，就应考虑该缺口是否属于普通缺口形态。普通缺口的支撑或阻力效能一般较弱。

普通缺口的这种短期内必补的特征，给投资者短线操作带来了一个机会，即当向上方向的普通缺口出现之后，在缺口上方的相对高点抛出证券，待普通缺口封闭之后买回证券；而当向下方向的普通缺口出现之后，在缺口下方的相对低点买入证券，待普通缺口封闭之后再卖出证券。这种操作方法的前提是必须判明缺口是否为普通缺口，且证券价格的涨跌是否达到一定的幅度。

2. 突破缺口

突破缺口是证券价格向某一方向急速运动，跳出原有形态所形成的缺口。突破缺口蕴含较强的动能，常常表现为激烈的价格运动，具有极大的分析意义，一般预示着行情走势将要发生重大变化。突破缺口的形成很大程度上取决于成交量的变化情况，特别是向上的突破缺口。若突破时成交量明显增大，且缺口未被封闭（至少未完全封闭），则这种突破形成的缺口是真突破缺口。若突破时成交量未明显增大，或成交量虽大，但缺口短期内很快就被封闭，则这种缺口很可能是假突破缺口。

一般来说，突破缺口形态确认以后，无论价位（指数）的升跌情况如何，投资者都必须立即作出买入或卖出的指令，即向上突破缺口被确认立即买入，向下突破缺口被确认立即卖出，因为突破缺口一旦形成，行情走势必将向突破方向纵深发展。

3. 持续性缺口

持续性缺口是在证券价格向某一方向有效突破之后，由于急速运动而在途中出现的缺口，它是一个趋势的持续信号。在缺口产生的时候，交易量可能不会增加，但如果增加的话，则通常表明一个强烈的趋势。

持续性缺口的市场含义非常明显，它表明证券价格的变动将沿着既定的方向发展变化，并且这种变动距离大致等于突破缺口至持续性缺口之间的距离即缺口的测量功能。持续性缺口一般不会在短期内被封闭，因此，投资者可在向上运动的持续性缺口附近买入证券或者在向下运动的持续性缺口附近卖出证券，而不必担心是否会套牢或者踏空。

4. 消耗性缺口

消耗性缺口一般发生在行情趋势的末端，表明股价变动的结束。若一轮行情走势中已出现突破缺口与持续性缺口，那么随后出现的缺口就很可能是消耗性缺口。判断消耗性缺口最简单的方法就是考察缺口是否会在短期内封闭。若缺口封闭，则消耗性缺口形态可以确立。消耗性缺口容易与持续性缺口混淆，它们的最大区别是消耗性缺口出现在行情趋势的末端，而且伴随着大的成交量。

由于消耗性缺口形态表明行情走势已接近尾声，因此，投资者在上升行情出现消耗性缺口时应及时卖出证券，而在下跌趋势中出现消耗性缺口时买入证券。

（三）应用缺口理论注意的问题

1. 弄清缺口的性质

首先要弄清缺口的类型，是向上还是向下跳空缺口，或者是突破性缺口；其次，通过股票成交量、缺口的大小和 K 线形状进行综合研判，然后进一步做好投资决策。一般来说，成交量较小的缺口为普通缺口，可按原有计划进行；反之，如果是在重大利好或利空当天出现的较大缺口，并伴随有成交量的放大和实体较长的 K 线，则可认为是突破性缺口，可适当跟进。

2. 注意缺口的连续性

在一般的情况下，在向上或向下的中长期趋势中，基本上会出现分布均衡，位置分别处于头部、中部和尾部的 3 个连续性缺口，即前面提到的突破缺口、继续缺口和竭尽缺口。出现向上突破缺口时，可考虑在第一缺口适当跟进，第三缺口抛。出现向下突破缺口时，可考虑在第一缺口抛，第三缺口适当跟进。

3. 注意缺口的时间性

在弄清缺口的性质后，还应该看一下缺口的时间性。按正常说法，出现跳空缺口后长时间不回补，则说明其力度较强，上升中可持续持筹，下跌中耐心等待底部建仓。若一旦在短期内回补，则应引起高度警觉。

五、波浪理论

（一）波浪理论的基本思想及特点

1. 波浪理论的基本思想

艾略特认为，不管是股票还是商品价格的波动，都与大自然的潮汐、波浪一样，一浪跟着一波，周而复始，具有相当程度的规律性，展现出周期循环的特点。任何波动均有迹可循。因此，投资者可以根据这些规律性的波动预测价格未来的走势，在买卖策略上实施应用。

艾略特的波浪理论以周期为基础。他把周期分成时间长短不同的各种周期，并指出，在一个大的周期之中可能存在小的周期，而小的周期又可以再细分成更小的周期。每个周期无论时间长与短，都是以一种相同的模式进行。这个模式就是波浪理论的核心——8 浪过程。每个周期都是由上升（或下降）的 5 个过程和下降（或上升）的 3 个过程组成，如图 8 - 30 所示。这 8 个过程完结以后，才能说这个周期已经结束。

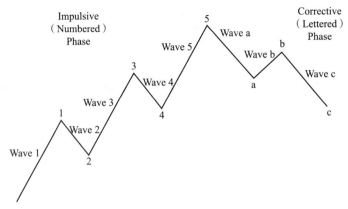

图 8 – 30   波浪理论的基本形态

2. 波浪理论的基本特点

（1）股价指数的上升和下跌将会交替进行；（2）推动浪和调整浪是价格波动2个最基本的形态，而推动浪（即与大市走向一致的波浪）可以再分割成5个小浪，一般用第1浪、第2浪、第3浪、第4浪、第5浪来表示，调整浪也可以划分成3个小浪，通常用a浪、b浪、c浪表示；（3）在上述8个波浪（5上3落）完毕之后，一个循环即告完成，走势将进入下一个8波浪循环；（4）时间的长短不会改变波浪的形态，因为市场仍会依照其基本形态发展。波浪可以拉长，也可以缩细，但其基本形态永恒不变。

（二）波浪理论的主要原理

1. 波浪理论考虑的因素

波浪理论考虑的因素主要有3个方面。第一，股价走势所形成的形态。第二，股价走势图中各个高点和低点所处的相对位置。第三，完成某个形态所经历的时间长短。3个方面中，股价的形态是最重要的，它是指波浪的形状和构造，是波浪理论赖以生存的基础。

高点和低点所处的相对位置是波浪理论中各个波浪的开始和结束位置。通过计算这些位置，可以弄清楚各个波浪之间的相互关系，确定股价的回撤点和将来股价可能达到的位置。完成某个形态的时间可以让我们预先知道某个大趋势即将来临。波浪理论中各个波浪之间在时间上是相互联系的，用时间可以验证某个波浪形态是否已经形成。

以上3个方面可以简单地概括为形态、比例和时间。这3个方面是波浪理论首先应该考虑的，其中又以形态最为重要。

2. 波浪理论价格走势的基本形态结构

艾略特认为证券市场应该遵循一定的周期，周而复始地向前发展。股价的上下波动也是按照某种规律进行的。通过多年的实践，艾略特发现每一个周期（无论是上升还是下降）可以分成 8 个小的过程，这 8 个小过程一结束，一次大的行动就结束了，紧接着的是另一次大的行动。现以上升为例说明这 8 个小过程。

图 8－31 是一个上升阶段的 8 个浪的全过程。0～1 是第 1 浪，1～2 是第 2 浪，2～3 是第 3 浪，3～4 是第 4 浪，4～5 是第 5 浪。这 5 浪中，第 1 浪、第 3 浪和第 5 浪称为上升主浪，而第 2 浪和第 4 浪是对第 1 浪和第 3 浪的调整浪。上述 5 浪完成后，紧接着会出现一个 3 浪的向下调整，这 3 浪是从 5 到 a 为 a 浪、从 a 到 b 为 b 浪、从 b 到 c 为 c 浪。

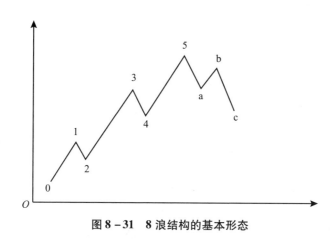

图 8－31　8 浪结构的基本形态

（三）应用波浪理论注意的问题

1. 波浪理论的应用

我们知道了一个大的周期的运行全过程，就可以很方便地对股票大势进行预测。首先，我们要明确当前所处的位置。只要明确了目前的位置，按波浪理论所指明的各种浪的数目就会很方便地知道下一步该干什么。

要弄清楚目前的位置，最重要的是认真、准确地识别 3 浪结构和 5 浪结构。这两种结构具有不同的预测作用。一组趋势向上（或向下）的 5 浪结构，通常是更高层次的波浪的 1 浪，中途若遇调整，我们就知道这一调整肯定不会以 5 浪的结构，而只会以 3 浪的结构进行。

如果我们发现了一个 5 浪结构，而且目前处在这个 5 浪结构的末尾，我们就清楚地知道，一个 3 浪的回头调整浪即将出现。如果这个 5 浪结构同时又是更上一层次波浪的末尾，则我们就知道一个更深的更大规模的 3 浪结构将会出现。

2. 应用波浪理论应注意的问题

尽管从表面上看，波浪理论会给我们带来利益，但是从波浪理论自身的构造看，它有许多不足之处，如果使用者过分机械、教条地应用波浪理论，肯定会招致失败。波浪理论最大的不足是应用上的困难，也就是学习和掌握上的困难。波浪理论从理论上讲是 8 浪结构完成一个完整的过程，但是，主浪的变形和调整浪的变形会产生复杂多变的形态，波浪所处的层次又会产生大浪套小浪、浪中有浪的多层次形态，这些都会使应用者在具体数浪时发生偏差。浪的层次的确定和浪的起始点的确认是应用波浪理论的两大难点。波浪理论的第二个不足是面对同一个形态，不同的人会产生不同的数法，而且都有道理，谁也说服不了谁。

六、量价关系理论

在技术分析中，量与价的关系占据了极重要的地位。成交量是推动股价上涨的原动力，量是价的先行指标。

(一) 成交量与股价趋势——葛兰碧九大法则

(1) 价格随着成交量的递增而上涨，为市场行情的正常特性，此种量增价升的关系，表示股价将继续上升。

(2) 在一个波段的涨势中，股价随着递增的成交量而上涨，突破前一波段的高峰，创下新高价，继续上扬，然而此段股价上涨的成交量水准却低于前一个波段上涨的成交量水准。在此时股价创出新高，但量却没有突破，则此段股价涨势令人怀疑，同时也是股价趋势潜在反转的信号。

(3) 股价随着成交量的递减而回升，股价上涨，成交量却逐渐萎缩。成交量是股价上升的原动力，原动力不足显示出股价趋势潜在反转的信号。

(4) 有时股价随着缓慢递增的成交量而逐渐上升，渐涨的走势突然成为垂直上升的喷发行情，成交量急剧增加，股价跃升暴涨；紧随着此波走势，继之而来的是成交量大幅萎缩，同时股价急速下跌，这种现象表明涨势已到末期，上升乏力，显示出趋势有反转的迹象。反转所具有的意义，将视前一波股价上涨幅度的大小及成交量增加的程度而言。

(5) 股价走势因成交量的递增而上升，是十分正常的现象，并无特别暗示趋势反转的信号。

(6) 在一波段的长期下跌形成谷底后，股价回升，成交量并没有随股价而递增，股价上涨欲振乏力，然后再度跌落至原先谷底附近，或高于谷底。当第二个谷底的成交量低于第一个谷底时，是股价将要上升的信号。

(7) 股价往下跌落一段相当长的时间，市场出现恐慌性抛售，此时随着日益放大的成交量，股价大幅度下跌；继恐慌卖出后，预期股价可能上涨，同时恐慌卖出所创出的低价，将不可能在极短的时间内突破。因此，随着恐慌大量卖出之后，往往是（但并非一定是）空头市场的结束。

（8）股价下跌，向下突破股价形态、趋势线或移动平均线，同时出现了大成交量，是股价下跌的信号，明确表示出下跌的趋势。

（9）当市场行情持续上涨数月，出现急剧增加的成交量而股价却上涨无力，在高位整理，无法再次向上大幅上升，显示了股价在高位大幅震荡，抛压沉重，上涨遇到了强阻力，此为股价下跌的先兆，但股价并不一定必然会下跌。股价连续下跌之后，在低位区域出现大成交量，股价却没有进一步下跌，股价仅出现小幅波动，此即表示进货，通常是上涨的因素。

（二）涨跌停板制度下量价关系分析

在实行涨跌停板制度下，大涨（涨停）和大跌（跌停）的趋势继续下去，是以成交量大幅萎缩为条件的。

在涨跌停板制度下，若跌停，买方寄希望于明天以更低价买入，因而缩手，结果在缺少买盘的情况下成交量小，跌势反而不止；反之，如果收盘仍为跌停，但中途曾被打开，成交量放大，说明有主动性买盘介入，跌势有望止住，盘升有望。

在涨跌停幅度为10%的沪深主板市场的涨跌停板制度下，量价分析基本判断为：

（1）涨停量小，将继续上扬；跌停量小，将继续下跌。

（2）涨停中途被打开次数越多、时间越久、成交量越大，反转下跌的可能性越大；同样，跌停中途被打开次数越多、时间越久、成交量越大，则反转上升的可能性越大。

（3）涨停关门时间越早，次日涨势可能性越大；跌停关门时间越早，次日跌势可能性越大。

（4）封住涨停板的买盘数量大小和封住跌停板时卖盘数量大小说明买卖盘力量大小。这个数量越大，继续当前走势的概率越大，后续涨跌幅度也越大。

不过，要注意庄家借涨跌停板制度反向操作。例如，他想卖，先以巨量买单挂在涨停位，因买盘大量集中，抛盘措手不及而惜售，股价少量成交后收涨停。自然，原先想抛的就不抛了，而这时有些投资者以涨停价追买，此时庄家撤走买单，填卖单，自然成交。当买盘消耗差不多了时，庄家又填买单接涨停价位处，以进一步诱多当散户又追入时，他又撤买单再填卖单……如此反复操作，以达到高挂买单虚张声势诱多，在不知不觉中悄悄高位出货。反之，庄家想买，他先以巨量在跌停价位处挂卖单，吓出大量抛盘时，他先悄悄撤除原先卖单，然后填写买单，吸纳抛盘。当抛盘吸纳将尽时，他又抛巨量在跌停板价位处，再恐吓持筹者，以便吸纳……如此反复。所以，在此种场合，巨额买卖单多是虚的，不足以作为判断后市继续先前态势的依据。判断虚实的根据为是否存在频繁挂单、撤单行为，涨跌停是否经常被打开，当日成交量是否很大。若回答为是，则这些量必为虚；反之，则为实，从而可依先前标准作出判断结论。

第三节　技术分析的主要技术指标

一、技术指标方法概述

（一）技术指标法的含义与本质

技术指标法就是量化分析，应用一定的数学公式，对原始数据进行处理，得出指标值，将指标值绘成图表，从定量的角度对股市进行预测的方法。这里的原始数据指开盘价、最高价、最低价、收盘价、成交量和成交金额等。技术指标法的本质是通过数学公式产生技术指标。这个指标反映了股市的某一方面深层次的内涵，这些内涵仅仅通过原始数据是很难看出的。技术指标是一种定量分析方法，它克服了定性分析方法的不足，极大提高了具体操作的精确度。尽管这种分析不是完全准确的，但至少能在我们采取行动前从数量方面给予帮助。

技术指标法的本质是通过数学公式产生技术指标。每一个技术指标都是从一个特定的方面对股市进行观察。通过一定的数学公式产生技术指标，这个指标就反映股市的某一方面深层的内涵，这些内涵仅仅通过原始数据是很难看出来的。

（二）技术指标的分类

技术指标从不同的角度有不同的分类。本书以技术指标的功能为划分依据，将常用的技术指标分为趋势型指标、超买超卖型指标、人气型指标和大势型指标4类。

（三）技术指标法与其他技术分析方法的关系

其他技术分析方法都有一个共同的特点，就是过分重视价格，而对成交量重视不够。然而没有成交量的分析，无疑是丢掉重要的一类信息，分析结果的可信度将降低。

技术指标种类繁多，考虑的方面也多，人们能够想到的，都能在技术指标中得到体现。这一点是别的技术分析方法无法比拟的。

在进行技术指标的分析与判断时，经常用到别的技术分析方法的基本结论。

例如，在使用 RSI 等指标时，也经常要用到形态理论中的头肩形、颈线和双重顶之类的结果以及切线理论中支撑线和压力线的分析手法。因此，全面学习技术分析的各种方法是很重要的。

（四）应用时注意的问题

（1）任何技术指标都有自己的适用范围和应用条件，得出的结论也都有成立的前提和可能发生的意外。因此，不管这些结论成立的条件，盲目绝对地相信技术指标，是要出错的。但从另外一个角度看，也不能认为技术指标有可能出错而完全否定技术指标的作用。

（2）应用一种指标容易出现错误，但当使用多个具有互补性的指标时，可以极大提高预测精度。因此，在实际应用时，应采用若干个互补性的指标进行组合分析，以提高决策水平。

技术指标学派是技术分析中极为重要的分支。但由于技术指标众多，这里仅按上述分类介绍一些目前在中国证券市场常用的技术指标。

二、主要技术指标

（一）趋势型指标

1. MA（移动平均线）

移动平均线（moving average，MA）是由美国投资专家葛兰威尔（Joseph E. Granville）于 20 世纪中期提出来的。是指用统计分析的方法，将一定时期内的证券价格（指数）加以平均，并把不同时间的平均值连接起来，形成一根 MA，用以观察证券价格变动趋势的一种技术指标。

（1）MA 的计算公式。移动平均线可分为算术移动平均线（SMA）、加权移动平均线（WMA）和指数平滑移动平均线（EMA）3 种。在实际运用中常使用的是指数平滑移动平均线 EMA，计算公式为：

$$EMA_t(N) = C_t \times \frac{1}{N} + EMA_{t-1} \times \frac{N-1}{N}$$

式中，C_t 是计算期中第 t 日的收盘价；EMA_{t-1} 是第 $t-1$ 日的指数平滑移动平均线。

天数 N 是 MA 的时间参数，起点的移动平均值可用起点的收盘价代替。

根据计算期的长短，MA 又可分为短期、中期和长期移动平均线。通常以 5 日、10 日线观察证券市场的短期走势，称为"短期移动平均线"；以 30 日、60 日线观察中期走势，称为"中期移动平均线"；以 120 日、250 日线观察长期趋势，称为"长期移动平均线"，常常把 120 日称为半年线，250 日称为年线，也有机构投资者把 250 日 MA 称为"牛熊"分界线。

例 8-1：参数为 5 的移动平均线就是包括当天在内的连续 5 日的收盘价的算术平均价格，记号为 MA(5)。科大讯飞（002230）9 月 5 日收盘价为 36.51 元，6 日为 36.85 元，7 日为 36.95 元，8 日为 36.57 元，9 日为 37.15 元；那么 MA(5) 为：

$$MA(5) = \frac{36.51 + 36.85 + 36.95 + 36.57 + 37.15}{5} = 36.806 \approx 36.81 \text{（元）}$$

（2）MA 的特点。MA 的基本思想是消除股价随机波动的影响，寻求股价波动的趋势。它有以下几个特点：

①追踪趋势。MA 能够表示股价的趋势方向，并追踪这个趋势。如果能从股价的图表中找出上升或下降趋势，那么，MA 将与趋势方向保持一致。原始数据的股价图表不具备这个追踪趋势的特性。

②滞后性。在股价原有趋势发生反转时，由于 MA 追踪趋势的特征，使其行动往往过于迟缓，调头速度落后于大趋势。这是 MA 一个极大的弱点。

③稳定性。根据移动平均线的计算方法，要想较大地改变移动平均的数值，当天的股价必须有很大的变化，因为 MA 是股价几天变动的平均值。

④助涨助跌性。当股价突破移动平均线时，无论是向上还是向下突破，股价都有继续向突破方向发展的愿望。

⑤支撑线和压力线的特性。当股票在上涨时，突破到某一个区域，受到空方的集中压制，形成压力线。当股票在下跌时，突破到某一个区域，受到多方的集中反扑，形成支撑线。MA 被突破，实际上是支撑线和压力线被突破。

（3）MA 的应用法则。

MA 的应用法则，也称葛兰威尔法则。在 MA 的应用上，最常见的是葛兰威尔的移动平均线八大买卖法则。此法则是以证券价格（或指数）与移动平均线之间的偏离关系作为研判的依据。八大法则中有 4 条是买进法则，有 4 条是卖出法则，如图 8-32 所示。

葛氏法则的具体内容：①MA 从下降开始走平，股价从下上穿平均线（①点处），股价跌破平均线，但平均线呈上升态势（②点处），股价连续上升远离平均线，突然下跌，但在平均线附近（③点处）再度上升，股价跌破平均线，并连续暴跌，远离平均线（④点处）。以上 4 种情况均为买入信号。②移动平均线呈上升状态，股价突然暴涨且远离平均线（⑤点处），平均线从上升转为盘局或下跌，而股价向下跌破平均线（⑥点处），股价走在平均线之下，且朝着平均线方向上升，但未突破平均线又开始下跌（⑦点处），股价向上突破平均线，但又立刻向平均线回跌，此时平均线仍持续下降（⑧点处）。以上 4 种情况均为卖出信号。

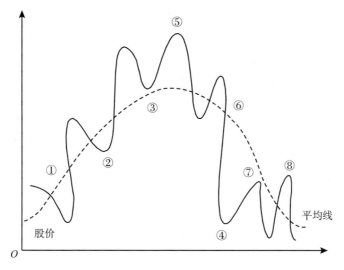

图 8 - 32　葛兰威尔买卖八大法则

葛氏法则的不足是没有明确指出投资者在股价距平均线多远时才可以买进卖出，这可用后面的乖离率指标弥补。

（4）MA 的组合应用。

①"黄金交叉"。当 5 日平均线由下往上穿越其他平均线时，5 日平均线在上，其他平均线在下，其交叉点就是黄金交叉，黄金交叉是多头的表现，出现黄金交叉后，后市今有一定的涨幅空间，这是进场的最佳时机。

②"死亡交叉"。当 5 日平均线由上往下穿越其他平均线时，形成其他平均线在上，5 日平均线在下时，其交点称为"死亡交叉"。"死亡交叉"预示空头市场来临，股市将下跌，此时是出场的最佳时机。

③短期、中期、长期多条移动平均线组合使用。在实际应用中，常将短期 MA（10）、中期 MA（30）、长期 MA（120）结合起来使用，分析它们的相互关系，判断股市趋势。3 种移动平均线的移动方向有时趋于一致，有时不一致，可从两个方面来分析、研判。

方向一致时，在空头市场中，经过长时间的下跌，股价与 10 日平均线、30 日平均线、120 日平均线的排列关系，从下到上依次为股价、10 日平均线、30 日平均线和 120 日平均线。若股市出现转机，股价开始回升，反应最敏感的是 10 日平均线，最先跟着股价从下跌转为上升；随着股价继续攀升，30 日平均线才开始转为向上方移动；至于 125 日平均线的方向改变，则意味着股市的基本趋势的转变，多头市场的来临。

方向不一致时，当股价进入整理盘旋后，短期平均线、中期平均线很容易与股价缠绕在一起，不能正确指明运动方向。有时短期平均线在中期之上或之下，此种情形表示整个股市缺乏弹性，静待多方或空方打破僵局，使行情再度上升或下跌。

2. MACD（指数平滑异同移动平均线）

MACD 是利用快速移动平均线和慢速移动平均线，在一段上涨或下跌行情中两线之间的差距拉大，而在涨势或跌势趋缓时两线又相互接近或交叉的特征，通过双重平滑运算后研判买卖时机的方法。

（1）MACD 的计算公式。MACD 是由正负差（DIF）和异同平均数（DEA）两部分组成，DIF 是核心，DEA 是辅助。

DIF 是快速平滑移动平均线与慢速平滑移动平均线的差。股票交易行情系统中，一般取 12 日 EMA 和 26 日 EMA 分别为快速移动平均线和慢速移动平均线，两者的差值为 DIF（离差值），是研判行情的基础，然后再求 DIF 的 9 日平滑移动均线，作为买卖时机的判断依据。

DEA 是 DIF 的平滑移动平均数，一般取 9 日移动平均线。

$$今日\ EMA(12) = \frac{2}{12+1} \times 今日收盘价 + \frac{11}{12+1} \times 昨日\ EMA(12)$$

$$今日\ EMA(26) = \frac{2}{26+1} \times 今日收盘价 + \frac{25}{26+1} \times 昨日\ EMA(26)$$

$$DIF = EMA(12) - EMA(26)$$

$$今日\ DEA(MACD) = \frac{2}{10} \times 今日\ DIF + \frac{8}{10} \times 昨日\ DEA$$

理论上，在持续的涨势中，12 日 EMA 线在 26 日 EMA 线之上，其间的正离差值（+DIF）会越来越大；反之，在跌势中，离差值可能变负（-DIF），其绝对值也越来越大。而当行情开始回转时，正或负离差值将会缩小。MACD 正是利用正负离差值与离差值的 9 日平均线的交叉信号作为买卖行为的依据。

此外，在分析软件上还有一个指标叫柱状线（BAR），它是 DIF 值减去 DEA 值的差再乘以 2，即 BAR =（DIF - DEA）×2。一些交易行情系统中 MACD 的值为 BAR 的值。

（2）MACD 的应用法则。

第一，以 DIF 和 DEA 的取值和这两者之间的相对取值对行情进行预测。其应用法则：①DIF 和 DEA 均为正值时，属多头市场。DIF 向上突破 DEA 是买入信号，DIF 向下跌破 DEA 只能认为是回落，作获利了结。②DIF 和 DEA 均为负值时，属空头市场。DIF 向下突破 DEA 是卖出信号，DIF 向上穿破 DEA 只能认为是反弹，作暂时补空。③当 DIF 向下跌破零轴线时，此为卖出信号，即 12 日 EMA 与 26 日 EMA 发生死亡交叉；当 DIF 上穿零轴线时，为买入信号，即 12 日 EMA 与 26 日 EMA 发生黄金交叉。

第二，指标背离原则。①顶背离：当股价指数逐波升高，而 DIF 及 MACD 不是同步上升，而是逐波下降，与股价走势形成顶背离。预示股价即将下跌。如果此时出现 DIF 两次由上向下穿过 MACD，形成两次死亡交叉，则股价将大幅下跌。②底背离：当股价指数逐波下行，而 DIF 及 MACD 不是同步下降，而是逐波上升，与股价走势形成底背离，预示着股价即将上涨。如果此时出现 DIF 两次由下向上穿过 MACD，形成两次黄金交叉，则股价即将大幅度上涨。

MACD 的优点是除掉了移动平均线产生的频繁出现买入与卖出信号，避免一部分假信号的出现，用起来比移动平均线更有把握。

MACD 的缺点与移动平均线相同，在股市没有明显趋势而进入盘整时，失误的时候较多。另外，对未来股价的上升和下降的深度不能提供有帮助的建议。

3. BOLL（布林线）

（1）布林线的基本原理。布林线又称布林通道，是由美国人布林格提出的一种技术分析理论和方法。布林线指标的设计思想很有独创性，它一改一般指标运用时比较烦琐的缺点，用十分简单明快的 3 条曲线来显示股价运行状况。3 条曲线分别叫作上轨、中轨、下轨。上轨可以看成压力线，下轨可以看成支撑线。股价线的波动应该围绕中轨线，在上轨线和下轨线之间进行波动。布林线的带状宽度反映了股价变动的幅度，越宽表示股价波动幅度越大，越小表示股价波动幅度越小。所以，布林线的宽度是由股价的异变性决定的。当极端价格出现，布林线就会放宽；而当价格出现平稳走势，布林线就会收窄。

（2）布林线的计算方法。从数学角度看，布林线的计算实际上是利用了移动平均的计算方法和统计学中标准差的计算方法。

布林线中的中轨，实际上就是一定周期的移动平均线，只是移动平均线一般是用收盘价计算的，而布林线是用中间价计算的。

$$中间价 = (C + H + L)/3$$

或 $$中间价 = (2C + H + L)/4$$

式中，C 是收盘价，H 是最高价，L 是最低价。

有了每天的中间价，将中间价进行移动平均计算就可以得出中轨线，计算的周期可以有 14 天或者 20 天等。

至于上轨和下轨，实际上就是根据周期内中间价的标准差来决定的。例如，以 14 天为周期，自然就有 14 个中间价，对 14 个中间价进行标准差的计算，就可以确定第 14 天的上轨和下轨。因此：

$$上轨价格 = 中间价移动平均价 + 标准差$$

$$下轨价格 = 中间价移动平均价 - 标准差$$

标准差的计算公式为：

$$\sigma = \sqrt{\frac{\sum_{i=1}^{n}(X_i - \bar{X})^2}{n}}$$

式中，σ 表示标准差，n 表示周期的天数，X 表示周期内各天的中间价，$\bar{X}$ 表示周期内全部中间价的平均值。

（3）布林线的特点。

①布林线的范围即上轨和下轨之间的带状区间的宽窄是随着股价波动幅度的大小变化的。当股价涨跌幅度变大时，布林线的带状线开口也会随之放大；而当股价涨跌幅度变小时，布林线的带状线开口也会随之缩小。

②布林线的运用一般是从两个方面考虑的：一是利用布林线与股价运行趋势的趋同性以及布林线对股价的支撑和压力作用，对股票做出是持股、持币还是观望的判断；二是根据布林线的买卖信号决定股票买卖的策略，在买卖信号中特别要强调的是，激烈的价格变动倾向于布林线的范围紧缩后发生，只有当异变性减弱后，才会产生激烈的价格波动。

③布林线是一个独立的指标，一般可以单独分析使用，但是布林线不能够明确提示超买超卖点，我们不能够用穿越上轨或者跌破下轨作为超买超卖的信号。

（4）布林线的应用法则。

①持股原则。当布林通道处于上升趋势，而股价线运行在布林通道的上轨和中轨之间时，表示股票正处于强势的多头态势，股价在上升过程中受到中轨线的强烈支持，是一波主升段的行情，此时应该以持股为主。

②持币原则。当布林线处于下降趋势，而股价线运行在布林通道的中轨和下轨之间时，表示股票正处于弱势的空头状态，股价受到中轨线的反压，正在作中线的向下调整，此时一般不宜介入，应以持币观望等待机会为主。

③买进原则。买进原则有 3 种情况：

第一，当股价触及下轨或者跌穿下轨然后出现反弹，反弹力度达到穿越中轨线时，是买进信号。股价在一波较大幅度的下跌后，往往会形成加速的最后一跌，在布林通道上就会反映出股价触及或者跌穿下轨线，然后必然又反弹，回到下轨线的上方，但是这个反弹能否转化成反转，如果用布林线指标来判断，就要看股价能否有效地上穿布林通道的中轨线。一旦有效地穿过中轨线，则是较好的买入信号。

第二，当股价经过调整后走出一波不是太大的上涨行情就触及布林通道的上轨或穿过布林通道的上轨然后回落，且在回落过程中受到中轨线的支撑，也是较好的买入时机。

第三，布林通道的上下轨之间的距离是随着股价的波动幅度反复扩大和收窄的，当股价经过较长时间的低迷时，股价的波动范围会缩小到一个很小的幅度，布林通道的上下轨之间的距离就会逐渐收窄，直至布林通道的趋势在一段时间内基本呈现水平运动。在这个过程中，如果我们看到布林通道的张口从收窄转为逐渐扩大，就是所谓的拐点买进信号。

④卖出原则。卖出原则也有 3 种情况：

第一，当股价经过一波上扬后，股价线触及上轨线或者上穿上轨线后回落，在回落的过程中如果跌穿中轨线，表明股价的上升已经告一段落，这时下穿中轨线为比较有效的卖出信号。

第二，股价在下跌趋势中触及布林通道的下轨线或者跌穿下轨线然后反弹，但是反弹没有能够突破布林线的中轨线，受到中轨线的反压，则表明下跌趋势并没有结束，股票价格在中轨线附近是卖出良机。

第三，根据拐点卖出信号进行操作。关于拐点的定义是相同的，拐点卖出信号与拐点买进信号的区别就在于股价位置的不同。如果股价在相对高位形成拐点，就是卖出信号。

（二）人气型指标

1. PSY（心理线指标）

PSY 是将一定时期内投资者看多或看空的心理事实转化为数值，来研判股价未来走势的技术指标。

（1）PSY 的计算公式。

$$PSY(N) = \frac{A}{N} \times 100$$

式中：N 是天数，是 PSY 的参数，A 表示 N 天之中股价上涨的天数，以收盘价为准。在实际应用中，N 一般为 12 日，若其中 3 天上涨，9 天下跌，则 PSY 为 25。

$PSY(N)$ 的取值范围是 0～100，以 50 为中心，50 以上是多方市场，50 以下是空方市场。

$PSY(N)$ 参数的选择是人为的，参数选得越大，$PSY(N)$ 的取值范围越集中、越平稳。

（2）PSY 的应用法则。

①$PSY(N)$ 的取值在 25～75，说明多空双方基本处于平衡状态。如果 $PSY(N)$ 的取值超出了这个平衡状态，则是超卖或超买。

②PSY 的取值过高或过低，都是行动的信号。一般来说，$PSY(N) < 10$ 或 $PSY(N) > 90$ 这两种极端情况的出现，是强烈的买入和卖出信号。

③$PSY(N)$ 的取值第一次进入采取行动的区域时，往往容易出错。一般都要求 $PSY(N)$ 进入高位或低位两次以上才能采取行动。

④PSY 的曲线如果在低位或高位出现大的 W 底或 M 头，也是买入或卖出的

行动信号。

⑤PSY线一般可同股价曲线配合使用，这时，前面讲到的背离原则在 PSY 中也同样适用。

心理线所显示的买卖信号一般为事后现象，事前并不能十分确切预测。同时，投资者的心理偏好又受诸多随机因素影响，随时调整，不可捉摸。特别是在一个投机气氛浓厚、投资者心态不十分稳定的股市中，心理线的运用有其局限性。

2. OBV（能量潮指标）

OBV 的英文全称是 on balance volume，即平衡交易量，人们更多地称其为能量潮，该指标是格兰维尔（Granville）在 20 世纪 60 年代提出来的。该指标的理论基础是市场价格的有效变动必须有成交量配合，量是价的先行指标。利用 OBV 可以验证当前股价走势的可靠性，并可以得到趋势可能反转的信号。比起单独使用成交量来，OBV 看得更清楚。

（1）计算公式。

假设已经知道了上一个交易日的 OBV，则：

$$今日 OBV = 昨日 OBV + sgn \times 今天的成交量$$

其中，sgn 是符号函数，其数值由下式决定：

$$sng = +1，今日收盘价 \geqslant 昨日收盘价$$

$$sng = -l，今日收盘价 < 昨日收盘价$$

成交量指的是成交股票的手数，不是成交金额。Sgn = +1 时，其成交量计入多方的能量；Sgn = -1 时，其成交量计入空方的能量。

初始值可自行确定，一般用第一日的成交量代替。

（2）OBV 的应用法则和注意事项。

①OBV 不能单独使用，必须与股价曲线结合使用才能发挥作用。

②OBV 曲线的变化对当前股价变化趋势的确认。

当股价上升（下降），而 OBV 也相应上升（下降）则可确认当前的上升（下降）趋势。

当股价上升（下降），但 OBV 并未相应上升（下降），出现背离现象，则对目前上升（下降）趋势的认定程度要大打折扣。OBV 可以提前告诉我们趋势的后劲不足，有反转的可能。

③形态学和切线理论的内容也同样适用于 OBV 曲线。

④在股价进入盘整区后，OBV 曲线会率先显露出脱离盘整的信号，向上或向下突破，且成功率较大。

OBV 线是预测股市短期波动的重要判断指标，能帮助投资者确定股市突破盘局后的发展方向；而且 OBV 的走势，可以局部显示出市场内部主要资金的流向，有利于告示投资者市场内的多空倾向。

（三）超买、超卖型指标

1. KDJ（随机指标）

KDJ 指标的中文名称为随机指标，最早起源于期货市场，由乔治·莱恩（George Lane）首创。随机指标 KDJ 最早是以 KD 指标的形式出现，而 KD 指标是在威廉指标的基础上发展起来的。不过 KD 指标只判断股票的超买超卖现象，在 KDJ 指标中则融合了移动平均线速度上的观念，形成比较准确的买卖信号依据。在实践中，K 线与 D 线配合 J 线组成 KDJ 指标来使用。KDJ 指标在设计过程中主要是研究最高价、最低价和收盘价之间的关系，同时也融合了动量观念、强弱指标和移动平均线的一些优点。因此，能够比较迅速、快捷、直观地研判行情，被广泛用于股市的中短期趋势分析，是期货和股票市场上最常用的技术分析工具。

（1）KDJ 的计算公式。

$$RSV(n) = \frac{C_t - L_t}{H_n - L_n} \times 100$$

式中，C_t 是当天收盘价，H_n 和 L_n 是最近 n 日内（包括当天）的最高价和最低价，n 是时间参数。

$$今日 K 值 = 今日 RSV \times 1/3 + 前一日 K 值 \times 2/3$$
$$今日 D 值 = 今日 K 值 \times 1/3 + 前一日 D 值 \times 2/3$$
$$J = 3D - 2K，即 J = D + 2(D - K)$$

式中，1/3 为平滑因子，可以改成别的数字，不过目前已经约定俗成，固定为 1/3 了。初始的 K、D 值，可以用当日的 $RSV(n)$ 值或以 50 代替。

由 J 表达式可知 J 是 D 加上一个修正值。J 的实质是反映 D 和 D 与 K 的差值。

（2）KDJ 的应用法则。

KDJ 指标是 3 条曲线，在应用时主要从 5 个方面进行考虑：

第一，从 K、D 的取值方面考虑。K、D 的取值范围都是 0～100，将其划分为几个区域：超买区、超卖区、徘徊区。按一般的划分法，80 以上为超买区，20 以下为超卖区，其余为徘徊区。

当 K、D 超过 80 时，就应该考虑卖出，低于 20 就应该考虑买入。上述对 0～100 的划分只是一个应用 K、D 指标的初步过程，仅仅是信号；同时又是很容易出错的，完全按这种方法进行操作很容易招致损失。

第二，从 K、D 指标曲线的形态方面考虑。当 K、D 指标在较高或较低的位置形成了头肩形和多重顶（底）时，是采取行动的信号。注意的是这些形态一定要在较高位置或较低位置出现，位置越高或越低，结论越可靠、越正确。

对于 K、D 的曲线也可以画趋势线，以明确 KD 的趋势。在 K、D 的曲线图中仍然可以引进支撑线和压力线的概念。某一条支撑线或压力线的被突破，也是采取行动的信号。

第三，从 K、D 指标的交叉方面考虑。K 线与 D 线的关系就如同股价与 MA 的关系一样，也有死亡交叉和黄金交叉，但这里交叉的应用是很复杂的，还附带很多其他条件。

以 K 从下向上与 D 交叉为例：K 上穿 D 是金叉，为买入信号，这是正确的。但是出现了金叉是否应该买入，还要看别的条件：第一个条件是金叉的位置应该比较低，是在超卖区的位置，越低越好。第二个条件是与 D 相交的次数。有时在低位，K、D 要来回交叉好几次。交叉的次数以 2 次为最少，越多越好。第三个条件是交叉点相对于 KD 线低点的位置，这就是常说的"右侧相交"原则。K 是在 D 已经抬头向上时才同 D 相交，比 D 还在下降时与之相交要可靠得多。

第四，从 K、D 指标的背离方面考虑。当 K、D 处在高位或低位，如果出现与股价走向的背离，则是采取行动的信号。当 K、D 处在高位，并形成两个依次向下的峰，而此时股价还在一个劲儿地上涨，这叫顶背离，是卖出的信号；与之相反，K、D 处在低位，并形成一底比一底高，而股价还继续下跌，构成底背离，是买入信号。

第五，在股票交易软件中，常用 J 指标。J 指标常领先于 K、D 值显示曲线的底部和头部。J 指标取值超过 100 和低于 0，都属于价格的非正常区域，大于 100 为超买，小于 0 为超卖。

2. WMS（威廉指标）

威廉指标 WMS 起源于期货市场，或简称 W％R，是由拉里·威廉斯（Larry Williams）于 1973 年首创的。是由它是通过分析一段时间内股价高低价位与收盘价的关系，来度量股市的超买或超卖状态，并以此作为短期内投资信号的一种技术指标。

（1）WMS 的计算公式。

$$WMS(n) = \frac{H_n - C_t}{H_n - C_n} \times 100$$

式中，C_t 是当天收盘价，H_n 和 L_n 是最近 n 日内（包括当天）的最高价和最低价。n 是时间参数，交易系统可以自己设置，一些系统默认为 10 日或 6 日。

WMS 指标的含义是当天的收盘价在过去一段时日全部价格范围内所处的相对位置。如果 WMS 的值较小，则当天的价格就处于相对较高的位置，要当心回落；相反，就要注意反弹。WMS 的取值范围是 0 ~ 100。

WMS 参数 n 的选择至少是循环周期的一半，但中国股市的循环周期尚无明确的共识，应多选几个参数尝试。

（2）应用法则。

WMS 的操作法则从两方面考虑：

一是 WMS 的数值大小。①当 WMS 高于 80 时，处于超卖状态，行情即将见底，应当考虑买进。②当 WMS 低于 20 时，处于超买状态，行情即将见顶，应当考虑卖出。

这里 80 和 20 只是一个经验数字，并不是绝对的，有些个别的可能要求比 80 大，也可能比 80 小，不同的情况产生不同的买进线和抛出线，要根据具体情况，在实战中不断摸索。

同时，WMS 在使用过程中应该注意与其他技术指标相配合。在盘整过程中 WMS 的准确性较高，而在上升或下降趋势当中，却不能只以 WMS 超买超卖信号为依据来判断行情即将反转。

二是 WMS 曲线的形状。这里介绍背离原则以及撞顶和撞底次数的原则。①在 WMS 进入低数值区位后（此时为超买），一般要回头。如果这时股价还继续上升，就会产生背离，是卖出的信号。②在 WMS 进入高数值区位后（此时为超卖），一般要反弹。如果这时股价还继续下降，就会产生背离，是买进的信号。③WMS 连续几次撞顶（底），局部形成双重或多重顶（底），则是卖出（买进）的信号。

WMS 的顶部数值为 0，底部数值为 100。

3. RSI（相对强弱指标）

RSI 指标（relative strength index）以一定时期内股价的变动情况推测价格未来的变动方向，并根据股价涨跌幅度显示市场的强弱。

（1）RSI 的计算公式。

RSI 通常采用某一时期（n 天）内收盘指数的结果作为计算对象，来反映这一时期内多空力量的强弱对比。A 表示 n 日之内价格向上的波动总量，B 表示向下波动的总量，$A+B$ 表示价格总的波动量。RSI 实际上是表示向上波动的总量在总的波动量中所占的百分比。如果占的比例大就是强市，否则就是弱市。

第一步，计算价差。得到包括当天在内的连续 $n+1$ 个交易日的收盘价。以每个交易日收盘价减去上一个交易日收盘价就得到 n 个数字。这 n 个数字中有正也有负。

第二步，计算总上升波动 A、总下降波动 B 和总波动（$A+B$）。A 等于 n 个价差数字中正数之和，B 等于 n 个价差数字中负数之和再乘以（-1）。这样，A 和 B 都是正数。

第三步，计算 RSI。

$$RSI(n) = \frac{A}{A+B} \times 100$$

式中：A 是 n 日中股价向上波动的大小；

B 是 n 日中股价向下波动的大小；

A + B 是股价总的波动大小。

RSI 的参数是天数 n，一般取 6 日、12 日、24 日等。RSI 的取值范围介于 0～100 之间。

（2）RSI 的应用法则。

①根据 RSI 取值的大小判断行情。将 100 分成 4 个区域，根据 RSI 的取值落入的区域进行操作。划分区域如表 8-1 所示。"极强"与"强"的分界线和"极弱"与"弱"的分界线是不明确的，它们实际上是一个区域。例如，也可以取 30、70 或者 15、85。应该说明的是，分界线位置的确定与 RSI 的参数和选择的股票有关。一般而言，参数越大，分界线离 50 越近；股票越活跃，RSI 所能达到的高度越高，分界线离 50 应该越远。

表 8-1　　　　　　　　　　　　　RSI 值与操作参考

RSI 值	市场特征	投资操作
80～100	极强	卖出
50～80	强	买入
20～50	弱	卖出
0～20	极弱	买入

②两条或多条 RSI 曲线的联合使用。我们称参数小的 RSI 为短期 RSI，参数大的 RSI 为长期 RSI。两条或多条 RSI 曲线的联合使用法则与两条均线的使用法则相同。即，短期 RSI > 长期 RSI，应属多头市场；短期 RSI < 长期 RSI，则属空头市场。

③从 RSI 的曲线形状判断行情。当 RSI 在较高或较低的位置形成头肩形和多重顶（底），是采取行动的信号。这些形态一定要出现在较高位置和较低位置，离 50 越远，结论越可靠。

④从 RSI 与股价的背离方面判断行情。RSI 处于高位，并形成一峰比一峰低的两个峰，而此时，股价对应的却是一峰比一峰高，为顶背离，是比较强烈的卖出信号。与此相反的是底背离：RSI 在低位形成两个底部抬高的谷底，而股价还在下降，是可以买入的信号。

4. BIAS（乖离率指标）

BIAS 是测算股价与移动平均线偏离程度的指标。其基本原理是：如果股价偏离移动平均线太远，不管是在移动平均线上方或下方，都有向平均线回归的要求。

（1）BIAS 的计算公式。

$$BIAS(n) = \frac{C_t - MA(n)}{MA(n)} \times 100\%$$

式中，C_t 是当天收盘价，$MA(n)$ 是 n 的移动平均数；n 是 BIAS 的参数。

分子为股价（收盘价）与移动平均价的绝对距离，可正可负，除以分母后，就是相对距离。

（2）BIAS 的应用法则。

①从 BIAS 的取值大小和正负考虑。一般来说，正的乖离率越大，表示短期多头的获利越大，获利回吐的可能性越高；负的乖离率越大，则空头回补的可能性也越高。

在实际应用中，一般预设一个正数或负数，只要 BIAS 超过这个正数，我们就应该感到危险而考虑抛出只要 BIAS 低于这个负数，我们就感到机会可能来了而考虑买入。问题的关键是找到这个正数或负数，它是采取行动与静观的分界线。这条分界线与 3 个因素有关，即 BIAS 参数、所选择股票的性质以及分析时所处的时期。

一般来说，参数越大，股票越活跃，选择的分界线也越大。但乖离率达到何种程度为正确的买入点或卖出点，目前并无统一的标准，投资者可凭经验和对行情强弱的判断得出综合的结论。

参考有关资料和投资经验，表 8 - 2 给出这些分界线的参考数字。投资者在应用时应根据具体情况对它们进行适当的调整。

表 8 - 2　　　　　　　　BIAS 参数对应的买卖信号

周期	买入信号（%）	卖出信号（%）
5 日	-3	3.5
10 日	-4	5
20 日	-7	8
60 日	-10	10

从表 8 - 2 中的数字可看出，正数和负数的选择不是对称的，正数的绝对值偏大是进行分界线选择的一般规律。

据有关人员的经验总结，如果遇到由于突发的利多或利空消息而产生股价暴涨暴跌的情况时，可以参考如下的数据分界线：

对于综合指数：$BIAS(10) > 30\%$ 为抛出时机，$BIAS(10) < -10\%$ 为买入时机；

对于个股：$BIAS(10) > 35\%$ 为抛出时机，$BIA(10) < -15\%$ 为买入时机。

②从 BIAS 的曲线形状方面考虑。形态学和切线理论在 BIAS 也可以适用，主要是顶背离和底背离的原理。

③从两条 BIAS 线结合方面考虑。当短期 BIAS 在高位下穿长期 BIAS 时，是卖出信号；在低位，短期 BIAS 上穿长期 BIAS 时是买入信号。

（四）大势型指标

只能判断市场的整体形势，而不能应用于个股。

1. ADL（腾落指数）

计算每天股票上涨家数和下降家数的累积结果，与综合指数相互对比，对大势的未来进行预测。

（1）ADL 的计算公式。

假设上一个交易日的 ADL 值已知，则今天的 ADL 值为：

$$今日\ ADL = 昨日\ ADL + NA - ND$$

其中，NA 为当天所有股票中上涨的家数，ND 为当天下跌的股票家数。涨跌的判断标准是以今日收盘价与上一日收盘价相比较（无涨跌者不计），ADL 的初始值可取为 0。

（2）ADL 的应用法则。

①ADL 的应用重在相对走势，并不看重取值的大小。

②ADL 不能单独使用，要同股价曲线联合使用。

第一，ADL 与股价同步上升（下降），创新高（低），则可以验证大势的上升（下降）趋势，短期内反转的可能性不大，这是一致的现象。

第二，ADL 连续上涨（下跌）了很长时间（一般是 3 天），而指数却向相反方向下跌（上升）了很长时间，这是买进（卖出）信号，至少有反弹存在，这是背离的一种现象。

第三，在指数进入高位（低位）时，ADL 并没有同步行动，而是开始走平或下降（上升），这是趋势进入尾声的信号。这也是背离现象。

第四，ADL 保持上升（下降）趋势，指数却在中途发生转折，但很快又恢复原有的趋势，并创新高（低），这是买进（卖出）信号，是后市多方（空方）力量强盛的标志。

③形态学和切线理论的内容也可以用于 ADL 曲线。

④经验证明，ADL 对多头市场的应用比对空头市场的应用效果好。

2. ADR（涨跌比指标）

ADR 即上升下降比，是根据股票的上涨家数和下跌家数的比值，推断证券市场多空双方力量的对比，进而判断出证券市场的实际情况。

计算公式：

$$ADR(n) = \frac{P_1}{P_2}$$

式中，$P_1 = \sum N_A$，为 N 日内股票上涨家数之和；$P_2 = \sum N_D$，为 N 日内股票下跌家数之和。N 为选择的天数，是 ADR 的参数。目前，N 比较常用的参数为 10。ADR 的取值不小于 0。

N 比较常用的参数为 10。ADR 取值不小于 0。

ADR 的图形以 1 为中心上下波动，波动幅度取决于参数的选择。

ADR 的应用法则：

①从 ADR 的取值看大势。ADR 在 0.5 ~ 1.5 之间是常态情况，超过了 ADR 常态状况的上下限，就是采取行动的信号，表示上涨或下跌的势头过于强烈，股价将有回头的可能。

②ADR 可与综合指数配合使用，其应用法则与 ADL 相同，也有一致与背离两种情况。

③从 ADR 曲线的形态上看大势。

④在大势短期回档或反弹方面，ADR 有先行示警作用。若股价指数与 ADR 成背离现象，则大势即将反转。

3. OBOS（超买超卖指标）

OBOS 是运用上涨和下跌的股票家数的差距对大势进行分析的指标。

计算公式：

$$OBOS(N) = \sum N_A - \sum N_D$$

其中的 $\sum N_A$ 为 N 日内每天上涨的股票家数之和，$\sum N_D$ 为 N 日内每天下跌的股票家数之和。参数 N 一般选 10。

OBOS 的应用法则：

①根据 OBOS 的数值判断行情。当 OBOS 的取值在 0 附近变化时，市场处于盘整时期；当 OBOS 为正数时，市场处于上涨行情；当 OBOS 为负数时，市场处于下跌行情。当 OBOS 达到一定正数值时，大势处于超买阶段，可择机卖出；反之，当 OBOS 达到一定负数时，大势超卖，可伺机买进。

②当 *OBOS* 的走势与指数背离时，是采取行动的信号，大势可能反转。

③形态理论和切线理论中的结论也可用于 *OBOS* 曲线。

④当 *OBOS* 曲线第一次进入发出信号的区域时，应该特别注意是否出现错误。

⑤*OBOS* 比 *ADR* 的计算简单，意义直观易懂，所以使用 *OBOS* 的时候较多，使用 *ADR* 的时候较少，但放弃 *ADR* 是不对的。

第四节　金融量化投资

一、金融量化投资的基本概念

广义的量化投资，是泛指使用数量化方法进行决策的投资行为。自马科维茨提出利用均值和方差来定量测度金融资产的收益与风险开始，数量化投资方法便成为现代投资理论与实践的重要工具。随着一般均衡框架下的动态投资组合理论与资本资产定价理论以及无套利均衡分析框架的成熟，证券投资中的数量化分析逐渐成为重要技术。从这种意义上说，量化投资的发展过程始终贯穿于现代金融发展史。

狭义的量化投资，是指依据金融理论与投资理念，基于现代统计学、数学方法构建的投资模型，利用计算机系统辅助设计、验证、实施投资策略，进行主动投资管理的投资过程。量化投资系统的开发过程就是将上述过程优化为可重复使用的投资程序，以实践投资理念，实施投资决策的过程。

金融量化投资涵盖了投资行为的完整过程，包括交易标的的筛选、交易时机捕捉、交易优化与自动执行以及资金管理与风险控制各个环节。其本质是基于一类套利逻辑来设计投资策略，并利用计算机自动实施投资策略的完整过程。得益于大型金融数据库的海量数据支撑，金融量化投资较之于传统金融投资的一个突出优势是可以借助历史数据进行回测检验与程序执行，显著提升了投资策略的开发、执行效率及稳健性。

二、金融量化投资的特点

金融量化投资是由数据和模型驱动的投资过程，其实施的依据是投资思想，采用的工具是计算机，是定性的投资理念与定量的实现方法的有机统一。因此，金融量化投资的灵魂是投资策略，现代信息技术是金融量化投资实施的基础。

金融量化投资系统开发效率高。金融量化投资在具体实施的过程中采用了大量现代信息技术，包括计算机与网络硬件设备、程序算法以及金融数据。随着大型金融数据库信息结构与数据类型的不断完善，计算机编程语言的不断进化，金融量化投资系统的开发环境更加友好，降低了系统开发的入门槛，快速提升了金融量化投资系统的开发效率。

金融量化投资运行较为稳健，不易受投资者情绪的干扰。一项量化投资策略的构建依据来自投资者的理论研究或实践经验的凝练，而其实施是利用编程语言和计算机设备，因而量化投资能准确反映主观投资思想的核心，在实际交易过程中由计算机系统自动执行，较少受到投资者情绪的干扰。量化投资系统在调试完成并投入实际运转后，将会自动运行，不会受到金融市场价格剧烈波动的影响。金融量化投资系统的客观高效、准确及时等优点对于高频交易以及趋势类交易者尤为重要。

金融量化投资系统的信息处理能力强，有利于实现复杂的金融套利交易。由于量化投资基于计算机高效的信息处理能力，因而更适用于实现各种套利投资策略和统计套利策略。

尽管一套优秀的量化交易系统可以实现稳定收益，但是对量化交易的不当使用也会导致不良后果，对市场产生不利冲击，影响市场稳定。

三、金融量化投资策略的分类

量化投资策略是金融量化投资系统的灵魂，是构建金融量化投资系统的前提。投资策略的基本原理与设计思路基本稳定，但需要结合市场现实情况加以灵活运用。当一个策略在被市场逐渐认识后，如何结合当时的经济基本面与市场特征对既有的策略思想灵活地加以改造运用，具体的实现方式需要发挥投资者个人的观察力与创作力，这也恰恰是量化投资的魅力所在。

基于策略的目的不同，金融量化投资策略可以分为套期保值类策略与套利类策略。套期保值类策略的主要目的是利用投资组合尽可能降低价格波动风险，但较难获得超额收益。套利类策略又可以依据不同套利逻辑大致分为 3 类：趋势策略、市场中性策略以及价差套利策略。

第一类套利策略是趋势策略。该策略的基本设计思想是根据资产价格的动量效应，利用绝对定价模型或技术指标，基于对价格变化未来趋势的判断进行投资决策。利用证券或期货价格走势的 K 线图组合、量价组合以及技术指标等来指导投资决策是这一策略最具代表性的方法。趋势类金融量化交易系统利用计算机来识别投资者总结出的特有技术指标组合，利用历史交易数据不断回测修正系统参数，投资者希望最终可以构建出一套"独家秘诀"。这一策略通常在短期内可以获得较高收益，但随着市场特征发生变化，该策略也会同技术指标一样出现钝化而失效，因此需要不断加以调整。

第二类为市场中性策略。该策略的基本思想是通过构建一个市场贝塔为零的投资组合，以放弃市场收益为代价，在剔除市场风险后，获取某类资产特有的超额收益。对冲基金通常采用这一策略，通过设计较为复杂的策略，尽可能剔除投资组合中的系统风险以及部分资产特有风险来获得阿尔法收益。在新兴市场环境下，对冲基金的交易策略的生命周期有变短的趋势。投资对冲基金的资产组合需要更频繁的动态调整，从而进一步提升了该策略的复杂性。

第三类为基于无套利定价理论的价差套利策略。价差套利策略的基本思想是利用相关金融产品之间价格偏离了通常的平价关系形成的价差进行套利活动。价差套利又可以具体分为期现套利、跨品种套利和跨市场套利。期现套利策略利用期货与现货、远端合约与近端合约之间形成的价差进行套利。跨品种与跨市场套利策略则是利用不同品种合约与同一类合约在不同市场之间的价差进行套利。

得益于数学、统计学以及计量经济学在机器深度学习、图像识别等人工智能领域的不断突破，以及现代信息技术的发展，投资策略的开发研究在统计套利、K线图形自动分析等领域取得了丰硕成果，进而形成了程序化交易、算法交易、高频交易等量化投资形式。程序化交易是相对于人工交易而言的金融量化投资方式，程序化交易强调交易策略由计算机自动实施，因此狭义的金融量化投资又可称为程序化交易。高频交易的交易策略设计所使用的数据与执行频率较高，通常达到微秒级别。由于高频交易必须通过计算机来实现，因此高频交易属于程序化交易的范畴。

四、金融量化投资主要内容

一个典型的投资流程如图 8－33 所示，从中可以看出，金融量化投资技术几乎覆盖了投资的全过程，包括量化选股、量化择时、股指期货套利、商品期货套利、统计套利、算法交易、资产配置、风险控制等。

1. 量化选股

量化选股就是采用数量的方法判断某个公司是否值得买入的行为。根据某个方法，如果该公司满足了该方法的条件，则放入股票池；如果不满足，则从股票池中剔除。

量化选股的方法有很多种，总的来说，可以分为公司估值法、趋势法和资金法三大类。

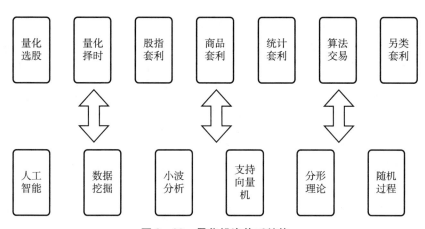

图 8 - 33　量化投资体系结构

公司估值方法是上市公司基本面分析的重要利器，在"基本面决定价值，价值决定价格"的基本逻辑下，通过比较公司估值方法得出的公司理论股票价格与市场价格的差异，判断股票的市场价格是否被高估或者低估，从而寻找出价值被低估或价值被高估的股票，指导投资者具体投资行为，如买入、卖出或继续持有。

趋势法就是根据市场表现，强势、弱势、盘整等不同的形态，作出对应的投资行为的方法。可以追随趋势，也可以进行反转操作等。

资金法的本质思想是追随市场主力资金的方向，如果资金流入，应该伴随着价格上涨；如果资金流出，则股票应该伴随着价格下跌。也可以通过持仓筹码的分布来判断在未来一段时间股价的上涨和下跌情况。资金法本质上是一种跟风策略，追随主流热点，从而期望在短时间内获得超额收益。

2. 量化择时

股市的可预测性问题与有效市场假说密切相关。如果有效市场理论或有效市场假说成立，股票价格充分反映了所有相关的信息，价格变化服从随机游走，股票价格的预测则毫无意义。从中国股票市场的特征来看，大多数研究报告的结论支持中国的股票市场尚未达到弱有效，也就是说，中国股票市场的股票价格时间序列并非与序列无关，而是序列相关的，即历史数据对股票的价格形成起作用。因此，可以通过对历史信息的分析预测价格。

随着计算机技术、混沌、分形理论的发展，人们开始将股票的市场行为纳入非线性动力学研究范畴。众多的研究发现我国股市的指数收益中，存在经典线性相关之外的非线性相关，从而拒绝了随机游走的假设，指出股价的波动不是完全随机的，它貌似随机、杂乱，但在其复杂表面的背后，却隐藏着确定性的机制，因此存在可预测成分。当然，认为股价可预测，并不等于可以 100% 地准确预见，而是指可以使用经济预测的方法，建立起能在一定误差要求之下预测股价变动的预测模型。一批学者先后证实了证券市场的确存在着一些可利用的规律，其成功率之高和稳定性之久，远远超出了随机行走理论可以解释的范围。因此，最近20年，持证券市场缺乏效率观点的人越来越多，证券市场预测的研究也再次成为人们关注的热点。

3. 股指期货套利

股指期货套利是指利用股指期货市场存在的不合理价格，同时参与股指期货与股票现货市场交易，或者同时进行不同期限、不同（但相近）类别股票指数合约交易，以赚取差价的行为，股指期货套利主要分为期现套利和跨期套利两种。

我国沪深300股指期货已经推出，为券商、基金等机构投资者提供了金融创新的工具，使用这些工具，机构投资者可以按照金融工程的理论框架去探索新的盈利模式。股指期货套利交易就是一种值得研究的新型盈利模式，开展股指期货套利交易对于恢复扭曲的市场价格关系、抑制过度投机和增强市场流动性都有着重要的作用。

股指期货套利的研究主要包括现货构建、套利定价、保证金管理、冲击成本、成分股调整等内容。

4. 商品期货套利

商品期货套利盈利的逻辑原理基于以下几个方面：相关商品在不同地点、不同时间对应都有一个合理的价格差；由于价格的波动性，价格差经常出现不合理；不合理必然要回到合理；不合理回到合理的这部分价格区间就是盈利区间。

正是基于以上几个方面，才产生套利机会，套利者所赚的钱就是从不合理到合理这部分空间，所以套利者所做的就是当价差出现扭曲甚至严重扭曲的时候及时捕捉到机会，稳定赚取这部分利润。

对相关合约之间的价差数据变化规律进行科学的统计分析是商品期货套利过程成功实施的重要前提，只有借助统计分析工具和图表，结合基本面和技术分析，才能预测出今后一段时间内相关合约价差数据变化的趋势，从而把握最佳的套利时机。因此，历史数据的统计分析对成功实施商品期货套利来说非常重要。

另外，考虑到套利交易中的资金成本运用问题，能够通过历史数据变化规律的分析帮助投资者在继续持有套利头寸和提前结束头寸之间做出恰当的选择也是非常必要的。

5. 统计套利

有别于无风险套利，统计套利是利用证券价格的历史统计规律进行的套利，是一种风险套利，其风险在于这种历史统计规律在未来一段时间内是否继续存在。

统计套利在方法上可以分为两类，一类是利用股票的收益率序列建模，目标是在组合的 β 值等于零的前提下实现 Alpha 收益，我们称为 β 中性策略；另一类是利用股票的价格序列的协整关系建模，我们称为协整策略。前者是基于日收益率对均衡关系的偏离，后者是基于累计收益率对均衡关系的偏离。基于日收益率建模的 β 中性策略，是一种超短线策略，只要日偏离在短期内不修复，则策略就会失效。并且，如果日偏离是缓慢修复的，这种策略很难搜索到合适的平仓时机。

很多分析也表明，β 中性策略经常会发出错误的交易信号。而协整策略直接利用了原始变量——股价进行建模，当累计收益率偏离到一定程度时建仓，在偏离修复到一定程度或反向时平仓。

6. 期权套利

期权套利交易是指同时买进卖出同一相关期货，但不同敲定价格或不同到期月份的看涨或看跌期权合约，希望在日后对冲交易部位或履约时获利的交易。期权套利的交易策略和方式多种多样，是多种相关期权交易的组合，具体包括水平套利、垂直套利、转换套利、反向转换套利、跨式套利、蝶式套利、飞鹰式套利等。

期权具有杠杆高、损失有限的特点，使得利用期权进行套利交易，比期货套利的效率更高，收益率更大。期权套利分析主要需要解决的问题有高低损益平衡点确定、套利空间计算、交易成本、市场容量等。

7. 算法交易

算法交易又称自动交易、黑盒交易或者机器交易，它指的是通过使用计算机程序来发出交易指令。在交易中，程序可以决定的范围包括交易时间的选择、交易的价格，甚至可以包括最后需要成交的证券数量。

根据各个算法交易中算法的主动程度不同，可以把不同算法交易分为被动型算法交易、主动型算法交易、综合型算法交易三大类。

8. 资产配置

资产配置是指资产类别选择，即投资组合中各类资产的适当配置及对这些混合资产进行实时管理。量化投资管理将传统投资组合理论与量化分析技术结合，极大地丰富了资产配置内涵，形成了现代资产配置理论的基本框架。它突破了传统积极型投资和指数型投资的局限，将投资方法建立在对各种资产类股票公开数据的统计分析上，通过比较不同资产类的统计特征，建立数学模型，进而确定组合资产的配置目标和分配比例。

今天全世界有超过万亿美元的资产全部或部分以量化分析为基础进行资产配置。资产配置一般包括两大类别、三大层次。两大类别分别为战略资产配置和战术资产配置，三大层次分别为全球资产配置、大类资产配置及行业风格配置。

五、金融量化投资主要方法

量化投资涉及很多数学和计算机方面的知识和技术，总的来说，主要有人工智能、数据挖掘、小波分析、支持向量机、分形理论和随机过程这几种。

1. 人工智能

人工智能（artificial intelligence，AI）是研究使用计算机来模拟人的某些思维过程和智能行为（如学习、推理、思考、规划等）的学科，主要包括计算机实现智能的原理、制造类似于人脑智能的计算机，使计算机能实现更高层次的应用。人工智能将涉及计算机科学、心理学、哲学和语言学等学科，可以说几乎是自然科学和社会科学的所有学科，其范围已远远超出了计算机科学的范畴，人工智能与思维科学的关系是实践和理论的关系，人工智能处于思维科学的技术应用层次，是它的一个应用分支。

从思维观点看，人工智能不仅限于逻辑思维，还要考虑形象思维、灵感思维才能促进人工智能的突破性发展，数学常被认为是多种学科的基础科学，因此人工智能学科也必须借用数学工具。数学不仅在标准逻辑、模糊数学等范围发挥作用，进入人工智能学科后也能促进其得到更快的发展。

金融投资是一项复杂的、综合了各种知识与技术的学科，对智能的要求非常高。所以人工智能的很多技术可以用于量化投资分析中，包括专家系统、机器学习、神经网络、遗传算法等。

2. 数据挖掘

数据挖掘（data mining）是从大量的、不完全的、有噪声的、模糊的、随机的数据中提取隐含在其中的、人们事先不知道的，但又是潜在有用的信息和知识的过程。

与数据挖掘相近的同义词有数据融合、数据分析和决策支持等。在量化投资中，数据挖掘的主要技术包括关联分析、分类/预测、聚类分析等。

关联分析是研究两个或两个以上变量的取值之间存在某种规律性。例如，研究股票的某些因子发生变化后，对未来一段时间股价之间的关联关系。关联分为简单关联、时序关联和因果关联。关联分析的目的是找出数据库中隐藏的关联网。一般用支持度和可信度两个阈值来度量关联规则的相关性，还不断引入兴趣度、相关性等参数，使得所挖掘的规则更符合需求。

分类就是找出一个类别的概念描述，它代表了这类数据的整体信息，即该类的内涵描述，并用这种描述来构造模型，一般用规则或决策树模式表示。分类是利用训练数据集通过一定的算法求得分类规则。分类可被用于规则描述和预测。

预测是利用历史数据找出变化规律，建立模型，并由此模型对未来数据的种类及特征进行预测。预测关心的是精度和不确定性，通常用预测方差来度量。

聚类就是利用数据的相似性判断出数据的聚合程度，使得同一个类别中的数据尽可能相似，不同类别的数据尽可能相异。

3. 小波分析

小波（wavelet）这一术语，顾名思义，小波就是小的波形。所谓"小"是指它具有衰减性；而称之为"波"则是指它的波动性，其振幅是正负相间的震荡形式。与傅里叶变换相比，小波变换是时间（空间）频率的局部化分析，它通过伸缩平移运算对信号（函数）逐步进行多尺度细化，最终达到高频处时间细分、低频处频率细分，能自动适应时频信号分析的要求，从而可聚焦到信号的任意细节，解决了傅里叶变换的困难问题，成为继傅里叶变换以来在科学方法上的重大突破，因此也有人把小波变换称为数学显微镜。

小波分析在量化投资中的主要作用是进行波形处理。任何投资品种的走势都可以看作是一种波形，其中包含了很多噪声信号。利用小波分析，可以进行波形的去噪、重构、诊断、识别等，从而实现对未来走势的判断。

4. 支持向量机

支持向量机（support vector machine，SVM）方法是通过一个非线性映射，把样本空间映射到一个高维乃至无穷维的特征空间中（Hilbert 空间），使得在原来的样本空间中非线性可分的问题转化为在特征空间中的线性可分的问题，简单地说，就是升维和线性化。升维就是把样本向高维空间做映射，一般情况下这会增加计算的复杂性，甚至会引起维数灾难，因而人们很少问津。但是作为分类、回归等问题来说，很可能在低维样本空间无法线性处理的样本集，在高维特征空间中却可以通过一个线性超平面实现线性划分（或回归）。

一般的升维都会带来计算的复杂化，SVM 方法巧妙地解决了这个难题：应用核函数的展开定理，就不需要知道非线性映射的显性表达式；由于是在高维特征空间中建立线性学习机，所以与线性模型相比，不但几乎不增加计算的复杂性，而且在某种程度上避免了维数灾难。这一切要归功于核函数的展开和计算理论。

正因为有这个优势，使得 SVM 特别适合于进行有关分类和预测问题的处理，这就使得它在量化投资中有了很大的用武之地。

5. 分形理论

被誉为大自然的几何学的分形理论（fractal），是现代数学的一个新分支，但其本质却是一种新的世界观和方法论。它与动力系统的混沌理论交叉结合，相辅相成。它承认世界的局部可能在一定条件下，在某一方面（形态、结构、信息、功能、时间、能量等）表现出与整体的相似性，它承认空间维数的变化既可以是离散的也可以是连续的，因而极大地拓展了研究视野。

自相似原则和迭代生成原则是分形理论的重要原则。它表示分形在通常的几何变换下具有不变性，即标度无关性。分形形体中的自相似性可以是完全相同的，也可以是统计意义上的相似。迭代生成原则是指可以从局部的分形通过某种递归方法生成更大的整体图形。

分形理论既是非线性科学的前沿和重要分支，又是一门新兴的横断学科。作为一种方法论和认识论，其启示是多方面的：一是分形整体与局部形态的相似，启发人们通过认识部分来认识整体，从有限中认识无限；二是分形揭示了介于整体与部分、有序与无序、复杂与简单之间的新形态、新秩序；三是分形从一特定层面揭示了世界普遍联系和统一的图景。

由于这种特征，使得分形理论在量化投资中得到了广泛的应用，主要可以用于金融时序数列的分解与重构，并在此基础上进行数列的预测。

6. 随机过程

随机过程（stochastic process）是一连串随机事件动态关系的定量描述。随机过程论与其他数学分支如位势论、微分方程、力学及复变函数论等有密切的联系，是在自然科学、工程科学及社会科学各领域中研究随机现象的重要工具。随机过程论目前已得到广泛的应用，在诸如天气预报、统计物理、天体物理、运筹决策、经济数学、安全科学、人口理论、可靠性及计算机科学等很多领域都要经常用到随机过程的理论来建立数学模型。

研究随机过程的方法多种多样，主要可以分为两大类：一类是概率方法，其中用到轨道性质、随机微分方程等；另一类是分析的方法，其中用到测度论、微分方程、半群理论、函数堆和希尔伯特空间等，实际研究中常常两种方法并用。另外组合方法和代数方法在某些特殊随机过程的研究中也有一定作用。研究的主要内容有：多指标随机过程、无穷质点与马尔科夫过程、概率与位势及各种特殊过程的专题讨论等。

其中，马尔科夫过程很适于金融时序数列的预测，是在量化投资中的典型应用。

练　习　题

一、单项选择题

1. 进行技术分析的基础假设是（　　）。
   A. 投资者都是理性人　　　　　　B. 证券价格会沿趋势移动
   C. 历史会重演　　　　　　　　　D. 市场行为涵盖一切信息

2. 在进行证券投资技术分析的假设中，最根本、最核心的条件是（　　）。
   A. 市场行为涵盖一切信息　　　　B. 历史会重演
   C. 证券价格沿趋势移动　　　　　D. 投资者都是理性的

3. 在 K 线理论中，（　　）是最重要的。
   A. 开盘价　　　B. 收盘价　　　C. 最高价　　　D. 最低价

4. 开盘价与最高价相等，且收盘价不等于开盘价的 K 线被称为（　　）。
   A. 光头阳线　　　B. 光头阴线　　　C. 光脚阳线　　　D. 光脚阴线

5. K 线图中十字星的出现表明（　　）。
   A. 多方力量还是略微比空方力量大一点
   B. 空方力量还是略微比多方力量大一点
   C. 多空双方的力量不分上下
   D. 行情将继续维持以前的趋势，不存在大势变盘的意义

6. 下面关于单根 K 线的应用，说法错误的是（　　）。
   A. 有上下影线的阳线，说明多空双方争斗激烈，到了收尾时，空方勉强占优势
   B. 一般来说，上影线越长，阳线实体越短，越有利于空方占优势
   C. 十字星的出现表明多空双方力量暂时平衡，使市场暂时失去方向
   D. 小十字星表明窄幅盘整，交易清淡

7. 在上升趋势中，将（　　）连成一条直线，就得到上升趋势线。
   A. 两个低点　　　　　　　　　　B. 两个高点
   C. 一个低点、一个高点　　　　　D. 任意两点

8. 在上升趋势中，如果下一次未创新高，即未突破压力线，往后股价反而向下突破了这个上升趋势的支撑线，这通常意味着（　　）。
   A. 上升趋势开始　　　　　　　　B. 上升趋势保持
   C. 上升趋势已经结束　　　　　　D. 没有含义

9. 支撑线和压力线之所以能起支撑和压力作用，两者之间之所以能相互转化，很大程度是由于（　　）方面的原因。
   A. 机构主力斗争的结果　　　　　B. 心理因素

C. 筹码分布　　　　　　　　　D. 持有成本

10. 趋势线被突破说明（　　）。

A. 股价会上升　　　　　　　　B. 股价走势将反转

C. 股价会下降　　　　　　　　D. 股价走势将加速

11. KDJ 指标的计算公式考虑的因素是（　　）。

A. 开盘价、收盘价　　　　　　B. 最高价、最低价

C. 开盘价、最高价、最低价　　D. 收盘价、最高价、最低价

12. 下面不属于波浪理论主要考虑因素的是（　　）。

A. 成交量　　　B. 时间　　　C. 比例　　　D. 形态

13. 以一定时期内股价的变动情况推测价格未来的变动方向，并根据股价涨跌幅度显示市场强弱的指标是（　　）。

A. MACD　　　B. RSI　　　C. KDJ　　　D. WRS

14. 描述股价与股价移动平均线相距远近程度的指标是（　　）。

A. PSY　　　B. BIAS　　　C. RSI　　　D. WMS

15. 表示市场处于超买或超卖状态的技术指标是（　　）。

A. PSY　　　B. BOLL　　　C. MACD　　　D. WMS

16. 大多数技术指标都是既可以应用到个股，又可以应用到综合指数，（　　）只能用于综合指数。

A. ADR　　　B. PSY　　　C. BIAS　　　D. WMS

17. 在技术分析理论中，不能单独存在的切线是（　　）。

A. 支撑线　　　B. 压力线　　　C. 轨道线　　　D. 趋势线

18. 如果股价原有的趋势是向上，进入整理状态时形成上升三角形，那么可以初步判断今后的走势会（　　）。

A. 继续整理　　　B. 向下突破　　　C. 向上突破　　　D. 不能判断

19. 如果希望预测未来相对较长时期的走势，应当使用（　　）。

A. K 线　　　B. K 线组合　　　C. 缺口理论　　　D. 形态理论

20. （　　）是最著名和最可靠的反转突破形态。

A. 头肩形态　　　B. 双重顶（底）　　　C. 圆弧形态　　　D. 喇叭形态

21. BIAS 指标是测算股价与（　　）偏离程度的指标。

A. MA　　　B. MACD　　　C. BOLL　　　D. OBV

22. （　　）认为收盘价是最重要的价格。

A. 切线理论　　　B. 波浪理论　　　C. 道氏理论　　　D. 形态理论

23. 关于 MACD 的应用法则不正确的是（　　）。

A. 以 DIF 和 DEA 的取值和这两者之间的相对取值对行情进行预测

B. DIF 和 DEA 均为正值时，DIF 向上突破 DEA 是买入信号

C. DIF 和 DEA 均为负值时，DIF 向下突破 DEA 是卖出信号

D. 当 DIF 向上突破 0 轴线时，此时为卖出信号

24. 关于圆弧底形态理论说法正确的是（　　）。

A. 圆弧底是一种持续整理形态

B. 一般来说圆弧底形成的时间越短，反转的力度越强

C. 圆弧底成交量一般中间多、两头少

D. 圆弧形又称碟形

25. 当 KD 处在高位，并形成两个依次向下的峰，而此时股价还在一个劲儿地上涨，这就是所谓的（　　）。

A. 底背离　　　　B. 顶背离　　　　C. 双重底　　　　D. 双重顶

二、不定项选择题

1. 技术分析的要素包括（　　）。

A. 价格　　　　　　　　　B. 成交量

C. 时间　　　　　　　　　D. 空间

E. 信息

2. 一般来说，买卖双方对价格的认同程度通过成交量的大小来确认，具体为（　　）。

A. 认同程度小，分歧大，成交量小

B. 认同程度小，分歧大，成交量大

C. 价升量增，价跌量减

D. 价升量减，价跌量增

E. 如果对某一价格区间认同度越高，则成交量就越大

3. 一般来说，可以将技术分析方法分为（　　）。

A. 指标类　　　　　　　　B. 形态类

C. K 线类　　　　　　　　D. 波浪类

E. 量化投资类

4. MA 的特点有（　　）。

A. 追踪趋势　　　　　　　B. 滞后性

C. 稳定性　　　　　　　　D. 助涨助跌性

E. 支撑线和压力线的特性

5. 在下列 K 线组合的典型范式中，反映空方力量强于多方的有（　　）。

A.

B.

C.　　　　　　　　D.

E.

（实体为黑色的是阴 K 线，白色的是阳 K 线。）

6. 下列哪些指标应用是正确的？（　　　）

A. 当短期 RSI＜长期 RSI 时，属于多头市场

B. 当 WMS 高于 80，即处于超卖状态，行情即将见底，买入

C. 一般来说，正的乖离率越大，表示短期多头的获利越大，获利回吐的可能性越高；负的乖离率越大，则空头回补的可能性也越高

D. 在股价进入盘整区后，OBV 曲线会率先显露出脱离盘整的信号，向上或向下突破，且成功率较大

E. 一般说来，如果 PSY＜10 或 PSY＞90 这两种情况出现，是强烈的买入或卖出信号

第九章

证券投资组合理论

第一节　证券投资组合

一、证券组合概述

证券组合是指个人或机构投资者所持有的各种有价证券的总称，通常包括各种类型的债券、股票及存单等。

证券组合管理的意义在于采用适当的方法选择多种证券作为投资对象，以达到在一定预期收益的前提下投资风险最小化或在控制风险的前提下投资收益最大化的目标，避免投资过程的随意性。

证券组合管理特点主要表现在两个方面：

（1）投资的分散性。证券组合理论认为，证券组合的风险随着组合所包含证券数量的增加而降低。只要证券收益之间不是完全正相关，分散化就可以有效降低非系统风险，使证券组合的投资风险趋向于市场平均风险水平。因此，组合管理强调构成组合的证券应多元化。

（2）风险与收益的匹配性。证券组合理论认为，投资收益是对承担风险的补偿。承担风险越大，收益越高；承担风险越小，收益越低。因此，组合管理强调投资的收益目标应与风险的承受能力相适应。

二、单个证券的收益和风险

（一）收益及其度量

任何一项投资的结果都可用收益率来衡量，通常收益率的计算公式为：

$$收益率 = \frac{收入 - 支出}{支出} \times 100\%$$

投资期限一般用年来表示，如果期限不是整数，则转换为年。

在股票投资中，投资收益等于持有期内股息收益和买卖价差收益之和，其收益率（r）的计算公式为：

$$r = \frac{股息红利 + (期末股票市值 - 期初股票市值)}{期初股票市值} \times 100\%$$

通常情况下，收益率受许多不确定因素的影响，因而是一个随机变量。我们可假定收益率服从某种概率分布，即已知每一收益率出现的概率，用表 9 - 1 列示如下。

表 9 - 1 不同收益率对应的概率

收益率（%）	r_1	r_2	r_3	r_4	$\cdots$	r_n
概率	P_1	P_2	P_3	P_4	$\cdots$	P_n

数学中求期望收益率或收益率平均数的公式如下：

$$E(r) = \sum_{i=1}^{n} r_i P_i$$

例 9 - 1：假定证券 A 的收益率分布如下。

表 9 - 2 证券 A 的收益率分布

收益率（%）	-30	-20	-10	0	10	20	30
概率	0.05	0.10	0.15	0.20	0.30	0.15	0.05

那么，该证券的期望收益率为：

$$E(r) = [(-0.05) \times 0.03 + (-0.2) \times 0.1 + (-0.1) \times 0.15 + 0 \times 0.2 +$$
$$0.1 \times 0.3 + 0.2 \times 0.15 + 0.3 \times 0.05] \times 100\%$$
$$= 3.85\%$$

在实际中，我们经常使用历史数据来估计期望收益率。假设证券的月或年实际收益率为 r_t（$t = 1, 2, \cdots, n$），那么估计期望收益率（$\bar{r}$）的计算公式为：

$$\bar{r} = \frac{1}{n} \sum_{i=1}^{n} r_i$$

（二）风险及其度量

如果投资者以期望收益率为依据进行决策，那么他必须意识到他正冒着得不到期望收益率的风险。实际收益率与期望收益率会有偏差，期望收益率是使可能的实际值与预测值的平均偏差达到最小（最优）的点估计值。可能的收益率越分散，它们与期望收益率的偏离程度就越大，投资者承担的风险也就越大。因而，风险的大小由未来可能收益率与期望收益率的偏离程度来反映。在数学上，这种偏离程度由收益率的方差来度量。如果偏离程度用 $[r_i - E(r)]^2$ 来度量，则平均偏离程度被称为方差，记为 σ^2。

$$\sigma^2 = \sum_{i=1}^{n} [r_i - E(r)]^2 P_i$$

式中：P_i——可能收益率发生的概率；

　　　σ——标准差。

例 9 - 2：假定证券 A 的收益率（r_i）的概率分布如下。

表 9 - 3　　　　　　　　　证券 A 的收益率的概率分布

收益率（%）	- 3	- 1	1	4
概率	0.15	0.30	0.20	0.35

那么，该证券的期望收益率 $E(r)$ 为：

$E(r) = [(-0.03) \times 0.15 + (-0.01) \times 0.30 + 0.01 \times 0.20 + 0.04 \times 0.35] \times 100\%$
　　　$= 0.85\%$

该证券的方差为：

$\sigma^2(r) = (-0.03 - 0.0085)^2 \times 0.15 + (-0.01 - 0.0085)^2 \times 0.3 + (0.01 -$
　　　　　$0.0085)^2 \times 0.2 + (0.04 - 0.0085)^2 \times 0.35$
　　　　$= 0.00067275$

同样，在实际中，我们也可使用历史数据来估计方差。假设证券的月或年实际收益率为 r_t（$t = 1, 2, \cdots, n$），那么估计方差（S^2）的公式为：

$$S^2 = \frac{1}{n-1} \sum_{i=1}^{n} (r_i - \bar{r})$$

当 n 较大时，也可使用下述公式估计方差：

$$S^2 = \frac{1}{n} \sum_{i=1}^{n} (r_i - \bar{r})$$

三、证券组合的收益和风险

常常用期望收益率和方差来计量单一证券的收益率和风险。一个证券组合由一定数量的单一证券构成，每只证券占有一定的比例。我们也可将证券组合视为一只证券,那么,证券组合的收益率和风险也可用期望收益率和方差来计量。不过,证券组合的期望收益率和方差可以通过由其构成的单一证券的期望收益率和方差来表达。以下讨论两种证券的组合。

(一) 两种证券组合的收益和风险

设有两种证券 A 和证券 B,某投资者将一笔资金以 x_A 的比例投资于证券 A,以 x_B 的比例投资于证券 B,且 $x_A + x_B = 1$,称该投资者拥有一个证券组合 P。如果到期时,证券 A 的收益率为 r_A,证券 B 的收益率为 r_B,则证券组合 P 的收益率 r_P 为:

$$r_p = x_A r_A + x_B x_B$$

证券组合中的权数可以为负,比如 $x_A < 0$,则表示该组合卖空了证券 A,并将所得的资金连同自有资金买入证券 B,因为 $x_A + x_B = 1$,故有 $x_B = 1 - x_A > 1$。

投资者在进行投资决策时并不知道 r_A 和 r_B 的确切值,因而 r_A、r_B 应为随机变量,对其分布的简化描述是它们的期望值和方差。投资组合 P 的期望收益率 $E(r_P)$ 和收益率的方差 σ 为:

$$E(r_p) = x_A E(r_A) + x_B E(r_B) \tag{9.1}$$

$$\sigma_P^2 = x_A^2 \sigma_A^2 + x_B^2 \sigma_B^2 + 2 x_A x_B \sigma_A \sigma_B \rho_{AB} \tag{9.2}$$

式中:ρ_{AB}——相关系数;

$\sigma_A \sigma_B \rho_{AB}$——协方差,记为 $COV(A, B)$。

例 9-3:已知证券组合 P 是由证券 A 和证券 B 构成,证券 A 和证券 B 的期望收益、标准差以及相关系数如下。

表 9-4 证券组合 P 中的证券指标情况

证券名称	期望收益率	标准差	相关系数	投资比重
A	10%	6%	0.12	30%
B	5%	2%		70%

那么,组合 P 的期望收益为:

$E(r_P) = (0.1 \times 0.3 + 0.05 \times 0.7) \times 100\% = 0.065 \times 100\% = 6.5\%$

组合 P 的方差为:

$\sigma_P^2 = 0.3^2 \times 0.06^2 + 0.7^2 \times 0.02^2 + 2 \times 0.3 \times 0.7 \times 0.06 \times 0.02 \times 0.12 = 0.0327$

选择不同的组合权数,可以得到包含证券 A 和证券 B 的不同证券组合,从而得到不同的期望收益率和方差。投资者可以根据自己对收益率和方差(风险)的偏好,选择自己最满意的组合。

（二）多种证券组合的收益和风险

这里将把两种证券的组合讨论拓展到任意多个证券的情形。设有 N 种证券，记作 A_1，A_2，A_3，$\cdots$，A_N，证券组合 $P = (x_1，x_2，x_3，\cdots，x_N)$ 表示将资金分别以权数 x_1，x_2，x_3，$\cdots$，x_N 投资于证券 A_1，A_2，A_3，$\cdots$，A_N。如果允许卖空，则权数可以为负，负的权数表示卖空证券占总资金的比例。正如两种证券的投资组合情形一样，证券组合的收益率等于各个证券的收益率的加权平均。即设 A_1 的收益率为 $r(i=1，2，\cdots，N)$，则证券组合 $P = (x_1，x_2，x_3，\cdots，x_N)$ 的收益率为：

$$r_P = x_1 r_1 + x_2 r_2 + \cdots + x_N r_N = \sum_{i=1}^{N} x_i r_i$$

推导可得证券组合 P 的期望收益率和方差为：

$$E(r_P) = \sum_{i=1}^{N} x_i E(r_i) \tag{9.3}$$

$$\sigma_P^2 = \sum_{i=1}^{N} \sum_{j=1}^{N} x_i x_j \mathrm{cov}(x_i，x_j)$$

$$= \sum_{i=1}^{N} \sum_{j=1}^{N} x_i x_j \sigma_i \sigma_j \rho_{ij} \tag{9.4}$$

式中：σ_P^2——证券组合 P 的方差；

ρ_{ij}——r_i 与 r_j 的相关系数 $(i，j=1，2，\cdots，N)$。

由式（9.3）和式（9.4）可知，要估计 $E(r_P)$ 和 σ_P^2，当 N 非常大时，计算量巨大。在计算机技术尚不发达的 20 世纪 50 年代，证券组合理论不可能运用于大规模市场，只有在不同种类的资产间，如股票、债券、银行存单之间分配资金时，才可能运用这一理论。20 世纪 60 年代后，威廉·夏普提出了指数模型以简化计算。随着计算机技术的发展，已开发出计算 $E(r_P)$ 和 σ_P^2 的计算机运用软件，如 Matlab、SPSS 和 EViews 等，大大方便了投资者。

四、证券组合的可行域和有效边界

（一）证券组合的可行域

1. 两种证券组合的可行域

如果用前述两个数字特征——期望收益率和标准差来描述一种证券，那么任意一种证券都可用在以期望收益率为纵坐标和以标准差为横坐标的坐标系中的一点来表示；相应地，任何一个证券组合也可以由组合的期望收益率和标准差确定出坐标系中的一点。这一点将随着组合的权数变化而变化，其轨迹将是经过 A 和

B 的一条连续曲线，这条曲线是证券 A 和证券 B 的组合线。可见，组合线实际上在期望收益率和标准差的坐标系中描述了证券 A 和证券 B 所有可能的组合。

根据式（9.1）和式（9.2）及 $x_A + x_B = 1$，A、B 的证券组合 P 的组合线由下述方程所确定：

$$E(r_P) = x_A E(r_A) + (1 - x_A)E(r_B) \tag{9.5}$$

$$\sigma_P^2 = x_A^2 \sigma_A^2 + (1 - x_A)^2 \sigma_B^2 + 2x_A(1 - x_A)\sigma_A \sigma_B \rho_{AB} \tag{9.6}$$

给定证券 A、B 的期望收益率和方差，证券 A 与证券 B 不同的关联性将决定 A、B 不同形状的组合线。

（1）完全正相关下的组合线。在完全正相关下，$\rho_{AB} = 1$，式（9.5）、式（9.6）变为：

$$E(r_P) = x_A E(r_A) + (1 - x_A)E(r_B)$$
$$\sigma_P = |x_A \sigma_A + (1 - x_A)\sigma_B| \tag{9.7}$$

假定不允许卖空，即 $x_A \leq 1$，$x_B \leq 1$，则：

$$E(r_P) = x_A E(r_A) + (1 - x_A)E(r_B)$$
$$\sigma_P = x_A \sigma_B + (1 - x_A)\sigma_B \tag{9.8}$$

因为，$E(r_P)$ 与 x_A 是线性关系，且 σ_P 与 x_A 是线性关系，所以，σ_P 与 $E(r_P)$ 之间也是线性关系。

因此，由证券 A 与证券 B 构成的组合线是连接这两点的直线（见图 9-1）。

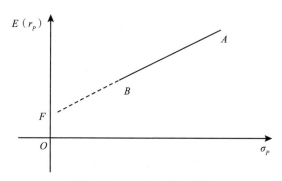

图 9-1　$\rho_{AB} = 1$ 时的组合线

（2）完全负相关下的组合线。在完全负相关情况下，$\rho_{AB} = -1$，式（9.5）和式（9.6）变为：$E(r_P) = x_A E(r_A) + (1 - x_A)E(r_B)$

$$\sigma_P^2 = x_A^2 \sigma_A^2 + (1 - x_A)^2 \sigma_B^2 - 2x_A(1 - x_A)\sigma_A \sigma_B \tag{9.9}$$

$$\sigma_P = |x_A \sigma_A - (1 - x_A)\sigma_B|$$

这时，σ_P 与 $E(r_P)$ 是分段线性关系，其组合线如图 9-2 所示。

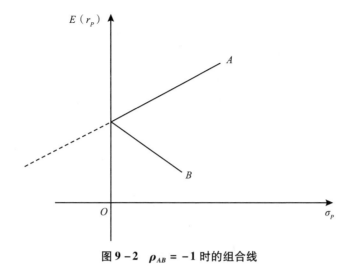

图 9 - 2　$\rho_{AB} = -1$ 时的组合线

从图 9 - 2 可以看出，在完全负相关的情况下，按适当比例买入证券 A 和证券 B 可以形成一个无风险组合，得到一个稳定的收益率。这个适当比例通过令式 (9.8) 中 $\sigma_P = 0$ 可得：

$$x_A = \frac{\sigma_B}{\sigma_A + \sigma_B}, \quad x_B = \frac{\sigma_A}{\sigma_A + \sigma_B}$$

因为 x_A 和 x_B 均大于零，所以必须同时买入证券 A 和证券 B。这一点很容易理解，因为证券 A 和证券 B 完全负相关，两者完全反向变化，因而同时买入两种证券可抵消风险。所能得到的无风险收益率为：

$$E(r_P) = \frac{\sigma_B E(r_A) + \sigma_A E(r_B)}{\sigma_A + \sigma_B}$$

（3）不相关情形下的组合线。当证券 A 与证券 B 的收益率不相关时，$\rho_{AB} = 0$，式 (9.5) 和式 (9.6) 变为：

$$E(r_P) = x_A E(r_A) + (1 - x_A)E(r_B)$$

$$\sigma_P^2 = x_A^2 \sigma_A^2 + (1 - x_A)^2 \sigma_B^2 \tag{9.10}$$

该方程确定的 σ_P 与 $E(r_P)$ 的曲线是一条经过 A 和 B 的双曲线，如图 9 - 3 所示。

为了得到方差最小的证券组合，对式 (9.10) 求极小值：

$$\frac{\mathrm{d}\sigma_P^2}{\mathrm{d}x_A} = 2x_A \sigma_A^2 - 2(1 - x_A)\sigma_B^2$$

令 $\dfrac{\mathrm{d}\sigma_P^2}{\mathrm{d}x_A} = 0$，解出 x_A：

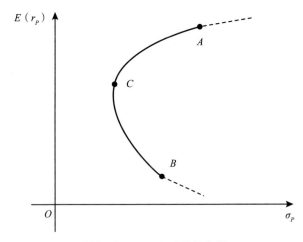

图 9 - 3 $\rho_{AB} = 0$ 时的组合线

$$x_A = \frac{\sigma_B^2}{\sigma_A^2 + \sigma_B^2}$$

同理，
$$x_B = \frac{\sigma_A^2}{\sigma_A^2 + \sigma_B^2}$$

显然有 $x_A \geq 0$、$x_B \leq 1$。分别以 x_A 和 x_B 的比例买入证券 A 和证券 B，可获得最小方差 $\dfrac{\sigma_A^2 \sigma_B^2}{\sigma_A^2 + \sigma_B^2} < \min(\sigma_A^2, \sigma_B^2)$，即可以通过按适当比例买入两种证券，获得比两种证券中任何一种风险都小的证券组合。

图 9 - 3 中，C 点为最小方差组合。组合线上介于 A 与 B 之间的点代表的组合由同时买入证券 A 和证券 B 构成，越靠近 A 点，买入证券 A 越多、买入证券 B 越少。而 A 点东北部曲线上的点代表的组合由卖空证券 B、买入证券 A 形成，越向东北部移动，组合中卖空证券 B 越多；反之，B 点东南部曲线上的点代表的组合由卖空证券 A、买入证券 B 形成，越向东南部移动，组合中卖空证券 A 越多。

（4）组合线的一般情形。现在讨论一般的情况。在不完全相关的情形下，由于 $0 < \rho_{AB} < 1$，式（9.5）、式（9.6）不会有任何简化，式（9.5）、式（9.6）在一般情形下所确定的曲线是一条双曲线。相关系数决定结合线在 A 点与 B 点之间的弯曲程度。随着 ρ_{AB} 的增大，弯曲程度将降低。当 $\rho_{AB} = 1$ 时，弯曲程度最小，呈直线；当 $\rho_{AB} = -1$ 时，弯曲程度最大，呈折线；不相关是一种中间状态，比正完全相关弯曲程度大，比负完全相关弯曲程度小。

从组合线的形状来看，相关系数越小，在不卖空的情况下，证券组合的风险越小，特别是负完全相关的情况下，可获得无风险组合。在不相关的情况下，虽然得不到一个无风险组合，但可得到一个组合，其风险小于 A、B 点所示组合中任何一个单个证券的风险。当证券 A 与证券 B 的收益率不完全负相关时，结合线

在 A、B 点之间比不相关时更弯曲，因而能找到一些组合（不卖空）使得风险小于 A 和 B 点的风险，比如图 9-4 中 $\rho_{AB}=-0.5$ 的情形。但图中 $\rho_{AB}=0.5$ 时，得不到一个不卖空的组合使得其风险小于单个证券的风险。可见，在不卖空的情况下，组合降低风险的程度由证券间的关联程度决定。

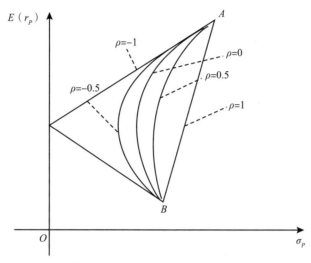

图 9-4　相关系数不同的证券组合

2. 多种证券组合的可行域

在允许卖空的情况下，如果只考虑投资于两种证券 A 和证券 B，投资者可以在组合线上找到自己满意的任意位置，即组合线上的组合均是可行的（合法的）。如果不允许卖空，则投资者只能在组合线上介于 A 点、B 点之间（包括 A 点和 B 点）的一个组合，因投资组合的可行域就是组合线上的 AB 曲线段。现在假设可供选择的证券有 3 种：A、B 和 C。这时，可能的投资组合便不再局限于一条曲线上，而是坐标系中的一个区域，如图 9-5 所示。在不允许卖空的情况下，A、B、C 3 种券所能得到的所有合法组合将落入并填满坐标系中组合线 AB、BC、AC 围成的区域，该区域即为不允许卖空时证券 A、B 和 C 的证券组合可行域。每一个合法的组合称为一个可行组合。图 9-5 可行域内的每一点可以通过 3 种证券组合得到，比如区域内的 F 点可以通过证券 C 与某个 A 与 B 的组合 D 的再组合得到。

如果允许卖空，3 种证券组合的可行域不再是如图 9-5 所示的有限区域，而是包含该有限区域的一个无限区域（见图 9-6）。

327

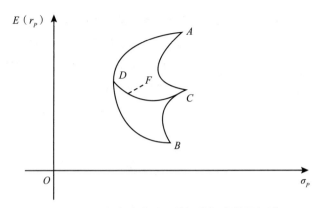

图 9-5 不允许卖空时 3 种证券组合的可行域

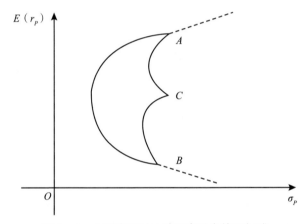

图 9-6 允许卖空时 3 种证券组合的可行域

一般而言，当由多种证券（不少于 3 种证券）构造证券组合时，组合可行域是所有合法证券组合构成的 $E-\sigma$ 坐标系中的一个区域，其形状如图 9-7 和图 9-8 所示。

由于求解可行域的公式具有如下形式：

$$E(r_P) = \sum_{i=1}^{n} x_i E(r_i)$$

$$\sigma_P = \sum_{i=1}^{n} x_i^2 \sigma_i^2 + \sum_{1 \leqslant i \leqslant n} x_i x_j \sigma_i \sigma_j \sigma_{ij}$$

$$\sum_{i=1}^{n} x_i = 1$$

因此，可行域的形状依赖于可供选择的单个证券的特征 $E(r_i)$ 和 σ，以及证券收益率之间的相互关系 ρ_{ij}，还依赖于投资组合中权数的约束。

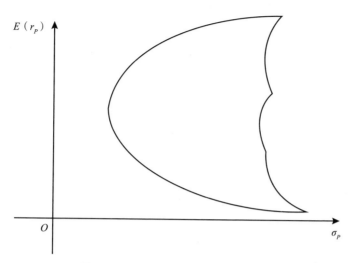

图9-7　不允许卖空时组合的可行域

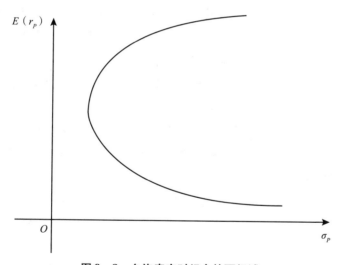

图9-8　允许卖空时组合的可行域

可行域满足一个共同的特点：左边界必然向外凸或呈线性，即不会出现凹陷。图9-9左边界自W到V之间出现凹陷，由于W、V是可行组合，W与V的组合也是可行的，而W、V的组合线或是连接W、V的直线段，或者是向外弯曲的曲线，W、V的组合作为一个可行组合却落在图中区域的右边，因而该区域不可能是一个可行域。

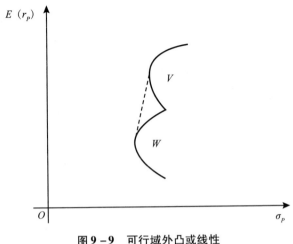

图 9 - 9　可行域外凸或线性

（二）证券组合的有效边界

证券组合的可行域表示了所有可能的证券组合，它为投资者提供了一切可行的组合投资机会，投资者需要做的是在其中选择自己最满意的证券组合进行投资。不同的投资者对期望收益率和风险的偏好有所区别，因而他们所选择的最佳组合将有所不同。但投资者的偏好具有某种共性，在这个共性下，某些证券组合将被所有投资者视为差的，因为按照偏好的共性，总存在比它更好的证券组合，就需要把公认为差的证券组合剔除掉。

大量事实表明，投资者普遍喜好期望收益率而厌恶风险，因而人们在投资决策时期望收益率越大越好，风险越小越好。这种态度反映在证券组合的选择上可由下述规则来描述：

（1）如果两种证券组合具有相同的收益率方差和不同的期望收益率，即 $\sigma_A^2 = \sigma_B^2$，而 $E(r_A) \neq E(r_B)$，且 $E(r_A) > E(r_B)$，那么投资者选择期望收益率高的组合，即 A。

（2）如果两种证券组合具有相同的期望收益率和不同的收益率方差，即 $E(r_A) = E(r_B)$，而 $\sigma_A^2 \neq \sigma_B^2$，且 $\sigma_A^2 < \sigma_B^2$，那么他选择方差较小的组合，即 A。这种选择原则，我们称为投资者的共同偏好规则。

人们在所有可行的投资组合中作出选择，如果证券组合的特征由期望收益率和收益率方差来表示，则投资者需要在 $E - \sigma$ 坐标系的可行域中寻找最好的点，但不可能在可行域中找到一点被所有投资者都认为是最好的。按照投资者的共同偏好规则，可以排除那些被所有投资者都认为差的组合，我们把排除后余下的这些组合称为有效证券组合。根据有效证券组合的定义，有效组合不止 1 个，描绘在可行域的图形中，如图 9 - 10 粗实线部分所示，它是可行域的上边界部分，我们称它为有效边界。对于可行域内部及下边界上的任意可行组合，均可以在有效边界上找到一个有效组合比它好。但有效边界上的不同组合，比如 B 和 C 共同偏好规则不能区分优劣。因而有效组合相当于有可能被某位投资者选作最佳组合的候选组合，不同投资者可以在有效边界上获得任一位置。一个厌恶风险的理性投资者，不会选择有效边界以外的点。此外，A 点是一个特殊的位置，它是上边界和下边界的交会点。这一点所代表的组合在所有可行组合中方差最小，因而被称作最小方差组合。

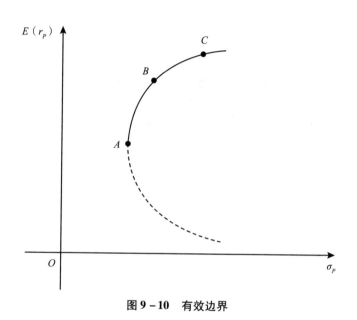

图 9-10　有效边界

五、最优证券组合

（一）投资者的个人偏好与无差异曲线

按照投资者的共同偏好规则，有些证券组合不能区分优劣，其根源在于投资者个人除遵循共同的偏好规则外，还有其特殊的偏好。那些不能被共同偏好规则区分的组合，不同投资者可能得出完全不同的比较结果。共同规则不能区分的是这样的两种证券组合 A 和 B：$\sigma_A^2 < \sigma_B^2$ 且 $E(r_A) < E(r_B)$。

如图 9-11 所示，证券组合 A 虽然比证券组合 B 承担更大的风险，但它同时也带来了更高的期望收益率，这种期望收益率的增量可认为是对增加风险的补偿。由于不同投资者对期望收益率和风险的偏好不同，当风险从 σ_B^2 增加到 σ_A^2 时，期望收益率将得到补偿 $[E(r_A) - E(r_B)]$。这是否满足投资者个人的风险补偿要求因人而异，从而投资者将按照各自不同的偏好对两种组合作出不同的比较结果。

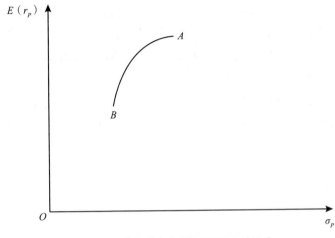

图 9－11　共同偏好规则不能区分的组合

投资者甲（中庸）认为，增加的期望收益率恰好能补偿增加的风险，所以 A 与 B 两种证券组合的满意程度相同，证券组合 A 与证券组合 B 无差异。投资者乙（保守）认为，增加的期望收益率不足以补偿增加的风险，所以 A 不如 B 更令他满意。投资者丙（进取）认为，增加的期望收益率超过对增加风险的补偿，所以 A 更令其满意。在同样的风险状态下，投资者要求得到的期望收益率补偿越高，说明对风险越厌恶。

上述 3 位投资者中乙最厌恶风险，最保守；甲次之；丙对风险厌恶程度最低，最具冒险精神。

一个特定的投资者，任意给定一个证券组合，根据他对风险的态度，可以得到一系列满意程度相同（无差异）的证券组合，这些组合恰好在 $E-\sigma$ 坐标系上形成一条曲线，我们将这条曲线视为该投资者的一条无差异曲线。例如某个投资者认为，尽管图 9－12 中的证券组合 A、B、C、D、E、F 收益风险各异，但是给他带来的满足程度相同，因此这 6 个证券组合是无差异的，选择哪一种投资都可以。

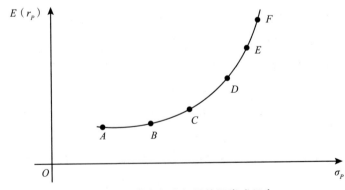

图 9－12　满意程度相同的证券或组合

于是，用一条平滑曲线将证券组合 A、B、C、D、E、F 连接起来，就可近似看作为一条无差异曲线。当这样的组合很多时，它们在平面上便形成严格意义上的无差异曲线。

偏好不同的投资者，其无差异曲线的形状也不同。尽管如此，对于追求收益又厌恶风险的投资者而言，其无差异曲线都具有如下 6 个特点：

（1）无差异曲线是由左至右向上弯曲的曲线。

（2）每个投资者的无差异曲线形成密布整个平面又互不相交的曲线簇。

（3）同一条无差异曲线上的组合给投资者带来的满意程度相同。

（4）不同无差异曲线上的组合给投资者带来的满意程度不同。

（5）无差异曲线的位置越高，其上的投资组合给投资者带来的满意程度就越高。

（6）无差异曲线向上弯曲程度的大小反映投资者承受风险能力的强弱。

如图 9 – 13 所示，某投资者认为经过 A 的那条曲线上的所有证券组合给他的满意程度均相同，因而组合 B 与 A 无差异；组合 C 比 A、B、D 所在无差异曲线上的任何组合都好，因为 C 所在的无差异曲线的位置高于 A、B、D 所在的无差异曲线。

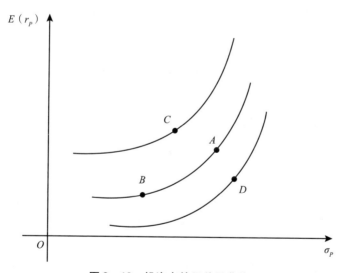

图 9 – 13　投资者的无差异曲线

图 9 – 14 是几个不同偏好的投资者的无差异曲线。图 9 – 14（a）的投资者对风险毫不在意，只关心期望收益率；图 9 – 14（b）的投资者只关心风险，风险越小越好，对期望收益率毫不在意；图 9 – 14（c）和图 9 – 14（d）表明一般的风险态度，图 9 – 14（c）的投资者比图 9 – 14（d）的投资者相对保守一些。在相同的风险状态下，前者对风险的增加要求更多的风险补偿，反映在无差异曲

线上，前者的无差异曲线更陡峭一些。

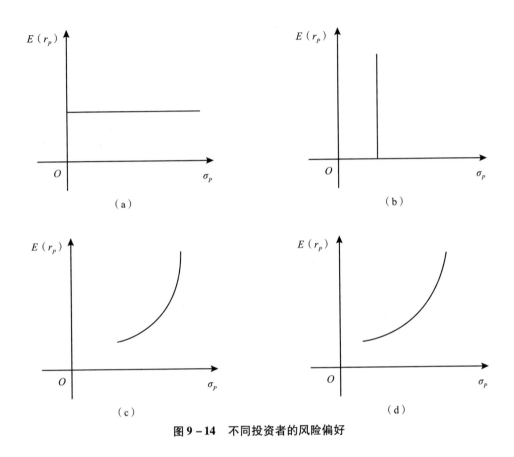

图 9 – 14　不同投资者的风险偏好

（二）最优证券组合的选择

投资者共同偏好规则可以确定哪些组合是有效的（即投资价值相对较高），哪些是无效的（投资价值相对较低）。特定投资者可以在有效组合中选择自己最满意的组合，这种选择依赖于他的偏好。投资者的偏好通过无差异曲线来反映。无差异曲线位置越靠上，其满意程度越高，因而投资者需要在有效边界上找到一个具有下述特征的有效组合：相对于其他有效组合，该组合所在的无差异曲线位置最高。这样的有效组合便是他最满意的有效组合，而它恰恰是无差异曲线簇与有效边界的切点所表示的组合。

如图 9 – 15 所示，投资者按照他的无差异曲线簇将选择有效边界上 B 点所代表的证券组合作为他的最佳组合，因为 B 点使其在所有有效组合中获得的满意程度最大，其他有效边界上的点都落在 B 下方的无差异曲线上。不同投资者的无差异曲线簇可获得各自的最佳证券组合，只关心风险的投资者将选取最小方差组合作为最佳组合。

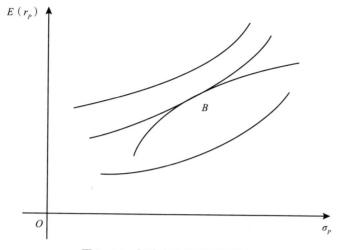

图 9 – 15 投资者的最优证券组合

第二节 资本资产定价模型

资本资产定价模型（capital asset pricing model，CAPM）是现代金融学的奠基石之一，它是从最优资产组合理论的基础上发展起来的市场均衡定价理论，模型对于资产风险及其预期收益率之间的关系给出了精确的预测。马柯维茨在 1952 年建立了现代资产组合理论，12 年后威廉·夏普（William Sharp）、约翰·林特纳（John Lintner）和简·莫辛（Jan Mossin）分别将其发展成为资本资产定价模型。后来，有关学者又为该模型进入现实的应用领域做了大量工作。资本资产定价模型因形式简单直观，在证券投资分析中得到广泛的应用。

一、资本资产定价模型的构建

（一）假设条件

为了弄清资产是如何定价的，需要建立一个模型，即一种理论。为了使模型简单明了，模型的建立者必须提炼复杂的形式，以达到将注意力集中到几个要素研究中去的目的，这就需要对环境作出一定的假设。正因如此，资本资产定价模型隐含着下面的假设。

1. 基本性假设

（1）投资者通过投资组合在某一时期内的预期回报率和标准差来评价这个投

资组合。

（2）投资者永不满足，因此当面临其他条件相同的两种选择时，他们将选择具有较高预期回报率的那一种。

（3）投资者是风险厌恶的，因此当面临其他条件相同的选择时，他们将选择具有较小标准差的那一种。

（4）每个资产都是无限可分的，这意味着如果投资者愿意的话，他可以购买一个股份的一部分。

（5）投资者可以以一个无风险的利率贷出（投资）或借入资金。

2. 补充性假设

在上述基本性假设的基础上，再加入以下一些补充性假设：

（1）所有投资者都有相同的投资期限。

（2）对于所有投资者，无风险利率相同。

（3）对于所有投资者，信息是免费的并且是立即可得的。

（4）投资者具有相同预期，即他们对预期回报率、标准差和证券之间的协方差具有相同的理解。

通过上述假设可知，资本资产定价模型是一个将现实情况极端简化的模型。由于每个人均被假设为拥有相同的信息，这表明他们对证券的前景有相同的看法，且使用同一种方式来分析和处理信息。不仅如此，由于证券市场是完全市场，意味着投资可以自由流动。由于潜在的投资流动阻碍已经被消除，这就使我们有能力把注意力转向假设证券市场每个人采取相同的投资态度，证券的价格将会如何变动的问题。因此，我们可以通过资本资产定价模型，考察证券市场投资者的集体行为，进而获得每一种证券的风险与收益之间的均衡关系。

（二）资本市场线

1. 分离定理

首先，投资者将分析证券的状况，进而确定切点组合，这是因为所有投资者对证券的预期回报率、方差和协方差的估计及利率大小的看法完全相同，这就进一步表明线性有效集对所有投资者来说都是相同的，原因在于线性有效集只是包含了意见相同的切点组合与无风险借入或贷出所组成的集合。

既然所有的投资者都面临着相同的有效集，那么投资者选择的不同主要在于他们不同的无差异曲线。由于每个投资者对于风险和收益的不同偏好，不同的投资者将从同一有效集中选择不同的组合。虽然被选中的组合不同，但是投资者所选择的风险资产具有相同的组成成分。这意味着每个投资者将他的资金投资于风险资产和无风险借入和贷出上，而每个投资者选择的风险资产是同一个资产组合，加入无风险借入和贷出只是为达到满足投资者个人对总风险和回报率的偏好。

资本资产定价模型中的这一特征被称为分离定理。一个投资者的最佳风险资产组合，可以在并不知晓投资者对风险和回报率的偏好时就加以确定。这就表示在确定投资者的无差异曲线之前，我们就可以确定风险资产的最佳组合。

对分离定理的论证将引入线性有效集的性质在线性有效集的任何一个投资组合，都由一个对切点组合的投资与不同程度的无风险借入和贷出构成。在资本资产定价模型中，每个人面对同样数量的有效集，表明每个人将会投资于相同的切点组合，进而每个人的组合中风险部分相同。

2. 市场组合

资本资产定价模型的另一个重要特征是在均衡的时候，每种证券在切点组合的构成中具有一个非零的比例，这表示没有一种证券在均衡组合中的比例为零。原因在于根据分离定理的结论，在每个投资者的投资组合中，风险资产部分与投资者对风险和回报率的偏好无关。这个定理认为，在每个投资者的投资组合中，风险部分仅仅是对于切点组合 T 的投资。如果每个投资者都购买 T，而 T 并不包含所有风险证券，那么 T 组合中比例为零的证券就没有人进行投资。这就可以提示我们，这些零比例的证券价格最终会下降，从而导致这些证券的预期回报率上升，一直到在最终的切点组合 T 中，这些证券的比例非零为止。

最终每种股票都将平衡，当所有价格调整停止时，这个市场就已经进入均衡状态。首先，每个投资者对每种风险证券都将愿意持有一定的数量。其次，市场上每种证券的现有价格都将处在股票需求与供给相等的水平上。最后，无风险利率水平正好使借入资金的总量与贷出资金的总量相等。

最终的结果是，在均衡时切点组合的比例将与市场组合的比例相对应，这样我们可以给出市场组合的如下定义，即市场组合是由所有证券构成的组合。在这个组合中投资于每一种证券的比例等于该证券的相对市值一种证券的相对市值，等于这种证券的总市值除以所有证券的市值总和。

市场组合在资本资产定价模型中具有非常重要的地位，原因在于有效集是由市场组合的投资和无风险投资的借入或贷出两部分构成。正因如此，我们习惯用 M 表示切点组合，即市场组合。在理论上，M 不仅包括普通股票，而且包括其他种类投资，例如优先股和房地产等。然而，在实践中，一些人将 M 局限在普通股票的范畴之中。

3. 资本市场线方程

根据资本资产定价模型，可以快速地决定有效组合的风险和收益。以下的"资本市场线（CML）"图示（见图 9-16），生动形象地描述了上述内容。

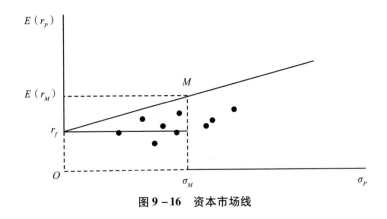

图 9 – 16   资本市场线

在图 9 – 16 中，点 M 代表市场组合，r_f 代表无风险利率，有效组合落在从 r_f 出发穿过 M 的直线上，这条直线是通过将市场组合与无风险借入和贷出的结合所获得的收益和方差搭配而成。这一线性有效集就是资本市场线，任何不是使用市场组合以及无风险借入或贷出的组合都将位于资本市场线的下方，尽管有一些组合会非常接近资本市场线。

资本市场线的斜率等于市场组合的预期回报率和无风险利率的差 $[E(r_M) - r_f]$ 除以风险的差 $(r_M - 0)$，即 $\dfrac{E(r_M) - r_f}{\sigma_M}$，这是因为资本市场的截距为 r_f，所以资本市场线的方程形式如下：

$$E(r_P) = r_f + \left[\frac{E(r_M) - r_f}{\sigma_M}\right]\sigma_P \qquad (9.11)$$

在这里，r_f 和 σ_P，表示一个有效组合中的预期回报率和标准差。

式中：$E(r_P)$、σ_P——有效组合 P 的期望收益率和标准差；

$E(r_M)$、σ_M——市场组合 M 的期望收益率和标准差；

r_f——无风险证券收益率。

4. 资本市场线的经济意义

资本市场线方程对有效组合的期望收益率和风险之间的关系提供了十分完整的阐述。有效组合的期望收益率由两部分构成。一部分是无风险利率 r_f，它是由时间创造的，是对放弃即期消费的补偿；另一部分则是对承担风险 $\left[\dfrac{E(r_M) - r_f}{\sigma_M}\right]\sigma_P$ 的补偿，通常称为风险溢价，与承担的风险的大小成正比。其中的系数 $\dfrac{E(r_M) - r_f}{\sigma_M}$ 代表了对单位风险的补偿，通常称为风险的价格。

（三）证券市场线

1. 证券市场线方程

资本市场线只是揭示了有效组合的收益风险均衡关系，而没有给出任意证券或组合的收益风险关系。下面，我们首先建立任意单个证券的收益风险关系，之后将其推广到任意证券组合。

由资本市场线所反映的关系可以看出，在均衡状态下，市场对有效组合的风险（标准差）提供补偿。而有效组合的风险（标准差）由构成该有效组合的各个成员证券的风险共同合成，因而市场对有效组合的风险补偿可视为市场对各个成员证券的风险补偿的总和，或者说市场对有效组合的风险补偿可以按一定的比例分配给各个成员证券。当然，这种分配应按各个成员证券对有效组合风险贡献的大小来分配。不难理解，实现这种分配就意味着在各个证券的收益风险之间建立了某种关系。

为实现这种分配，首先要知道各个成员证券对有效组合风险的贡献大小。鉴于市场组合 M 也是有效组合，因此将市场组合 M 作为研究对象，分析 M 中各个成员证券对市场组合风险的贡献大小，之后再按照贡献大小把市场组合的风险补偿分配到各个成员证券。

为能够分辨各个成员证券对市场组合风险贡献的大小，我们自然要对衡量市场组合风险水平的指数——方差 σ，进行考察。数学上容易证明，市场组合 σ_M^2 的方差可分解为：

$$\sigma_M^2 = x_1\sigma_{1M} + x_2\sigma_{2M} + \cdots + x_i\sigma_{iM} \tag{9.12}$$

式中：x_i——第 i 种成员证券在市场组合 M 中的投资比例；

σ_{iM}——第 i 种成员证券与市场组合 M 之间的协方差。

首先，把市场组合的方差改写成式（9.12）的形式，就使我们能够清晰地从中分离出单个成员证券对市场组合风险的贡献大小。因为式（9.12）中的 $x_i\sigma_{iM}$ 可被视为投资比重为 x_i 的第 i 种成员证券对市场组合 M 的风险贡献大小的绝对度量，而 $\dfrac{x_i\sigma_{iM}}{\sigma_M^2}$ 便被视为投资比重为 x_i 的第 i 种成员证券对市场组合 M 的风险贡献大小的相对度量。

其次，期望收益率 $[E(r_M) - r_f]$ 可被视为市场对市场组合 M 的风险补偿，也即相当于对方差 σ_M^2 的补偿，于是分配给单位资金规模的证券 i 的补偿按其对 σ_M^2 作出的相对贡献应为：$\dfrac{x_i\sigma_{iM}}{\sigma_M^2}[E(r_M - r_f)]$。

最后，单位资金规模的证券 i 的补偿又等于 $[E(r_i) - r_f]$，其中 $E(r_i)$ 表示

证券 $E(r_M)$ 的期望收益率。于是有：

$$E(r_i) - r_f = [E(r_M - r_f)] \frac{\sigma_{iM}}{\sigma_M^2}$$

记 $\beta_i = \dfrac{\sigma_{iM}}{\sigma_M^2}$，则上述方程可改写为：

$$E(r_i) - r_f = [E(r_M - r_f)] \beta_i \qquad (9.13)$$

上式表明，单个证券 i 的期望收益率与其对市场组合方差的贡献率 β 之间存在着线性关系，而不像有效组合那样与标准差（总风险）有线性关系。因而从定价角度考虑，单个证券的风险用 β_i 来测定更为合理。β_i 有一个特殊的名称——证券 i 的 β 系数（贝塔系数）。

对任何一个证券组合 P，设其投资于各种证券的比例分别为 x_1，x_2，$\cdots$，x_n，则有：

$$
\begin{aligned}
E(r_P) &= x_1 E(r_1) + x_2 E(r_2) + \cdots + x_n E(r_n) \\
&= x_1 \{ r_f + [E(r_M) - r_f] \beta_1 \} + x_2 \{ r_F + [E(r_M) - r_f] \beta_2 \} + \cdots + \\
&\quad x_n \{ r_f + [E(r_M) - r_f] \beta_n \}
\end{aligned}
$$

令 $\beta_P = x_1 \beta_1 + x_2 \beta_2 + \cdots + x_n \beta_n$，称为证券组合 P 的 β 系数，于是上述等式被改写为：

$$E(r_P) - r_f = [E(r_M - r_f)] \beta_P \qquad (9.14)$$

显然，式（9.13）与式（9.14）具有相同的形式。可见，无论单个证券还是证券组合，均可将其 β 系数作为风险的合理测定，其期望收益与由 β 系数测定的系统风险之间存在线性关系。这个关系在以 $E(r_P)$ 为纵坐标、β_P 为横坐标的坐标系中代表一条直线，这条直线被称为证券市场线（如图 9-17 所示）。

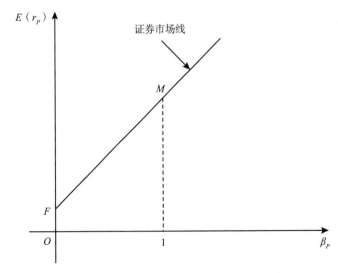

图 9-17　证券市场线

当 P 为市场组合 M 时，$\beta_P = 1$，因此，证券市场线经过点 $[1, E(r_M)]$；当 P 为无风险证券时，β 系数为 0，期望收益率为无风险利率 r_F，因此证券市场线亦经过点 $[0, E(r_F)]$。

2. 证券市场线的经济意义

证券市场线式（9.14）对任意证券或组合的期望收益率和风险之间的关系提供了十分完整的阐述。任意证券或组合的期望收益率由两部分构成：一部分是无风险利率 r_F，它是由时间创造的，是对放弃即期消费的补偿；另一部分则是 $[E(r_M - r_F)]\beta_P$，是对承担风险的补偿，通常称为风险溢价，它与承担的风险 β_P 的大小成正比。其中的 $[E(r_M - r_F)]$ 代表了对单位风险的补偿，通常称为风险的价格。

（四）β 系数的含义及其应用

1. β 系数的含义

（1）系数反映证券或证券组合对市场组合方差的贡献率。从式（9.12）可以看出，市场组合方差是市场中每一证券（或组合）与市场组合协方差的加权平均值，加权值是单一证券（或组合）的投资比例，因此 $\beta_P = (\sigma_{iM}/\sigma_M^2)$ 可以作为单一证券（组合）的风险测定。

（2）β 系数反映了证券或组合的收益水平对市场平均收益水平变化的敏感性。式（9.14）可以改写为：

$$E(r_P) = r_F + \beta_P E(r_M) - r_F \beta_P$$

上式可以改写为类似其他教材中提到的证券或组合的特征线：

$$r_P = \alpha_P + \beta_P r_M + \varepsilon_P$$

从该式可以看出，证券或组合的收益与市场指数收益呈线性相关，β 系数为直线斜率，反映了证券或组合的收益水平对市场平均收益水平变化的敏感性。β 系数的绝对值越大，表明证券或组合对市场指数的敏感性越强。

（3）β 系数是衡量证券承担系统风险水平的指数。按照特征线方程，证券或组合的风险为：

$$\sigma_P^2 = \beta_P^2 \sigma_M^2 + \varepsilon_P^2$$

很明显，证券或组合的风险分为两部分，其中 $\beta_P^2 \sigma_M^2$ 为系统性风险，ε_P^2 为非系统风险。因此，β 系数可以用来衡量证券承担系统风险的大小。

2. β 系数的应用

广泛应用于证券的分析、投资决策和风险控制中，主要有以下几个方面的应用：

（1）证券的选择。证券选择的一个重要环节是证券估值。下文提到的资本资产定价模型的应用中就涉及利用 β 系数这一重要参数进行估值。另外，当市场处于牛市或熊市时，投资者对证券的选择通常有不同的要求。一般而言，当市场处于牛市时，在估值优势相差不大的情况下，投资者会选择 β 系数较大的股票，以期获得较高的收益；反之，当市场处于熊市时，投资者会选择 β 系数较小的股票，以减少股票下跌的损失。

（2）风险控制。由于系数证券或组合系统风险的量度，因此，风险控制部门或投资者通常会利用 β 系数对证券投资进行风险控制，控制 β 系数过高的证券投资比例。另外，针对衍生证券的对冲交易，通常会利用 β 系数控制对冲的衍生证券头寸。本教材在金融工程部分提到的股指期货的套期保值就使用到 β 系数。

（3）投资组合绩效评价。评价组合业绩是基于风险调整后的收益进行考量，即考虑组合收益的高低，也要考虑组合所承担风险的大小。本章采用的诸多业绩评价指数都使用到 β 系数。

二、资本资产定价模型的应用

资本资产定价模型主要应用于资产估值、资金成本预算以及资源配置等方面。这里，简要介绍资本资产定价模型在资产估值和资源配置两方面的应用。

（一）资产估值

在资产估值方面，资本资产定价模型主要被用来判断证券是否被市场错误定价。

根据资本资产定价模型，每一证券的期望收益率应等于无风险利率加上该证券由 β 系数测定的风险溢价：

$$E(r_i) = r_F + \left[E(r_M) - r_F \right] \beta_i$$

一方面，当我们获得市场组合期望收益率的估计和该证券风险 β_i 的估计时，我们就能计算市场均衡状态下证券 i 的期望收益率 $E(r_i)$；另一方面，市场对证券在未来所产生的收入流（股息加期末价格）有一个预期值，这个预期值与证券 i 的期初市场价格及其预期收益率 $E(r_i)$ 之间有如下关系：

$$E(r_i) = \frac{E(\text{股息} + \text{期末价格})}{\text{期初价格}} - 1$$

在均衡状态下，上述两个 $E(r_i)$ 应有相同的值。因此，均衡期初价格应定为：

$$\text{期初的均衡价格} = \frac{E(\text{股息} + \text{期末价格})}{1 + E(r_i)} \tag{9.15}$$

于是，我们可以将现行的实际市场价格与均衡的期初价格进行比较。两者不等，则说明市场价格被误定，被误定的价格应该有回归的要求。利用这一点，我们便可获得超额收益。具体来讲，当实际价格低于均衡价格时，说明该证券是廉价证券，我们应该购买该证券；相反，我们则应卖出该证券，而将资金转向购买其他廉价证券。

当把式（9.15）中的期末价格视作未来现金流的贴现值时，式（9.15）也可以被用来判断证券市场价格是否被误定。

（二）资本配置

资本资产定价模型在资本配置方面的一项重要应用，就是根据对市场走势的预测来选择具有不同 β 系数的证券或组合以获得较高收益或规避市场风险。

证券市场线表明，β 系数反映证券或组合对市场变化的敏感性，因此，当有很大把握预测牛市到来时，应选择那些高 β 系数的证券或组合。这些高 β 系数的证券将成倍放大市场收益率，带来较高的收益。相反，在熊市到来之际，应选择那些低 β 系数的证券或组合，以减少因市场下跌而造成的损失。

三、案例：资本资产定价模型的计算

例 9-4：A 公司去年（D_0）每股股息为 0.52 元，预期今后每股股息将以每年 8% 的速度稳定增长。当前的无风险利率为 0.04，市场组合的风险溢价为 0.07，A 公司股票的 β 值为 1.25。那么，A 公司股票当前的合理价格 P 是多少？

解：首先，根据不变增长模型，得出 A 公司股票当前的合理价格 P_0 为：

$$P_0 = D_0 \frac{1+g}{k-g} = 0.52 \times \frac{1+0.08}{k-0.08}$$

式中：k——必要收益率（或风险调整贴现率）。

其次，根据证券市场线有：

$$E(r_i) = r_f + \beta \times [E(r_M) - r_f]$$
$$= 0.04 + 1.25 \times 0.07$$
$$= 0.1275$$

最后，得出 A 公司股票当前的合理价格：

$$P_0 = 0.52 \times \frac{1+0.08}{0.1275 - 0.08} = 11.82 \text{（元）}$$

例 9-5：3 个证券的 β 值分别为 0.9、1.0 和 1.2，在某投资组合中 3 个证券的权重分别为 0.2、0.3 和 0.5。市场组合的期望收益率为 10%，标准差为 20%，无风险利率为 5%。若该组合是一个充分分散化的投资组合。计算该组合的 β 值、期望收益率和标准差。

解：

$$\beta_P = W_1\beta_1 + W_2\beta_2 + W_3\beta_3$$
$$= 0.2 \times 0.9 + 0.3 \times 1.0 + 0.5 \times 1.2$$
$$= 1.08$$

$$E(r_P) = r_f + \beta_P \times [E(r_M) - r_f]$$
$$= 5\% + 1.08 \times (10\% - 5\%)$$
$$= 10.4\%$$

$$\sigma_P^2 = \beta_P^2 \sigma_M^2 + \varepsilon_P^2$$

$$\varepsilon_P^2 = 0（充分分散化的投资组合）$$

$$\sigma_P = \beta_P \sigma_M$$
$$= 1.08 \times 20\%$$
$$= 21.6\%$$

例9-6：假设由两种证券组成市场组合，它们有如下的期望收益率、标准差和比例。

例9-5   两种证券组合的指标情况

证券	期望收益率（%）	标准差（%）	比例
A	6	15	0.40
B	10	30	0.60

基于这些信息，并给定两种证券间的相关系数为0.3，无风险收益率为4%，写出资本市场线的方程。某投资组合的期望收益率为8%，若该组合为前沿组合（在资本市场线上），求该组合的标准差。

解：

$$E(r_M) = w_A E_A + (1 - w_A) E_B$$
$$= 0.4 \times 6\% + 0.6 \times 10\%$$
$$= 8.4\%$$

$$\sigma_M = \sqrt{w_A^2 \sigma_A^2 + w_b^2 \sigma_b^2 + 2 w_A w_B \sigma_A \sigma_B \rho_{AB}}$$
$$= \sqrt{0.4^2 \times 0.15^2 + 0.6^2 \times 0.3^2 + 2 \times 0.4 \times 0.6 \times 0.15 \times 0.3 \times 0.3}$$
$$= 0.206$$

$$E(r_P) = 4\% + \left(\frac{8.4\% - 4\%}{20.6\%} \right) \sigma_P$$
$$= 4\% + 0.214 \sigma_P$$

$$8\% = 4\% + 0.214 \sigma_P$$

$\sigma_P = 18.7\%$

第三节 套利定价模型

套利定价理论（APT），由罗斯于 20 世纪 70 年代中期建立，是描述资产合理定价但又有别于 CAPM 的均衡模型。简单地讲，它解决了这样一个问题：如果所有证券的收益都受到某个共同因素的影响，那么在均衡市场状态下，导致各种证券具有不同收益的原因是什么？从而揭示了均衡价格形成的套利驱动机制和均衡价格的决定因素。

一、套利定价的原理

（一）假设条件

与资本资产定价模型（CAPM）相比，建立套利定价理论的假设条件较少，可概括为 3 个基本假设。

假设一：投资者是追求收益的，同时也是厌恶风险的。

假设二：所有证券的收益都受到一个共同因素 F 的影响，并且证券的收益率具有如下构成形式：

$$r_i = \alpha_i + b_i F_1 + \varepsilon_i \tag{9.16}$$

式中：r_i——证券 i 的实际收益率；

α_i——因素指标 F_1 为 0 时证券 i 的收益率；

b_i——因素指标 F_1 的系数，反映证券 i 的收益率 r_i 对因素指标 F_1 变动的敏感性，也称灵敏度系数；

F_1——影响证券的共同因素 F 的指标值；

ε_i——证券 i 收益率 r_i 的残差项。

假设三：投资者能够发现市场上是否存在套利机会，并利用该机会进行套利。上述 3 项假设各有各的功能：第一项是对投资者偏好的规范，第二项是对收益生成机制的量化描述，第三项是对投资者处理问题能力的要求。需要指出的是，依据证券组合收益率的计算式（9.3）和上述第二项假设中的式（9.16），何一个由 N 种证券并按比重 x_1，x_2，$\cdots$，x_N 构成的组合 P，其收益的生成也具有式（9.16）所描述的形式，即为：

$$r_P = \alpha_P + b_P F_1 + \varepsilon_P \tag{9.17}$$

式中：r_P——证券组合 P 的实际收益率；

α_P——因素指标 F_1 为 0 时证券组合 P 的收益率；

b_P——因素指标 F_1 的系数，$b_P = x_1 b_1 + x_2 b_2 + \cdots + x_n b_n$，反映证券组合的收益率 r_P 对因素指标 F_1 变动的敏感性，也称灵敏度系数；

F_1——影响证券组合 P 的共同因素 F 的指标值；

ε_P——证券组合 P 收益率 r_P 的残差项，$\varepsilon_P = x_1 \varepsilon_1 + x_2 \varepsilon_2 + \cdots + x_n \varepsilon_n$

（二）套利机会与套利组合

通俗地讲，套利是指人们不需要追加投资就可获得收益的买卖行为。从经济学的角度讲，套利是指人们利用同一资产在不同市场间定价不一致，通过资金的转移实现无风险收益的行为。例如，如果你发现某种邮票在上海的卖价为 1 000 元，而在深圳的买价为 1 200 元，那么你会在上海以 1 000 元买下该邮票，而后在深圳以 1 200 元卖给他人，从而赚取一定的收益。这种行为就是套利，这种机会就是套利机会。在套利定价理论中，套利机会被套利组合所描述。所谓套利组合，是指满足下述 3 个条件的证券组合：

（1）该组合中各种证券的权数满足 $w_1 + w_2 + \cdots + w_N = 0$。

（2）该组合因素灵敏度系数为零，即 $w_1 b_1 + w_2 b_2 + \cdots + w_N b_N = 0$。其中，$b_i$ 表示证券 i 的因素灵敏度系数。

（3）该组合具有正的期望收益率，即 $w_1 Er_1 + w_2 Er_2 + \cdots + w_N Er_N > 0$。其中，$Er_i$ 表示证券 i 的期望收益率。

套利组合的特征表明，投资者如果能发现套利组合并持有它，那他就可以实现不需要追加投资又可获得收益的套利交易，即投资者是通过持有套利组合的方式进行套利的。所以套利定价理论认为，如果市场上不存在（找不到）套利组合，那么市场就不存在套利机会。

（三）套利定价模型

套利组合理论认为，当市场上存在套利机会时，投资者会不断进行套利交易，从而不断推动证券的价格向套利机会消失的方向变动，直到套利机会消失为止，此时证券的价格即为均衡价格，市场也就进入均衡状态。此时，证券或组合的期望收益率具有下述构成形式：

$$Er_i = \lambda_0 + b_i \lambda_1 \qquad (9.18)$$

式中：Er_i——证券 i 的期望收益率；

λ_0——与证券和因素 F 无关的常数；

λ_1——对因素 F 具有单位敏感性的因素风险溢价。

上式通常称为套利定价模型。

套利定价模型表明，市场均衡状态下，证券或组合的期望收益率完全由它所承担的因素风险所决定；承担相同因素风险的证券或证券组合都应该具有相同期望收益率；期望收益率与因素风险的关系，可由期望收益率的因素敏感性的线性函数反映。

式（9.18）是在假定市场上所有证券仅受到一个共同因素影响的前提条件下得出的。事实上，在多因素共同影响所有证券的情况下，套利定价模型也是成立的，其一般表现形式为：

$$Er_i = \lambda_0 + b_{i1}\lambda_1 + b_{i2}\lambda_2 + \cdots + b_{iN}\lambda_N \tag{9.19}$$

式中：Er_i——证券 i 的期望收益率；

λ_0——与证券和因素 F 无关的常数；

b_{ik}——证券 i 对第 k 个影响因素的灵敏度系数；

λ_k——对因素 F 具有单位敏感性的因素风险溢价。

二、套利定价模型的应用

套利定价模型在实践中的应用一般有两个方面：

（1）事先仅是猜测某些因素可能是证券收益的影响因素，但并不确定知道的这些因素中，哪些因素对证券收益有广泛而特定的影响，哪些因素没有。于是可以运用统计分析模型对证券的历史数据进行分析，以分离出那些统计上显著影响证券收益的主要因素。

（2）明确确定某些因素与证券收益有关，于是对证券的历史数据进行回归以获得相应的灵敏度系数，再运用式（9.19）预测证券的收益。

沪深 300ETF 做期现套利的应用：

ETF 可以代表股指现货。ETF 自身存在套利机制，因此 ETF 的每日涨跌和其标的指数基本一致。以选择交易量最大的华泰柏瑞沪深 300ETF（SH510300）作为现货头寸最佳。作为资金量小的散户，则无论选择哪只沪深 300ETF 都可以。当指数期货合约的实际价格高于无套利区间上限时做正向套利：买沪深 300ETF，卖出指数期货合约，从而锁定套利空间，待到到期日时指数期货的价格收敛到现货的价格，进行平仓操作，从而获得无风险套利收益。当指数期货的实际价格低于无套利区间下限时做反向套利：卖出 ETF，买入指数期货。从而锁定套利空间，待到到期日时指数期货的价格收敛到现货的价格，进行平仓操作，从而获得无风险套利收益。

数据资料：2019 年 5 月 29 日收盘时，股票市场上现货沪深 300 指数为 3 663.9 点，IF1906 为 3 627.4 点，期现差为 − 36.5 点，股指期货贴水为 1.01%。查询得到当前沪深 300 指数分红年股息率 D 在 2.12% 左右，融资（贷款）年利率 R = 4.35%。

（1）计算 2019 年 6 月 20 日到期的股指期货 IF1906 合约的目前理论价格。

$$F = I + I \times (R - D) \times (T - t)/365$$
$$= 3\,663.9 + 3\,663.9 \times (4.35\% - 2.12\%) \times 22 \div 365 = 3\,668.8 （点）$$

（2）计算股指期货合约的无套利区间。

假设：投资人要求的回报率与市场融资利差为 1%；期货合约的交易双边手续费为 0.2 个指数点，市场冲击成本为 0.2 个指数点，股票现货交易双边手续费及市场冲击成本为 0.5%。折算成指数点是：

借贷利率差成本为：$3\,663.9 \times 1\% \times 22 \div 365 = 2.21$（点）

股票交易双边手续费及市场冲击成本为：$3\,663.9 \times 0.5\% = 18.32$（点）

期货交易双边手续费及市场冲击成本为：$0.2 + 0.2 = 0.4$（点）

合计：$TC = 2.21 + 18.32 + 0.4 = 20.93$（点）

目前股指期货合约的合理价格为 3 668.8 点，那么无套利区间可计算为：

上界：$3\,668.8 + 20.93 = 3\,689.73$（点）

下界：$3\,668.8 - 20.93 = 3\,647.87$（点）

无套利机会区间为：$[3\,647.87, 3\,689.73]$

也就是说，在 5 月 29 日现货沪深 300 指数为 3 663.9 点时，股指期货 6 月合约 IF1906 的价格如果在 3 689.73 点以上时可进行正向套利，或者在 3 647.87 点以下时可进行反向套利。IF1906 合约越是高于无套利区间上界，正向套利盈利空间越大，越是低于无套利区间下界，反向套利盈利空间越大。套利空间越大越安全。

PS：市场冲击成本是指在套利交易中需要迅速而且大规模地买进或者卖出股票时，未能按照预定价位成交，从而多支付的成本。

（3）判断有无套利机会。

经查，2019 年 5 月 29 日收市，当月合约 IF1906 的价格为 3 627.4 点，低于无套利空间下限 3 647.87 点，存在反向套利机会。

（4）确定交易规模，同时进行股指合约与股票交易。

以做 1 手期货合约为例，假设股指期货合约的保证金为 12%，每个指数点代表 300 元，首先在股指期货上买入 1 手合约，需要保证金为 130 586.4（3 627.4 × 300 × 12% × 1）元。

套利交易需要将股指期货合约持有一段时间，为防止价格的短期波动需要追加保证金，在资金管理上要留有余地，因此还应预备 13 万元资金。

买入期货合约的同时在现货市场上卖空华泰柏瑞沪深 300ETF（SH510300），假设此时该基金的成交价格为 3.578 元/份，则需卖出 304 141.98（3 627.4 × 300 ÷ 3.578）份，由于卖出基金份额只能是 100 的整数倍，所以需卖出 304 100 份，获得资金 1 088 069.8 元。

（5）寻机结束套利。

最迟等到 6 月 21 日该股指期货合约到期交割时，无论它的结算价是多少，这笔套利交易都可以盈利 20.47（3 647.87 - 3 627.4）点，折合成人民币为 6 141（20.47 × 300 × 1）元。

本次套利动用了 1 348 656.2（130 586.4 + 1 088 069.8 + 130 000）元，赚了 6 141 元，收益率约 0.455%（6 141 ÷ 1 348 656.2）。

若在套利实施后，还没有到 6 月 21 日该合约到期交割时，就已经出现了基差收敛于无套利空间（需重新计算），则可以买入沪深 300ETF 并平仓该合约，结束套利；否则需等到 6 月 20 日才能结束套利。可见做套利，需要每天跟踪基差变化，它是投资者进行套利决策的基础和依据。

小贴士：①中证指数官网（http：//www.csindex.com.cn）可查沪深 300 指数的年股息率 D 的数据，进入网页后选指数估值即可。

②实际操作时，注意标的 ETF 市场交易价与其净值之间是否有折溢价，需以单位净值（而非交易价格）计算应该购买或者卖空多少份 ETF。

③卖空沪深 300ETF，可通过融券卖出、现券卖出或者 ETF 期权合成股票空头策略等方式实现。

最后需要注意的是，套利机会通常稍纵即逝。进行套利交易时面临大量的数据处理，需要实时运算，并且进行大规模批量下单。因此，仅仅依靠人工侦测、捕捉套利机会是不现实的，需要依靠程序化交易软件协助。套利策略的程序化交易，可以实现精细的市场机会侦测，优化的交易策略模型可以让程序化交易系统依据套利基差的波动（市场风险）确定每次交易的频率、保证金使用量和现货、期货的交易量。目前，国内不少软件开发商开发出了股指期货套利的程序化交易软件，如金仕达期货交易系统等。

三、案例：套利定价模型的计算

例 9 - 7：假如市场上有 3 种股票，每个投资者都认为它们满足单因素模型，且具有以下的期望收益率和因素敏感度。

表 9 - 6　　　　　　　　3 种股票的期望收益率和因素敏感度

证券	$\bar{r}_i$（%）	b_i
1	15	0.9
2	21	3.0
3	12	1.8

这些期望收益率和因素敏感度是否表示一种均衡状态？如果不是，股票的价格和期望收益率将发生什么变化来达到均衡？首先，我们看看这个证券组合是否存在套利机会。根据套利组合定义的 3 个条件，一个套利证券组合（w_1，w_2，w_3）应该符合：

$$\begin{cases} w_1 + w_2 + w_3 = 0 \\ 0.9w_1 + 3.0w_2 + 1.8w_3 = 0 \\ 0.15w_1 + 0.21w_2 + 0.12w_3 > 0 \end{cases}$$

显然，满足这个方程的解有无穷多个，任取其中一个解，如：

$$(w_1, w_2, w_3) = (0.1, 0.075, -0.175)$$

这就是一个套利证券组合。这个套利证券组合能获得的期望收益率是：

$$(0.15w_1 + 0.21w_2 + 0.12w_3) \times 100\%$$

$$= (0.15 \times 0.1 + 0.21 \times 0.075 - 0.12 \times 0.175) \times 100\%$$

$$= 0.98\%$$

对于任何只关心更高回报率而忽略非因素风险的投资者，这种套利证券组合是相当具有吸引力的。它不需要成本，没有因素风险，却具有正的期望收益率。

当我们仔细研究上述套利问题时可以发现，如果没有其他限制，无限制地卖空证券 3 可以获得更高的期望收益率。事实上，将方程组的 w_3 作为参数，对前两个方程求解：

$$w_1 + w_2 = -w_3$$

$$0.9w_1 + 3.0w_2 = -1.8w_3$$

用消元法解得：

$$w_1 = -\frac{4}{7}w_3, \quad w_2 = -\frac{3}{7}w_3$$

因此，只要满足下式，就可以获得正的期望收益率：

$$0.15w_1 + 0.21w_2 + 0.12w_3 = \left(-0.15 \times \frac{4}{7} - 0.21 \times \frac{3}{7} + 0.12\right)w_3$$

$$= -\frac{0.39}{7}w_3 > 0$$

很明显，只要 $w_3 < 0$，该条件就能得到满足。当取 $w_3 = -2$ 时，$w_1 = \frac{8}{7}$，$w_2 = \frac{6}{7}$，代入上式知，该套利组合的期望收益率是 11.14%；而当 $w_3 = -10$ 时，$w_1 = \frac{40}{7}$，$w_2 = \frac{30}{7}$，该套利证券组合得到的期望收益率则高达 55.71%。

从以上分析可以看出，当 $w_3 = -2$ 时，意味着套利者需要借入市值为 2 倍投资资本的证券 3 并进行卖空，并将卖空资金按照 $w_1 = \frac{8}{7}$，$w_2 = \frac{6}{7}$ 的比例分别买入证券 1 和证券 2，这样就构成一个套利组合。同样，当 $w_3 = -10$ 时，按照相应的方法进行操作。

为了加深对套利组合经济意义的理解，这里假设原有组合投资资本为 14 万元，当 $w_3 = -2$ 时，构建套利组合就需要借入 28 万元证券 3 并卖空，将该资金分别买入证券 1 和证券 2，市值为 16 万元 $\left(\dfrac{8}{7} \times 14\right)$ 和 12 万元 $\left(\dfrac{6}{7} \times 14\right)$，从而构建一个新的套利组合。这一组合在没有增加新的自有资本投入下就使得原有组合获得增量收益。

如果不能卖空，情况就会不同，这时对 w_3 就会有所限制。如果原有组合中投资者持有证券 3 的比例是 40%，则在进行套利操作时，投资者最多可以将手中的证券 3 全部卖出，因此可以增加最多期望收益率的组合是：

$$w_1 = -\frac{4}{7}w_3 = \frac{4}{7} \times 0.4 = 0.23$$

$$w_2 = -\frac{3}{7}w_3 = \frac{3}{7} \times 0.4 = 0.17$$

$$w_3 = -0.4$$

也就是新的组合中不再持有证券 3，增加持有证券 1 和证券 2，比例分别为 23% 和 17%。进行上述操作后，可以增加的期望收益率是：

$$(0.15w_1 + 0.21w_2 - 0.12w_3) \times 100\%$$

$$= \left(-0.15 \times \frac{4}{7} - 0.21 \times 0\frac{3}{7} + 0.12 \times 0\right)w_3 \times 100\%$$

$$= \frac{0.39}{7} \times 0.4 \times 100\%$$

$$= 2.23\%$$

这里需要强调的是，在非卖空限制下 w_3 为负，是对原有组合中的相应证券进行卖出操作，而与允许卖空下的负号经济意义不同，其需要或可以借入相应证券后卖出。

例 9-8：基于单因素模型，考虑一个两证券的投资组合，这两种证券具有下列特征。（共 8 分）（计算结果保留 3 位小数）

表 9-7 两证券投资组合的因素敏感性和非因素风险

证券	因素敏感性	非因素风险（$\sigma_{\varepsilon i}^2$）	比例
A	0.50	0.49	0.30
B	2.3	1	0.70

问题：（1）如果因素的标准差为 15%，组合的因素风险是多少？

（2）组合的非因素风险是多少？

（3）组合的标准差是多少？

解：

（1）$\beta_P = 0.5 \times 0.3 + 2.3 \times 0.7 = 1.76$

（2）$\beta_P^2 \sigma_F^2 = 1.76^2 \times 0.15^2 = 0.0697$

$\sigma^2(\varepsilon_P) = 0.49 \times 0.3^2 + 1 \times 0.7^2 = 0.5341$

$\sigma_P^2 = \beta_P^2 \sigma_F^2 + \sigma^2(\varepsilon_P) = 0.0697 + 0.5341 = 0.6038$

（3）$\sigma_P = \sqrt{0.6038} = 0.777$

第四节　证券组合的业绩评估

一、业绩评估原则

评价证券组合的运行状况是组合管理者经常要面临的问题。习惯上，评价组合管理业绩的标准很简单，仅是比较不同组合之间收益水平的高低，收益水平越高的组合越是优秀的组合。然而，一方面，收益水平较高不仅仅与管理者的技能有关，还可能与当时市场整体向上运行的环境有关，因而在后一种情况发生时就不能排除组合管理者无视风险盲目决策却偶获成功的可能性；另一方面，如果实现的组合收益水平达到或超过组合管理者在投资期初所设定的收益目标，即使实现的收益水平较低，却是胸有成竹，自然也无可厚非。正因为如此，评价组合业绩应本着"既要考虑组合收益的高低，也要考虑组合所承担风险的大小"的基本原则。而资本资产定价模型为组合业绩评估者提供了实现这一基本原则的多种途径。例如，可以考察组合已实现的收益水平是否高于与其所承担的风险水平相匹配的收益水平，也可以考察组合承受单位风险所获得的收益水平高低。高者则优，低者则劣。这就是所谓的评价组合业绩的风险调整法。下文将要介绍的 3 种指数就是基于风险调整法思想而建立的专门用于评价证券组合优劣的工具。

二、评估指数

（一）詹森（Jensen）指数

詹森指数是 1969 年詹森提出的，它以证券市场线为基准，指数实际上就是证券组合的实际平均收益率与由证券市场线所给出的该证券组合的期望收益率之间的差，即：

$$J_P = r_P - \{r_F + [E(r_M) - r_F]\beta_P\}$$

式中：J_P——Jensen 指数；

r_P——证券组合 P 的实际平均收益率；

r_F——考察期内无风险收益率；

β_P——组合的系统风险。

可见，詹森指数就是证券组合所获得的高于市场的那部分风险溢价，风险由 β 系数测定。直观上看，詹森指数值代表证券组合与证券市场线之间的落差。如果证券组合的詹森指数为正，则其位于证券市场线的上方，绩效好；如果组合的詹森指数为负，则其位于证券市场线的下方，绩效不好。

（二）特雷诺（Treynor）指数

特雷诺指数是 1965 年由特雷诺提出的，它用获利机会来评价绩效。该指数值由每单位风险获取的风险溢价来计算，风险仍然由 β 系数来测定，即：

$$T_P = \frac{r_P - r_F}{\beta_P}$$

式中：T_P——特雷诺指数；

r_P——证券组合 P 的实际平均收益率；

r_F——无风险收益率；

β_P——组合的系统风险。

特雷诺业绩指数的含义就是每单位系统风险资产获得的超额报酬（超过无风险利率 r_F）。特雷诺业绩指数越大，基金的表现就越好；反之，基金的表现就越差。

（三）夏普（Sharpe）指数

夏普指数是 1966 年由夏普提出的，它以资本市场线为基准，指数值等于证券组合的风险溢价除以标准差，即：

$$S_P = \frac{r_P - r_F}{\sigma_P}$$

式中：S_P——夏普指数；

r_P——证券组合 P 的实际平均收益率；

r_F——考察期内无风险收益率；

σ_P——组合的标准差。

如果夏普比率为正值，说明在衡量期内基金的平均净值增长率超过了无风险利率，在以同期银行存款利率作为无风险利率的情况下，说明投资基金比银行存款要好。夏普比率越大，说明基金单位风险所获得的风险回报越高。反之，则说明在衡量期内基金的平均净值增长率低于无风险利率，在以同期银行存款利率作为无风险利率的情况下，说明投资基金比银行存款要差，基金的投资表现不如从事国债回购。而且当夏普比率为负时，按大小排序没有意义。

三、业绩评估应注意的问题

使用詹森指数、特雷诺指数以及夏普指数评价组合业绩固然有其合理性，但也不能忽视这种评价方法的不足。这种不足主要表现在3个方面：

其一，3种指数均以资本资产定价模型为基础，后者隐含与现实环境相差较大的理论假设，可能导致评价结果失真。

其二，3种指数中都含有用于测度风险的指标，而计算这些风险指标有赖于样本的选择。这可能导致基于不同的样本选择所得到的评估结果不同，也不具有可比性。

其三，3种指数的计算均与市场组合发生直接或间接关系，而现实中用于替代市场组合的证券价格指数具有多样性。这同样会导致基于不同市场指数所得到的评估结果不同，也不具有可比性。

正因为如此，实际应用中应当注意评估指数在理论假设方面存在的局限性，在组合风险估值和市场指数选择方面的多样性，并多作一些研究，在实践中不断摸索，以获得更为科学的评价结果。

练 习 题

一、单项选择题

1. 证券组合管理理论最早由美国著名经济学家（　　）于1952年系统提出。

　　A. 詹森　　　　　B. 特雷诺　　　　C. 夏普　　　　D. 马柯威茨

2. 某投资者买入证券A每股价格14元，一年后卖出价格为每股16元，其间获得每股税后红利0.8元，不计其他费用，投资收益率为（　　）。

　　A. 14%　　　　B. 17.5%　　　　C. 20%　　　　D. 24%

3. 完全负相关的证券A和证券B，其中证券A的期望收益率为16%，标准差为6%，证券B的期望收益率为20%，标准差为8%。如果投资证券A、证券B的比例分别为30%和70%，则证券组合的标准差为（　　）。

　　A. 3.8%　　　B. 7.4%　　　C. 5.9%　　　D. 6.2%

4. 可行域满足的一个共同特点是左边界必然（　　）。

A. 向里凹　　　　　　　　　　　B. 连接点向里凹的若干曲线段

C. 向外凸或呈线性　　　　　　　D. 呈现为数条平行的曲线

5. 某投资者对期望收益率毫不在意，只关心风险，那么该投资者无差异曲线为（　　）。

A. 一根竖线　　　　　　　　　　B. 一根横线

C. 一根向右上倾斜的曲线　　　　D. 一根向左上倾斜的曲线

6. 对市场组合，（　　）说法不正确。

A. 它包括所有证券

B. 市场资产组合中所有证券所占比重与它们的市值成正比

C. 它在有效边界上

D. 它是资本市场线和无差异曲线的切点

7. 最优证券组合为（　　）。

A. 所有有效组合中预期收益最高的组合

B. 无差异曲线与有效边界的相交点所在的组合

C. 最小方差组合

D. 所有有效组合中获得最大满意程度的组合

8. （　　）是指证券组合所获得的高于市场的那部分风险溢价。

A. 詹森指数　　　B. 贝塔指数　　　C. 夏普指数　　　D. 特雷诺指数

9. 关于证券组合管理的特点，下列说法不正确的是（　　）。

A. 强调构成组合的证券应多元化

B. 承担风险越大，收益越高

C. 证券组合的风险随着组合所包含证券数量的增加而增加

D. 强调投资的收益目标应与风险的承受能力相适应

10. 证券组合理论认为，证券间关联性极低的多元化证券组合可以有效地（　　）。

A. 降低系统性风险　　　　　　　B. 降低非系统性风险

C. 增加系统性收益　　　　　　　D. 增加非系统性收益

11. 关于最优证券组合，以下说法正确的是（　　）。

A. 最优组合是风险最小的组合

B. 最优组合是收益最大的组合

C. 相对于其他有效组合，最优组合所在的无差异曲线的位置最高

D. 最优组合是元差异曲线簇与有效边界的交点所表示的组合

12. 证券组合理论认为，证券组合的风险随着组合所包含证券数量的增加而（　　）。

A. 降低　　　　　B. 上升　　　　　C. 不变　　　　　D. 无规律

13. 未来可能收益率与期望收益率的偏离程度由（　　　）来度量。

    A. 未来可能收益率　　　　　　　　B. 期望收益率

    C. 收益率的方差　　　　　　　　　D. 收益率的标准差

14. 资本资产定价模型表明，证券组合承担的风险越大，则收益（　　　）。

    A. 越低　　　　B. 越高　　　　C. 不变　　　　D. 两者无关系

15. 证券组合理论认为，证券间关联性极低的多元化证券组合可以有效地（　　　）。

    A. 降低系统性风险　　　　　　　　B. 降低非系统性风险

    C. 增加系统性收益　　　　　　　　D. 增加非系统性收益

16. β 值是用以测度（　　　）。

    A. 公司特殊的风险　　　　　　　　B. 可分散化的风险

    C. 市场风险　　　　　　　　　　　D. 个别风险

17. 投资者把他财富的30%投资于一项预期收益率为0.15、方差为0.04的风险资产，70%投资于收益率为6%的国库券，他的资产组合的预期收益率和标准差分别为（　　　）。

    A. 0.114，0.12　　　　　　　　　B. 0.087，0.06

    C. 0.295，0.12　　　　　　　　　D. 0.087，0.12

18. 市场风险可以解释为（　　　）。

    A. 系统风险，可分散化的风险

    B. 系统风险，不可分散化的风险

    C. 个别风险，不可分散化的风险

    D. 个别风险，可分散化的风险

19. 有风险资产组合的方差是（　　　）。

    A. 组合中各个证券方差的加权和

    B. 组合中各个证券方差的和

    C. 组合中各个证券方差和协方差的加权和

    D. 组合中各个证券协方差的加权和

20. 假设有两种收益率完全负相关的证券组成的资产组合，那么最小方差资产组合的标准差为（　　　）。

    A. 大于零　　　　　　　　　　　　B. 等于零

    C. 等于两种证券标准差的和　　　　D. 等于1

21. 当明确确定某些因素与证券收益有关时，应对证券的历史数据进行回归以获得相应的（　　　），再利用套利定价模型预测证券的收益。

    A. 风险系数　　　　B. 期望收益率　　　　C. β 系数　　　　D. 灵敏度系数

22. 某证券组合今年实际平均收益率为0.16，当前的无风险利率为0.03，市场组合的期望收益率为 0.12，该证券组合的 β 值为 1.2。那么，该证券组合的詹森指数为（　　）。

    A. -0.022　　　　B. 0　　　　C. 0.022　　　　D. 0.03

23. 假设无风险利率为 6%，市场组合的期望收益率为 14%，标准差为 22%，资本市场线的斜率是（　　）。

    A. 0.64　　　　B. 0.14　　　　C. 0.08　　　　D. 0.36

24. 根据 CAPM 模型，下列（　　）说法不正确。

    A. 如果无风险利率降低，单个证券的收益率将成正比降低

    B. 单个证券的期望收益的增加与贝塔成正比

    C. 当一个证券的价格为公平市价时，阿尔法为零

    D. 均衡状态下，所有证券都在证券市场线上

25. 证券 X 的期望收益率为 0.11，β 值为 1.5，无风险收益率为 0.05，市场组合的期望收益率为 0.09。根据资本资产定价模型，这个证券（　　）。

    A. 被低估　　　B. 被高估　　　C. 定价公平　　　D. 无法判断

二、不定项选择题

1. 两种证券的相关系数 ρ 的取值（　　）。

    A. 为正表明两种证券的收益有同向变动倾向

    B. 总是介于 -1~1 之间

    C. 为负表明两种证券的收益有反向变动的倾向

    D. 为 1 表明两种证券间存在完全的同向的联动关系

    E. 为零表明两种证券之间没有联动倾向

2. 证券组合管理的意义在于（　　）。

    A. 达到在一定预期收益的前提下投资风险最小化的目标

    B. 达到在控制风险的前提下投资收益最大化的目标

    C. 避免投资过程中的风险和追求最大收益

    D. 采用适当的方法选择多种证券作为投资对象

    E. 避免投资过程的随意性

3. 最优的证券组合（　　）。

    A. 肯定在有效边界上　　　　B. 是无差异曲线与有效边界的切点

    C. 是理性投资者的最佳选择　　　D. 是能带来最高收益的组合

    E. 该组合所在的无差异曲线的位置最高，是投资者最满意的有效组合

4. 根据套利定价理论，套利组合满足的条件包括（　　）。

    A. 该组合的期望收益率大于 0

    B. 该组合中各种证券的权数之和等于 0

    C. 该组合中各种证券的权数之和等于 1

    D. 该组合的因素灵敏度系数等于0

    E. 该组合的非系统性风险等于0

5. 下列结论正确的有（　　　）。

    A. 特征线模型是均衡模型

    B. APT 模型是均衡模型

    C. 由于不同投资者偏好态度的具体差异，他们会选择有效边界上不同的组合

    D. 在 CAPM 模型的假设下，每个投资者将拥有同一个风险证券组合的可行域

    E. 因素模型是均衡模型

参 考 文 献

［1］中国证券业协会. 金融市场基础知识 ［M］. 北京：中国财政经济出版社，2021.

［2］中国证券业协会. 证券市场基本法律法规 ［M］. 北京：中国财政经济出版社，2021.

［3］张祖国. 证券投资分析 ［M］. 上海：上海财经大学出版社，2019.

［4］丁忠明，黄华继. 证券投资学 ［M］. 北京：高等教育出版社，2020.

［5］周游，周明适. 证券投资理论与实践 ［M］. 成都：西南财经大学出版社，2022.

［6］中国证券业协会. 证券交易 ［M］. 北京：中国金融出版社，2012.

［7］中国证券业协会. 证券市场基础知识 ［M］. 北京：中国金融出版社，2012.

［8］中国证券业协会. 证券投资基金 ［M］. 北京：中国金融出版社，2012.

［9］中国证券业协会. 证券投资分析 ［M］. 北京：中国金融出版社，2012.

［10］唐平. 证券投资分析实验 ［M］. 成都：西南财经大学出版社，2020.

［11］赵锡军，魏建华. 证券投资分析 ［M］. 北京：中国人民大学出版社，2015.

［12］丁鹏. 量化投资——策略与技术 ［M］. 北京：电子工业出版社，2012.

［13］期货业从业人员资格考试辅导教材编委会. 期货及衍生品基础 ［M］. 北京：企业管理出版社，2016.

［14］期货业从业人员资格考试辅导教材编委会. 期货法律法规 ［M］. 北京：企业管理出版社，2016.

［15］滋维·博迪，亚历克斯·凯恩，艾伦·J. 马库斯. 投资学. 10 版. 汪昌云，张永骥，等，译. ［M］. 北京：机械工业出版社，2017.

［16］威廉·F. 夏普，戈登·J. 亚历山大，杰弗里·V. 贝利. 投资学. 5 版. 赵锡军，等，译. ［M］. 北京：中国人民大学出版社，2013.

［17］庞博. 证券价格估值方法及影响因素研究 ［D］. 天津：天津财经大学，2012.

［18］唐平．基于宏观经济变量的中国股市波动分析 ［J］．财经科学．2008（6）：18 – 24.

［19］陈朝阳，胡乐群，万鹤群．宏观经济与证券市场相关性研究 ［J］．系统工程理论与实践，1996.

［20］向文葵，胡忠林．论技术分析在我国证券投资中的应用 ［J］．经济研究导刊，2008.